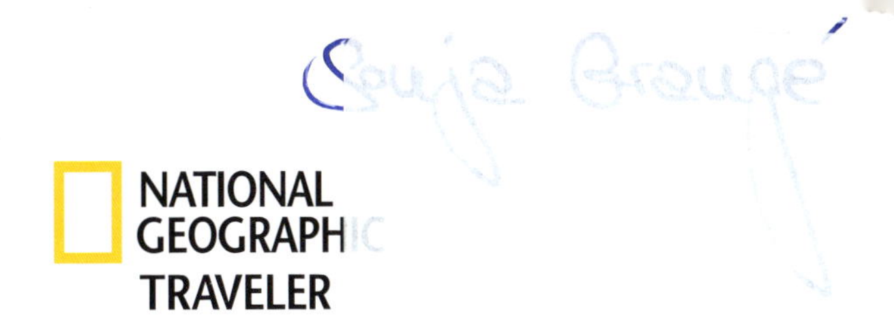

SCHOTTLAND

SCHOTTLAND

Robin & Jenny McKelvie

INHALT

Seiten 2–3: Eilean Donan Castle, Loch Duich
Links: Straßenmusiker in Edinburgh

RÜCKSICHTSVOLL REISEN

Umsichtige Urlauber brechen voller Neugierde auf und kehren reich an Erfahrungen nach Hause zurück. Wer dabei rücksichtsvoll reist, kann seinen Teil zum Schutz der Tierwelt, zur Bewahrung historischer Stätten und zur Bereicherung der Kultur vor Ort beitragen. Und er wird selbst reich beschenkt mit unvergesslichen Erlebnissen.

Möchten nicht auch Sie verantwortungsbewusst und rücksichtsvoll reisen? Dann sollten Sie folgende Hinweise beachten:

- Vergessen Sie nie, dass Ihre Anwesenheit einen Einfluss auf die Orte ausübt, die Sie besuchen.

- Verwenden Sie Ihre Zeit und Ihr Geld nur auf eine Weise, die dazu beiträgt, den ursprünglichen Charakter eines Ortes zu bewahren. (Auf diesem Weg lernen Sie ein Land auch sehr viel besser kennen.)

- Entwickeln Sie ein Gespür für die ganz besondere Natur und das kulturelle Erbe Ihres Urlaubslandes.

- Respektieren Sie die heimischen Bräuche und Traditionen.

- Zeigen Sie den Einheimischen ruhig, wie sehr Sie das, was den besonderen Reiz ihres Landes ausmacht, zu schätzen wissen: die Natur und die Landschaft, Musik, typische Gerichte, historische Dörfer oder Bauwerke.

- Scheuen Sie sich nicht, mit Ihrem Geldbeutel Einfluss zu nehmen: Unterstützen Sie möglichst solche Einrichtungen oder Personen, die sich um die Bewahrung des Typischen und Althergebrachten bemühen. Entscheiden Sie sich für Läden, Restaurants, Gaststätten oder Reiseanbieter, denen offensichtlich an der Bewahrung ihrer Heimat gelegen ist. Und meiden Sie Geschäfte, die den Charakter eines Ortes negativ beeinflussen.

- Wer auf diese Weise reist, hat mehr von seinem Urlaub, und er kann sicher sein, dass er seinen Teil zum Erhalt und zur Verbesserung eines Ortes oder einer Landschaft beigetragen hat.

Diese Art des Reisens gilt als zeitgemäße Form eines sanften, auf Nachhaltigkeit bedachten Tourismus; National Geographic verwendet dafür auch den Begriff des „Geo-Tourismus". Gemeint ist damit ein Tourismus, der den Charakter eines Ortes – seine Umwelt, seine Kultur, seine natürliche Schönheit und das Wohlergehen seiner Bewohner – nicht aus den Augen verliert. Weitere Informationen zum Thema gibt es im National Geographic's Center for Sustainable Destinations unter *www.nationalgeographic.com/travel/sustainable.*

SCHOTTLAND

ÜBER DIE AUTOREN

Robin McKelvie *(www.robinmckelvie.com)* ist gebürtiger Schotte. Nach einem Studium der englischen Literaturwissenschaft entdeckte er seine Begeisterung für das Reisen, die ihn mittlerweile in über 80 Länder der Erde geführt hat. Seit mehr als zehn Jahren arbeitet Robin nun schon als professioneller Autor; in dieser Zeit hat er über 30 Reisebücher geschrieben, und seine Artikel und Fotos wurden weltweit in mehr als 50 Zeitungen und Zeitschriften veröffentlicht; daneben hat er auch noch an Radiosendungen und Fernsehprogrammen mitgewirkt. Echte Abenteuer hat er in seiner Laufbahn reichlich erlebt, darunter eine Reise mit dem Zug von Edinburgh nach Hongkong, ein Bad unter Haien in Belize oder ein Kanutrip in einem Gewässer voller Krokodile in Australien. Robin ist Mitglied der britischen Vereinigung der Reiseschriftsteller. Pro Jahr unternimmt er über 30 Reisen, die Hälfte davon durch jenes Land, das er liebt wie kein zweites auf der Welt: Schottland.

Jenny McKelvie *(www.jennymckelvie.com)* ist schon seit mehr als zehn Jahren als Reisebuchautorin und Fotografin unterwegs. Gearbeitet hat sie in über 50 Ländern, gelebt hat sie in dreien: in England, Australien und in ihrer Wahlheimat Schottland. Mehr als 20 Reiseführer hat Jenny gemeinsam mit ihrem Ehemann Robin verfasst; außerdem schreibt sie Beiträge für rund 20 britische Zeitungen und Zeitschriften. Nebenher erstellt sie Analysen über globale Trends im Tourismus – und sie ist natürlich auch immer für ihre Kinder da. Am liebsten ist ihr selbstverständlich das Land, in dem sie mit ihrer Familie lebt: Schottland.

Die Reise planen

All dies gilt es in diesem herrlichen Land zu entdecken: Zahllose Berge und Hügel, Hunderte Inseln im Atlantik, unzählige Seen und Flüsse und eine artenreiche Tierwelt. Zudem bietet das Land nicht nur eine bestaunenswerte Natur, sondern auch Zeugnisse einer reichen Geschichte und Kultur: berühmte Städte, uralte Burgen und kleine Dörfer, in denen die Vergangenheit noch ganz lebendig ist.

Im Land unterwegs

Durch Schottland zu reisen ist ein wahres Vergnügen, den Zeitaufwand sollte man allerdings nicht unterschätzen. Allein schon die Küste ist derart zerklüftet, dass sie dreimal so lang ist wie der Küstenverlauf von Frankreich und Spanien zusammen. Ein Beispiel: Von Glasgow nach Campbeltown benötigt man mit dem Flugzeug gerade einmal 20 Minuten, mit dem Auto ist man mehr als drei Stunden unterwegs. Allerdings sollte man sich immer für das Auto entscheiden, denn nur so kann man die abwechslungsreiche Landschaft wirklich erleben – und überall anhalten, wo es etwas zu bestaunen gibt. Denn zum Schottlanderlebnis gehören nicht nur die Städte, sondern auch die schmalen Landstraßen und die Dörfer. Ganz ohne Fähre *(Tel. 0800/066 5000, www.calmac.co.uk)* geht es allerdings kaum, zumindest, wenn man eine der Inseln mit dem Auto besuchen möchte. Ansonsten sind auch die Fahrten mit der Bahn *(Tel. 0845/601 5929, www.scotrail.co.uk)* in Schottland wirklich grandios. Die wirklich entlegenen Inseln, etwa die Äußeren Hebriden oder die Shetland Islands, erreicht man dagegen am besten auf dem Luftweg *(Tel. 01392/268 529, www.flybe.co.uk)*. Und falls man sehr wenig Zeit hat und weit voneinander entfernte Orte sehen möchte, hilft natürlich ohnehin nur eine Flugverbindung.

Schottland in einer Woche

Ist man zum ersten Mal in Schottland, will man sich vermutlich zunächst die prächtige Hauptstadt Edinburgh anschauen und dann einen Abstecher in die berühmten Highlands unternehmen, bevor mit Glasgow ein weiteres kulturelles Zentrum auf dem Programm steht. Von Deutschland aus bekommt man direkte Flugverbindungen nach Edinburgh, man kann aber auch gut über London nach Schottland weiterfliegen.

Wenn Sie Ihren **1. Tag** in Edinburgh beginnen, gehen Sie unbedingt ins Edinburgh Castle. Flanieren Sie dann die Royal Mile entlang bis zum Palace of Holyroodhouse. Auch die Museen sollten Sie nicht auslassen – und abends natürlich die Pubs erkunden.

Von Edinburgh aus fahren Sie am **2. Tag** ein halbes Stündchen Richtung Süden nach Rosslin und besichtigen

Typisch schottisch: ein Hochlandrind

die faszinierende Rosslyn Chapel. Leser der Romane von Dan Brown pilgern besonders gern hierher, und manche glauben sogar, irgendwo in diesen Gemäuern liege der Heilige Gral versteckt. Zu Mittag speisen Sie im hübschen Vorort South Queensferry, dann steht ein Besuch im großartigen Hopetoun House auf dem Programm. Anschließend sind es nur noch elf Kilometer bis zum Linlithgow Palace, wo Maria Stuart das Licht der Welt erblickte. Von dort aus fahren Sie wieder nach Edinburgh zurück, um an einer gespenstischen Spuk-Tour auf der Royal Mile teilzunehmen oder um eine Aufführung an einer der vielen Bühnen zu besuchen.

Der **3. Tag** beginnt mit einer zweistündigen Autofahrt in den Norden, nach Perth; kurz hinter Edinburgh verläuft die Straße über die imposante Forth Road Bridge. Beschließen Sie einen kleinen Rundgang durchs nette Perth mit einem Mittagessen und fahren Sie dann noch ein Stückchen weiter zum Scone Palace, einst die Krönungsstätte schottischer Könige. Wenn Sie auf der A9 noch weiter nach Norden reisen, gelangen Sie schon bald in die Bergwelt der Highlands. Ihr Ziel ist jetzt Aviemore, zwei Stunden weiter nördlich. Falls Sie noch am Tag dort ankommen, nehmen Sie rasch die Cairngorm Mountain Railway, um vom Berg aus die untergehende Sonne zu betrachten.

NICHT VERSÄUMEN

Den herrlichen Blick auf Edinburgh vom Arthur's Seat **64**

In Stirling auf den Spuren von William Wallace und Robert Bruce wandeln **129**

In Oban exzellente Meeresfrüchte genießen **137**

Eine Bootsfahrt auf Loch Ness auf der Suche nach Nessie **187**

Eine Wanderung auf den Ben Nevis, Britanniens höchsten Berg **188**

Den Lieblingswhisky direkt in der Brennerei verkosten **222**

Eine Reise in die Steinzeit auf den Orkneys **260**

Am **4. Tag** führt Sie der Weg noch eine weitere Autostunde nach Norden, bevor Sie die einzige größere Stadt in den Highlands erreichen: Inverness. Gönnen Sie sich unterwegs einen kleinen Abstecher nach Culloden: 1746 erlitten die aufständischen Jakobiten dort eine schwere Niederlage, die den Niedergang der traditionellen Lebensweise der Highlander besiegelte. Inverness ist kulturell reizvoll, bietet aber auch schöne Spazierwege am Flussufer.

Der **5. Tag** beginnt mit der Suche nach dem legendären Ungeheuer von Loch Ness. Schon von der Uferstraße aus sollten Sie nach Nessie Ausschau halten; in der reizenden Kleinstadt Fort Augustus mieten Sie sich dann ein Boot, um das Gewässer noch gründlicher abzusuchen. Nehmen Sie sich unbedingt die Zeit für einen Rundgang durch die

Besucherinformation

Alle nötigen Informationen erhält man am besten bei Visit Scotland *(Tel. 0845/225 5121, www.visitscotland.com)*, **der staatlichen Touristeninformation. Man bekommt dort Hinweise auf Unterkünfte, Sightseeing-Angebote und viele Aktivitäten, die im Land möglich sind. Darüber hinaus gibt es in den meisten Städten Touristeninformationen, wo man sich Karten und Broschüren besorgt, über Wanderwege und Führungen informiert wird und Unterkünfte bucht. Hinweise auf diese Informationsstellen in größeren Städten, inklusive Edinburgh und Glasgow, finden sich im Kapitel „Reiseinformationen" (ab S. 274).**

In den schottischen Bergen kann man entspannt wandern, aber auch höchst anspruchsvolle Touren unternehmen, etwa auf den Gipfel des Aonach Mor nicht weit vom Ben Nevis

Ruinen von Castle Urquhart! Anschließend sind es mit dem Auto nur noch anderthalb Stunden bis zur Atlantikküste und zur einstigen Garnisonsstadt Fort William.

Echte Sportsfreunde mit genügend Ehrgeiz nutzen den **6. Tag** für eine ganztägige Wanderung hinauf auf den Gipfel des höchsten Berges in Großbritannien, des Ben Nevis. Wer einem solchen Fußmarsch nichts abgewinnen kann, muss trotzdem nicht auf den Genuss verzichten: Er fährt einfach mit der Nevis Range Gondola nach oben, unternimmt dort einen kleinen Spaziergang oder setzt sich einfach ins Café und genießt den Ausblick.

Am **7. Tag** geht es auf der schmalen, gewundenen A82 von Fort William aus nach Süden, mitten durch eine spektakuläre Landschaft. Der Weg führt durch Glen Coe und am westlichen Ufer des schönen Loch Lomond entlang. Hat man die Highlands hinter sich gelassen, lockt Glasgow mit seiner prachtvollen Architektur aus georgianischer und viktorianischer Zeit und mit etlichen Attraktionen von internationalem Rang.

Reisezeit

Schottland ist das ganze Jahr über sehenswert, viele Besuchereinrichtungen schließen allerdings von Ende Oktober bis Ostern oder sind dann nur gelegentlich offen. Der Schnee im Winter verleiht der Landschaft einen ganz eigentümlichen Reiz, und in den Städten ist es Weihnachten oder zu Hogmanay (Neujahr) besonders schön. Die Schotten selbst schätzen vor allem den Mai, denn dann ist es am sonnigsten und trockensten. Im Juli und August sind die Mücken oft eine echte Plage, vor allem in den Highlands und auf den Inseln.

Mehr Zeit zum Reisen

Natürlich schafft man es auch in ein paar Monaten nicht, ein Land wie Schottland wirklich komplett kennenzulernen. Wer aber etwas mehr Zeit zur Verfügung hat, sollte sich ruhig zwei oder drei Tage nehmen, um einmal die Gegend südlich von Edinburgh und Glasgow zu bereisen. Dort findet man sanfte Hügel, eine zerklüftete Küste, zahlreiche

Klosterruinen (darunter die Abteien Melrose, Dryburgh und Jedburgh) und traditionsreiche Städte wie Portpatrick, Melrose und Kirkcudbright. Man sollte hier einen Blick in die Werke von Walter Scott und Robert Burns werfen, die in ihren Romanen und Gedichten das romantische Schottlandbild geprägt haben wie niemand sonst.

Im Kingdom of Fife unmittelbar nördlich von Edinburgh liegen St. Andrews, die „Heimstatt des Golfsports", aber auch hübsche Fischerdörfer und Stätten von historischer Bedeutung. Aberdeen liegt an der Ostküste, 193 Kilometer nördlich von Edinburgh, und lohnt ebenfalls einen Abstecher. In der heutigen „Ölhauptstadt Europas" mit ihren Granitbauten und in erreichbarer Nähe zu Royal Deeside verweilte Königin Victoria besonders gern. Nördlich und westlich von Glasgow erstreckt sich die Küste von Argyll mit vielen vorgelagerten Inseln. Touristen verirren sich selten hierher, doch der Landstrich mit seinen Seen und Hügeln, historischen Stätten und hübschen Ortschaften wie Inveraray (ca. 1,5 Autostunden nordwestlich von Glasgow) oder Oban (an der Westküste, 2 Std. nördlich von Glasgow) lohnt durchaus einen Besuch.

Geschichtskenner werden kaum die alte Stadt Stirling, etwa eine Autostunde nördlich von Glasgow, auslassen wollen, denn hier fand die entscheidende Schlacht zwischen Schotten und Engländern statt. Die Stadt gilt aber auch als Tor zu den Highlands. Die Highlands sind dünn besiedelt, beeindrucken aber durch die ungewöhnliche Schönheit ihrer kargen Natur.

Und schließlich besitzt Schottland auch noch mehr als 800 Inseln, von denen fast 100 bewohnt sind. Falls Sie einige davon besuchen möchten, entscheiden Sie sich am besten für eine Inselgruppe oder einige benachbarte Inseln. Am größten ist Skye, die Insel ist von Glasgow aus in vier Stunden erreichbar. Noch einfacher ist die Reise nach Arran, wohin man mit Auto und Fähre nur zwei Stunden benötigt. Auf den Äußeren Hebriden fühlt man sich dagegen wie am Ende der Welt. Die Orkney und Shetland Islands hoch im Norden sind nicht nur schottisch, sondern auch nordisch geprägt. Alle genannten Inseln lassen sich von Edinburgh oder Glasgow auch per Flugzeug ansteuern.

Trinkgeld

Trinkgeld ist in Schottland nicht eindeutig geregelt. Dort, wo der Service nicht schon in der Rechnung enthalten ist, runden die Einheimischen den Betrag einfach ein wenig auf, andere geben zehn Prozent. Am ratsamsten ist wohl, guten Service im Café oder Restaurant mit 10–15 Prozent Trinkgeld zu belohnen. In Bars dagegen wird kein Trinkgeld erwartet. Gelegentlich lädt ein Gast den Barkeeper auf ein Glas ein; der setzt dann einfach ein zusätzliches Getränk auf die Rechnung und betrachtet den Preis dafür als Trinkgeld. Bei Taxifahrten rundet man den Betrag auf ein volles Pfund auf, oder man gibt sogar einige Pfund extra.

Outdoor-Erlebnisse

Wohin auch immer man in Schottland reist, die Landschaft ist stets überwältigend. Outdoor-Enthusiasten fühlen sich hier wie im Paradies, und auch mit weniger sportlichem Ehrgeiz kommt man durchaus auf seine Kosten. Das Angebot für Wanderer ist nahezu unbegrenzt: von Bergtouren über Fernwanderungen von Küste zu Küste bis zu geruhsamen Spaziergängen. In den Bergen tummeln sich Mountainbiker. Zu all dem kommen noch Kanu- und Wildwassersport, Canyoning, Surfen, Windwurfen, Segeln, Ski fahren ... kurz, das Angebot für Sportbegeisterte, ist so vielgestaltig wie die Geschichte der schottischen Clans. Und überall trifft man dabei auf die berühmte schottische Gastfreundschaft. Also: Auf Schottland – *sláinte* – „zum Wohl". ■

Geschichte & Kultur

Das keltische Hochkreuz – hier eines bei Iona Abbey auf der Insel Iona vor der Küste von Argyll – erinnert an die religiösen und kulturellen Wurzeln des Landes

Schottland heute

In Schottland muss man nicht lange nach herrlichen Naturlandschaften suchen, gleichzeitig gibt es hier eine uralte Kulturlandschaft. Kein Wunder also, dass die Schotten stolz sind auf ihr Land, das auch international einen guten Ruf genießt: dank Whisky, exzellenter Kochkunst, Schottenröcken und vielem mehr. Jedenfalls strotzt das neue Schottland geradezu vor Selbstbewusstsein.

Schottlands Geschichte ist recht verzwickt und reicht weit zurück. Das überrascht allerdings nicht, denn durch schottische Adern fließt immerhin das Blut kriegerischer Pikten, keltischer Könige und römischer Legionäre, gemischt mit dem Erbgut von Wikingern und germanischen Angelsachsen. Vor über einem Jahrtausend war Schottland ein vollkommen unabhängiges Königreich. Heute ist Schottland ein Teil des Vereinigten Königreichs, also Teil einer politischen und wirtschaftlichen Union, der auch England, Wales und Nordirland angehören (die alle den gleichen Monarchen als Staatsoberhaupt anerkennen). Trotzdem sollte man niemals Schottland mit England verwechseln!

Alt & Neu

Das heutige Schottland präsentiert sich als komplexes Gewebe aus alten und neuen Elementen. In Schottland ist die Vergangenheit stets sehr präsent, mitunter vergisst man als Besucher, in welchem Jahrhundert man sich eigentlich befindet, so lebendig und allgegenwärtig sind die Erinnerungen an einstige Schlachten und uralte Konflikte. Natürlich spielen Klischees dabei eine große Rolle, doch die Welt, die Mel Gibson in „Braveheart" (1995) gezeichnet hat, ist tatsächlich noch lebendig.

In Schottland ist die Vergangenheit stets sehr präsent, und mitunter vergisst man als Besucher, in welchem Jahrhundert man sich eigentlich befindet.

Andererseits sollten Besucher durchaus einen Blick hinter die Schottenrock-Klischees riskieren. Schottland ist nämlich durchaus offen für neue Hochtechnologie, die Wirtschaft des Landes basiert auf dem Dienstleistungssektor, und die Menschen leben selbstverständlich auch in der Hightech-Welt des 21. Jahrhunderts. Schottische Städte liegen noch immer im Schatten prächtiger Burgen, und Kopfsteinpflastergassen prägen die Altstädte ebenso wie die klassischen Touristenattraktionen, doch wer in die Welt jenseits der Touristenführungen blickt, erkennt rasch ein ganz anderes Land: mit schicken Kunstgalerien, ultramoderner Glas-Stahl-Architektur und neuen Touristenattraktionen.

Beim alljährlichen Ceilidh verschmelzen uraltes und modernes Schottland aufs Schönste. Diese keltische Art zu feiern hat ihre Ursprünge in den Festlichkeiten der Clans, die schon in grauer Vorzeit ihre „Partys" mit Tanz und Musik zu begehen wussten. Ihre Tradition hat überlebt, und beim Ceilidh versammeln sich die unterschiedlichsten Menschen, um miteinander zu tanzen, während die Geige alte Weisen erklingen lässt.

Schottland will mit allen Sinnen erlebt sein, denn das Land hat so viele Facetten wie eh und je. Schon nach kurzer Zeit wird man als Gast feststellen, wie einzigartig dieses

Im schottischen Alltag sind Traditionen noch sehr lebendig

In den Highlands verläuft das Leben geruhsam und beschaulich

Urlaubsland tatsächlich ist: ein Land direkt vor den Toren Englands, das aber als gleichrangiger Partner behandelt werden möchte; ein Land am Rande Europas und am Schnittpunkt geopolitischer Verwerfungslinien, die nicht weniger in Bewegung sind als jene tektonischen Platten, aus denen dieses schöne Land einst hervorging.

Schotten & Engländer

Schottische Identität definiert sich nicht zuletzt über das Verhältnis zu England. Der große Nachbar im Süden hat nämlich jahrhundertelang Unheil gebracht und das Land immer wieder mit Kriegen überzogen. Auch wenn Schottland sich gerade einmal im Frieden mit dem „Auld Enemy" befand, kam es im Grenzland doch immer wieder zu kleineren Scharmützeln und Gefechten, und bis zum nächsten echten Waffengang dauerte es nie lange. Auch heute gilt den Schotten als wichtigster Wesenszug ihrer Nation, „nicht englisch" zu sein. Und sie legen nicht zuletzt deshalb so großen Wert darauf, weil vielen ausländischen Besuchern die Unterschiede und die historischen Konflikte gar nicht mehr bewusst sind und sogar Engländer die Schotten gern vereinnahmen. Also: Wer in Schottland davon spricht, er befinde sich gerade in England, darf sich über ein distanziertes Betragen seines Gegenübers nicht wundern. Andererseits findet man nur wenige Schotten, die eine echte Feindschaft gegenüber England pflegen; der uralte Konflikt trägt heute eher die Züge einer freundschaftlichen Rivalität.

Die Frage der schottischen Unabhängigkeit bestimmt die politischen Debatten allerdings, seit das Land 1707 durch den „Act of Union" mit England vereinigt wurde. Natürlich stehen nicht alle Schotten einmütig hinter einer Autonomie: Manche bekennen sich ausdrücklich zur Union und zum gemeinsamen britischen Erbe. Andere plädieren zwar für eine größere Unabhängigkeit ihrer Heimat, fürchten sich aber auch ein wenig vor einer Änderung des Status quo. Wer sich mit dieser Thematik befasst, hat jedenfalls mehr von seiner Reise – und die Chance, in Schottland wohlwollend aufgenommen zu werden.

Highlands & Lowlands

Kaum ein Land kommt ohne Rivalitäten im Inneren aus; Schottland wird geprägt durch Spannungen zwischen den Highlands im Norden und den Lowlands im Süden. Geographisch gliedert sich Schottland eigentlich in drei Großregionen: die Southern Uplands, die Lowland und die Highlands; auf der Verwaltungsebene gibt es 32 Bezirke.

Die Aufspaltung Schottlands beruht aber nicht nur auf topografischen Gegebenheiten. Die Highlander gelten als rauer und erdverbundener; hier haben Reste der alten gälischen Kultur überlebt, und hier wird auch das alte keltische Idiom noch gesprochen. Die Highlands wurden allerdings nach der folgenschweren Niederlage bei Culloden im Jahr 1746 (siehe S. 44) regelrecht entvölkert; die Menschen und auch die Wirtschaft dieser Region haben sich in vieler Hinsicht nie mehr von diesem Schlag erholt. In Liedern und Dichtung lebt die romantische Welt der alten Clans aber noch immer fort.

Die Einwohner der Lowlands (die Lallans oder Scots sprechen – regionale Dialekte, die man aber nicht mit dem Gälischen in den Highlands verwechseln darf) sind keine einheitliche Gruppierung, gelten aber allgemein als urbaner; ihre Welt ist eher die der Städte und der modernen Zivilisation. Beide Welten existieren nebeneinander und durchdringen

ERLEBNIS: Hogmanay feiern

Wenn man, ganz warm vom Whisky, zum hundertsten Male von wildfremden Menschen umarmt wurde – dann gibt es keinen Zweifel mehr: So etwas wie Hogmanay lässt sich mit keiner üblichen Silvesterfeier vergleichen, die man jemals erlebt hat.

Um Hogmanay ranken sich bizarre Bräuche. So wurde auf der Insel Skye früher eine Rinderhaut verbrannt, und jeder Gast musste den Rauch einatmen, um böse Geister zu vertreiben. Falls das Feuer erlosch, während man selbst gerade an der Reihe war, brachte das Unglück. Ähnlich merkwürdig ist der Glaube an den „ersten Schritt": Der erste, der seinen Fuß über die Schwelle setzte, sollte möglichst ein dunkelhaariger fremder Mann sein, der ein Stück Kohle bei sich trug – ein Zeichen für Glück und Wärme im neuen Jahr. Diese Offenheit gegenüber fremden Gästen ist in schottischen Städten immer noch anzutreffen, und nicht selten sind auch ausländische Besucher auf einer Hogmanay-Party willkommen.

Die größten Partys dieser Art feiert man in **Edinburgh** (*www.edinburghshogmanay.org*), doch die Rivalin **Glasgow** (*www.winterfest glasgow.com*), Schottlands größte Stadt, ist dem Vorbild dicht auf den Fersen; das gesamte Zentrum ist dort eine einzige Partymeile. In **Stirling** dagegen begrüßen vor allem die Einheimischen ausgelassen das neue Jahr – vor der wunderschönen Burgkulisse. Bei „Stirling's Hogmanay: Party at the Castle" (*www.stirlinghogmanay.co.uk*) musizieren Dudelsackpfeifer und Trommler auf den Mauern, und Popstars aus der Region treten vor die Menge. Ein unvergessliches Erlebnis!

einander häufig, man versteht das Land jedoch besser, wenn man diesen grundlegenden Unterschied stets vor Augen hat.

Politik & Wirtschaft

Die meisten Schotten sahen sich zu Beginn des neuen Jahrtausends am Ziel vieler Wünsche, denn im Kampf um mehr Autonomie – also um eine Rückholung politischer Kompetenzen aus London nach Edinburgh – waren sie einen entscheidenden Schritt vorangekommen: Zum ersten Mal seit 300 Jahren tagte wieder ein schottisches Parlament. In politischen Ressorts wie Verteidigung, Außenpolitik oder Wirtschaft ist dieses Parlament aber nach wie vor nicht zuständig.

Die Bedeutung dieses Parlaments für das schottische Selbstbewusstsein ist dennoch nicht zu unterschätzen. Viele neue Gesetze wurden erlassen, bei denen endlich einmal die schottische Sichtweise Geltung erlangt: So wurden erstmals zwei Nationalparks ausgewiesen, und 2003 verabschiedete das Parlament den folgenreichen Land Reform Act. Das Gesetz tilgte wenigstens einige Spuren der sogenannten Highland Clearances (siehe S. 44) und räumte den Menschen wieder das Recht ein, als Wanderer und Radfahrer auch das Gelände der riesigen Landgüter zu betreten, die immer noch große Teile des Landes verwalten.

Königin Victoria war von der wilden Schönheit der rauen Berge und der steilen Felswände so angetan, dass sie dort den Landsitz Balmoral erwarb.

2007 errang die Scottish National Party (SNP) einen erdrutschartigen Wahlsieg und bildete eine Minderheitsregierung. Das Hauptziel der Partei war stets die volle Unabhängigkeit Schottlands. Dieses Thema hat Alex Salmond, der charismatischer Parteivorsitzende und Erste Minister, wieder auf die politische Tagesordnung gesetzt – auch auf europäischer Ebene. Kein Wunder also, dass von einem entspannten Verhältnis zwischen Edinburgh und London keine Rede sein kann. Jedenfalls haben die Unabhängigkeitsbestrebungen wieder an Bedeutung gewonnen. Die Weltfinanzkrise am Ende des ersten Jahrzehnts wirkte aber wie ein kleiner Dämpfer, denn auch zwei große schottische Banken – die Royal Bank of Scotland und die Bank of Scotland – konnten nur durch einschneidende Maßnahmen gerettet werden; manche Bürger stellten sich da durchaus die Frage, ob man einer global agierenden Finanzwelt wirklich als kleines, unabhängiges Land gewachsen wäre.

Denn die ökonomischen und sozialen Probleme sind ja nicht über Nacht verschwunden. Der Niedergang der Schwerindustrie hat unzählige Menschen in die Arbeitslosigkeit geführt, und in vielen einstigen Industriestädten ist bis heute kein Hoffnungsschimmer in Sicht. Schlecht geht es dem alten Zentrum der Schwerindustrie rund um Glasgow, aber auch Fife, das vom Bergbau lebte. Eine Perspektive scheint vor allem der Dienstleistungssektor zu bieten, und Edinburgh zählt noch immer zu den führenden Finanzplätzen Europas.

Schottland als Touristenziel

Schottland als Touristenziel – das galt lange als unvorstellbar, auch dann noch, als aus der „Grand Tour" junger Adliger durch die Städte Europas gegen Ende des 17. Jahrhunderts ganz allmählich der Tourismus im heutigen Sinne hervorging. Denn wer wollte schon eine beschwerliche Reise über kaum befahrbare Wege auf sich nehmen, nur um ein Land voller abweisender Berge zu besuchen, dessen Bewohner ohnehin als wild und rebellisch verschrien waren? Überhaupt ist der Wunsch, freiwillig eine Bergregion zu bereisen, historisch gesehen noch recht jung. Und so resümierte der berühmte englische Intellektuelle Samuel Johnson 1773 nach seiner dreimonatigen Reise durch Schottland: »Wer nach Schottland reist ..., findet eigentlich nur eine schlechtere Kopie von England. Man sieht, wie die Blume allmählich entblättert wird, bis nur noch der kahle Stängel übrig bleibt.«

In Mode kam Schottland erst, als Königin Victoria ihre Liebe zu den Highlands entdeckte. Sie reiste 1842 erstmals dorthin und war von der wilden Schönheit der rauen Berge und der steilen Felswände so angetan, dass sie dort den Landsitz Balmoral erwarb. Gern verbrachte sie ihre Urlaubszeit in Balmoral Castle und in ihrem geliebten Deeside (ihr zu Ehren Royal Deeside genannt) – und ihr ganz allein ist es zu verdanken, dass Highland-Reisen plötzlich als schick galten.

Im 19. Jahrhundert nahm der Tourismus an Fahrt auf, doch der hohe Norden blieb relativ unzugänglich – vielleicht nicht ganz so abweisend wie 1773, als Johnson auf Skye keine einzige Straße vorfand und jeden Weg per Pferd zurücklegen musste. Immerhin konnte man dank der neuen Bahnstrecken nun zumindest halbwegs komfortabel tiefer in die Highlands hineinreisen als jemals zuvor. Bald schwärmten auch die Engländer von den Schönheiten Schottlands. Selbst die im Zentrum des Landes ansässigen Schotten entdeckten endlich die Landschaften ihrer Heimat; viele zog es westwärts an die Küste oder auf die Inseln und ins Feriengebiet am Firth of Clyde, wo sie Ruhe suchten – denn die Großstädte standen jetzt ganz im Zeichen der Industrialisierung.

Im 20. Jahrhundert behauptete sich der Tourismus als Wachstumsbranche. Allerdings endete die Blütezeit der Ferienorte am Clyde schon in den 1960er Jahren, als Flugreisen erschwinglich wurden und die Schotten ihren Urlaub lieber an den Küsten Spaniens verbrachten. Der Boom des Städtetourismus hat Schottland dagegen geholfen; vor allem Edinburgh und Glasgow profitieren vom Zustrom einheimischer wie internationaler Gäste.

Heute hat der Tourismus in Schottland viele Gesichter. Manche Besucher beschränken sich auf die althergebrachten Busrundfahrten zu alten Burgen, andere ziehen sich in die Einsamkeit der romantischen Hebriden zurück. Wieder andere kommen vor allem, um ihre Fertigkeiten im Mountainbiking zu erproben. Nie war das Land so gut auf Besucherwünsche eingestellt wie heute, und jeder findet in Schottland genau das, wonach er sucht.

Nationalsport Fußball

Wer so etwas wie den schottischen Nationalcharakter kennenlernen möchte, sollte einfach ins Fußballstadion gehen oder im Pub beim Fachsimpeln über Fußball mitmachen. Den Schotten dient die Rivalität zwischen den Vereinen heute dazu, uralte regionale oder sogar konfessionelle Konflikte auszutragen; dabei entladen sich Spannungen auf eine friedlichere Art, als das womöglich sonst der Fall wäre. Am spannendsten ist der Wettstreit zwischen Celtic und den Glasgow Rangers; viele Fans außerhalb der Region unterstützen jeweils eine dieser beiden Mannschaften und daneben noch den „eigenen" kleineren Verein.

Die Schotten und der Sport

Dass Schotten sich überall auf der Welt hervortun, liegt vielleicht auch daran, dass ihr Land nicht richtig unabhängig ist. Besonders augenfällig wird das auf den Sportplätzen, wo die Fans in der Regel die schottische Fahne schwingen – und nicht den britischen Union Jack. Zu beobachten ist das sogar während der Olympischen Spiele, obwohl schottische Sportler dort nur in einer gemeinsamen Mannschaft mit Engländern, Walisern und Nordiren antreten dürfen.

Die schottische Leidenschaft gehört den Mannschaftssportarten Fußball und Rugby. Doch den schottischen Teams geht es dabei oft nicht besser als den schottischen Kriegern vergangener Zeiten, die schon manch einen sicher geglaubten Sieg aus den Händen geben mussten: So konnte sich die schottische Fußballnationalmannschaft beispielsweise von 1974 bis 1990 für alle Weltmeisterschaften qualifizieren, sie kamen aber nie über die Gruppenphase hinaus, dreimal scheiterte sie sogar nur an der schlechteren Tordifferenz.

Schließlich gibt es noch halb vergessene Erfinder wie William Murdoch (1754–1839), den Entwickler der Gasbeleuchtung, oder Robert Watson-Watt (1892–1973), den Erfinder des Radars.

Einzelkämpfern scheint es da besser zu gehen. Schottland hat bekanntlich den Golfsport erfunden, und schottische Golfspieler wie Sam Torrance, Colin Montgomerie und Sandy Lyle konnten sich in jüngster Zeit auch international durchsetzen. Aus Schottland stammt auch Stephen Hendry, der siebenmalige Weltmeister im Snooker, der schon als Jugendlicher wichtige Titel gewonnen hat.

Derzeit besonders erfolgreich ist der Tennisprofi Andy Murray. Er hat schon eine Reihe von Turnieren gewonnen und stand immerhin schon dreimal in einem Grand-Slam-Finale. Die Fans in Wimbledon haben ihm sogar verziehen, dass er die englische Fußballmannschaft nicht unterstützen mochte. Ein weiterer Sportstar ist Sir Chris Hoy, mehrfacher Olympiasieger im Bahnradsport. Nach einem schweren Sturz im Jahr 2009 schien seine Karriere beendet, doch er kämpfte sich zurück, und sicherte sich 2010 ein weiteres Mal den Weltmeistertitel.

Made in Scotland

Innerhalb Großbritanniens gelten die Schotten als findige Tüftler und kreative Köpfe. Jenseits der britischen Grenzen weiß man davon freilich wenig – erstaunlicherweise, denn das kleine Volk mit etwas mehr als fünf Millionen Menschen hat die Welt um vieles reicher gemacht. Oder glaubt jemand, ohne Erfindungen Made in Scotland auszukommen? Nun gut, wenn man den Fernseher ausschaltet, aufs Telefonieren verzichtet, das Auto stehen lässt (weil es ohne Reifen sowieso nicht fährt) und das Fahrrad in den Schuppen schiebt ... Alles schottisch – und die Liste ließe sich beliebig verlängern.

Schottlands Intellektuellenszene erblühte während der Schottischen Aufklärung im 18. Jahrhundert. Zwei bedeutende Persönlichkeiten jener Zeit waren Adam Smith (1723–90), dessen „Untersuchung über Wesen und Ursachen des Reichtums der Völker" nach wie vor als Standardwerk gilt, und der Philosoph des Empirismus David Hume (1711–76). Ein TV-Pionier war John Logie Baird (1888–1946), sein Zeitgenosse Alexander Graham Bell (1847–1922) trieb die Entwicklung des Telefons voran. Gummireifen verdankt die Welt John Boyd Dunlop (1840–1921). Den Regenmantel entwickelte Charles Macintosh (1766–1843). Bei der nächsten Wanderung in einem Naturpark sollte man John Muir (1838–1914) gedenken, der für den Schutz der Natur kämpfte.

Wie stände es wohl heute um die Medizin ohne James Young Simpson (1811–70), der die Wirkung des Chlorophorms erkannte, und ohne Alexander Fleming (1181–1955), den Entdecker des Penizillins? Ganz zu schweigen von jenem schottischen Forscher, dem die Bedeutung des Insulins klarwurde, oder vom Schotten, dem die Übertragung von Malaria durch Moskitos auffiel. Und schließlich gibt es noch die halb vergessenen Erfinder wie William Murdoch (1754–1839), den Entwickler der Gasbeleuchtung, oder Robert Watson-Watt (1892–1973), den Erfinder des Radars. ■

Blick auf die einsame Insel Skye von einem Felsen bei Elgol

Highland Games

Die Highland Games, auch Highland Gathering genannt, gehören ganz wesentlich zum schottischen Brauchtum. Diese Festlichkeiten reichen weit in die Geschichte hinab: bis in die Tage König Malcoms III., der die Wettkämpfe nutzte, um auf diese Weise die tapfersten und brauchbarsten Krieger zu ermitteln.

Eine ganz praktische Bedeutung erhielten diese Feste, als die englische Besatzungsmacht den rebellischen Schotten jede militärische Ausbildung untersagte. Kurzerhand tauschten die Schotten ihre Schwerter und Dolche gegen Baumstämme und schwere Steine und trainierten auf diese Weise Muskeln, Kraft und Ausdauer – und Konfliktbereitschaft.

Heutzutage finden die Highland Games alljährlich an den verschiedensten Orten statt. Die Saison beginnt im Mai und dauert bis in den September, sodass ausländische Besucher reichlich Gelegenheiten haben, eines dieser Events mitzuerleben. Die Highland Games sind über die Maßen beliebt; anders, als ihr Name vermuten lässt, sind sie allerdings nicht auf die Highlands beschränkt. Veranstaltet werden diese „Gatherings" überall im Land, sogar auf den Inseln Arran, Bute, Lewis, Mull und Skye.

Das mit Abstand größte dieser Games ist übrigens das Cowal Gathering in Dunoon. Am letzten Augustwochenende tragen dort mehr als 3000 Teilnehmer ihre Wettkämpfe aus – vor 20 000 Zuschauern. Renommiert sind aber auch die Feste in Braemar (traditionell im Beisein der königlichen Familie; siehe S. 163), in Grantown-on-Spey und Crieff, doch auch die vielen kleineren Games haben ihren ganz eigenen Charme.

Traditionsreiche Wettkämpfe

Die wohl berühmteste Wettkampfdisziplin dieser Spiele ist das Baumstammwerfen. Dabei stemmt eine Gruppe kräftiger Männer einen Baumstamm in die Höhe, nimmt mit dem Stamm Anlauf und schleudert ihn dann durch die Luft. Beliebt sind aber auch das Hammerwerfen und das Werfen sonstiger schwerer Gegenstände.

Neben diesen typisch schottischen Sportarten finden aber auch Leichtathletik-Wettkämpfe, beispielsweise im Laufen statt, manchmal in etwas unorthodoxer Form – wenn es etwa einen steilen Berg hinauf und wieder hinunter geht. Natürlich darf dabei auch die Musik nicht fehlen; in der Regel sorgen dann Highland-Bands mit Trommeln und Dudelsack für typisch gälische Klänge.

ERLEBNIS: Mitmachen beim Highland-Tanz

Bei den Highland-Tänzen handelt es sich um komplett durchchoreografierte Tänze, die hohe Anforderungen an die Ausführenden stellen. Getanzt wird in der Regel solo und in traditioneller Tracht, und zwar zu den Klängen des Dudelsacks. Mit den rauen Kampfsportarten der Games haben die Tänze wenig zu tun; sie erinnern eher ans Ballett, als an kriegerische Auseinandersetzungen. Als Besucher bekommt man diese alten Tänze am ehesten im Rahmenprogramm der Highland Games zu sehen, es gibt aber auch reine Tanzwettbewerbe. Klassische Tänze sind Highland Fling, der Schwertertanz, Shean Truibhais, Reel und Sailor's Hornpipe sowie der Highland Laddie. Wer etwas mehr Zeit zur Verfügung hat, kann diese Tänze sogar in speziellen Kursen erlernen. Hinweise dazu gibt es bei der **Scottish Official Highland Dancing Association** (*www.sohda.org.uk*), dem offiziellen Verband zur Pflege der Tanzkultur.

Ein klassischer Steinwurf bei den Highland Games in Dunoon

Der sonstige Ablauf variiert von Ort zu Ort. Mancherorts gehören Viehausstellungen zum Programm, andere Veranstalter schwören auf Vorführungen mit den gut trainierten heimischen Schäferhunden. Nicht selten sind auch Tanzdarbietungen im alten Stil Teil des Rituals.

Neueren Datums sind die vielen Kinderbelustigungen, die ebenfalls nicht mehr wegzudenken sind: Fahrgeschäfte, Spiele, Polizeihunde im Einsatz, Greifvogel-Demonstrationen und vieles mehr. Die meisten Erwachsenen bevorzugen dagegen eher einen kleinen Zwischenstopp am Imbissstand oder die Rast im Bierzelt.

Egal, welches dieser Highland Games man nun besucht: Überall erhält man einen Einblick in die althergebrachte Lebensweise der Schotten und in jene Feste, mit denen man die Traditionen am Leben hielt. Weitere Angaben hält die Scottish Highland Games Association (*www.shga.co.uk*) bereit; über Festivitäten in der jeweiligen Urlaubsregion informieren die Touristenbüros vor Ort.

Essen & Trinken

Großartigen Fisch und Meeresfrüchte sowie das erstklassige Aberdeen-Angus-Rindfleisch gab es zwar schon lange, dessen ungeachtet hatte die schottische Küche aber einen eher mäßigen Ruf. Das hat sich in den letzten zehn Jahren geändert: Überall verwendet man jetzt frische regionale Zutaten, und manche Spitzenköche wurden sogar mit Michelin-Sternen geehrt.

Traditionelle Küche

Jahrhundertelang orientierte sich die Küche des Landes vorwiegend an den Bedürfnissen einer überwiegend mittellosen Bevölkerung. Leicht zu kultivierende und sättigende Anbauprodukte wie die Kartoffel erfreuten sich großer Beliebtheit, und auch der Hafer wurde gern verwendet; bis heute beginnen viele Schotten ihren Tag mit einem ordentlichen Haferbrei-Frühstück. Angerichtet wird dieser Brei mit Wasser und einer Prise Salz.

Am berühmtesten (oder verrufensten) ist das Nationalgericht Haggis. Gern wird darüber gelästert, doch die Zutaten dürften sich nicht allzu sehr vom Inhalt einer handelsüblichen Wurst unterscheiden.

Am berühmtesten (oder verrufensten) ist das Nationalgericht Haggis. Gern wird darüber gelästert, doch die Zutaten dürften sich nicht allzu sehr vom Inhalt einer handelsüblichen Wurst unterscheiden: pürierte Schafsinnereien, mit Hafermehl angedickt und mit diversen Gewürzen und Zwiebeln abgeschmeckt – eine durchaus leckere Mischung. Allerdings wird Haggis heute kaum noch auf die traditionelle Weise serviert, nämlich umhüllt von einem Schafsmagen. Haggis kommt mit Steckrüben und Kartoffeln auf den Teller. Der bekannte Hersteller von Haggis, Macsween *(www.macsween.co.uk)*, hat sogar eine vegetarische Variante dieses Klassikers im Angebot.

Gern gegessen wird in Schottland natürlich auch Shortbread. Das nach Butter schmeckende Mürbegebäck wurde hier erfunden und ist bei Einheimischen wie Touristen gleichermaßen begehrt. Shortbread eignet sich daher vorzüglich als Mitbringsel von der Reise – schön verpackt in einer Blechdose mit kitschiger Highland-Landschaft darauf oder mit einem Helden aus der schottischen Historie.

Schottische Suppen

Ein weiterer Bestandteil schottischer Hausmannskost ist die Suppe. Die schottische Suppe ist eine Gerstensuppe; darin schwimmen Gemüse, vor allem Karotten und Steckrüben, und Fleischstückchen – überwiegend Hammelfleisch, gelegentlich Lamm oder (sehr selten) Rindfleisch. Solche Suppen stehen in Schottland schon lange Zeit auf dem Speisezettel, vor allem im Winter. Ursprünglich wurde das Fleisch nach dem Kochen wieder herausgefischt und separat als Hauptgang serviert, was heutzutage kaum noch üblich ist.

Wer den Drang zum Exotischen verspürt, sollte es ruhig einmal mit *Cullen skink* versuchen. Diese schwere, cremige Suppe enthält geräucherten Schellfisch, Kartoffeln und

Schottische Meeresfrüchte gelten auch international als Delikatesse

Oyster Company Ltd
OYSTER BARS

Zwiebeln; es heißt, das Rezept stamme ursprünglich aus dem Fischerdorf Cullen an der Nordostküste. Sehr traditionell ist auch die *cock-a-leekie,* deren Rezept bis ins 16. Jahrhundert zurückreicht; beim Abendessen im Rahmen einer feierlichen *Burns Night* (siehe unten) wird sie gern als Vorsuppe gereicht. Hauptbestandteile dieser ebenfalls nahrhaften Suppe sind Geflügelfleisch und Gemüse, häufig Lauch. Früher wurde der Geschmack mit Backpflaumen verfeinert, aber da diese Früchte nicht unbedingt jedermanns Sache sind, lassen die meisten Köche sie heute weg (oder holen zumindest die Pflaumen wieder aus der Suppe, nachdem sie ihr Aroma abgegeben haben).

Fisch & Meeresfrüchte

Die schottischen Gewässer sind eine bestens gefüllte Vorratskammer, auch wenn manch einem das gar nicht bewusst ist – denn viele der edelsten und frischesten Erzeugnisse aus Seen und Meeren landen in den Gourmetküchen von London, Paris und Madrid, wo sich natürlich höhere Preise erzielen lassen.

Wichtigster Lieferant ist die Westküste, vor allem, was Schalentiere betrifft. Im kalten, sauberen und nährstoffreichen Wasser gedeihen dort Hummer besonders gut. Auch die Jakobsmuscheln finden hier ideale Bedingungen vor; die größten erreichen manchmal die Ausmaße eines Tennisballs. Besonders geschätzt werden die großen *king scallops,* die einfach nur angebraten werden, damit sich der eigene Geschmack ungestört entfalten kann. Natürlich hat jede Region ihre eigenen Spezialitäten: Orkney zum Beispiel ist berühmt für seine Krabben, während man auf Shetland sehr große und aromatische Miesmuscheln erntet. Frische und preiswerte Meeresfrüchte besorgt man sich am besten direkt in den Hafenstädten; einen besonders guten Ruf genießt Oban (siehe S. 137). Mittlerweile findet man Meeresfrüchte von der Westküste auf den Speisekarten vieler exzellenter schottischer Restaurants, denn die Nachfrage hat stark angezogen, und die Fischer vor Ort verdienen deutlich mehr als früher.

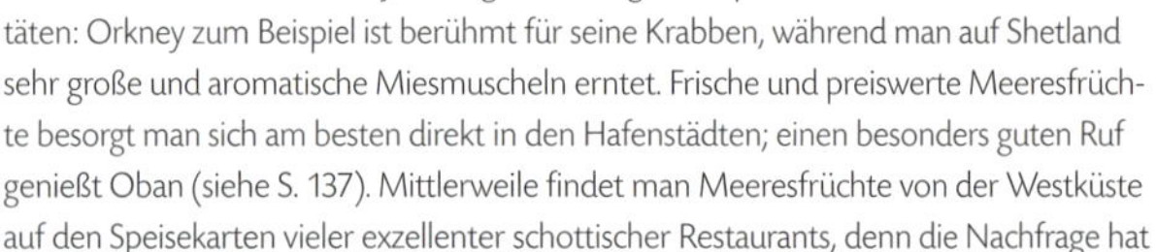

An der Ostküste fährt man in die Nordsee hinaus, um Dorsch zu fangen; im Hafen von Eyemouth im Süden Schottlands bekommt man ebenfalls hervorragende Schalentiere. Die wichtigsten Fischereihäfen sind Peterhead und Fraserburgh in Aberdeenshire (siehe S. 168), Arbroath in Angus (siehe S. 157) sowie die vielen kleinen Häfen im Süden von Fife. Gefangen werden dort vor allem der Schellfisch (ein Hauptbestandteil von Fish & Chips an der gesamten Ostküste) und der Kabeljau, dessen Bestände aber immer kleiner werden.

Burns Night

„Burns Night" am 25. Januar eines jeden Jahres ist eine der größten Festlichkeiten in Schottland. Gedacht wird an diesem Abend der Geburt des hoch verehrten Nationaldichters Robert Burns (1759–96). Burns war den geistigen Getränken nicht weniger zugetan als der Damenwelt; aber er war auch ein wirklich bedeutender Dichter, und eines der berühmtesten Lieder der Welt stammt in der heutigen Fassung aus seiner Feder: „Auld Lang Syne". Echte Schotten lassen sich in der Burns Night Haggis mit Steckrüben schmecken; gar nicht so übel, zumal bei einem attraktiven Rahmenprogramm.

So wird Haggis korrekt aufgetragen: Einmarsch der Köche mit Dudelsack

Weltruhm genießt der schottische Lachs. Die Mehrzahl dieser Fische wird mittlerweile in Aquakulturen in küstennahen Gewässern gehalten. Über die bedenklichen Zustände in diesen Farmen ist in der Presse viel berichtet worden, und die Zustände haben sich in den letzten Jahren sicherlich gebessert. Eine sehr angesehene Farm befindet sich am Loch Duart (*www.lochduart.com*). Dort praktiziert man umweltschonende Haltungsmethoden, was sich auch auf den Geschmack vorteilhaft auswirkt. Wilden Lachs findet man vor allem in lachsreichen Flüssen wie dem Tweed und dem Spey. Diese Fische werden sehr teuer gehandelt, und wer einen kosten möchte, muss ihn in der Regel schon selbst fangen.

Fleisch aus Schottland

Keine Frage: Schottisches Rindfleisch schmeckt einfach hervorragend. Die berühmteste Rinderrasse des Landes heißt Aberdeen Angus; das Fleisch dieser Tiere ist durchgehend von guter Qualität. In jüngster Zeit erscheint auch das Fleisch der Hochlandrinder (das sind die zotteligen Tiere mit den ausladenden Hörnern) auf den Speisekarten der Restaurants; der Geschmack ist ein wenig intensiver, was nicht unbedingt jedem zusagt. Viele Schotten lieben das Fleisch von Buccleuch-Rindern, deren Filets und Steaks in der Tat exzellent schmecken.

Talisker Distillery auf der Insel Skye

Auch schottisches Lammfleisch ist ausgezeichnet, vor allem aus dem Grenzland im Süden. Wild gewinnt zunehmend gastronomisch an Bedeutung. Serviert wird Wild häufig mit einer kräftigen Beerensauce. Viele schottische Metzger produzieren im Übrigen köstliche Würste; die *square* bzw. *Lorne sausage* sind ideal, um einen Kater auszukurieren.

Insgesamt spielt Wild auf den Speisekarten noch keine überragende Rolle, während der Jagdsaison sind Wildgerichte in den teureren Hotels und Restaurants aber durchaus zu bekommen. Meist sind Moorhuhn oder Fasan im Angebot.

Regionale Spezialitäten

Regionalgerichte genießen in Schottland einen hohen Stellenwert. Zu den berühmtesten Speisen dieser Art zählen die *Arbroath smokies,* ein Markenname für den vor Ort gefangenen und geräucherten Schellfisch. In Aberdeenshire sollte man nach *butteries* Ausschau halten, einem nicht gerade kalorienarmen Gebäck.

Seit einigen Jahren produziert Schottland Käsesorten, die bereits Auszeichnungen gewinnen konnten. Unter den Blaukäsesorten sind insbesondere Lanark, Dunsyre und Strathdon zu nennen; der edelste Cheddar stammt von der Insel Mull (und wird in der Regel nicht pasteurisiert). Auch traditionelle Sorten erleben gerade eine Renaissance, darunter Caboc (den man schon im 15. Jahrhundert zubereitete), ein Käse aus den Highlands, und Grimbister von der Insel Orkney.

Schottische Küche heute

Die schrecklichen Dinge aus der Fritteuse, die man in vielen schottischen Fish-and-Chips-Restaurants vorgesetzt bekam, sind dort im wahrsten Sinne des Wortes noch nicht vom Tisch; man denke nur an frittierte Pizza oder frittierte Schokoriegel. Insgesamt aber wurde der Standard in der Gastronomie deutlich angehoben. Vor allem in Edinburgh hat die gehobene Küche Einzug gehalten, und stolz verweist die Stadt auf fünf Restaurants, die sich mit Michelin-Sternen schmücken. In Glasgow sind die Unterschiede im Niveau nicht so auffallend, doch auch dort findet man hervorragende Restaurants. Überhaupt werben heutzutage alle größeren Städte mit guten und sogar ausgezeichneten Speiselokalen.

Getränke

Schotten gilt der Whisky als *Uisge Beatha* („Lebenswasser"; siehe unten), und wer einen Einheimischen dazu einladen möchte, muss keine große Überzeugungsarbeit leisten. Auch Bier ist beliebt und häufig besser als das lauwarme englische Getränk. In jüngster Zeit haben eine Reihe von Kleinbrauereien die Versorgung der Bevölkerung mit dem Gerstensaft übernommen. Besonders empfehlenswert sind die Erzeugnisse der hervorragenden Black Isle Brewery (*www.blackislebrewery.com*), die Getränke von BrewDog (*www.brewdog.com*) und das Bier aus der Orkney Brewery, besonders das süffige Dark Island. ■

Whisky – Lebenswasser der Highlands

Nie zuvor war der schottische Whisky weltweit so begehrt wie heute. Doch wie viele Menschen, die in Singapur oder New York an ihrem Glas nippen, wissen auch um die Geschichte hinter ihrem Drink? Wer hat schon von den illegalen Brennereien gehört oder kennt die drei Arten von „Scotch"?

Das Rezept ist wunderbar einfach: Aus Gerste, Hefe und Wasser haben die Schotten schon jahrhundertelang ihren Whisky gebrannt, der auf Gälisch *Uisge Beatha* heißt, „Wasser des Lebens". Leben spendete dieses Wasser vor allem den Highland-Clans in ihren kühlen, nebelverhangenen Tälern.

Nachdem Schottland 1707 mit England vereinigt worden war, nahm die britische Regierung in London die Whiskyproduktion ins Visier; bisher hatten unzählige Kleinbrennereien überall im Land den kostbaren Tropfen zubereitet. Um der britischen Besteuerung zu entgehen, gingen die Brennereien in den Untergrund und setzten ihre Arbeit im Verborgenen fort.

Heute geht das natürlich nicht mehr, denn Whisky ist ein wichtiger Wirtschaftsfaktor. Immer noch gibt es Hunderte Brennereien in Schottland, und jeder Landstrich bevorzugt sein ganz eigenes Aroma. Viele dieser Brennereien stehen Besuchern im Rahmen von Führungen offen – und natürlich kann man dort dann auch vom bernsteinfarbenen Lebenssaft kosten.

Heute gibt es drei Arten von Whisky: *Grain, Malt* und *Blended*. Single Malts sind die reinsten Whiskys, sie stammen immer aus ein und derselben Brennerei: Vorn fließt das Wasser hinein, hinten kommt gewissermaßen Whisky wieder heraus. Mit den Grain Malts verhält es sich ähnlich, der Geschmack ist allerdings etwas kräftiger; in den Handel kommt diese Sorte praktisch nie. „Blended" nennt man Verschnitte, meist aus zwei unterschiedlichen Sorten, oft ein Single Malt und ein Grain Whisky. Manchmal werden auch mehr als zwei Sorten gemischt, oder es kommen Whiskys zusammen, die in ganz unterschiedlichen Brennereien an weit entfernten Orten entstanden sind. Ein Whisky, der nur aus Single Malts besteht, heißt Vatted Malt. Die allermeisten Whiskys sind übrigens solche „Blends".

Natur & Landschaft

Schottlands Geographie ist wirklich bemerkenswert. Das Land ist zwar nur ein wenig größer als Bayern, weist aber eine erstaunliche landschaftliche Vielfalt auf. Die Küste ist dreimal so lang wie die von Frankreich und Spanien und besteht aus mächtigen Bergen, steilen Klippen und tief eingeschnittenen Meeresbuchten. All dies lässt sich drei Großregionen zuordnen.

In Schottland unterscheidet man die Southern Uplands, die Lowlands und die Highlands. Jede dieser Regionen besitzt ihre ganz charakteristischen Eigenheiten; gemeinsam ist allen dreien die Prägung durch die Eiszeit. Von Norden nach Süden misst das Land 441 Kilometer, breit ist es 39 bis 248 Kilometer; die gesamte Landfläche umfasst 80 290 Quadratkilometer. Die natürlichen Gegebenheiten dieser drei Regionen spiegeln in gewisser Hinsicht die Entwicklungen in der politischen Geschichte wider – in Schottland hat die Natur dem Menschen stets seine Grenzen aufgezeigt. Nicht ganz zu Unrecht behaupten Schotten gelegentlich, nicht die Highlander hätten den Vormarsch der Römer gestoppt, sondern die Highlands. Kein Wunder also, dass Schottland ganz oben auf der Reiseliste europäischer Naturtouristen steht: In dieser urtümlichen Landschaft am Rande Europas gibt es eine Menge zu entdecken.

Die Küste ist dreimal so lang wie die von Frankreich und Spanien und besteht aus mächtigen Bergen, steilen Klippen und tief eingeschnittenen Meeresbuchten.

Southern Uplands

Die südlichste Region Schottlands liegt nördlich der Grenze zu England; im Norden wird die Region durch die Southern Uplands Fault begrenzt, einen Grabenbruch, der von Girvan an der Westküste bis Dunbar an der Nordsee verläuft. Die Landschaft ist überaus reizvoll; sanftwellige Hügel dehnen sich scheinbar endlos aus. Den Kern der Uplands bildet eine Bergkette mit kargen Gipfeln, die sich über 190 Kilometer von Westen nach Osten erstreckt; allerdings gibt es hier keine Munros (Berge, die über 914 m hoch sind). Die höchste Erhebung der Southern Uplands ist der Merrick (843 m). Im Westen und Osten fällt das Gelände in weiten Tälern zu den Ebenen der Küste hin ab. Klippen und Sandstrände zieren den Küstensaum und bieten zahllosen Seevögeln Schutz. In diesem Teil des Landes gibt es sogar größere Wälder, darunter Mabie Forest und Galloway Forest.

Die Lowlands

Die Lowlands werden durch einen Grabenbruch geprägt, der die Southern Uplands von den Highlands trennt. Geologisch gesehen grenzt diese Region an die Highland Boundary Fault, eine Verwerfung, die von Helensburgh (oder Arran, wenn man die Inseln mitrechnet) bis Stonehaven im Osten verläuft. Hier lagert mineralreiches Sedimentgestein, weshalb der Abbau von Steinkohle und Erzen sich rentierte. Zudem

Zahllose Seevögel finden in den steilen Klippen von Orkney sichere Brutplätze

ist der Landstreich so fruchtbar wie kein anderer in Schottland, sodass eine ertragreiche Landwirtschaft möglich war; es verwundert daher nicht, dass 80 Prozent der Bevölkerung und fünf der sechs größten Städte des Landes hier liegen.

Die wichtigsten Höhenzüge der Lowlands sind die Pentlands und die Lammermuirs im Osten und die Campsie Fells im Westen. Darüber hinaus gibt es in der Region eine Reihe erloschener Vulkane; am bekanntesten sind Arthur's Seat und Castle Hill in Edinburgh. Unter den kleineren Hügelgruppen sind die Bathgate Hills besonders hervorzuheben: Diese Hügelkette verläuft zwischen Edinburgh und Glasgow und bietet wunderschöne Aussichten auf die Täler von Forth und Clyde.

In den mittleren Lowlands bestehen die Flussmündungen aus langgestreckten Förden (Firths). So öffnet sich beispielsweise im Westen der Clyde, nachdem er Glasgow passiert hat, zum Firth of Clyde, einem weiten Meeresarm mit zahlreichen Inseln, zu denen auch Arran und Bute gehören. Im Osten fließt der Forth durch Stirling, bevor er sich zu einem eigenen Firth weitet und östlich von Edinburgh ins Meer mündet. Der Firth of Tay vereinigt sich östlich von Dundee mit der Nordsee.

Die Highlands

Die meisten Besucher zieht es der Landschaft wegen vor allem in den Norden und Westen von Schottland. Denn die Highlands sind geradezu ideal, um auf eiszeitliche Spurensuche zu gehen. Während der letzten Eiszeit schoben sich riesige Gletscher

Ruinen des Broch Dun Carloway, eines steinernen Turms auf der kargen Insel Lewis

über die heutigen Highlands, sie hobelten Täler aus und frästen tiefe Kerben in den Untergrund, aus denen die heutigen Lochs, die Seen, hervorgingen.

Berge aus uraltem Gestein sind in den Highlands im Überfluss vorhanden. Der dortige Torridon-Sandstein und der Lewis-Gneis zählen zu den ältesten Gesteinen der Erde; Letzterer soll über drei Milliarden Jahre alt sein. In den Highlands reiht sich Gipfel an Gipfel; darunter sind zahlreiche der beliebten Munros, die Bergsteiger und Wanderer aus aller Welt anlocken. Munros gibt es in allen Größen und Gestalten: majestätische Einzelberge wie der 966 Meter hohe Ben More im Norden, aber auch unauffällige und bescheidene Erhebungen, die zu kleineren Höhenzügen wie den Cairngorms zählen.

Hinter jeder Wegbiegung tritt ein neuer Berg oder Hügel ins Bild, oder ein Bachlauf windet sich durch die Landschaft.

Wanderern präsentiert das schottische Hochland einen unaufhörlichen Kulissenwechsel. Hinter jeder Wegbiegung tritt ein neuer Berg oder Hügel ins Bild, oder ein Bachlauf windet sich durch die Landschaft. Im Zentrum der Region dehnt sich der Great Glen. Diese tektonische Verwerfung verläuft durch einen Streifen, der durch viele Täler (Glens) und Seen (Lochs) gekennzeichnet ist – ungefähr von Fort William am Atlantik bis zum Moray Firth und zur Stadt Inverness im Osten. Zu beiden Seiten dieser Linie ragen imposante Berge auf.

Die Binnengewässer

Ein dichtes Netz aus Bächen und Flüssen durchzieht ganz Schottland; naturgemäß münden diese Gewässer allesamt entweder in die Nordsee oder in den Atlantik. Die drei längsten Flüsse sind der Tay (193 km), der bei Dundee ins Meer fließt, der Spey (172 km), der die Nordsee über den Moray Firth erreicht, und der industriell genutzte Clyde (171 km), welcher durch Glasgow fließt. Diese drei haben den größten Einzugsbereich. Bedeutend sind darüber hinaus der lachsreiche Tweed in den Southern Uplands und der Forth, der sich durch die Lowlands windet und östlich von Edinburgh in einem breiten Meeresarm in die Nordsee strömt.

Klima

Vom vermeintlich schrecklichen schottischen Wetter wird immer viel Aufhebens gemacht, bedenkt man aber die nördliche Lage (die Orkney Islands liegen fast auf dem Breitengrad von Oslo), herrscht eigentlich ein überraschend gemäßigtes Meeresklima. Zwar wehen hier kalte Nordwinde aus der Polarregion, ihr Einfluss wird aber durch den Golfstrom abgemildert, der warmes Wasser aus dem Golf von Mexiko führt. Deshalb ist das Klima an der Westküste auch so erstaunlich mild; es gibt Orte im Hochland wie das kleine Plockton, in denen sogar Palmen gedeihen! Und herrscht wirklich einmal extremes Wetter, passt das eigentlich ganz gut zur dramatischen Naturkulisse.

Selbstverständlich gibt es regionale Unterschiede. Vereinfacht gesagt, ist es im Osten kühler und trockener, dafür treffen die Stürme vom Atlantik zuerst den Westen, wo es deshalb auch deutlich mehr regnet. Den Verlauf des schottischen Sommers – normalerweise die Monate von Juni bis August – kann man schwer vorhersagen; immerhin ist er in der Regel einigermaßen mild. Für einen Aufenthalt sind auch der Frühling und Herbst gut geeignet, denn dann herrschen immer noch gemäßigte Temperaturen;

am trockensten ist es im Mai. Die Winter dagegen können recht hart sein, und insbesondere in den Highlands fällt reichlich Schnee, was die Verkehrslage nicht unbedingt erleichtert. Auf den Inseln gelten ganz eigene Gesetzmäßigkeiten: Tiree und Coll im Westen melden oft erstaunlich wenig Niederschlag, und Skye macht seinem gälischen Namen häufig alle Ehre – als „Insel des Nebels".

Flora & Fauna

Was die Tierwelt betrifft, ist Schottland nicht nur der bedeutendste Teil Großbritanniens, sondern auch einer der wichtigsten naturbelassenen Rückzugsorte in Europa. Hier gibt es allerlei Raritäten zu entdecken: von einer Feldmausart, die nur auf zwei Inseln von St. Kilda vorkommt, bis zu Fischadlern und Killerwalen.

Große Landraubtiere gibt es in Schottland dagegen nicht; die letzten einheimischen Wölfe wurden schon im 18. Jahrhundert erlegt. Das größte Tier ist der Rothirsch; Rotwild ist in allen Teilen des Landes anzutreffen, besonders häufig jedoch in den Highlands und auf den Inseln. Die sehr naturnahe Insel Jura trägt sogar das gälische Wort für „Hirsch" im Namen, und bis heute ist Rotwild dort gut zu beobachten, denn auf Jura leben mehr Hirsche als Menschen (siehe S. 221).

Die berühmten Hochlandrinder sind mittlerweile ein vertrauter Anblick, auch außerhalb der Highlands. Touristen schätzen die sanftmütigen Tiere mit ihrem rotbraunen Zottelfell und den ausladenden Hörnern als ideale Fotomotive. Auf den weitläufigen Ländereien in den Highlands leben die Tiere praktisch halb wild, und als Wanderer kann man einer solchen Herde durchaus einmal begegnen.

An den Küsten tummelt sich der scheue Otter, und in den Wäldern fühlt sich der Baummarder heimisch. Auch Vögeln bietet das Land ausreichenden Lebensraum: Von den Greifvögeln zeigt sich vor allem der Bussard, inzwischen sogar in den Städten; sehr viel seltener, aber dafür auch umso eindrucksvoller ist der Anblick eines Steinadlers hoch am Himmel. Wer dort zu Fuß unterwegs ist, erblickt mit etwas Glück ein weiteres schottisches Symbol: Rauhfußhühner. Diese vor allem am Boden lebenden Vögel, zu denen auch Auerhuhn und Schneehuhn zählen, werfen ihr braunes Gefieder im Winter ab und sind dann mit ihrem weißen Federkleid hervorragend getarnt.

Am Meer halten Ornithologen vor allem nach dem seltenen Seeadler Ausschau; ein häufiger Anblick ist dagegen der drollige Papageientaucher mit seinem knallbunten

Küstenschutz

Als die schottische Regionalregierung 2005 daranging, das erste britische Meeresschutzgebiet auszuweisen, reagierte die Öffentlichkeit ebenso begeistert wie die Umweltgruppen. Schließlich ergriff hier endlich einmal jemand die Initiative, um den schottischen Küstensaum zu sichern! Viel ist aber seither nicht passiert; die genaue Lage des Schutzgebiets wurde nicht bestimmt, und die erforderlichen Gesetze aus Edinburgh und London lassen noch immer auf sich warten. Zumindest auf der Insel Arran hat man aber schon Nägel mit Köpfen gemacht: Dort hat die Verwaltung in Abstimmung mit der Regierung und den heimischen Fischern bereits eine Zone mit Fischereiverbot eingerichtet, möglicherweise als Keimzelle eines künftigen großen Schutzgebiets.

Nur mit viel Glück erspäht man einen Fischotter am Rand eines schottischen Gewässers

Schnabel und seiner scheinbar so tollpatschigen Flugtechnik. Papageientaucher (siehe S. 267) und Sturmschwalben (siehe S. 266) sind vor allem auf St. Kilda und den Shetland Islands kaum zu übersehen; die Vögel leben aber auch auf den Inseln im Firth of Forth (siehe S. 78), also in Sichtweite des Edinburgh Castle.

Vor den Küsten kann man mit etwas Übung allerlei Meeresbewohner erspähen – von Delfinen bis zu Großen Tümmlern. Auch Haie und Wale patrouillieren vor Schottlands Küsten, beispielsweise Riesenhaie, Minkwale und Killerwale (Orcas).

Naturschutz

Den Schutz der natürlichen Umwelt nimmt Schottland sehr ernst. Mit der Wiedereinsetzung eines schottischen Parlaments im Jahr 1999 kehrten eine Reihe von Kompetenzen ins Land zurück, und in Sachen Umweltschutz machte das Parlament schon sehr bald davon Gebrauch. Eigenartigerweise besaß Schottland damals noch keinen einzigen Nationalpark; die neue Regionalregierung richtete daher unverzüglich die ersten beiden Parks ein: den Loch Lomond and the Trossachs National Park und den Cairngorms National Park. Daneben gibt es im Land eine ganze Reihe von Naturschutzgebieten. Zudem bemüht man sich sehr darum, die Sünden der Vergangenheit wiedergutzumachen und zumindest Teile jener alten kaledonischen Wälder wieder aufzuforsten, die einst das ganze Land wie ein grüner Mantel bedeckten.

Um bestimmte Arten zu erhalten, greift man gelegentlich auch direkt in die Natur ein. Beispielsweise wird das Europäische Eichhörnchen vom eingewanderten Grauhörnchen verdrängt. Um die heimische Art zu schützen, geht man inzwischen gegen eine ungehinderte Ausbreitung der grauen Verwandtschaft vor. In die gleiche Richtung weisen Versuche, den Biber wieder anzusiedeln; ob das Projekt gelingt, lässt sich aber noch nicht absehen. Erfolgreicher waren da schon die Bemühungen zum Schutz des seltenen Fischadlers; dessen Bestände haben sich bereits erholt. ■

Schottland damals

Das Buch der schottischen Geschichte handelt von romantischen Helden, von Kriegen verfeindeter Völker und tödlichen Zwistigkeiten. Die Anfänge reichen 7000 Jahre zurück zu den Siedlern der Steinzeit, die hier in bescheidensten Verhältnissen lebten. Einer der Höhepunkte war 1999 die Rückkehr eines schottischen Parlaments nach Edinburgh – nach 300 Jahren.

Erste Siedler

Die ältesten Spuren menschlicher Besiedlung in Schottland finden sich auf den Orkney Islands. Dort sind die Stätten Skara Brae, Knap of Howar und Maeshowe ungewöhnlich gut erhalten; es handelt sich sogar um die ältesten erhaltenen steinzeitlichen Siedlungen in ganz Europa. Die archäologischen Funde belegen, dass Menschen vom europäischen Festland vor rund 7000 Jahren in die Region einwanderten und dort sesshaft wurden. Diese Menschen führten zunächst ein sehr einfaches Leben, irgendwann aber begannen sie, ihre Umwelt zu gestalten: Sie errichteten große Steingräber und jene geheimnisvollen Steinkreise, die noch heute auf den Orkney Islands und den Äußeren Hebriden von ihrer verschwundenen Kultur zeugen. Der schönste steht bei Callanish auf der Insel Lewis; diese Anlage entstand um 2000 v. Chr.

Die archäologischen Funde belegen, dass Menschen vom europäischen Festland vor rund 7000 Jahren in die Region einwanderten und dort sesshaft wurden.

Mit der Bronzezeit kamen neue Gerätschaften auf: Werkzeuge, die den landwirtschaftlichen Anbau erleichterten, aber auch Waffen. Auseinandersetzungen um Land oder Nahrung wurden gewaltsamer ausgetragen und machten den Bau von Verteidigungsanlagen unerlässlich: Die Menschen schützten sich durch Crannogs (künstliche Seeinseln) oder durch großangelegte Bergfestungen. Hatten die ersten Einwanderer vom Festland sich im Norden niedergelassen, trafen jetzt Neuankömmlinge aus dem Süden ein: die Kelten. Streitigkeiten zwischen den kriegerischen Völkern nahmen zu, und vom Meer her drohten neue Gefahren: In dieser Zeit entstand entlang der Küste eine ganze Kette sogenannter Brochs – hohle, gut befestigte Steintürme, in denen wohlhabendere Familien sich versteckt halten und sogar Belagerungen überstehen konnten. Am besten erhalten sind Dun Carloway auf der Insel Lewis und Mousa Broch auf der gleichnamigen Shetland-Insel – Überreste eines Netzwerks aus mehr als 500 Steintürmen, die einstmals über Schottlands Küste wachten.

Römer & Pikten

Die Römer prägten den Namen „Pikten" (nach dem lateinischen Wort *pictus*, „bemalt") für jene Völker mit Kriegsbemalung im Gesicht, denen sie beim Vordringen in den hohen Norden der Britischen Inseln begegneten – einer Region, die bei den Römern den Namen „Caledonia" trug. Die Römer hatten bereits vereinzelte Vorstöße in den Süden Englands unternommen, die wirkliche Eroberung der Insel begann aber erst im Jahr 43 unter

Skara Brae auf Mainland, der größten unter den Orkney Islands

NO

Kaiser Claudius. Rasch gelang es ihnen, den Inselsüden (England und Wales) zu befrieden und das Land mit einer neuen Infrastruktur, neuen Städten und römischer Kultur zu prägen. Mit den Stämmen des Nordens hatten sie allerdings kein so leichtes Spiel.

Zwar unternahmen die Römer mehrere Versuche, die Pikten zu unterwerfen, doch sie verloren dabei viele Legionen und mussten sich am Ende doch geschlagen geben: Sie kamen nicht an gegen den verbissenen Widerstand der Völker – und gegen die widrigen Bedingungen in den Highlands. So sehr fürchteten die mächtigen Römer schließlich die kriegerischen Stämme des Nordens, dass sie nicht nur einen, sondern gleich zwei Schutzwälle errichteten, um sie auf Distanz zu halten. Im Jahr 122 bauten sie zunächst den steinernen Hadrianswall im Norden Englands, 142 folgte dann der Antoniuswall aus Stein und Grassoden weiter nördlich in den schottischen Lowlands. Der Wall verlief vom Fort bei Cramond am Rande Edinburghs im Osten bis nach Old Kilpatrick im Westen. Um das Jahr 500 zogen die Römer sich schließlich aus Großbritannien zurück, das sie ein halbes Jahrtausend lang beherrscht hatten. Sie zogen ab, ohne Schottland unterworfen zu haben – dies war in der Geschichte der siegverwöhnten Römer nur sehr selten der Fall. Bis heute sind viele Schotten stolz auf den Widerstandsgeist ihrer Vorväter.

Aufstieg des Christentums

Auf dem Gebiet des heutigen Schottland siedelten am Ende der Römerzeit im Wesentlichen drei unterschiedliche Völker: Die Kelten lebten im heutigen Südschottland, während die Pikten im Norden und Osten ansässig waren. Neuankömmlinge während der römischen Zeit waren die Skoten (oder Scotti), irische Kelten, die es auf die Inseln und an die schottische Westküste zog – und die dem Land später ihren Namen geben sollten. Sie sprachen ein Q-Keltisch, ein dem Irischen und Gälischen verwandtes Idiom, während die schon in Schottland ansässigen Kelten und (vermutlich) auch die Pikten unterschiedliche Varianten des P-Keltischen gesprochen haben dürften (das P-Keltische ist dem Walisischen und Cornischen verwandt).

Während die Kelten und Skoten bereits zum Christentum übergetreten waren, hielten die Pikten noch an ihren heidnischen Kulten fest. Die Christen sandten daher Missionare aus: Am berühmtesten waren der hl. Ninian im 4. Jahrhundert und der hl. Columban, ein Skote, dessen Missionsreisen schließlich von Erfolg gekrönt waren. Columban gründete im 6. Jahrhundert ein Kloster auf Iona; eine Rekonstruktion seiner Anlage ist dort zu besichtigen. Einer alten Legende zufolge soll Columban sogar das ursprüngliche Ungeheuer von Loch Ness vertrieben haben.

Geburt einer Nation

Verfeindete Stämme zu einem Volk zusammenzuführen war keine einfache Aufgabe, doch der Widerstand gegen den gemeinsamen Gegner im Süden, die Römer, und die Bedrohung durch plündernde Wikinger führten schließlich dazu, dass die einzelnen Völker enger zusammenrückten. Dank der eifrigen Arbeit der Missionaren waren sie ohnehin schon durch die christliche Religion miteinander verbunden. Bis vor kurzem galt der Skote Kenneth

Statue von Robert Bruce im Stirling Castle

MacAlpine (800–858), Anführer der Scotti im Reich Dalriada, als erster schottischer König, weil er im Jahr 843 sein Land mit dem der Pikten vereinte und das Land Alba schuf, das spätere Schottland.

Nicht zu Alba gehörten allerdings Strathclyde, die Lothians und das gesamte südliche Schottland; viele Historiker vertreten deshalb die Ansicht, von Schottland im eigentlichen Sinne könne man erst 1468 sprechen, als die Shetland und Orkney Islands angegliedert wurden. Wie dem auch sei: Die von MacAlpine begründete Nation war immerhin zu einem großen Teil mit dem heutigen Schottland identisch, und mit der Gründung einer Hauptstadt in Scone war der Weg für eine weitere Konsolidierung der Macht geebnet. Und schließlich hinterließ MacAlpine den Schotten ihr bis heute heiligstes Kultobjekt: den Stone of Destiny, den Krönungsstein schottischer Könige.

MacAlpine und die von ihm begründete Dynastie verlieh dem jungen Reich Stabilität. Einem seiner Nachkommen, Malcolm II. (954–1034), gelang 1018 in der Schlacht bei Carham ein Sieg über die Angeln aus Northumberland, womit das Land südlich des Firth of Forth mit der Stadt Edinburgh an Schottland fiel. Das Königreich wuchs und mit ihm Verwaltung und Strukturen. Unter David I. (1083–1153) entstanden freie Städte (Burghs) und die Abteien im Grenzland, die sogenannten Borders Abbeys mit ihrem großen Einfluss auf die schottische Kultur. Zumindest im Zentrum und im Süden verdrängte ein Feudalsystem die traditionellen Clan-Strukturen; nur die Highlands blieben von diesen Veränderungen verschont. Auf den Shetland und Orkney Islands hatten sich Wikinger eingerichtet: Von dort brachen sie zu Raubzügen auf.

Die Unabhängigkeitskriege

In der Schlacht von Largs wurden die Wikinger 1263 vernichtend geschlagen, gefährlich waren sie seither nicht mehr. Doch da drohte schon neues Ungemach aus dem Süden: England begann, sich für den Nachbarn im Norden zu interessieren. Kleinere Gefechte im Grenzland wa-

Schottische Zeittafel

5000 v.Chr.	Auf den Orkney Islands entstehen erste Steinzeit-Siedlungen.
43–500 n. Chr.	Der römische Versuch, Kaledonien zu erobert, schlägt fehl.
843	Kenneth MacAlpine, erster König von Alba, vereint Pikten und Skoten.
1314	Robert Bruce bereitet den Engländern bei Bannockburn eine Niederlage.
1371–1714	Herrschaft des Hauses Stuart.
1707	Schottland wird mit England vereinigt.
1715–1745	In den Jakobitenunruhen kämpfen die Aufständischen für die Wiedereinsetzung des Hauses Stuart und Schottlands Unabhängigkeit.
1746	Mit der Niederlage bei Culloden endet das althergebrachte Clan-System.
1746–1886	Vertreibung der Highland-Bewohner.
1887–1945	Schottlands Städte profitieren vom Wirtschaftsaufschwung im Britischen Weltreich.
1945–1970	Niedergang der Schwerindustrie und Wirtschaftskrise.
1970er Jahre	Öl- und Gasvorkommen in der Nordsee lassen den Ruf nach Unabhängigkeit wieder lauter werden.
1999	Schottland hat nach 300 Jahren wieder ein eigenes Parlament.

ren eigentlich an der Tagesordnung; zu einer regelrechten Invasion kam es dann 1296, als König Edward I. (1239–1307), berüchtigt als „Schottenhammer", mit 30 000 gut ausgebildeten Soldaten eine blutige Spur der Verwüstung durch Schottland zog.

Die Schotten hatten nicht unbedingt darauf gewartet, von England vereinnahmt zu werden, und so flackerten immer wieder Unruhen auf. Eine echte Revolte wurde daraus aber erst, als der volkstümliche William Wallace (1272–1305) sich der Bewegung anschloss; Mel Gibson hat ihm in seinem Film „Braveheart" (1995) ein Denkmal gesetzt. Wallace gehörte nicht zum Königshaus, er war nicht einmal von Adel; dennoch demonstrierte er, wie viel eine scheinbar unterlegene Armee zu leisten vermochte, wenn sie ihre Stärken (z. B. eine genaue Kenntnis des Geländes) ausspielte: In der Schlacht von Stirling Bridge gelang den Schotten unter Wallace 1297 ein unerwarteter Sieg über die englische Besatzungsmacht. Die Adligen, denen es eher um eigene Vorteile und Landgewinne ging, standen freilich nicht wirklich hinter Wallace, und so ließen sie ihn nach der Niederlage bei Falkirk schon ein Jahr später im Stich. 1305 wurde er von den Engländern hingerichtet.

Mehr nach dem Geschmack des Adels und gleichzeitig beim Volk beliebt war Robert Bruce (1274–1329). Als Heerführer erlebte er zunächst zahlreiche Niederlagen, doch er gab nicht klein bei und errang schließlich 1314 einen triumphalen Erfolg: Auf dem Schlachtfeld von Bannockburn, im Schatten von Stirling Castle, bereitete das schottische Heer unter seiner Führung der überlegenen englischen Armee eine vernichtende Niederlage. Damit sicherte sich Bruce nicht nur die Krone Schottlands, er begründete gleichzeitig ein freies Schottland, das 400 Jahre lang unabhängig bleiben sollte. Die Engländer wurden »heimgeschickt, um nachzudenken«, wie es im Lied „Flower of Scotland" heißt, einer der inoffiziellen schottischen Nationalhymnen. Die Deklaration von Arbroath, die der Papst im Jahr 1320 annahm, besiegelte die schottische Unabhängigkeit mit feierlichen Worten: »Denn solange auch nur hundert von uns am Leben sind, werden wir uns niemals unter das englische Joch beugen. Wahrlich, wir kämpfen nicht um Ruhm, Reichtum oder Ehre, sondern wir kämpfen für unsere Freiheit – für sie allein, die kein ehrenhafter Mann jemals preisgibt, solange er lebt.«

Der englische König Edward III. (1312–77) erkannte die schottische Eigenstaatlichkeit 1328 offiziell an; damit endete der Unabhängigkeitskrieg nach 30 Jahren. Robert Bruce und sein Sohn David II. (1324–71) regierten das Land bis 1371, dann fiel die Herrschaft mit Davids Neffen Robert II. (1316–90) an das Haus Stuart. Vollständig beigelegt war der Konflikt freilich nicht; entlang der Grenze kam es in den folgenden 200 Jahren immer wieder zu blutigen Scharmützeln.

Land mit zwei Flaggen

Schottland besitzt zwei Flaggen: das Andreaskreuz und die Flagge der schottischen Könige, den springenden roten Löwen („Lion Rampant"). Am häufigsten sieht man das Andreaskreuz, die weißen Diagonalbalken auf blauem Grund. Der Legende nach erschien dieses Kreuz, an dem der Apostel Andreas hingerichtet worden war, einst als Zeichen am Himmel und führte eine schottische Armee in eine siegreiche Schlacht. Der furchterregende rote Löwe auf gelbem Grund ist offiziell Mitgliedern der königlichen Familie vorbehalten, oder sie wird zu ihren Ehren gehisst, wenn die Königin in Schottland weilt. Dass sie die beliebte Fahne also eigentlich gar nicht verwenden dürften, kümmert die Schotten heute aber nicht mehr.

Religionskriege & Maria Stuart

Im frühen 16. Jahrhundert zogen dunkle Wolken am europäischen Horizont auf: eine Zeit blutiger Umwälzungen, eingeleitet durch die Kirchenspaltung – die Reformation. Die Loslösung von einer als korrupt und verweltlicht empfundenen katholischen Kirche erschütterte ganz Europa, über Schottland aber kam die Revolution wie ein bedrohlicher Gewittersturm.

Maria Stuart auf einem Gemälde von Sir James I. (um 1580)

An der Spitze der schottischen Reformation stand der hitzköpfige Pfarrer John Knox (1514–72). 1561 wurde dem Reformator eine Audienz bei Königin Maria Stuart (Mary Queen of Scots; 1542–87) gewährt. Mit welcher Leidenschaft er für seine Sache focht, dürfte ihr dabei nicht entgangen sein. Überhaupt ist Maria Stuart immer noch die beliebteste und am stärksten romantisch überhöhte unter allen schottischen Monarchen. Von ihr wurde ein diplomatisches Meisterstück verlangt, das zunehmend komplizierter geriet: Sie musste ihre katholischen Anhänger ebenso beschwichtigen wie die Vorkämpfer der Reformation und die Vertreter der jungen protestantischen Kirche.

Maria Stuart war allerdings ohnehin zeitlebens in viele Konflikte verwickelt. Geboren wurde sie 1542 in Linlithgow Palace; schon eine knappe Woche später starb ihr Vater, Jakob V., und der Säugling wurde bereits zur schottischen Königin erklärt. Ihre Kindheit verbrachte sie dann in Frankreich, und durch ihre erste Ehe war sie sogar zeitweise Königin von Frankreich – mit Ansprüchen auf den spanischen und den englischen Thron. Skandale rankten sich um ihre zweite Ehe mit Lord Darnley, der ihren vermeintlichen Liebhaber David Rizzio vor den Augen der schwangeren Königin ermorden ließ. Darnley wurde dann selbst umgebracht, und möglicherweise war seine Gattin ja sogar daran beteiligt.

1567 floh Maria Stuart aus Schottland und suchte Schutz bei ihrer Cousine, Elisabeth I. von England. Diese misstraute ihrem Gast jedoch und ließ Maria Stuart ins Gefängnis werfen. In Freiheit sollte sie nie mehr kommen; nach diversen Anklagen wegen Verschwörung ließ Elisabeth ihre Cousine 1587 hinrichten.

Schottland blieb in einem Spannungsfeld – zwischen einer katholischen Monarchie und der von John Knox inspirierten Sehnsucht nach einer grundlegenden Kirchenreform. Im Land brodelte es. 1610 setzte Jakob VI. (1566–1625), als Jakob I. gleichzeitig König von England und Wales, nach anglikanischem Vorbild die Bischöfe wieder in ihre Ämter ein und provozierte damit die calvinistisch-reformierte Church of Scotland. Einen Schritt zu weit ging dann sein Sohn Charles I. (1600–49), als er der schottischen Kirche ein neues „Book of Common Prayer" verordnete. Die Reformer erarbeiteten den sogenannten National Covenant und forderten eine klare Trennung von Monarchie und Kirche. Den lan-

Mit der Niederlage der Schotten bei Culloden endeten die Aufstände der Jakobiten

desweiten und teilweise bewaffneten Aufstand der „Covenanters" konnte Charles I. nicht mehr zurückdrängen. Der Konflikt dauerte bis 1650 an – bis Charles II. (1630–85) sich dazu bereiterklärte, den Covenant zu unterzeichnen. Viel Zeit war den Schotten damit aber nicht vergönnt: Oliver Cromwell eroberte Schottland mit seinem Parlamentsheer und regierte bis zum Beginn der Restauration unter Charles II.

1689 wurde Jakob VII. von Schottland (1633–1701), gleichzeitig Jakob II. von England, ins Exil gejagt, nicht zuletzt, weil seine katholischen Ansichten konträr der anglikanischen Kirche waren. Seine protestantische Tochter Maria bestieg zusammen mit ihrem niederländischen Ehemann Wilhelm von Oranien den Thron. Die Ehe blieb kinderlos, und ihre Schwester verlor all ihre Kinder: Diese Gelegenheit nutzte das Parlament, das Haus Stuart durch das Haus Hannover zu ersetzen. 1714 bestieg der erste Hannoveraner den englischen Thron; er begründete eine Dynastie, die bis ins heutige Königshaus fortlebt.

Die Union mit England

Die näheren Umstände der Vereinigung von England und Schottland sind nach wie vor strittig. Im Januar 1707 akzeptierte Schottland den Unionsvertrag. Vielen Schotten gilt der Tag, an dem die Unabhängigkeit Schottlands verloren ging, bis heute als Trauertag.

Die Befürworter des Vertrags argumentierten damals, der Anschluss bringe wirtschaftliche Vorteile mit sich, da man Zugang zu den Märkten Englands erhielt. Die Gegner hielten dagegen, England dürfe für seine rücksichtslose Wirtschaftsweise nicht auch noch mit einer Unterwerfung Schottlands belohnt werden, denn der Bund werde ohnehin zwischen ungleichen Partnern geschlossen. Der Dichter Robert Burns klagte: »Verraten und verkauft für englisches Gold. So viele Schurken in einem einzigen Volk!« Damit spielte er auf die Adligen an, die Schmiergelder angenommen hatten, damit sie dem Vertrag zustimmten: Als das bekannt wurde, brachen an vielen Orten in Schottland Unruhen aus.

Jakobitenaufstände

Die angekündigten wirtschaftlichen Vorteile der Union ließen lange auf sich warten; die Unruhe im Lande wuchs, und viele Schotten forderten die Wiederherstellung ihrer Unabhängigkeit. In diesen Ruf mischte sich die Forderung nach einer Wiedereinsetzung des Hauses Stuart. Insbesondere in den unterentwickelten Highlands wurden Rufe nach Jakob VII. laut, unter dessen Herrschaft man sich der alten Unabhängigkeit näher wähnte. Der erste Aufstand dieser sogenannten Jakobiten fand am 1. September des Jahres 1715 im Braemar Castle statt. Mit einem so raschen Protest hatte die britische Regierung nicht

ERLEBNIS: Auf den Schlachtfeldern

Bannockburn

Der Sieg bei Bannockburn (siehe S. 129) gilt immer noch als der wichtigste schottische Sieg über England. Wer einem schottischen Patrioten gegenüber Bannockburn erwähnt, wird sofort ein kühnes Blitzen in dessen Augen bemerken. Für Touristen mag die Begeisterung nicht so leicht nachvollziehbar sein, im hervorragenden Besucherzentrum erfährt man aber viel Wissenswertes zu den geschichtlichen Hintergründen.

Hat man sich dort informiert, sieht man die Monumentalstatue von Robert Bruce gleich mit anderen Augen: Genau hier mag er 1314 gestanden und darüber nachgedacht haben, wie seine kleine Truppe es bloß mit Edwards überlegener Armee aufnehmen könnte.

Das gelang ihnen tatsächlich. Bruce nutzte geschickt die Gegebenheiten des Geländes, und die schwerfällige englische Armee konnte sich nicht rasch genug wehren und ging in einem Blutbad unter. Die Engländer ergriffen entsetzt die Flucht, nur wenige Truppenteile kamen noch bis zur Grenze durch. Edward floh von Dunbar aus über das Meer.

Bannockburn lohnt vor allem an Sommerwochenenden einen Besuch. Dann spielen Schauspieler die Rollen der Krieger jener Tage nach und bringen den Besuchern jenen berühmten Sieg nahe, der Schottland 400 Jahre Unabhängigkeit bescherte.

Culloden

Das neue Besucherzentrum beim Schlachtfeld von Culloden ist zwar hervorragend, man sollte aber auch ins öde Moor hinausgehen, um die Stimmung des Ortes wirklich zu empfinden. Die roten Flaggen in der Nähe des Parkplatzes markieren den damaligen Standort der Regierungstruppen. Wo im Westen die blauen Flaggen wehen, waren 1746 die Jakobiten aufmarschiert. Dort standen sie im Feuer der Kanonen, während ihr Führer Bonnie Prince Charlie noch zauderte. Wandern Sie einfach einmal über das einstige Schlachtfeld, und Sie werden spüren, wie schwer es für die mit Waffen beladenen Männer gewesen sein muss, sich hier unter Beschuss den Weg zu bahnen. Wer wirklich bis zu den englischen Truppen vordringen konnte, hatte keine Chance, denn „Schlächter" Cumberland hatte seine Leute im Nahkampf geschult.

Am Ende kann man dann im Café (siehe S. 177) des Besucherzentrums über das Gesehene nachdenken.

gerechnet. Anfangs erzielten die Jakobiten daher Erfolge, und Jakob kehrte sogar im Triumph zurück. Doch die entscheidende Schlacht von Sheriffmuir im November des gleichen Jahres endete ohne einen klaren Sieg, die Jakobiten waren geschwächt, und die Revolte verlief schließlich im Sande. Jakob reiste wieder über die Nordsee davon und blieb ein „König jenseits des Meeres", so sein Beiname in vielen romantischen Liedern.

Die Sehnsucht nach Unabhängigkeit unter einem Stuart-König blieb jedoch lebendig, und Jakobs Sohn Charles Edward Stuart (1720–88), bekannt als der „junge Thronprätendent" oder „Bonnie Prince Charlie" nahm sich der Sache an. Der elegante, am französischen Hof erzogene Prinz schien eigentlich kaum geeignet, den Anführer von 10 000 finster entschlossenen Clan-Kriegern abzugeben, die den Aufstand von 1745 ins Werk setzten.

Dennoch ließ der Erfolg dieses Mal nicht lange auf sich warten. Nachdem sie Edinburgh eingenommen und die britische Armee bei Prestonpans geschlagen hatten, marschierten die Jakobiten nach Süden – voller Zuversicht, hatte Bonnie Prince Charlie ihnen doch versichert, die englischen Jakobiten würden sich dem Aufstand anschließen und französisches Militär stehe zur Unterstützung bereit. Das Jakobitenheer marschierte also in England ein und erreichte Derby. Allerdings schlossen sich den Aufständischen weit weniger englische Jakobiten an als erwartet, und auch die französische Unterstützung ließ auf sich warten. Schließlich war Bonnie Prince Charlie gezwungen, seine enttäuschte Truppen nach Norden zurückzuführen, verfolgt von Soldaten unter der Führung des Duke of Cumberland (einem Sohn Georgs II.).

Nach einem harten Winter entschloss sich der noch unbesiegte Bonnie Prince Charlie Anfang 1746, den Herzog von Cumberland zum Kampf zu zwingen. Ein tollkühner Versuch, die britischen Truppen durch einen Nachtmarsch einzuholen und den Herzog an seinem Geburtstag zu stellen, misslang. Stattdessen wurden die erschöpften Jakobiten unmittelbar nach ihrem nächtlichen Marsch von den Gegnern erwartet. War es den erfahrenen Highlandern bisher immer gelungen, die gut organisierte britische Armee zu überrumpeln, hatte der Prinz dieses Mal ein ungeeignetes Schlachtfeld gewählt: Im Sumpf von Culloden konnten die schottischen Krieger ihre gefürchteten Attacken nicht wie gewohnt ausführen. Die demoralisierte und schlecht geführte schottische Truppe erlebte ein Desaster.

Das Clan-System

In den Clans, die das Hochland bis zu den sogenannten Highland Clearances beherrschten, waren alle Männer verpflichtet, für ihren Anführer zu den Waffen zu greifen – als Gegenleistung für Land und gesellschaftliche Anerkennung. Als die Engländer ihr Feudalsystem einführten, untersagten sie „schottische" Aktivitäten, beispielsweise das Tragen des Schottenrocks und das Dudelsackspiel. Die Clan-Armeen wurden aufgelöst. Erklärte Anhänger der Jakobiten verloren sofort ihren Grundbesitz.

Die Highland Clearances

Die Niederlage bei Culloden geriet zur Katastrophe für die Kultur der Highlands. „Schlächter" Cumberland ließ alle verwundeten und gefangenen Highlander ermorden. Es folgten Monate einer systematischen Vernichtung – mit Morden, Folter und Vergewaltigungen. Neue Herren brachten nach der Niederlage von Culloden die Highlands an sich. Wie in weiten Teilen Europas zu jener Zeit waren es Feudalherren, und sie stülpten den Highlands ein dort zuvor unbekanntes Wirtschaftsmodell über, das bereits ansatzweise in den schottischen Lowlands praktiziert wurde. Die neuen Landbesitzer waren Gutsherren, die den Rückhalt der britischen Regierung genossen, indem sie das Land nach rein ökonomischen Kriterien nutzten. Die Highlander wurden aus ihrer Heimat vertrieben, denn die neuen Eigentümer benötigten die Flächen z. B. für die Schafzucht. In den Highlands ereignete sich, was man heute eine „humanitäre Katastrophe" nennen würde: bekannt unter dem Schlagwort „Highland Clearences" („Vertreibung aus den Highlands"). Rücksichtsvollere Gutsherren kümmerten sich sogar um neue Einnahmequellen für die Clans, z. B. den Fischfang. Die meisten Herren aber wiesen den Highlandern nur wertlose kleine Parzellen zu, von deren Ertrag sie kaum leben konnten: Tausende Highlander verließen daraufhin ihre Heimat. Die „Säuberung" der Highlands hielt bis zum Erlass des Crofters' Holdings Act von 1886 an; bei dieser Reform wurde den Kleinbauern erstmals ein ausreichender Ertrag zugestanden.

Industrielle Revolution & die Rolle Schottlands im Empire

Zu Zeiten der Unions-Akte hatte Schottland kaum von der Vereinigung profitiert. Beim Beginn der industriellen Revolution sah das schon ganz anders aus, und Schottlands Rolle beim Bau des britischen Weltreichs ist nicht zu unterschätzen und brachte dem Land endlich einmal Vorteile. Besonders Glasgow nahm eine führende Rolle im neuen Welthandel ein, denn der westlich gelegene Hafen bot sich für schnelle Schiffsverbindungen nach Amerika förmlich an.

Dank reichhaltiger Rohstoffvorkommen, vor allem Kohle und Eisenerz, war das schottische Wirtschaftswachstum während der Industrialisierung fast schon unausweichlich. Am Fluss Clyde wurden schon bald viele der Schiffe gebaut, die die Weltmeere befuhren. Der Wandel blieb natürlich nicht ohne soziale Folgen, denn die Bevölkerung drängte auf der Suche nach Arbeit immer stärker ins Zentrum des Landes, insbesondere nach Glasgow. Und so fanden sich die Schotten bald in einer zwiespältigen Rolle wieder: Im britischen Empire waren sie eifrige Kolonisten, auf den Britischen Inseln aber empfanden sie sich selbst als englische Kolonie.

Am 12. Mai 1999 trat nach 300 Jahren das erste schottische Parlament in Edinburgh zusammen: Das Land hatte dem „Auld Enemy" ein Stück Unabhängigkeit abgerungen.

Schottland im 20. und 21. Jahrhundert

Im Ersten Weltkrieg fielen unverhältnismäßig viele schottische Soldaten. Schottland hatte sich davon noch nicht erholt, als die Weltwirtschaftskrise der 1930er Jahre das Land heftig traf. Im Zweiten Weltkrieg waren die Werften ausgelastet, viele Fabriken stellten auf Waffenproduktion um. Der Niedergang setzte dann nach Kriegsende ein, als das Land den Preisen internationaler Wettbewerber nicht mehr gewachsen war.

1997 führte die britische Regierung ein Referendum durch. 75 Prozent der Schotten befürworteten darin eine größere Autonomie ihres Landes. Am 12. Mai 1999 trat nach 300 Jahren das erste schottische Parlament in Edinburgh zusammen: Das Land hatte dem „Auld Enemy" ein Stück Unabhängigkeit abgerungen. Der Ruf nach einer noch weiter gehenden Autonomie ist damit aber noch nicht verstummt; bei der Wahl von 2007 war die Scottish National Party besonders erfolgreich, die sich eine vollkommene Unabhängigkeit Schottlands auf die Fahnen geschrieben hat. ■

Kunst & Kultur

Schottlands Kulturerbe reicht in die Zeiten mündlicher Überlieferungen innerhalb der Clans zurück. Balladen bildeten damals den Höhepunkt einer Kultur, die sehr viel weiter entwickelt war, als man angenommen hatte. Im Laufe der Zeit haben die Schotten weltberühmte Künstler, Architekten, Schriftsteller, Filmemacher, Musiker und Schauspieler hervorgebracht, und die lebendige Kunstszene ist aus dem heutigen Schottland nicht mehr wegzudenken.

Malerei & Bildhauerei

Von den Anfängen schottischer Kunst in vorgeschichtlicher Zeit ist kaum noch etwas erhalten. Leider gilt dies auch für die Clans, in denen Erzählungen stets mündlich weitergegeben und kaum aufgeschrieben wurden. Erst im 18. Jahrhundert traten bedeutende Künstlerpersönlichkeiten auf die Bildfläche: Maler wie Henry Raeburn (1756–1823) und Allan Ramsay (1713–1840). Raeburns wohl bedeutendstes Werk ist „The Reverend Robert Walker Skating on Duddingston Loch" („Rev. Robert Walker beim Schlittschuhlaufen"; 1795). Ramsay galt vor allem als berühmter Porträtmaler, viele seiner Arbeiten hängen heute in der National Portrait Gallery in Edinburgh.

Der wohl berühmteste zeitgenössische Maler aus Schottland ist ohne Zweifel der umstrittene Jack Vettriano (geb. 1954).

In den 1870er Jahren machte die schottische Schule des Impressionismus von sich reden. Die „Glasgow Boys" präsentierten ihre Stadt und die Landschaft ringsum auf eine nie zuvor gesehene Weise. Prominenteste Vertreter dieser Gruppe waren Joseph Crawhall (1861–1913), James Guthrie (1859 bis 1930) und George Henry (1858–1943).

Von den Glasgow Boys ebenso beeinflusst wie von den französischen Impressionisten waren die sogenannten Schottischen Koloristen Anfang des 20. Jahrhunderts. Besonders bekannt unter ihnen wurde Duncan Fergusson (1874–1961), der im Kontakt zu Picasso stand und von den Fauvisten inspiriert wurde.

An der Ostküste etablierte sich in den 1930er Jahren die Schule von Edinburgh. Aus diesem Zirkel ragen William Gillies (1898–1978) und Anne Redpath (1895–1965) besonders heraus, ebenso Eduardo Paolozzi (1924–2005), dessen schönste Skulptur in der Modern Art Gallery in Edinburgh zu sehen ist, wo sich auch eine Rekonstruktion seines Ateliers befindet.

Der berühmteste zeitgenössische Maler aus Schottland ist ohne Zweifel der umstrittene Jack Vettriano (geb. 1954). Dem Autodidakten wird gelegentlich vorgeworfen, ihm gehe es zu sehr um den wirtschaftlichen Erfolg, aber seine Arbeiten sind wirklich allgegenwärtig – in Kunstgalerien ebenso wie in unzähligen Wohnungen. Trotz dieses Erfolgs hat noch keine schottische Galerie – mit Ausnahme einer Galerie in seiner Heimatstadt Fife – eine Ausstellung seiner Werke ausgerichtet, ein Umstand, den seine Anhänger einem vermeintlich voreingenommenen Kunstestablishment ihres Landes vorwerfen. Bei Redaktionsschluss für dieses Buch stand aber gerade eine Werkschau in den National

„Reverend Robert Walker beim Schlittschuhlaufen", 1795 von Henry Raeburn

Galleries of Scotland zur Debatte. Noch umstrittener ist übrigens der schottische Maler Peter Howson (geb. 1958), der die Stadtlandschaft Glasgows auf geradezu brutale Weise ins Bild bringt. Howson schreckt auch vor drastischen Sujets nicht zurück; so wagte er sich an das Thema „Vergewaltigung" oder an Nacktporträts des Popstars Madonna.

Literatur

Ein Großteil der frühen schottischen Erzählungen sind wohl für immer verloren gegangen, denn sie wurde nicht in schriftlicher Form, sondern nur mündlich überliefert. Daher auch die berühmte Antwort des englischen Schriftstellers T. S. Eliot, der 1919 gefragt wurde, was er von der schottischen Literatur halte: »Gab es denn eine schottische Literatur?« Stolz blickt das Land mittlerweile auf einen umfangreichen literarischen Kanon, dessen Bedeutung für die Identität der Nation nicht zu unterschätzen ist.

Echte internationale Beachtung erfuhr die schottische Literatur allerdings erst im Zeitalter der Romantik. Mit „Waverley" (1814) gelang Walter Scott (1771–1832) der vielleicht erste historische Roman; ihm folgten weitere, etwa über volkstümliche Helden wie den schottischen Robin Hood, „Rob Roy" (1817). Scott betätigte sich daneben noch als Sammler traditioneller Balladen. Auch Schottlands berühmtester Dichter, Robert Burns (1759–96), sammelte mündlich überlieferte Balladen, vor allem aber schrieb er großartige Gedichte in schottischer Sprache – und eines der berühmtesten Lieder überhaupt, „Auld Lang Syne". Dass er, darin ganz romantischer Held, sein allzu kurzes Leben mit Liebschaften, unehelichen Kindern und Skandalen aller Art umgab, hat ihm in den Augen eines Volkes nicht geschadet, das vor allem Helden mit kleinen Fehlern liebt.

Eine der großen literarischen Gestalten des 19. Jahrhunderts war Robert Louis Stevenson (1850–94) aus Edinburgh, der die gespaltene Persönlichkeit nicht nur seiner Landsleute in seinem berühmten Roman „Der seltsame Fall des Dr. Jekyll und Mr. Hyde" auf faszinierende Weise gestaltete. In seinen berühmten Romanen „Entführt" (1886) und „Die Schatzinsel" (1883) gelingt ihm auf bestechende Weise der Spagat zwischen fesselnder Erwachsenenlektüre und Jugendbuch. Stevensons Zeitgenosse Arthur Conan Doyle (1859–1930) hatte in Edinburgh Medizin studiert, bevor er einen der berühmtesten Detektive der Weltliteratur erfand: Sherlock Holmes, eine Gestalt, der ein Arzt und Forensiker aus Edinburgh zum Vorbild diente – Joseph Bell.

Zu Beginn des 20. Jahrhunderts wandten schottische Erzähler sich vermehrt den sozialen Bedingungen ihrer eigenen Zeit zu. Die „Scots Quair"-Trilogie von Lewis Grassic Gibbon (1901–35) ist nicht nur literarisch bedeutsam, sondern bietet auch einen exzellenten Einblick in den Alltag in Aberdeenshire in den Jahren vor und nach dem Ersten Weltkrieg. „The Silver Darlings" von Neil M. Gunn (1891–1973) leisten das Gleiche für die Highlands in der Zeit nach den großen Vertreibungen. Unter den Schriftstellerinnen ist vor allem

Unesco-Literaturstadt

Bücher und Literatur spielen in Edinburgh schon seit Jahrhunderten eine große Rolle, und so war es denn auch keine echte Überraschung, dass die Unesco 2004 die schottische Hauptstadt zur allerersten „Literaturstadt" erwählte. (Seither sind Melbourne, Iowa City und Dublin hinzugekommen.) Alljährlich finden deshalb zahlreiche Veranstaltungen statt, darunter Dichterlesungen; zwischen 2007 und 2010 waren es nicht weniger als 60 Events. Im Jahr 2010 wurden überdies Gratisbücher verteilt, und die Bürger beteiligten sich am Projekt „Carry a Poem".
Siehe auch *www.cityofliterature.com*

Muriel Spark (1918–2006) zu nennen, in deren Roman „Die Blütezeit der Miss Jean Brodie" das Edinburgh der 1930er Jahre weiterlebt. Spark war äußerst produktiv und hat noch weitere 20 Romane veröffentlicht.

Als Meister der dichterischen Sprache erwies sich Hugh McDiarmid (1892–1978), der sich vehement für den Gebrauch des Schottischen im Alltag wie in der Literatur einsetzte. Edwin Muir (1910–96) hingegen stellte unter Beweis, dass man auch in Englisch über schottische Themen zu schreiben vermag; Sorley MacLean (1911–96) verfasste seine Werke in der vom Verschwinden bedrohten gälischen Sprache.

In jüngster Zeit findet man in der schottischen Literatur sogar postmoderne Tendenzen. Alistair Gray (geb. 1934) mischte magischen Realismus und das Lebensgefühl schottischer Großstädter in einen bedeutenden Roman, „Lanark" (1981); einige Kritiker erkannten darin bereits einen „schottischen Ulysses".

Stolz blickt das Land heute auf einen umfangreichen literarischen Kanon, dessen Bedeutung für die Identität der Nation nicht zu unterschätzen ist.

Irvine Welsh (geb. 1961) hat nicht nur das Schottische, sondern einige in der Literatur noch ungewohntere Dialekte in ihre provozierenden Romane aufgenommen; der bekanntest davon, „Trainspotting" (1993), wurde sogar mit großem Erfolg verfilmt. Der Träger des Booker-Preises (für „Spät war es so spät") James Kelman (geb. 1946) hat sich ebenfalls der Landessprache verschrieben, die er aber nicht einfach in eine traditionelle Romanform bringt, denn er wendet sich explizit gegen traditionelle Erzählformen. In seiner wunderbar harten Prosa tauchen immer wieder grobe Flüche auf, mit denen seine Figuren ihren Alltag kommentieren.

In seinen Inspektor-Rebus-Detektivgeschichten orientiert sich Ian Rankin (geb. 1960) eher an traditionellen englischen Mustern, er entwirft dabei aber trotzdem ein ungewöhnlich farbiges Bild der Stadt Edinburgh. Ian Banks (geb. 1954) thematisiert gern das schwierige Problem der schottischen Identität in Literatur und Kultur, etwa in seinem großartigen und verstörenden Roman „Die Wespenfabrik" (1984) oder in der unorthodoxen Familiensaga „The Crowd Road" (1992); unter dem Namen Ian M. Banks veröffentlicht er Science-Fiction. Sein Buch „Raw Spirit: In Search of a Perfect Dram" (2003) ist übrigens ein wunderbarer Bericht über eine Whisky-Reise – für Einsteiger wie Kenner gleichermaßen geeignet. Erst in jüngster Zeit haben sich auch Schriftstellerinnen in die Öffentlichkeit gewagt. In vorderster Front stehen Al Kennedy (geb. 1965) und Janice Galloway (geb. 1955), deren preisgekrönter Debütroman „Die Überlebenskünstlerin" (1989) sich bestens lesen lässt.

Film

Die atemberaubenden Landschaften der Highlands wirken so, als seien sie eigens als Filmkulisse erschaffen worden. Trotzdem stand die schottische Filmindustrie lange Zeit im Schatten des englischen Kinos. Dem heimischen Film wurde erst durch die jüngsten Aktivitäten von Scottish Screen (*www.scottishscreen.com*) auf die Beine geholfen. Hollywood hingegen hatte schon immer ein besonderes Verhältnis zu Schottland. Davon zeugen Blockbuster wie „Local Hero" (1983) mit Peter Riegert in der Rolle eines zynischen Ölmanagers, der dem Zauber eines schottischen Dorfes erliegt, „Braveheart" (1995), ein Film über William Wallace und Robert Bruce (wobei die Geschichte aus dramaturgischen

Gründen gelegentlich ein wenig vereinfacht wird) oder „Rob Roy" (1995), ein Film über den romantisch verklärten schottischen Robin Hood.

An der entgegengesetzten Seite der Skala steht ein Regisseur wie Danny Boyle (geb. 1956), der mit dem harten Realismus von „Trainspotting" (1996) das internationale Kinopublikum verstörte – in den Augen vieler Kritiker das perfekte Gegengift gegen das Übermaß an Romantik in „Braveheart" und „Rob Roy". Danny Boyle ist momentan der international erfolgreichste Regisseur aus Schottland, und sein Film „Slumdog Millionaire" (2008) wurde 2009 gleich mit acht Oscars ausgezeichnet. Nicht übersehen darf man freilich auch die Arbeiten von Kevin McDonald (geb. 1967), dessen „Letzter König von Schottland" (2006) international stark beachtet wurde.

Kein schottischer Schauspieler ist so berühmt wie Sean Connery (geb. 1930), der als James Bond Weltruhm erlangte. Erfolg hatte er u. a. auch mit den Streifen „Highlander" (1986), einem Film, der in seiner schottischen Heimat spielt, und „The Untouchables – Die Unbestechlichen" (1987), wofür er den Oscar für die beste männliche Nebenrolle erhielt. Mittlerweile ist eine neue Generation profilierter männlicher Schauspieler herangewachsen, darunter Ewan McGregor (geb. 1971), der nach seinem Erfolg in „Trainspotting" sowohl in anspruchsvollen Filmen wie in Hollywood-Streifen zu beeindrucken wusste. Der intellektuell wirkende Robert Carlyle (geb. 1961) begann seine Karriere ebenfalls mit „Trainspotting"; seither hat er etliche reizvolle Rollen gespielt, beispielsweise in „Ganz oder gar nicht" (1997) oder „Stone of Destiny" (2008); darin geht es um die Entführung des Steins von Scone aus der Abtei von Westminster im Jahr 1950.

Architektur

Die Ansammlung prähistorischer Bauten in Schottland zählt zu den bedeutendsten in ganz Europa; zu nennen wären da vor allem die gut erhaltenen Stätten Skara Brae und der Knap of Howar auf einer der Orkney-Inseln. Auch die Römer hinterließen ihre Spuren: Ihre Legionen errichteten hier so viele Lager auf engem Raum wie nirgendwo sonst in Europa; die meisten davon wurden bisher noch nicht einmal ausgegraben. Als sehr viel robuster erwiesen sich die Steintürme, in denen man Überfällen vom Meer trotzen wollte; ihre Ruinen stehen noch heute entlang der Küste, vor allem im Norden.

In den 1990er Jahren dominierten plötzlich Stahl- und Glaskonstruktionen auf traditionellem Sandstein – eine Synthese moderner und althergebrachter Baukunst.

Aus den Tagen eines politisch souveränen Schottlands stammen die bemerkenswerten Abteien im Grenzland, die unter David I. errichtet wurden; an ihren prachtvollen Ruinen lassen sich zahllose unterschiedliche Stilrichtungen studieren. So gilt Dunfermline Abbey als klassisches Beispiel des romanischen und frühgotischen Stils, darin der Holyrood Abbey in Edinburgh verwandt. Linlithgow Palace dagegen zeugt von der Vorliebe der Stuarts für die Architektur der Renaissance, die auch den Falkland Palace auszeichnet.

Nach der Vereinigung mit England im Jahr 1707 konzentrierte sich die schottischen Baumeister vor allem auf die Städte; dem Zeitgeschmack entsprach die vornehme georgianische Architektur. Damals setzte sich die elegante New Town von Edinburgh sehr bewusst vom der mittelalterlichen Old Town ab. Zu den einflussreichsten schottischen Architekten jener Jahre zählt man William Henry

Das hochmoderne Clyde Auditorium in Glasgow heißt im Volksmund Armadillo – „Gürteltier"

Playfair (1790–1857), William Adam (1684–1748) und seinen Sohn Robert Adam (1728–92). Wer auf sich hielt, baute im Stil des Klassizismus, der sich bald auch in Glasgow ausbreitete. Noch heute belegen große Landhäuser wie Hopetoun House in South Queensferry, aber auch Häuser in abgelegenen Orten wie Inveraray, wie sehr man damals den Klassizismus schätzte.

Als Bestandteil des Britischen Empire profitierten auch die schottischen Städte vom Wirtschaftsboom unter Königin Victoria (1837–1901). Der Wohlstand wuchs, und in Edinburgh und Glasgow baute man elegante Stadtvillen aus Stein; ähnlich verhielt es sich in Aberdeen und Dundee. Da war es nur folgerichtig, dass sich der größte schottische Schriftsteller der viktorianischen Zeit, Walter Scott, in Abbotsford eines der prächtigsten und verspieltesten Häuser jener Zeit bauen ließ.

Auch der Start ins 20. Jahrhundert gelang den Schotten gut. Charles Rennie Mackintosh (1868–1928) entwickelte in Glasgow als Architekt und Designer seine unverwechselbare schottische Variante des Jugendstils (Art Nouveau). Im weiteren Verlauf des Jahrhunderts suchten immer mehr Menschen ihr Glück in den Städten; vor allem die wirtschaftlich schwierige Zeit nach dem Zweiten Weltkrieg erzwang dann einen funktionalen Stil in der Architektur; beliebtes Bau- und Gestaltungsmaterial wurden Beton oder noch preiswertere Stoffe.

Dieser Funktionalismus brachte vor allem unattraktive Bürogebäude und Wohnblocks hervor; beibehalten wurde der Stil auch während der 1960er und 1970er Jahre. Dann kamen erfreuliche neue Akzente ins Spiel: In den 1990er Jahren dominierten plötzlich Stahl- und Glaskonstruktionen auf traditionellem Sandstein – eine Synthese moderner und althergebrachter georgianischer und viktorianischer Baukunst. Das spektakulärste, aber auch umstrittenste Werk des 21. Jahrhunderts ist der Sitz des neuen schottischen Parlaments in Edinburgh. Auch hier verbinden sich Elemente alter und moderner Architektur zu einer neuen Einheit, die den gegenwärtigen Stand der schottischen Baukultur perfekt widerspiegelt.

Musik

In den Zeiten der Clans gehörte Musik zum Leben wie das tägliche Brot. In den Tälern erklangen wehmütige Balladen, in denen von den großen Ereignissen der eigenen Geschichte die Rede war. Dieser alte Brauch lebt bis heute fort, denn viele schottische Lieder handeln von verlorenen Familienangehörigen und vom Kampf um die Freiheit.

Zu den Hauptvertretern des alten Folk zählten einst die Battlefield Band, The Corries und Alba. Doch der Musikgeschmack wandelt sich, ähnlich wie das Land selbst. Die gälische Rockband Runrig verhalf in den 1980er Jahren dem Celtic-Rock zum Durchbruch. Wie viel die schottische Musik ihrem reichen Erbe verdankt, hat u.a. Karen Matheson aufgezeigt, Leadsängerin der Band Capercaillie; an ihrer Entwicklung lässt sich aber auch ablesen, dass schottische Musik sich tatsächlich verändert und bis zu Stilrichtungen wie dem Blues vordringt. Talentierte Newcomer der gegenwärtigen Folk-Szene sind zum Beispiel die Blazin' Fiddles, Salsa Celtica und Shooglenifty.

Musiker der Royal Scottish Academy of Music and Drama bei der Probe

Die wichtigsten Instrumente des schottischen Folk sind Dudelsack, Akkordeon und Geige. Inzwischen haben sich auch akustische und elektrische Gitarren einen Platz in schottischen Folk-Bands gesichert; ohne diese Instrumente wären Erfolge wie die von Big Country oder Simple Minds gar nicht denkbar gewesen. In den 1990er Jahren erreichte die Glasgower Indie-Pop-Band Belle and Sebastian sogar internationalen Kultstatus.

Schottlands Musik im 21. Jahrhundert: Im 21. Jahrhundert scheinen traditionelle Formen der Musik sich modernen Medien zu öffnen. Die düsteren Alternativ-Rocker Twilight Sad aus Kilsyth und die Frighened Rabbits aus Selkirk haben geheimnisvolle Geschichten in ihre Musik integriert – mit großartiger Wirkung. Zu den bekanntesten Vertretern des Pop rechnet man die Band Franz Ferdinand, die auf beiden Seiten des Atlantiks erfolgreich ist, wohingegen Glasvegas vor allem in Großbritannien gefeiert wird. In den Charts der Tanzmusik konnte sich Calvin Harris aus Dumfrieds ganz oben etablieren.

Schottische Popmusiker scheuen sich heute auch nicht mehr, im Dialekt zu singen, ein untrügliches Zeichen für ein neues Selbstbewusstein.

Die darstellenden Künste spielen in der schottischen Kultur eine herausragende Rolle, was das weltberühmte Mega-Event, das Edinburgh International Festival im August, deutlich genug belegt.

Darstellende Künste

Die darstellenden Künste spielen in der schottischen Kultur eine herausragende Rolle, was das weltberühmte Mega-Event, das Edinburgh International Festival im August (*www.eif.co.uk*; siehe S. 68), deutlich belegt. Fünf staatliche Einrichtungen sind ganz oder teilweise diesen Künsten gewidmet. Im Bereich der klassischen Musik wäre zunächst das Royal Scottish National Orchestra *(73 Claremont St., Glasgow, Tel. 0141/226 3868, www.rsno.org.uk)* zu nennen. Das 1891 gegründete Orchester zählt zu den führenden Symphonieorchestern Europas und hat beispielsweise die Eröffnung des neuen schottischen Parlaments 1999 mitgestaltet. Das jüngere Scottish Chamber Orchestra *(4 Royal Terrace, Edinburgh, Tel. 0131/557 6800, www.sco.org.uk)* genießt gleichwohl hohes Ansehen.

Die größte künstlerische Institution des Landes ist das Opernhaus, die Scottish Opera (siehe S. 308). Einer ihrer Standorte ist das Theatre Royal in Glasgow, das älteste Theater des Landes. Das Nationalballett (Scottish Ballet; siehe S. 306) hat 2009 in Tramway, Glasgow, ein beeindruckendes neues Quartier bezogen. Die Ensmble geht freilich auch auf Tournee und hat seit 1974 den größten Teil des Landes bereist.

Eine Neugründung im Zeichen der Teilautonomie ist das National Theatre of Scotland (*www.nationaltheatrescotland.com*). Mit der Einrichtung eines eigenen Theaters demonstrierte das Parlament, wie sehr den Politikern die Förderung der kulturellen Identität am Herzen lag. Aufgabe der Schauspieltruppe ist es, die Kunst zum Volk zu bringen, sprich: Das Ensemble gastiert überall im Land und soll auch einheimische Talente fördern.

Natürlich genießen diese großen Institutionen höchstes Ansehen, die Kulturszene Schottlands umfasst aber auch zahllose unabhängigen Gruppen, Tanzensembles, Schauspieler und Entertainer jeglicher Couleur. Man begegnet ihnen überall im Land – auf großen Bühnen in den Städten ebenso wie in kleinen Stadthallen oder auf dem Dorf. Im August sollte man unbedingt das Edinburgh International Festival besuchen. ■

Die kosmopolitische Kapitale, die stolz auf einem Felsen mit Blick über die Lothians thront, besticht mit ihrer reichen Kultur und Geschichte

Edinburgh & die Lothians

Über das spektakuläre Edinburgh Military Tattoo wacht die Burg von Edinburgh

Edinburgh & die Lothians

Schottlands Hauptstadt trägt ihre Geschichte nicht so sehr zur Schau, sondern bietet eine Fülle von spannenden Geschichten über verfehdete Kriegsherren, mittelalterliche Bösewichte sowie höfische und religiöse Intrigen. Im ebenfalls geschichtsreichen Umland, den Lothians, gibt es hervorragende Golfplätze, malerische Dörfer und schöne Landschaften.

Edinburgh war immer das Herz der turbulenten schottischen Geschichte – als die Burg Bonnie Prince Charlie und dessen unseligem Wunsch trotzte, den britischen Thron wiederzuerlangen, aber auch als Zentrum der schottischen Aufklärung.

Heute existiert ein anderes Edinburgh – eine Stadt mit Boutiquen zum Shoppen und schicken Hotels. Als Hauptstadt einer modernen Nation hat Edinburgh eine zeitgemäße Identität ausgeprägt. Nach 300 Jahren verfügt die Kapitale nun erstmals über ein eigenes Parlament. Mit dieser Rolle geht ein neues Selbstbewusstsein einher, das den traditionellen Charme zusätzlich aufwertet.

Edinburgh wird oft als das „Athen des Nordens" bezeichnet – u. a. wegen der herrlichen Lage und der gut erhaltenen Architektur. Was aber noch wichtiger ist: Unlängst wurden die mittelalterliche Altstadt und die im georgianischen Stil gehaltene Neustadt von der Unesco ins Weltkulturerbe aufgenommen. Die großar-

tige Lage mit vulkanischen Berggipfeln, zerklüfteten Hügeln und dem imposanten Mündungsgebiet des River Forth verleihen der Stadt schon immer ein ganz besonderes Flair.

Weitere Reize warten außerhalb des Stadtzentrums, so beispielsweise der alte Hafen Leith mit dem neuen Restaurantviertel und die reizende Vorstadt South Queensferry mit gleich zwei der größten Brücken der Welt. Kein Wunder also, dass Edinburgh die meistbesuchte Stadt Schottlands ist.

Die Edinburgh umgebenden Regionen – East Lothian, Midlothian und West Lothian – werden unter dem Begriff die Lothians zusammengefasst und haben ihre speziellen Vorzüge – von den Küstenstädtchen und Top-Golfplätzen im Osten, über die sanften Hügel und historischen Kirchen in der Mitte bis hin zu den Burgen und Schlössern im Westen der Region. ■

NICHT VERSÄUMEN

Edinburgh Castle, das die Hauptstadt von Schottland beherrscht 60

Spaziergang am Arthur's Seat, den Überresten eines erloschenen Vulkans 64

Das National Museum of Scotland, Kulturoase im Herzen des historischen Schottland 65

Einen Bummel durch den herrlichen Royal Botanic Garden mit seinen Treibhäusern sowie einem Restaurant der Spitzenklasse 72

Die weltberühmten Brücken, gemütlichen Restaurants und prächtigen Landhäuser von South Queensferry 76

Edinburgh

Mit seiner Burg auf dem Basaltkegel eines erloschenen Vulkans und mit seiner mittelalterlichen Old Town, die sich deutlich von der betuchten New Town im Norden der Stadt abhebt, beeindruckt Edinburgh nicht nur auf den ersten Blick, sondern hinterlässt bei seinen Besuchern den Wunsch hierher zurückzukehren.

Edinburgh
56 C2, 59, 62–63
Besucherinformation
3 Princes St.
(0845) 225 5121
www.edinburgh.org

Greyfriars Kirkyard
Greyfriars Place
(0131) 226 5429
£
www.greyfriarskirk.com

Edinburghs Geschichte

Den Auftakt macht der Castle Rock, der imposante Vulkanfelsen im Herzen des modernen Edinburgh. Die Stadt hatte ursprünglich einen gälischen Namen, Dunedin, der sich von „Eidyn's Fort" ableitet und auf keltische Stämme zurückgeht, die diesen wilden Landstrich einst beherrschten. Historiker vermuten, dass erst Eindringlinge aus Northumberland die Stadt in Edinburgh umtauften.

Greyfriars Bobby

Die Geschichte des berühmtesten Hundes der Welt gleich nach Snoopy ist umso reizvoller, da der Hund ja tatsächlich existiert hat und die romantische Story auch etwas Tragisches hat. Der Name „Greyfriars Bobby" wurde dem getreuen Vierbeiner verliehen, der nach dem Tod seines Herrn im Jahr 1858 14 Jahre lang dessen Grab auf dem Greyfriars Kirkyard bewachte. Der Hund erlangte solche Berühmtheit, dass man ihm, als er verstarb, vor dem Friedhof ein Denkmal setzte. Disney verfilmte die Story *(Die wahre Geschichte eines Hundes)*. In den Herzen von zahllosen Menschen lebt dieser Hund nun fort.

Es sollten viele Übergriffe durch die Engländer folgen, da verschiedene schottische Könige versuchten, die strategisch überaus wichtige Burg unter ihre Herrschaft zu bringen. Eine kleine Siedlung entwickelte sich rund um die Bergflanke, die zur Burg hinaufführte – die sogenannte Royal Mile. Im 12. Jahrhundert erhielt Edinburgh das Münzrecht, dadurch erlangte die Stadt eine nicht unbedeutende Stellung im Königreich Schottland. Im 14. Jahrhundert verlieh der schottische König Robert the Bruce Edinburgh weitere Rechte und integrierte den Hafen Leith in das Stadtgebiet.

Im Jahr 1707 verlor Edinburgh seinen Status als Hauptstadt eines unabhängigen Reiches, als der Act of Union Schottland und England einte. London wurde die Hauptstadt Großbritanniens. Doch diesen Machtverlust konnten die Schotten im neuen British Empire „vergolden". Edinburgh profitierte vom zunehmenden Wohlstand und avancierte zu einem Finanz- und Wissenschaftszentrum, aber auch zu einem Zentrum der Gelehrsamkeit und Philosophie, das Berühmtheiten wie David Hume und Adam Smith hervorbrachte.

Als Edinburgh expandierte, kehrten die neureichen Bürger der mittelalterlichen Old Town den Rücken und errichteten weiter

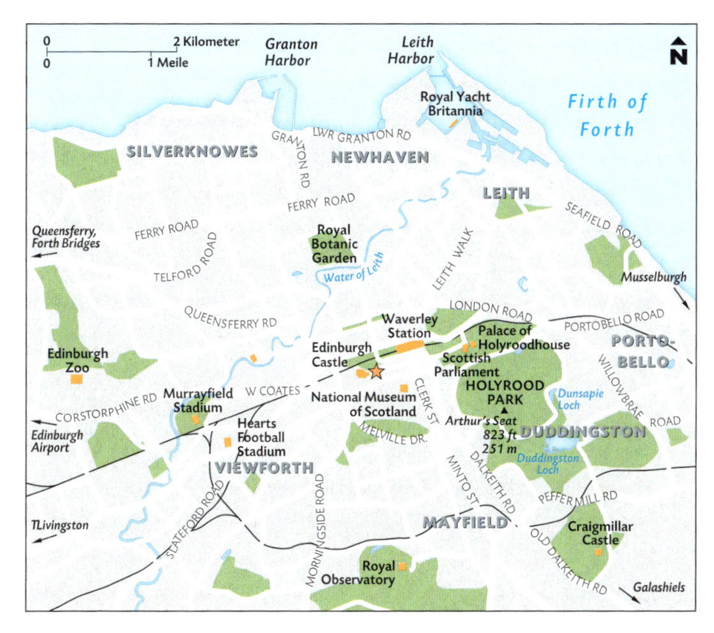

INSIDERTIPP

Der nur ein paar Gehminuten von der Stadt entfernte Holyrood Park macht einen Hauch des ursprünglichen Schottland erfahrbar, das den schwärmerischen Charakter des großen Naturschützers und Gründers des Sierra Club John Muir prägte.

BOB SIPCHEN
National Geographic Traveler-Autor

nördlich hinter dem trockengelegten Nor Loch die schöne Neustadt. Großzügige Boulevards, ein übersichtliches schachbrettartiges Straßennetz, begrünte Plätze und elegante Stadthäuser aus Sandstein zierten die New Town – ein großer Wurf der Architekten James Craig (1739–95), Robert Adam (1728–92) und William Henry Playfair (1790–1857) – in jeder Hinsicht ein Gegensatz zur heruntergekommenen Old Town. Diese Dualität aus Alt und Neu sollte das Herz und die Seele der Stadt lange Zeit prägen.

Viele Einwohner Edinburghs kamen in den beiden Weltkriegen ums Leben, doch ersparte die unterentwickelte industrielle Infrastruktur im Vergleich zu anderen Städten Schottlands Edinburgh im Zweiten Weltkrieg die schlimmsten Luftangriffe. In den darauffolgenden Jahren fand die Stadt dann die Möglichkeit, sich der Welt zu präsentieren – mit dem Edinburgh

Holyrood Park
- 59
- Holyrood Park Road
- (0131) 652 8150
- £
- **www.historic-scotland.gov.uk**

Edinburgh Castle
59
Castlehill
(0131) 225 9846
£££
www.edinburgh castle.gov.uk

National War Museum
62
Edinburgh Castle, Castlehill
(0131) 247 4413
£££
www.nms.ac.uk/war/home/index.asp

Festival, das 1947 ins Leben gerufen wurde.

Als das schottische Öl im 20. Jahrhundert der britischen Wirtschaft Milliarden Dollar bescherte, wurde der bis dato ruhenden Wunsch nach Unabhängigkeit wieder zu laut. Er kulminierte 1997 in einer Volksabstimmung, die sich ganz klar für die Einrichtung eines eigenen Parlaments aussprach. Das neue Parlament trat 1999 erstmals zusammen und zog dann 2004 ins eigens erbaute Holyrood um.

Heute spielt der Tourismus eine wesentliche wirtschaftliche Rolle in Edinburgh. Trotz der Wirtschaftskrise strömen Gäste aus aller Welt weiterhin in diese einzigartige Stadt.

Die Old Town

Edinburghs Altstadt präsentiert sich als Gewirr von mittelalterlichen Straßen, in dem die Gespenster der Vergangenheit über das Kopfsteinpflaster huschen und die schmalen *wynds* (Gassen) und *closes* (Durchgänge) durchdringen. In den Straßen finden sich zahlreiche Cafés, Pubs und Restaurants. Somit ist die Old Town die Hochburg des Fremdenverkehrs.

Edinburgh Castle: Die Burg thront auf ihrem Vulkanfelsen allgegenwärtig über der Stadt und lohnt wegen ihrer reichen Geschichte, aber auch wegen des umwerfenden Ausblicks einen Besuch. Die Burg, einst das Zuhause von

Edinburgh Castle ist das Wahrzeichen der Stadt; von dort bietet sich ein herrlicher Blick auf die Innenstadt

Maria Stuart, ist gut erhalten. Die Architekturstile aus verschiedenen Epochen sind gut zu erkennen. Am besten lernt man die Festung im Rahmen einer Führung oder einer Audiotour kennen.

Zu den wichtigsten Sehenswürdigkeiten zählen die Ausläufer der **Esplanade** am Eingang, wo das Military Tattoo (siehe rechts) stattfindet. In der Burg zeigt das **National War Museum** schottische Soldaten seit dem Act of Union mit einer Fülle von Waffen, Medaillen und gut erhaltenen Uniformen. Unter den neuzeitlichen Exponaten befinden sich Porträts schottischer Soldaten in Afghanistan.

Im **Crown House** sind die schottischen Kronjuwelen zu bestaunen sowie der überaus symbolträchtige Stone of Destiny („Schicksalsstein"), auf dem die schottischen Könige gekrönt wurden. Er wurde 1996 aus der Westminster Abbey in London nach Schottland zurückgeführt.

In der Great Hall fanden einst üppige Bankette und höfische Festlichkeiten statt. Die Große Halle wurde unter der Herrschaft von James IV. errichtet und diente einst als Sitz des schottischen Parlaments, später als Krankenhaus und Kaserne. Die letzte etwas protzige Restaurierung datiert aus dem 19. Jahrhundert.

Der älteste erhaltene Teil der Burg ist die **St. Margaret's Chapel** aus dem 12. Jahrhundert, der Ära von König David I.

Wem der Sinn eher nach den Abgründen des Lebens steht, kann in die Kasematten der Burg hinuntersteigen und dort die Gewölbe erkunden, die als Militärgefängnis dienten. Interessant sind die Graffiti: Sie stammen von den armen Schluckern, die bis ans Ende ihrer Tage hier eingesperrt waren.

Palace of Holyroodhouse: Das Schloss am unteren Ende der Royal Mile ist die offizielle Residenz der britischen Königsfamilie in Edinburgh. Es steht neben den Ruinen der **Holyrood Abbey.** Unter der Herrschaft von David I. galt die Abtei im 12. Jahrhundert als bedeutendes religiöses Zentrum. Sie wurde jedoch von englischen Truppen geschliffen.

Das Schloss datiert aus der Epoche von James I. und kann besichtigt werden, wenn die Königsfamilie nicht da ist. Die Räumlichkeiten sind mit edlen Textilien, herrlichen Ölgemälden und Stilmöbeln ausgestattet. Die Hauptattraktion ist jedoch das Bett von Maria Stuart. Hier hätte sie fast eine Fehlgeburt erlitten, nachdem sie zusehen musste, wie ihr vermeintlicher Liebhaber auf Geheiß

(Fortsetzung S. 64)

Militärisches

Das Edinburgh Military Tattoo im Edinburgh Castle (siehe S. 60/61 & 69) wird alljährlich im August abgehalten und zählt zu den beeindruckendsten Veranstaltungen in der Welt des modernen Militärs. Die Parade des schottischen Regiments mit Dudelsäcken und Trommeln unterhalb der von Flutlicht beleuchteten Burg ist ein unvergesslicher Anblick. Der Event ist immer lang im Voraus ausverkauft (Karten unter: *Tel. 0131/225 1188 oder www.edintattoo.co.uk/tickets; ££££–£££££*), denn es strömen 200 000 Zuschauer herbei. In den letzten Jahren gab es Elefanten und Kamele zu sehen, zudem Künstler, die mit Tanz und Flaggen zum Pomp beitrugen.

Palace of Holyroodhouse

- 59
- Ende der Royal Mile
- (0131) 556 5100
- £££

www.royal.gov.uk/TheRoyalResidences

Bummel über die Royal Mile

Der englische Schriftsteller Daniel Defoe beschrieb die Royal Mile einmal als die »edelste Straße der Welt«. Trotz diverser schäbiger Andenkenläden ist diese majestätische Verkehrsader bis heute schlichtweg atemberaubend. Ihren Anfang nimmt die Royal Mile auf der zerklüfteten Anhöhe beim Edinburgh Castle, um dann mit viel Kopfsteinpflaster – und drei verschiedenen Namen – bis zum Holyrood Park hinunterzuführen, wo der Palast der Königin in Edinburgh wartet: Holyroodhouse.

Beim **Edinburgh Castle** 1 (siehe S. 60/61) beginnt die Royal Mile am Castlehill, wo sich ein herrlicher Blick auf die Stadt im äußersten Westen eröffnet. An der **Camera Obscura** 2 *(549 Castlehill, Tel. 0131/226 3709)* bieten sich dann noch mehr tolle Ausblicke; sie werden zur Freude von Jung und Alt mithilfe eines archaischen Spiegelsystems auf eine Scheibe im markanten Turm projiziert. Die anderen Etagen sind vollgestopft mit wunderlichen optischen Täuschungen und interaktiven Exponaten.

Als nächstes kommt auf der anderen Straßenseite **The Scotch Whisky Experience** *(354 Castlehill, Tel. 0131/220 0441, www.whisky-heritage.co.uk)*. Diese gut konzipierte Ausstellung ist bei Liebhabern eines winzigen Schlucks der Hit. Los geht es mit einer amüsanten Fahrt im Whiskyfass. Die Besucher erfahren alles über den Whisky und seine Herstellung. Eine gut bestückte Whiskybar sowie ein renommiertes schottisches Restaurant gehören mit dazu.

Die Royal Mile wechselt dann zweimal kurz den Namen – Lawnmarket und High Street. Beim Überqueren der Kreuzung am Ende des Lawnmarket ist die ehemalige Zentrale der einst mächtigen **Bank of Scotland** 3 *(The Mound)* zu sehen; im Zuge der globalen Finanzkrise brach sie 2008 fast zusammen und verlor ihre Eigenständigkeit. Die **St. Giles' Cathedral** 4 *(High Street, Tel. 0131/225 9442)* heißt die

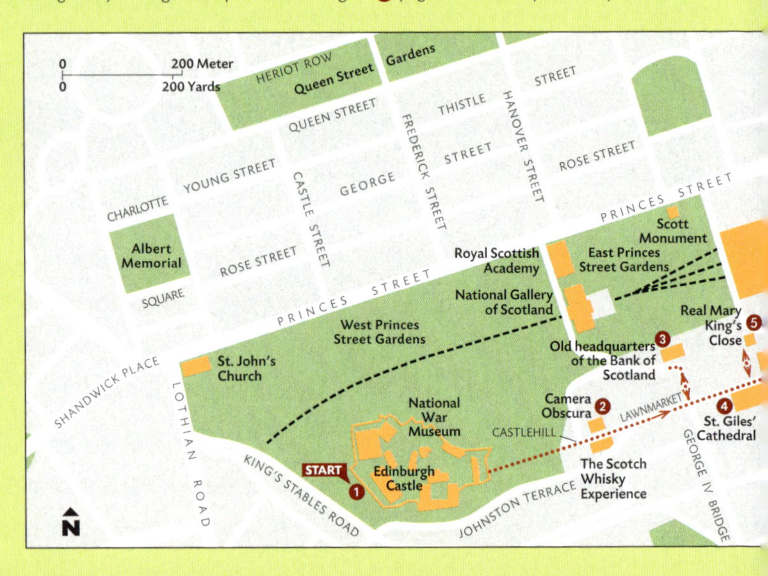

Spaziergänger dann in der High Street willkommen. Seit 854 steht an dieser Stelle ein Sakralbau. Der älteste Teil datiert aus dem Jahr 1120. Charles I. erhob die Kirche 1633 zur Kathedrale.

Couragierte können die berühmtesten „Geister" der Stadt im **Real Mary King's Close** 5 *(2 Warriston's Close, Tel. 0845/070 6244, www.realmarykingsclose.com)* treffen. Als das prächtige georgianische Edinburgh Gestalt annahm, wurden die ärmeren von der Pest gebeutelten Einwohner hier bis zu ihrem Tod unter Quarantäne gehalten. Die Fundamente der City Chambers wurden darauf gebaut. Einige der Zellen können im Rahmen verschiedener unheimlicher Führungen erkundet werden – nichts für Leute mit schwachen Nerven.

Wer beim Verlassen der High Street einen Blick in Richtung Süden wirft, sieht die mittlerweile leider geschlossene **Tron Church** 6 *(122 High Street)*; sie war früher der Mittelpunkt des Hogmanay-Straßenfests, bis die Neujahrsfeierlichkeiten dann kommerzialisiert und in die Princess Street verlegt wurden – mit offiziellem Kartenverkauf. Wem der Sinn nach einem Erfrischungsgetränk steht, besucht das **Bank Hotel** *(1–3 South Bridge, Tel. 0131/556 9940, www.bankhoteledinburgh.co.uk)* mit seiner netten Bar – ein gutes Beispiel, wie Gebäude umgestaltet werden, ohne ihre Pracht zu verlieren. Weiter die High Street hinunter ist im **John Knox House** 7 *(43 High Street, Tel. 0131/556 9579)* mit Feierlaune allerdings nicht zu rechnen. Hier bekommen die Besucher Informationen über den Prediger, der im 16. Jahrhundert die Reformation in Schottland anführte.

Der vorletzte Halt bei diesem Bummel ist das neue **Scottish Parliament** 8 *(Holyrood, Tel. 0800/092 7600 für Führungen, nur nach Voranmeldung)*. Das hypermoderne, 2004 eröffnete Parlamentsgebäude kann im Rahmen einer Führung besichtigt werden. Ob Schandfleck oder großer Wurf, jeder kann das für sich selbst entscheiden und an der lebhaften Diskussion teilnehmen – seit ewigen Zeiten eine beliebte Freizeitbeschäftigung der Edinburgher. Nun ist die Zeitreise vom alten Machtzentrum – der Burg – zum neuen vollendet. Am Ende der Royal Mile hat die Königliche Familie im **Palace of Holyroodhouse** 9 *(Holyrood, Tel. 0131/556 5100; siehe S. 61)* ein Auge auf das Geschehen.

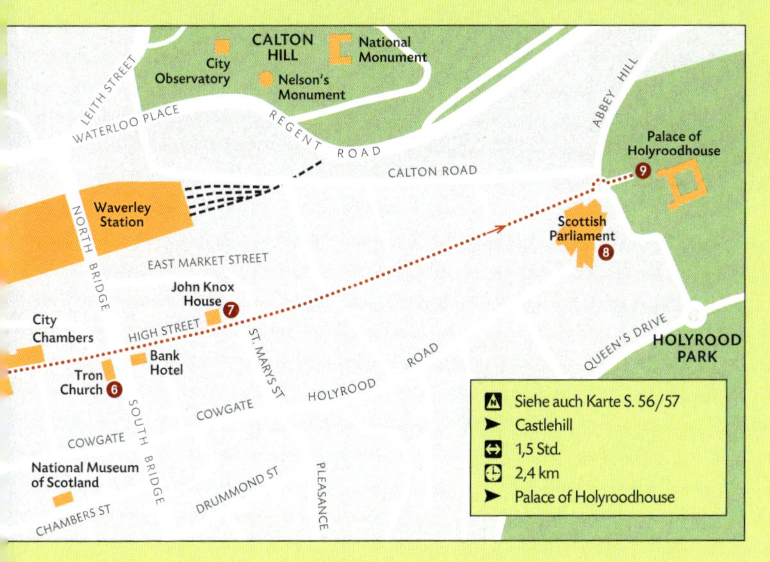

ihres Gatten Lord Darnley von dessen Handlangern ermordet wurde. Das Kind, der spätere König James VI., kam schließlich in Edinburgh Castle zur Welt.

Südlich der Royal Mile: Hier lässt sich die Old Town mit ihrem mittelalterlichen Charakter am schönsten erleben. Wer die **Victoria Street** hinunterbummelt, hat das Gefühl, ein verstaubtes Geschichtsbuch durchzublättern. Die halbmondförmige Straße mit Kopfsteinpflaster führt vorbei an Antiquitätenläden, Buch- und Bekleidungsgeschäften sowie zu Pubs und Restaurants.

Die Victoria Street mündet auf den **Grassmarket,** einen malerischen Platz mit Kopfsteinpflaster, an dem früher ein beliebter Markt abgehalten wurde. Dort trafen sich einst die Anwohner, um öffentlichen Hinrichtungen beizuwohnen. The **Last Drop** *(74–78 Grassmarket, Tel. 0131/225 4851)* ist ein Pub, das mit diesem makabren Thema spielt, und das gilt auch für **Maggie Dickson's Pub** *(92 Grassmarket, Tel. 0131/225 6601)* gleich nebenan. Es ist nach einer Frau benannt, die als vermeintliche Hexe gehenkt wurde, jedoch zu neuem Leben erwachte, als der Karren des Bestatters über das Kopfsteinpflaster rumpelte. Maggie hatte wahrhaftig eine Galgenfrist bekommen! Der Shakespeare Schottlands, der Dichter Robert Burns, schrieb ein paar Türen weiter im **White Hart Inn** *(34 Grassmarket, Tel. 0131/226 2806)* einige seiner denkwürdigsten Verse.

Am Ende des Grassmarket, auf der gegenüberliegenden Seite der George IV. Bridge in der Chambers

INSIDERTIPP

Großen Spaß macht eine Führung im Real Mary King's Close [siehe S. 63]. Dieser Abstecher in das 16. Jahrhundert vermittelt aus erster Hand, wie entbehrungsreich die Lebensbedingungen in den überfüllten Gassen der Stadt damals waren.

NICOLE ENGDAHL
National Geographic Development Office

ERLEBNIS: Hinauf zu Arthur's Seat

Es macht Spaß, es den Einheimischen gleichzutun und den 251 Meter hohen schlafenden Vulkan im Herzen der Stadt zu erklimmen. Günstigster Ausgangspunkt ist ein steiler Pfad, der am **St. Margaret's Loch beginnt.** Es führen aber noch andere Wege auf den Gipfel. Ein bisschen Vorsicht ist allerdings geboten: Die Westseite sollte man meiden, denn dort haben sich schon viele fatale Unfälle ereignet. Der Felsgipfel bietet den besten Blick auf Edinburgh – die ganze Stadt samt Vororten liegt einem zu Füßen, während man mit den Einheimischen plaudern kann. Der Abstieg führt in südlicher Richtung zum dörflichen Vorort **Duddingston,** wo das berühmte **Sheep Heid Inn** mit einer traditionellen Kegelbahn wartet.

Schöne alte Pubs am Grassmarket in der Edinburgher Old Town

Street, steht das Gebäude, das früher als Museum of Scotland bekannt war – hypermoderne Architektur, die jedoch harmonisch zum älteren Royal Museum-Gebäude passt. Im Zuge umfassender Renovierungen wurden die beiden Museen nun zum **National Museum of Scotland** zusammengelegt. Eine Ausstellung im modernen Bau vermittelt die Geschichte Schottlands vom ersten primitiven Menschen bis hin zu den wilden Jahren, als die Bevölkerung in Anbetracht der englischen Vorherrschaft für ihre Unabhängigkeit kämpfte. Es wird Schottlands Schlüsselstellung beim Aufstieg und Niedergang des British Empire erklärt. Am Ende rundet eine interessante Ausstellung über das „Moderne Schottland" das Bild ab.

Zu den bemerkenswertesten Objekten, die in diesem Museum ausgestellt sind, gehören die Cramond-Löwin, eine römische Skulptur, sowie elf von 78 Lewis-Schachfiguren aus Elfenbein (12. Jahrhundert), die 1831 auf der Insel Lewis gefunden wurden; die übrigen sind im British Museum in London.

Zu den moderneren Attraktionen zählen das selbstgebaute Fahrrad des „Fliegenden Schotten" Graeme Obree, einem Volkshelden, der in einem Velodrom den Stundenweltrekord aufstellte. Obrees Leistung ist umso erstaunlicher, da er seine Gegner auf einem Vehikel besiegte, das aus Teilen einer alten Waschmaschine zusammengebastelt war. Außerdem sind noch ausgestopfte Tiere und kunstvolle Modelle von einst glorreichen Dampfschiffen und Lokomotiven zu bestaunen. Die weitläufige **Great Hall** ist selbst schon ein Kunstwerk. Einen Blick lohnen

Arthur's Seat

59

walking.visitscotland.com/walks/centralscotland/holyrood_parkarthurs_seat

National Museum of Scotland

59

Chambers Street

(0131) 225 7534

www.nms.ac.uk/our_museums/national_museum.aspx

Die Princes Street in der New Town von Edinburgh

Our Dynamic Earth

✉ 116–118 Holyrood Road

☎ (0131) 550 7800

$ £££

www.dynamicearth.co.uk

auch die Sammlungen mit alten römischen und griechischen Objekten, Mumien aus Ägypten und ein Totempfahl.

Wer die Exponate im Museum erschöpfend gewürdigt hat, kann ins zugehörige Café gehen, vom Dachgarten den Blick über die Stadt genießen oder etwas im schottischen Restaurant essen.

Weiter östlich in Richtung Holyrood Park wirft **Our Dynamic Earth** im Schatten von Arthur's Seat (siehe Kasten S. 64) in einem auffälligen Avantgardegebäude, das wie ein Segel anmutet, einen geologischen Blick auf Schottland. Die beeindruckenden interaktiven Exponate garantieren spannende Erfahrungen für die ganze Familie. Der Besucher sieht sich einem Vulkanausbruch ausgesetzt, taucht unter den Wellen hindurch, um ein Korallenriff zu erkunden, nimmt an einem Flug über die Gletscher in Norwegen und Schweden teil und wandert durch tropischen Regenwald. Ein Muss für Leute, die mit Kindern unterwegs sind!

New Town

Die Neustadt von Edinburgh ist eigentlich gar nicht mehr so neu, sie ist über 200 Jahre alt. Sie entstand, als wohlhabende Edinburgher Architekten und Stadtplaner beauftragten, eine Idylle abseits der geschäftigen Old Town zu schaffen. In der neoklassizistischen New Town gibt es Grünflächen, kerzengerade Straßen, prächtige Stadthäuser und einige der besten Kunstgalerien Großbritanniens.

Der spektakulärste Weg in die New Town führt von der Royal Mile zu **The Mound** hinunter; er ist nach dem Haufen Erde benannt, die bei der Trockenlegung von Loch Nor hier aufgeschüttet wurde, um das neue Viertel mit der Old Town zu verbinden. Heute liegt die Burg stolz im Westen, während die großartigen Fassaden der New Town im Süden grüßen. Dazwischen erstrecken sich die Princes Street Gardens.

Princes Street Gardens: Hier bieten sich zahlreiche Plätze und Stellen für ein Picknick an. In den **West Princes Street Gardens** befinden sich der Ross-Musikpavillon (hier finden die berühmten Hogmanay-Konzerte statt, siehe Kasten S. 17), der beeindruckende goldene Ross-Brunnen sowie die **St. John's Church,** die für den sagenhaften Blick von der Terrasse ebenso berühmt ist wie für den herrlichen Innenraum. Einen Blick lohnt auch das **Scottish-American War Memorial,** das vom gleichnamigen Komitee in Auftrag gegeben wurde, um der Schotten zu gedenken, die im Ersten Weltkrieg kämpften. Das Kriegerdenkmal stammt von dem schottisch-kanadischen Bildhauer R. Tait McKenzie (1867–1938) und wurde 1927 vom U.S.-Botschafter Alanson B. Houghton enthüllt.

Die **East Princes Street Gardens** sind weniger prächtig, dafür aber zur Weihnachtszeit wegen der Eislaufbahn und des Riesenrads beliebt. Außerdem verbreitet ein deutscher Weihnachtsmarkt eine festliche Stimmung.

The Mound wird von der **National Gallery of Scotland** und der **Royal Scottish Academy** gekrönt. William Henry Playfair (1790 bis 1857) entwarf die beiden georgianischen Tempel – die Academy im klassisch dorischen, die Gallery im ionischen Stil. Beide Bauwerke sind durch eine Passage miteinander verbunden, den **Weston Link** (2004 eröffnet), der selbst schon ein architektonisches Meisterwerk ist. Jedenfalls sollte man unbedingt im Weston Link etwas trinken oder essen, um den Blick über die East Princes Street Gardens bis zum **Balmoral Hotel** und zur Princes Street auf sich wirken zu lassen.

Je mehr Zeit für die Galerien zur Verfügung steht, desto besser ist es. Sie sind eine wahre Schatztruhe mit Kunstwerken aus dem In- und Ausland, die in dem herrlichen Ambiente gut zur Geltung kommen. Keinesfalls verpassen sollte man „Reverend Robert Walker beim Eislaufen am Duddingston Loch" von dem schottischen Künstler Sir Henry Raeburn (1756–1823; siehe S. 47), „Das Fest des Herodes" von Peter Paul Rubens (1577–1640), „Muttergottes mit Kind" von Raffael (1483–1520) und „Drei Tahitianer" von Paul Gauguin (1848–1903).

Östlich der Galerien führen die East Princes Street Gardens zum umstrittenen **Scott Monument.** Diese Hommage an den bedeutendsten Schriftsteller historischer Romane Schottlands, Sir Walter Scott (1771–1832), wurde 1840

(Fortsetzung S. 70)

INSIDERTIPP

Ramsay's B&B ermöglicht einen authentischen, persönlichen Aufenthalt mitten im Herzen der Stadt. Sharon Ramsay hat mich wie eine liebe Freundin behandelt.

JENNIFER SEGAL
NATIONAL GEOGRAPHIC
Development Office

St. John's Church
62
West Princes Street Gardens, Princes Street
(0131) 229 7565
www.stjohns-edinburgh.org.uk

National Gallery of Scotland
62
The Mound
(0131) 624 6200
www.nationalgalleries.org

Royal Scottish Academy
62
The Mound
(0131) 225 6671
www.royalscottishacademy.org

Ramsay's Bed & Breakfast
25 East London St.
(0131) 557 5917
£
www.ramsaysbedandbreakfastedinburgh.com

Edinburghs Sommerfestivals

Jeden Sommer macht die Hauptstadt von Schottland mit einer Fülle von Festivals von sich reden, darunter der größte Kunst-Event der Welt, das Edinburgh Festival. In der Stadt herrscht ein erstaunliches Flair, wenn Berühmtheiten, Künstler und Festivalbesucher die Konzertsäle, Theater und Pubs mit Leben erfüllen.

Akrobaten führen in der Nähe der Princes Street während des Edinburgh Festival Fringe Kunststücke vor

Jedes Jahr brüsten sich immer mehr Städte Europas mit ihren angeblich größten und besten Kunstfestivals. Derartige Prahlerei hat Edinburgh nicht nötig, denn sein Festival ist ganz eindeutig das größte und – wie Stammgäste sicher gern bestätigen werden – auch das beste. Seit das Festival 1947 ins Leben gerufen wurde, hat sich dieser globale Mega-Event zu einem Cocktail aus sich überschneidenden und immer wieder neuen Festivals entwickelt, der die Stadt von Ende Juli bis Anfang September in Atem hält.

Das **Edinburgh International Festival** *(Mitte Aug.–Anfang Sept., www.eif.co.uk)* ist das „offizielle Festival" – die traditionelle Stütze des Edinburgher Sommers – mit klassischer Musik, Theater und Tanz in so reizvollen Locations wie dem Festival Theatre und der Usher Hall. An vergangenen Highlights sind innovative Darbietungen des Schottischen Balletts und des Budapester Festivalorchesters zu nennen. Für viele ist das Finale mit einem Feuerwerk samt Konzert in den Princes Street Gardens der Höhepunkt schlechthin.

Ein alternativer Ansatz

Das Edinburgh Festival Fringe *(Aug., www.edfringe.com)* gewinnt seit 60 Jahren immer mehr an Popularität. Dieser Riesen-Event – mit über einer Million verkaufter Tickets pro Jahr und zahllosen Shows in jeder erdenklichen Location – bietet alles, von Comedy des Engländers Ricky Gervais bis hin zu brisanten Amateurproduktionen. Sich aufs Geratewohl eine Show auszusuchen, um festzustellen, dass man dort der einzige Zuschauer ist, gehört mit zum Spaß und ist bezeichnend für das Wesen des Fringe.

Das **Edinburgh Military Tattoo** *(Aug., www.edintattoo.co.uk;* siehe Kasten S. 61) im Edinburgh Castle ist ein weiterer enorm beliebter Bestandteil des Festivals. Tausende von Zuschauern kommen zusammen, um die schottischen Regimenter im Kilt und Militärkapellen aus der ganzen Welt zu bestaunen, die in diesem überaus stimmungsvollen Ambiente auftreten.

Unterdessen können Freunde der Popmusik sich beim **Edge Festival** *(Aug., www.theedgefestival.com)* amüsieren, bei dem sich unlängst Größen wie Faith No More und Kanye West haben sehen lassen, aber auch einheimische Talente, die in der ganzen Stadt auftreten.

Das **Edinburgh International Book Festival** *(Aug., www.edbookfest.co.uk)*, das größte seiner Art, wurde 1983 in den Charlotte Square Gardens abgehalten. Jährlich besuchen über 200 000 Besucher die Lesungen von Schriftstellern, Dichtern, Journalisten und Wissenschaftlern aus der ganzen Welt.

Rekorde bricht auch das **Edinburgh Jazz & Blues Festival** *(Ende Juli–Anfang Aug., www.edinburghjazzfestival.co.uk)*, der älteste Event dieser Art in Großbritannien. Ein bunter Karneval und eine dreistündige Jamsession am Grassmarket geben das Tempo für dieses Fest vor. Ein weiteres Highlight ist „Jazz on a Summer's Day", ein Open-Air-Spektakel in den Princes Street Gardens. Das **Edinburgh Mela** *(Aug., www.edinburgh-mela.co.uk)* ist ein extravaganter Event mit Tanz, Theater und Musik, bei dem Schottlands ethnische und kulturelle Vielfalt den Schwerpunkt bildet.

Bildende Kunst von Weltrang hält in den Galerien und Museen der Stadt beim **Art Festival** *(Ende Juli–Anfang Aug., www.edinburghartfestival.com)* Einzug. Der Event besteht erst seit 2004 und ist somit eine relativ neue Ergänzung zum eigentlichen „Festival", hat sich aber rasch als alljährlich größtes Festival der Bildenden

Eine Straßenkünstlerin beim Edinburgh Festival Fringe

Künste in Schottland etabliert. Neben Werken von Meistern wie Picasso und Warhol sind in den zahlreichen Ausstellungen auch einheimische Künstler vertreten.

Köstlichkeiten probieren

Eine weitere relative Neuerung ist das **Foodies at Edinburgh Festival Park** *(Aug., www.foodiesfestival.com)* mit epikureischen Genüssen im Holyrood Park. Der dreitägige Event zeigt die Talente der berühmtesten Küchenchefs; Größen wie Tom Kitchin und Jeff Bland – beide mit Michelin-Sternen ausgezeichnet – demonstrieren ihr Können. Wer in Besitz einer Eintrittskarte ist, kann am Kochunterricht teilnehmen, die schottischen Köstlichkeiten probieren und auch kaufen und sich auch noch über das Unterhaltungsprogramm auf der Hauptbühne freuen.

Die Sommerfestivals von Edinburgh locken mit einem breiten Veranstaltungskalender. Straßenkünstler beleben dann das Stadtzentrum mit vielerlei Darbietungen – von Feuerschluckern und Akrobaten bis zur Pantomime. Am besten schnappt man sich einen Stuhl in einem Café an der Royal Mile, macht es sich gemütlich und beobachtet das rege Treiben. Zweifellos – die Festivals von Edinburgh haben Weltniveau.

Scott Monument
62
East Princes Street Gardens
(0131) 529 4068
£
www.edinburgh.gov.uk

Waverley Station
62–63
(08457) 114 141
www.networkrail.co.uk/aspx/807.aspx

National Monument
63
Calton Hill
(0131) 556 9536
www.edinburgh.gov.uk

von George Meikle Kemp (1795 bis 1844) vollendet. Heute entzweit das Denkmal die Öffentlichkeit: Manche halten es für die passende Würdigung des großen Mannes, für andere ist es ein Paradebeispiel viktorianischen Pomps. Aber wie dem auch sei – es lohnt sich jedenfalls, die zahllosen Treppenstufen des 61 Meter hohen Turms zu erklimmen, um den Blick über die Innenstadt zu genießen.

Weitere tolle Ausblicke warten am östlichen Ende der Princes Street gegenüber vom **Balmoral Hotel** (siehe S. 277), das nobelste Hotel der Stadt und ein beeindruckendes Beispiel für die viktorianische Architektur. Das Hotel sollte ursprünglich den Bedürfnissen der **Waverley Station,** einem Bahnhof aus dem 19. Jahrhundert mit kunstvoller Kuppel, Rechnung tragen. Wenige hundert Meter weiter liegt der Zugang zum **Calton Hill.** An der Nordseite des Waterloo Place geht es die Treppen hinauf.

Calton Hill: Der schottische Schriftsteller Robert Louis Stevenson (1850–94) behauptete, dass sich von dem bescheidenen Hügel der schönste Blick auf die Stadt eröffnet, und damit hatte er sicher recht. Zu sehen sind die Burg und Arthur's Seat, direkt unterhalb der Firth of Forth bis hin zum offenen Meer sowie die Ochil Hills in der Ferne im Nordwesten. Auf dem Calton Hill ist auch das **National Monument** zu Hause, konzipiert als Schottlands ureigenster Parthenon. Dem Projekt ging jedoch das Geld aus, und so blieb es bei den etwas einsam anmutenden dorischen Säulen der Fassade. Zudem

Wer einen Spaziergang auf den Calton Hill unternimmt, wird mit einem herrlichen Blick belohnt

befinden sich hier oben das **Nelson's Monument,** das **City Observatory** sowie eine Kanone aus Portugal – ideal, um für ein Foto zu posieren.

George Street: Nach dem Abstieg vom Calton Hill verläuft zwei Blocks nördlich der Princes Street die George Street; sie wird durch die schmale Rose Street geteilt,

INSIDERTIPP

Am 30. April um Mitternacht bietet das Beltane Fire Festival auf dem Calton Hill ein unglaubliches Spektakel mit Hunderten von Trommlern und Fackelträgern; sie eskortieren die heidnische Maikönigin bei ihrer Wiedergeburt.

JIM RICHARDSON
NATIONAL GEOGRAPHIC-Fotograf

größtenteils eine Fußgängerzone mit vielen Pubs und Restaurants. Die George Street war einst Sitz reicher Banken und Geldhäuser, sie hat in letzter Zeit jedoch viel von ihrem Glanz eingebüßt. Die prächtigen georgianischen Gebäude hat man in Szenekneipen, schicke Restaurants und Designerläden umfunktioniert.

Zwei reizende Plätze liegen an beiden Enden der George Street. Im Osten ist der **St. Andrew Square** mit einem Kiosk und Sitzgelegenheiten bei Einheimischen und Auswärtigen gleichermaßen beliebt; über ihn wacht die Statue von **Lord Melville** (1742–1811), dem Marinesekretär des britischen Premierministers William Pitt, Jr. (1759–1806).

Die Homogenität des georgianischen Platzes musste in den 1960er und 1970er Jahren zum Teil dem Funktionalismus weichen, aber die geglückte moderne Architektur präsentiert sich nun in Form des Kaufhauses **Harvey Nichols** *(30–31 St. Andrew Sq.)* – die erste Filiale außerhalb von London. Einkaufsüchtige bummeln auch gern über den **Multress Walk** mit seinen zahlreichen Designerläden.

Einen Block nördlich vom St. Andrew Square befindet sich die **Scottish National Portrait Gallery.** Im Gegensatz zur strengen georgianischen Architektur der New Town präsentiert sich die Gemäldegalerie in gotischer Formensprache, die durch den roten Sandstein umso dramatischer wirkt. Die Galerie ist historisch wie auch künstlerisch ein Kleinod, denn es sind die Porträts berühmter Schotten im Lauf der Jahrhunderte zu bewundern. Zu den Highlights zählen so bedeutende Persönlichkeiten wie Maria Stuart und Bonnie Prince Charlie, aber auch berühmte Zeitgenossen wie der Filmschauspieler Sir Sean Connery (*1930).

Am westlichen Ende der George Street wartet der elegante **Charlotte Square.** Er wurde von Robert Adam (1728–92; siehe Kasten S. 105) ein Jahr vor seinem Tod entworfen und ist mittlerweile ein Fixpunkt der Stadt – Schottlands Premierminister wohnt auf Nummer sechs im **Bute House.**

Nelson's Monument
63
32 Calton Hill
(0131) 529 3993
So geschl.
£
www.edinburgh.gov.uk

City Observatory
63
Calton Hill
www.astronomyedinburgh.org

Scottish National Portrait Gallery
1 Queen St.
(0131) 624 6200
Bis Nov. 2011 geschl.
www.nationalgalleries.org

Georgian House
✉ 7 Charlotte Sq.
☎ (0131) 226 3318
$ £
www.nts.org.uk/property/56/

Scottish National Gallery of Modern Art
✉ 75 Belford Rd.
☎ (0131) 624 6200
www.nationalgalleries.org

Dean Gallery
✉ 3 Belford Rd.
☎ (0131) 624 6200
www.nationalgalleries.org

Royal Botanic Garden
Ⓜ 59
✉ Inverleith Row
☎ (0131) 552 7171
$ Gelände: frei; Treibhäuser
www.rbge.org.uk/the-gardens/edinburgh

Das prachtvolle georgianische Haus nebenan ist öffentlich zugänglich. Es gehört dem National Trust for Scotland und hat sich das noble Flair des Lebens im Edinburgh der ersten Hälfte des 19. Jahrhunderts bewahrt. Einen Blick lohnen die Gemälde von Sir Henry Raeburn und Allan Ramsay (1713–84).

Jenseits der Brücke: Auf der anderen Seite von Edinburghs bescheidenem Fluss, dem Water of Leith, liegen noch herrschaftlichere georgianische Anwesen, dazwischen immer wieder Hotels. In dieser Gegend ist eine Kunstgalerie von Weltrang zu Hause: Die in einem weitläufigen bewaldeten Areal gelegene **Scottish National Gallery of Modern Art** ist mit der nicht minder imposanten und ebenfalls neoklassizistischen **Dean Gallery** partnerschaftlich verbunden. Vor dem Besuch der Nationalgalerie sollte man sich die im Grundstück verstreuten Skulpturen ansehen – zu den Attraktionen zählen die Arbeiten von Henry Moore (1898–1986) und Barbara Hepworth (1903–75). Innen werden Avantgarde-Legenden wie der Amerikaner Andy Warhol (1928 bis 1987) und der Brite Damien Hirst (*1965) neben weniger berühmten einheimischen Talenten gewürdigt.

Die Dean Gallery ist vor allem für die Skulpturensammlung von Sir Eduardo Paolozzi (siehe Kasten unten) bekannt. Er hinterließ der Galerie tausende Kunstwerke, darunter einige seiner besten Arbeiten; in seinem nachempfundenen Atelier wird dem Besucher das Werk dieses einheimischen Genies nähergebracht.

Im Erdgeschoss präsentieren die **Roland Penrose Gallery** und die **Gabrielle Keiller Library** eine großartige Sammlung dadaistischer und surrealer Kunst, darunter Werke von Pablo Picasso (1881–1973), Joan Miró (1893 bis 1983) und Salvador Dalí (1904–89).

Royal Botanic Garden: Südlich der New Town erstreckt sich der Königliche Botanische Garten, eine Topattraktion. Herrlich ist der Blick auf die Neustadt und die Skyline der Altstadt, wobei die Burg beinahe schon greifbar

Skulpturen aus Metallschrott

Sir Eduardo Paolozzi kam 1924 in der italienischen Gemeinde Edinburghs zur Welt. Seine Eltern betrieben bis zum Ausbruch des Zweiten Weltkriegs in Leith eine Eisdiele. Er und seine Familie wurden als Angehörige einer feindlichen Macht inhaftiert, Eduardo jedoch drei Monate später freigelassen. Sein Vater, Großvater und Onkel hingegen ertranken, als das Gefangenenschiff nach Kanada von einem deutschen U-Boot versenkt wurde.

Nachdem Eduardo Paolozzi mehrere Jahre das Familienunternehmen geführt hatte, ging er 1943 nach London, um Bildhauerei zu studieren.

Die Kunstwerke des erfolgreichen Paolozzi sind in vielen öffentlichen Gebäuden zu bewundern. Seine Werke sind vor allem von der Popart-Bewegung der 1960er Jahre beeinflusst. Berühmt ist Eduardo Paolozzi für seine Skulpturen aus Maschinenteilen und Metallschrott.

Ausgelassene Partygänger amüsieren sich in einer Bar in Edinburgh

nahe über die Szenerie wacht. In den Gärten findet sich eine erlesene Mischung aus Bäumen und Büschen aus aller Welt. Am schönsten ist der Besuch im späten Frühjahr, wenn die meisten Blumen erblühen.

Die geringfügige Eintrittsgebühr zu den zehn Treibhäusern ist das Geld wert. In ihnen herrschen unterschiedlich hohe Temperaturen, sodass man Pflanzen aus aller ganzen Welt bewundern kann. Zwischen Wasserbecken, in denen sich die Karpfen tummeln, und über kleine Brücken führt der herrliche Streifzug durch das üppige Grün. Der Chinesische Garten bietet sich geradezu an, um ein wenig zu meditieren – was allerdings auch im **Inverleith House** möglich ist, in dem immer wieder andere Wechselausstellungen zum Thema Kunst stattfinden.

Eine sagenhafte Neuerung im Botanischen Garten ist der zig Millionen Dollar teuere **John Hope Gateway** am westlichen Eingangstor mit Informationen über die Gärten, interaktiven Exponaten und einem Pflanzenverkauf – plus einem Andenkenladen und dem **Gateway Restaurant** *(John Hope Gateway Centre, Arboretum Place, Tel. 0131/552 2674, www.gateway-restaurant.net)* mit einer großen Terrasse, von der man auf die Grünanlagen blicken kann. ■

Leith & die Werften

Leith war früher eine eigenständige Stadt. Für einige der Anwohner dieses Edinburgher Stadtviertels am Meer ist das noch immer so. Touristen lassen das spannende Viertel oft links liegen, obwohl Leith und seine Hafenanlagen sich einer reichen Geschichte rühmen. In den letzten Jahren hat sich der Stadtteil in ein Eldorado der Gastronomie und des Nachtlebens gewandelt.

Lastkähne, Kneipen und Restaurants säumen The Shore, wo der Fluss sich zum Hafen weitet

Leith
56 C3
Besucherinformation
Leith Mills, 70–74 Bangor Rd., Edinburgh
(0131) 555 5225
www.edinburgh.org

Der mittelalterliche Hafen von Leith liegt zwar außerhalb des Stadtzentrums, ist für die Geschichte Edinburghs jedoch von großer Bedeutung. Im 15. Jahrhundert machte sich Marie de Guise (1515–60) hier für ihre Tochter Maria Stuart (1542–87) stark. Als die Männer Oliver Cromwells (1599–1658) in der Stadt weilten, erkoren sie Leith zu ihrem Standquartier. Bis zum Zweiten Weltkrieg war Leith noch ein bedeutender Hafen. Berühmte Söhne von Leith sind Sir Sean Connery und der Schriftsteller Irvine Welsh.

Nach dem Zweiten Weltkrieg ging es mit dem Hafen bergab. In den 1980er Jahren gab es in der zum Rotlichtviertel verkommenen Gegend ernste Drogenprobleme, wie Irvine Welsh in „Trainspotting" (1993) beschreibt.

Seit 2000 haben öffentliche wie auch private Investoren die Gegend mit umfassenden Bauprojekten aufgepeppt, darunter Einkaufszentren und exklusive Wohnanlagen am Wasser. Der Neubeginn soll 2012 mit der Anbindung an den Flughafen von Edinburgh per Tram vollendet werden.

Besuch in Leith

Die beste Möglichkeit, nach Leith zu gelangen, ist, den relativ langen **Leith Walk** hinunterzubummeln. Auch „The Walk" wurde im großen Stil umgestaltet, viele neue Läden,

Pubs und Restaurants haben hier mittlerweile eröffnet. Die beliebten chinesischen Cafés und polnischen Delis verdeutlichen, wie sich die Bevölkerungsstruktur des Viertel verändert.

Wenn der Leith Walk das nördliche Ende erreicht, tauchen im Osten die **Leith Links** auf. Diese unscheinbare Parklandschaft macht nicht viel her, aber die Einheimischen behaupten, dass hier die „Wiege des Golfspiels" ist und nicht in St. Andrews. Alten Dokumenten ist zu entnehmen, dass König James IV. von Schottland (1473–1513) seinen Mannen verbot, auf den Links Golf zu spielen, und dass die Regeln hier bereits zehn Jahre, bevor sie in St. Andrews zu Papier gebracht wurden, festgelegt wurden.

Das Hafenareal mit Kopfsteinpflaster heißt **The Shore** und hat seinen Reiz, denn das Water of Leith verbreitert sich zum Hafen hin (momentan nicht zugänglich). Bis vor einer Weile hatten die einst prächtigen Kaufmanns- und Seemannshäuser bessere Zeiten gesehen. Heute haben neue Pubs sowie das mit Michelin-Sternen prämierte Restaurant Martin Wishart (siehe S. 278) diese Gegend in ein Szeneviertel verwandelt.

Von The Shore in Richtung Westen verläuft der **Commercial Quay.** Wo früher Lagerhallen, Schiffe und Kräne waren, sind heute Restaurants, darunter The Kitchin (siehe S. 278) – ebenfalls mit einem Michelin-Stern prämiert. Wer in Richtung Wasser schaut, dem fällt sicher ein massives Gebäude auf: die Verwaltungszentrale der Schottischen Regierung.

Weiter westlich ist das **Ocean Terminal** *(Ocean Drive, Tel. 0131/555 8888, www.oceanterminal.com)* zu sehen. Diese riesige Shoppingmall mit Vergnügungsmöglichkeiten auf mehreren Etagen kann mit mehr als 70 Geschäften, Lokalen, einem Kino, einem Wellnesscenter und einem Skatepark aufwarten – inklusive Panoramablick auf die Uferpromenade des Firth of Forth. Und obendrein liegt hier die berühmteste Touristenattraktion von Leith vor Anker, die **Royal Yacht „Britannia"** (siehe Kasten unten).

„Britannia" herrscht über die Wellen

Die Königliche Yacht „Britannia" an der Uferpromenade von Leith ist eine neuere Attraktion. Das ehrgeizige Edinburgh stach Glasgow aus, wo das Schiff am John Brown's Shipyard von Clydebank 1953 in See stach, und etablierte sich als Ankerplatz dieses Stücks schwimmender Geschichte. Es macht Spaß, die prächtigen Räumlichkeiten zu erkunden, in denen die Königsfamilie Adelige und andere Würdenträger aus dem Ausland empfing, und so eine Vorstellung vom Lebensstil des Königshauses zu bekommen. Im Café lockt die typischste aller Traditionen: der Tee. Ein Muss!

Die weltweite Rezession hat die Umgestaltung dieses Areals verzögert. Sowohl die Behörden, als auch die privaten Investoren wollen das Bauvorhaben jedoch unbedingt weiterführen. Schließlich wurde bereits gewaltig in die Verkehrsanbindung investiert. Jedenfalls ist Leith ein gutes Beispiel dafür, was sich aus einem einst heruntergekommenen Viertel machen lässt. ■

Royal Yacht „Britannia"

✉ Ocean Terminal, Leith

☎ (0131) 555 5566

$ £££

www.royalyachtbritannia.co.uk

Außerhalb des Zentrums

Edinburgh ist nach internationalen Maßstäben keine große Stadt, dafür finden sich am Stadtrand diverse reizende Gemeinden am Wasser – so zum Beispiel Cramond, South Queensferry und Portobello –, aber auch Hügel, von denen sich ein herrlicher Blick auf die Stadt bietet.

Hartgesottene zieht es während des „Loony Dook" ins kalte Wasser des Firth of Forth, South Queensferry

Cramond
56 B2

South Queensferry
56 B3

Queensferry Museum
53 High St., South Queensferry
(0131) 331 5545
Di/Mi geschl.
www.gnws.co.uk/edinburgh/queensferry.htm

Cramond

Das hübsche Cramond am westlichen Stadtrand von Edinburgh verströmt das Flair vergangener Zeiten. Die Vorstadt am Meer war einst eine römische Bastion; die spärlichen Ruinen der Festung sind noch zu erkennen. Das Dorf als solches ist hübsch. Eine Reihe weißgetünchter Häuser säumt die Ufer des River Almond; an der breitesten Stelle der Forth-Mündung liegen ein Segelclub sowie ein Pub und ein kleines Restaurant.

Es besteht die Möglichkeit, zur **Cramond Island** zu Fuß zu erreichen, allerdings sollte man sich zuvor über die Gezeiten informieren, die meist am Damm ausgehängt sind. Die Insel ist ein Dorado für Vogelfreunde, aber die Gezeiten ändern sich rasch, deshalb besser kein Risiko eingehen. Jedes Jahr sitzen hier Besucher, aber auch Einheimische fest, weil der Damm überspült wird.

South Queensferry

South Queensferry ist schlicht und ergreifend eine der hübschesten Siedlungen an der schottischen Küste. Sie liegt zwar innerhalb der offiziellen Stadtgrenze Edinburghs, vermittelt aber das Gefühl, meilenweit weg zu sein, denn sie ist an drei Seiten von – geschützter – Natur umgeben, an der vierten erstreckt sich der Firth of Forth. Heute ist South Queensferry für seine imposanten Brücken bekannt – die Forth Bridge (Eisenbahnbrücke) sowie die Forth Road Bridge (siehe S. 78/79).

Den Namen hat South Queensferry von Königin Margaret (1045 bis 93), die hier die erste Fährverbindung veranlasste. Pedantische Einheimische bestehen darauf, dass man sich in Royal Burgh of Queensferry befindet, aber die meisten sagen South Queensferry, um den Ort von North Queensferry auf der anderen Seite des Forth zu unterscheiden.

Die kopfsteingepflasterte High Street von South Queensferry wird von pastellfarbenen Gebäuden gesäumt. Am ältesten ist das **Black Castle** (1626). Auf einer Stippvisite im **Queensferry Museum** erfahren die Besucher viel über die reiche Geschichte der Vorstadt, vom heidnischen Burry Man Festival bis hin zu „Loony Dook". Dann heißen die Einheimischen, aber auch Touristen, das Neue Jahr willkommen, indem sie in den eiskalten Forth springen.

South Queensferry ist auf drei Seiten von privaten Ländereien umgeben, zu denen jeweils auch ein imposantes Landhaus gehört. Dundas Castle ist nicht öffentlich zugänglich, aber in **Dalmeny House** besteht zumindest die Möglichkeit, sich die Kunstgalerie anzusehen. Die Hauptattraktion ist jedoch **Hopetoun**; es wird gern als das „schottische Versailles" bezeichnet und gilt als eines der schönsten Anwesen im ganzen Land. Die Ländereien sind ebenfalls beeindruckend, herrlich die Ausblicke auf den Forth und die Naturlandschaft. Im zugehörigen Café gibt es Tee und Kuchen.

Portobello

Der Name zeugt von einer Affinität zum Mittelmeerraum, und **Portobello**, fünf Kilometer östlich des Stadtzentrums, verfügt tatsächlich über einen Hauch mediterranen Flairs. Bevor es die billigen Ferienflieger gab, strömten die Anwohner an sonnigen Tagen an den Strand. Heute ist dieser Vorort etwas heruntergekommen, aber der Blick über den Firth of Forth ist herrlich, der Sandstrand ist weitläufig und einladend. ■

ERLEBNIS:

Auf Schusters Rappen

Der hübsche, zwölf Kilometer lange Spaziergang ist so etwas wie ein Geheimtipp. Am besten nimmt man ab Edinburgh den Zug in Richtung Nordwesten nach Dalmeny, der nächsten Bahnstation von South Queensferry, und wandert dann gen Norden zur Forth Bridge – auf den Weg, der zum Dalmeny Estate im Osten führt. Unterwegs beeindrucken das prachtvolle Dalmeny House, wunderbare Ausblicke auf die Forth Bridge und Edinburgh, der Eagle Rock, in den ein römischer Legionär einst sein Graffiti ritzte, sowie die Meerestiere am Sandstrand. Der Fährbetrieb nach Cramond ist momentan eingestellt, dafür bietet sich ein malerischer Abstecher zum Cramond Brig an. Zurück geht es über einen markierten Weg am River Almond entlang ins Dorf.

Weitere Informationen siehe: *walking.visitscotland.com/walks/centralscot land/south_queensferry_dalmeny.*

Dalmeny House

✉ 3,2 km vom Bahnhof Dalmeny; ausgeschildert ab der A90 Forth Bridge Rd.
☎ (0131) 331 1888
🕒 Aug.–Mai geschl.
$ ££
www.dalmeny.co.uk

Hopetoun

✉ 16 km westl. von Edinburgh über die A904
☎ (0131) 331 2451
🕒 Okt.–Ostern geschl.
$ Haus & Grundstück: ££; nur Grundstück: £
www.hopetoun.co.uk

Brücken über den Forth

Der erste Blick auf die beiden Brücken, die sich über den Firth of Forth spannen, ist unvergesslich. Sie sind ein Zeugnis der Ingenieurskunst ihrer Zeit. Es macht Spaß, mit dem Zug über die Forth Bridge zu rattern, oder mit dem Auto oder Fahrrad, aber auch zu Fuß die Forth Road Bridge zu überqueren. Oder man setzt sich einfach in South Queensferry irgendwo ans Wasser und lässt die gewaltigen Brücken auf sich wirken.

Die Brücken über den Forth geben auch bei Nacht eine beeindruckende Kulisse ab

Das Mündungsgebiet des River Forth stellte für die Menschen seit je ein natürliches Hindernis dar. Bereits im 11. Jahrhundert ließ Königin Margaret von Schottland den ersten Fährverkehr einrichten, damit Pilger aus der Hauptstadt die Abteien Dunfermline und St. Andrews erreichen konnten. Der Fährbetrieb hatte bis zur Eröffnung der Autobrücke 1964 Bestand.

Forth Bridge

Die 1890 eröffnete Forth Bridge, eine Eisenbahnbrücke, ist wohl am bekanntesten. Sie gilt als eines der besten Beispiele weltweit für die viktorianische Ingenieurskunst und präsentiert sich als gewaltiges rotes Stahlmonster, das sich 2,5 Kilometer über das Mündungsgebiet des Forth spannt. Die Forth Bridge war der Werk der Eisenbahningenieure Sir John Fowler (1817–98) und Sir Benjamin Baker (1840 bis 1907), die aus dem Einsturz der nördlich gelegenen Tay-Brücke ihre Lehren gezogen hatten.

Die Unmengen an Baumaterialien, die zum Einsatz kamen, ist schier unglaublich: mehr als 55 000 Tonnen Stahl, gut 18 000 Kubikmeter Granit und über acht Millionen Nieten. Die menschlichen Anstrengungen waren nicht minder atemberaubend: Eine ganze Gemeinde Arbeiter bezog in South Queensferry Quartier – 98 bezahlten ihren Arbeitseinsatz mit dem Leben. Die Brücke war auch im Hitchcock-Film „Die 39 Stufen" (1935) zu sehen.

In den letzten Jahren wurden Anstrengungen unternommen, die Unesco zu veranlassen, die Brücke auf die Liste des Weltkulturerbes zu setzen, und somit ist die Instandhaltung der Brücke ein wichtiges Thema. Eine unlängst durchgeführte Studie ergab, dass der bei der Konstruktion verwendete Stahl von bester Qualität war – ein gutes Omen für die Haltbarkeit der Brücke. Ein beliebter Ausspruch für eine Aufgabe, die zig Mal wiederholt werden muss, ist: »wie das Streichen der Forth Bridge«. Sogar viele Einheimischen sind also der Auffassung, dass ständig zu streichen ist. Doch das war in Wirklichkeit nie der Fall, und der letzte Anstrich soll sogar noch 25 Jahre halten.

Forth Road Bridge

Läge die Forth Road Bridge in der Nähe einer anderen Brücke, würde ihr sicher erheblich mehr Aufmerksamkeit zuteil, aber verglichen mit ihrem älteren und berühmteren Pendant verblasst sie dann doch. Die imposante Hängebrücke erinnert stark an die Golden Gate Bridge in San Francisco; bei der Eröffnung 1964 war sie die größte Brücke Europas. Unsterblich wurde sie durch Iain Banks' von der Kritik hochgelobten Roman „Die Brücke" (1986).

Heute rollt über die Forth Road Bridge mehr Verkehr als je geplant, und diverse Studien behaupten, dass sie erheblich schneller baufällig sein wird, als ursprünglich angenommen. Die schottische Regierung brachte unlängst Pläne für eine neue Straßenüberquerung aufs Tapet, aber es sind noch viele Fragen offen – vor allem, wer den Bau finanzieren soll.

Die geplante New Forth Bridge

Zu Beginn des neuen Jahrtausends beschloss die FETA (die Körperschaft, die für den Betrieb der Forth Road Bridge zuständig ist) aufgrund des schlechten Zustands der vorhandenen Brücke den Bau einer neuen. Nach hitzigen Debatten wurde schließlich die Stelle festgelegt: ein Stück weiter westlich der vorhandenen. Die geplante Brücke soll insgesamt 2,2 Kilometer über den Forth führen, wobei die größte Spannweite der Hängekonstruktion bei 1375 Metern liegt.

INSIDERTIPP

Am Südufer der Brücken ist South Queensferry auf drei Seiten von einem Grüngürtel umgeben, der wirklich gute Wandermöglichkeiten bietet – deshalb also nach der Besichtigung der Brücken noch Zeit zum Erkunden des Hinterlands einplanen.

SALLY McFALL
NATIONAL GEOGRAPHIC-Mitarbeiterin

Reiseinformationen

Scotrail *(www.scotrail.co.uk)* unterhält verschiedene Zugverbindungen über die Forth Bridge, nämlich von Dalmeny in South Queensferry sowie von North Queensferry. Von The Maid of the Forth *(www.maidoftheforth.co.uk)* und Forth Belle *(www.forthtours.com)* verkehren vielerlei Passagierschiffe, die unter den Brücken durchfahren. Aber jeder kann auch einfach über die Forth Road Bridge spazieren und dabei die tolle Aussicht genießen. Zugang besteht von South Queensferry und von North Queensferry.

In South Queensferry sind das Orocco Pier *(www.oroccopier.co.uk)* und das Boat House *(www.theboathouse-sq.co.uk)* hervorragende Restaurants/Bars mit fantastischem Blick auf beide Brücken. Das Railbridge Bistro *(www.therailbridgebistro.com)* hat sich der Brücke, nach der es benannt ist, verschrieben. Zu bestaunen ist eine Ausstellung mit Memorabilien, dazu gibt es Infotafeln sowie ein maßstabgetreues Modell – und zeitgenössische schottische Küche in gemütlichem Ambiente.

Die Lothians

Viele Leute, die Edinburgh besuchen, machen sich nicht die Mühe, einen Abstecher über die Stadtgrenze hinaus zu unternehmen, um auch die Lothians kennenzulernen. Wer es dennoch tut, kann sich über eine malerische Region mit Hügeln, dem Firth of Forth und der Nordsee freuen. Dieser Landstrich strotzt nur so vor alten Schlössern und geheimnisvollen Kirchen.

Auf dem Bass Rock bei North Berwick, East Lothian, lebt eine Kolonie von rund 80 000 Basstölpeln

East Lothian
57 D2–D3, E2–E3, F2–F3
Besucherinformation
31 Court St., Haddington
(01620) 827 422
www.edinburgh.org

North Berwick
57 E3
Besucherinformation
B 1 Quality St., North Berwick
C (01620) 892 197
www.edinburgh.org

East Lothian

Östlich von Edinburgh lohnt **Musselburgh** mit seiner Pferderennbahn einen Besuch. Wer sich eher für Eiscreme interessiert, sollte im legendären Luca's *(32–38 High St., Tel. 0131/665 2237, www.s-luca.co.uk)* vorbeischauen. Ein Muss für Golfer sind die **Musselburgh Links** *(Balcarres Road, Tel. 0131/653 5200, www.musselburgholdlinks.co.uk;* siehe S. 166), der älteste Golfplatz der Welt. Dokumente belegen, dass hier bereits 1672 Golf gespielt wurde. Manche meinen, dass Maria Stuart hier sogar schon 1567 gegolft haben soll.

Hinter dem scheußlichen Kraftwerk Cockenzie mutet East Lothian dann weniger städtisch an; an der Küste entlang ziehen sich Sandstrände. Am schönsten ist sicher der **Gullane Beach,** eine weitläufige Oase mit sauberem Sand und intakten Dünen. Im Sommer strömen die Städter hierher, aber in der Nebensaison ist man so ziemlich allein. Golfer interessieren sich vermutlich eher für den exquisiten **Muirfield Golf Course** *(Duncur Road, Muirfield, Tel. 01620/842 123, www.muirfield.org.uk;* siehe S. 166); dort fanden unlängst die British Open statt.

Von den Küstenstädten ist **North Berwick** sicher am reizvollsten. Dieser Ferienort erlebte im viktorianischen Zeitalter seine Blüte, als Direktzüge von London hierherfuhren, damit die gestressten Städter frische Luft und ein Bad im Meer genießen konnten. Wer sich eine Vorstellung von der Konzeption der Stadt machen möchte, sollte ein Stück gen Süden spazieren und den **North Berwick Law** erklimmen (1 Std.). Von dem zerklüfteten Berg bietet sich ein sagenhafter Blick auf die Stadt und East Lothian.

Die eigentlichen Attraktionen von North Berwick sind aber der herrliche Sandstrand, gleich drei fantastische Golfplätze und das hervorragende **Scottish Seabird Centre** – ein modernes Zentrum für Seevögel, zu dem auch der vorgelagerte Bass Rock gehört. **Bass Rock** ist ein Vulkanfelsen, der wie ein gewaltiges U-Boot aus dem eiskalten Wasser des Firth of Forth ragt. Der 107 Meter hohe Felsen wirkt uneinnehmbar – was auch zutreffend ist, sieht man einmal von den zahllosen Seevögeln ab. Zu den bunten – lärmenden – Bewohnern zählen Basstölpel und putzige Papageitaucher. Das Eiland steht unter Naturschutz und darf nicht betreten werden, aber das Zentrum auf dem Festland hat gut platzierte Kameras installiert, die das tagtägliche Vogelleben dokumentiert. Im Sommer können Interessierte im Rahmen eines Bootsausflugs näher herankommen. Allein wegen der enormen Vielfalt an Vögeln gilt Bass Rock als bedeutende Forschungsstation.

Das Hinterland von East Lothian

Weiter östlich wird die Küste dann wilder und felsiger. Ein geheimnisvoller menschlicher Fußabdruck befindet sich bei der Ruine von **Tantallon Castle** *(3,2 km östl. von North Berwick, Tel. 01620/892 727, www.historic-scotland.gov.uk, £)* mit fantastischem Blick übers Meer. Diese imposante Burg aus dem 14. Jahrhundert war einst das Domizil einer der bedeutendsten Familien Schottlands, den Douglas Earls of Angus.

Dunbar ist ein letzter Farbtupfer, bevor East Lothian in Richtung The Borders gen Süden verläuft. Das hübsche Fischerdorf kann mit einer Fülle von Sandsteinbauten und einem geschäftigen kleinen Hafen aufwarten.

Weiter landeinwärts ist das **National Museum of Flight** am alten Militärflughafen von East Fortune eine Attraktion. Ausgestellt sind gut erhaltene Flugzeuge verschiedener Epochen, und zwar entweder in Hangars oder – stimmungsvoller – auf dem Flugfeld. Die beiden Hauptattraktionen sind eine alte Spitfire, die im Zweiten Weltkrieg bei der Luftschlacht um England eine bedeutende Rolle spielte, sowie der Vulcan-Bomber, der während des britischen Falkland-

Flug mit der Concorde

In den Genuss eines Flugs mit dem Überschallflugzeug Concorde kommt heute leider niemand mehr, aber das National Museum of Flight (siehe oben) vermittelt mit der „Concorde Experience" zumindest einen guten Einblick. Die Besucher erhalten eine „Bordkarte", dann lernen sie im Rahmen einer Audiotour die wichtigsten Teile des Flugzeugs kennen. Flugbegleiter und Piloten teilen ihre Erfahrungen über den Alltag an Bord dieses außergewöhnlichen Passagierflugzeugs mit. Am Ende steht ein Blick ins erstaunlich gemütliche Cockpit.

Scottish Seabird Centre

✉ The Harbour, North Berwick
☎ (01620) 890 202
$ ££
www.seabird.org

Dunbar

57 E3

Besucherinformation

✉ 143 High St., Dunbar
☎ (01368) 863 353
🕒 Nov.–März geschl.

National Museum of Flight

57 E3
✉ East Fortune Airfield, East Lothian
☎ (0131) 247 4238
$ ££
www.nms.ac.uk/flight/our_museums/museum_of_flight.aspx

Wanderung in den Pentland Hills, in Midlothian

Lennoxlove House
✉ Lennoxlove Estate, Haddington
☎ (01620) 828 614
$ ££
www.lennoxlove.com

Glenkinchie Distillery
✉ Pencaitland, Tranent, East Lothian
☎ (01875) 342 004
$ ££
www.discovering-distilleries.com/glenkinchie

Midlothian Snow Sports Centre
✉ Biggar Road, Hillend
☎ (0131) 445 4433
$ ££
www.midlothian.gov.uk

kriegs gegen Argentinien einen politischen Sturm der Entrüstung auslöste, als er in Brasilien eine Notlandung hinlegte. Es besteht die Möglichkeit, an Bord einer British Airways Concorde zu gehen und alles über dieses einzige Überschall-Passagierflugzeug zu erfahren, das 2003 aus dem Verkehr gezogen wurde (siehe S. 81).

Ein paar Meilen vom Museum entfernt liegt das nette **Haddington**, das König David I. im 12. Jahrhundert zur Marktstadt erhob. Der beschauliche Ort bietet sich für einen Spaziergang und eine Kaffeepause an. Am schönsten anzusehen ist die **Church Street** mit ihren gut erhaltenen Häusern aus dem 18. und 19. Jahrhundert. Das interessanteste Gebäude ist **Lennoxlove House** (14. Jh.), ein Kilometer südlich der Stadt. Es kann mit vielerlei Zeugnissen aus früheren Zeiten aufwarten, so z. B. einer Totenmaske. Berühmtester Gast war wohl Maria Stuart. Am besten lernt man das Haus im Rahmen einer Führung kennen.

East Lothian gilt eigentlich nicht als Wisky-Hochburg, rühmt sich jedoch einer eigenen **Glenkinchie Distillery.** Die Einheimischen betonen, dass hier nicht „Edinburgher Malt", sondern ein mild-mundender Malt hergestellt wird, den man am besten als Aperitif goutiert. Die Destillerie bietet hervorragende Führungen an.

Midlothian

Die **Pentland Hills** sind eine sanfte Hügellandschaft, die an der Westseite des alten County Midlothian oder „Edinburghshire" einen natürliche Grenze bilden. Ein Großteil dieser Region steht unter Naturschutz, ist jedoch öffentlich zugänglich. Gleich bei der Umgehungsstraße von Edinburgh liegt Hillend im Osten der Hügelkette. Hier ist das **Midlothian Snow Sports Centre** zu Hause, die längste künstliche Skipiste Europas, die sich tagsüber oder nachts bei Flutlicht befahren lässt. Weiter in den Pentlands wird die Landschaft dann wilder, und das geschäftige Treiben lässt nach. **Flotterstone** ist der günstigste Ausgangspunkt für eine Wanderung; hier gibt es einen kostenlosen Parkplatz, ein Infocenter, Wanderkarten mit vielen markierten Wegen und einen Gasthof, in dem man sich nach der Tour stärken kann. Da die höchste Erhebung nur 579 Meter aufweist, sind die Pentlands eine angenehme Alternative zu den gewaltigeren Bergen des Landes. Weitere Wanderrouten warten in den **Moorfoot Hills,** südlich von Midlothian an der Grenze zu The Borders.

Die Attraktion schlechthin in Midlothian ist zweifelsohne die

Rosslyn Chapel in **Roslin**; durch Dan Browns Bestseller „Sakrileg" (2003) und die Hollywoodverfilmung (2006) hat sie es zu Weltruhm gebracht (siehe Kasten S. 83) Für Sir William St. Clair (1404–82) verwirklichte sich mit der Vollendung der Kapelle 1446 ein Traum. Der neue Ruhm hat wichtige Restaurierungsarbeiten finanziert. Tom Hanks, der in der Verfilmung von Dan Browns Roman die Hauptrolle spielt, machte eine Spende. Die steigenden Besucherzahlen verursachen jedoch neue Probleme.

Die Fassade des stimmungsvollen Bauwerks schmücken Strebebögen und Wasserspeier, wirklich aufregend ist jedoch der kunstvolle Kirchenraum. Das Genie des Steinmetz' spricht seit Jahrhunderten durch vielerlei Symbole und allegorische Bilder zum Betrachter. Die Kirchenmauern sind fast komplett mit Skulpturen bedeckt – von Rittern hoch zu Ross und dem heidnischen Green Man bis zur Geburt Christi und dem gefesselten, geknebelten und kopfüber hängenden Luzifer.

Rosslyn Chapel ist ein ganz besonderer Ort, und so verwundert es nicht, dass Beziehungen zu Freimaurern und Tempelrittern die Fantasie der vielen Besucher weiter beflügeln. Von zusätzlichem Reiz sind die Darstellungen nordamerikanischer Pflanzen, die vor der Entdeckung Amerikas durch Christoph Kolumbus (1451–1506) im Jahr 1492 datieren. Forscher fanden unlängst eine unterirdische Kammer, was Spekulationen Nahrung gab, dass neben der Kapelle der heilige Gral ruht. Anhänger von Verschwörungstheorien und Leuten mit blühender Phantasie gefällt vielleicht auch die Tatsache, dass das Schaf Dolly im nahen Roslin Institute geklont wurde.

In Midlothian förderte man früher bedeutende Mengen an Kohlen, die man in Edinburgh für die Stromgewinnung benötigte. Der Niedergang der Industrialisierung hatte dementsprechende Folgen für die Wirtschaft in dieser Region; im **Scottish Mining Museum** erfährt man viel über jene einstmals boomende Industrie. Es befindet sich in einem der besterhaltenen Bergbaugebiete des Viktorianischen Zeitalters und präsentiert zwei Ausstellungen – die „Geschichte der Kohle" und „Um Klassen besser". Die Audiotouren vermitteln ein authentisches Erlebnis, das vor allem den kleinen Besuchern ebenso gut gefällt wie der Spielplatz.

Roslin beschränkt sich jedoch nicht nur auf die weltberühmten Kirchen. Der **Roslin Glen** ist eine idyllische Landschaft mit Wander-

„Sakrileg"

Die Rosslyn Chapel spielt in Dan Browns Roman „Sakrileg" eine bedeutende Rolle, denn der Autor spielt mit dem Gedanken, dass sich hier einst die Grabstätte des heiligen Grals befand. Die beiden Hauptfiguren des Romans, Robert Langdon und Sophie Neveu, besuchen die Kapelle, um den Heiligen Gral zu finden, müssen jedoch feststellen, dass er nach Frankreich verlegt wurde. Bei ihrem Schottlandbesuch plaudert Neveu mit ihrer Großmutter, die ihr Näheres über ihre Vorfahren erzählt – die Linie reicht angeblich bis zu Jesus und Maria Magdalena zurück.

Rosslyn Chapel
Chapel Loan, Roslin
(0131) 440 2159
www.rosslynchapel.org.uk

Scottish Mining Museum
Lady Victoria Colliery, Newtongrange
(0131) 663 7519
££
www.scottishminingmuseum.com

Roslin Glen Country Park
Zwischen dem Dorf Roslin und Rosewell über die B7003
(01875) 821 990

Vogrie Country Park

56 C1–C2

19 km von Edinburgh; gen Süden auf der A68, rechts auf die B6372 und dann 2 km bis zum Parkeingang

(01875) 821 990

£

www.midlothian.gov.uk

Almond Valley Heritage Trust

Millfield, Livingston

(01506) 414 957

£££

www.almondvalley.co.uk

wegen und einer Burgruine – herrlich ruhig und einsam, ohne die Menschenmassen, die bei einem Besuch der Rosslyn Chapel oft störend wirken. Eine weitere grüne Oase ist der **Vogrie Country Park,** nur eine kurze Autofahrt entfernt. In der Mitte des Parks befindet sich das gleichnamige Haus, zu dem ein Café mit Spielplatz, ein malerischer Golfplatz, sehenswerte Skulpturen sowie Wanderwege gehören.

West Lothian

West Lothian ist wohl die am meisten unterschätzte Ecke Zentralschottlands; hierher kommen kaum Touristen. Von sich reden hat der Landstrich als „Heimat des Öls" gemacht – hier hat angeblich der schottische Chemiker James „Paraffin" Young (1811–83) aus Schiefer Öl gewonnen.

Über 13 000 Menschen waren einmal in der Ölindustrie tätig, die Young in West Lothian ins Leben rief. Geblieben ist eine von Minenschächten geprägten Landschaft mit Schlackenhügeln, die „bings" heißen und bei Sonnenuntergang wie eine Miniaturausgabe vom Ayers Rock in Australien anmuten.

Besucher können den Schieferbergbau im **Almond Valley Heritage Trust** in **Livingston** kennenlernen. In einer Abteilung ist ein Minenschacht mit pechschwarzen Tunneln und Förderwagen nachgebildet. Große Karten vermitteln, in welchem Ausmaß der Bergbau sich in West Lothian ausgebreitet hat. Zu dem Areal gehört auch eine beliebte Kinderfarm. Das Gelände des Bauernhofs fällt zum **River Almond** hin ab; dort finden sich diverse Gehege und Ställe. Die Kleinen erfahren viel über die hiesige Tierwelt und können zudem mit einer Schmalspurbahn oder einem von einem Traktor gezogenen Wagen fahren.

Am Rand des Grüngürtels von Livingston liegt das Dorf **Dechmont** – wo sich ein Zwischenfall mit einem Ufo ereignet haben soll. Bei dem angeblichen Kontakt 1982 verlor ein Einheimischer, der mit seinem Hund unterwegs war, das Bewusstsein, außerdem erlitt er Verbrennungen an den Händen. Wissenschaftler und Journalisten strömten herbei, heute ist allerdings nur noch eine Plakette an der vermeintlichen Landestelle bei Dechmont Hill zwischen Dechmont und Livingston zu sehen.

Viele der Städte in West Lothian sind eher unansehnlich, aber ein

Besuch im Beecraigs Country Park

Die Bathgate Hills bieten sich für einen beschaulichen Ausflug an. Man braucht allerdings ein Auto oder Rad, um zur Hauptattraktion zu gelangen – zum Beecraigs Country Park *(The Park Centre, near Linlithgow, Tel. 01505/844 516, www.beecraigs.com)*. Von Linlithgow geht es gen Süden in den dicht bewaldeten Park, in dem sich eine Wildfarm, ein Restaurant und ein Speichersee zum Fischen befinden, an dem auch Boote und Ausrüstung verliehen werden. Auf einer Lichtung kann man campen – oder man macht ein paar Lockerungsübungen auf dem Fitnesstrail. Im Sommer, wenn Gäste aus der Region herbeiströmen, kann man die unterschiedlichsten Menschen aus West Lothian kennenlernen.

Der schmucklose Sandsteinbau der Town Hall von Linlithgow

Ort nördlich von Dechmont auf der anderen Seite der **Bathgate Hills** ist ein wahres Kleinod: **Linlithgow.** Der Geburtsort Maria Stuarts tut sich mit einer reichen Geschichte hervor und liegt zudem praktisch an der Haupteisenbahnlinie Edinburgh–Glasgow. Die High Street aus Kopfsteinpflaster wird von zahlreichen Cafés und Geschäften gesäumt, die zu einem entspannten Bummel mit anschließender Mittagspause einladen. Günstig für einen Besuch ist der vierte Samstag im Monat, denn dann findet ein lebhafter Bauernmarkt statt. Hinter einem Torbogen ist in der Touristeninformation eine nützliche Broschüre erhältlich, die den „Linlithgow Heritage Trail" beschreibt. Dieser kulturell interessante Spaziergang gleicht einer Zeitreise durch die schottische Geschichte. An der Mauer rechts vom Torbogen stehen die Könige und Königinnen von Schottland aufgelistet, dann ist der **Linlithgow Palace** erreicht.

Der imposante Palast aus dem 15. Jahrhundert ragt robust von einem mit Gras bewachsenen Hügel mit Blick über die Gestade des **Linlithgow Loch** auf. Maria Stuart wurde 1542 hier geboren. Das Gebäude ist heute eine Ruine, aber es gibt dennoch viel zu sehen – beispielsweise der Ausblick vom 6. Stock auf die Stadt und den See. Viele Besucher stellen sich die Frage, wie der Palast einstmals ausgesehen haben mag. Eine Legende behauptet, dass unter der Herrschaft von James I. (1566 bis 1625) aus dem Hofbrunnen Wein floss, als Charles I. (1600 bis 49) 1633 hier zu Besuch war.

Linlithgow
🅰 56 A3
Besucherinformation
✉ County Buildings, High Street, Linlithgow
☎ (01506) 775 320

Linlithgow Palace
🅰 56 A3
✉ Boghall, Linlithgow
☎ (01506) 842 896
$ ££
www.historic-scotland.gov.uk

St. Michael's Church

Cross House, The Cross, Linlithgow

(01506) 842 188

£

www.stmichaelsparish.org.uk

Linlithgow Canal Centre

Canal Basin, Manse Road, Linlithgow

(01506) 671 215

Okt.–März geschl.

£

www.lucs.org.uk

Mittelpunkt des Palastes ist die prachtvolle **Great Hall**, deren Gemäuer einst von dem Geschrei eines Babys widerhallten, eines kleinen Mädchens – mit Namen Maria Stuart –, das die schottische Geschichte enorm beeinflussen sollte.

Nach der Besichtigung der Burg lohnt ein Blick auf die **St. Michael's Church** nebenan. Die Kirche stammt aus dem 13. Jahrhundert; die etwas unpassende und umstrittene Aluminiumkuppe wurde erst nach dem Zweiten Weltkrieg angebracht. Wieder zurück in der High Street, ein Stück den Hügel hinauf und vorbei am Bahnhof wartet eine weitere moderne Errungenschaft: der **Union Canal**, der als Transportweg zwischen Edinburgh und Glasgow erbaut wurde. Dort steht das **Linlithgow Canal Centre** mit einem bescheidenen Museum; im Frühling und Sommer beginnen hier kurze Bootsausflüge zum Avon Aqueduct.

Wer die Gegend lieber zu Fuß erkundet, sollte den **Linlithgow Loch** umrunden – am besten in Richtung Westen. Im ersten Teilstück warten zahlreiche Enten und Schwäne auf ein paar Leckerbissen. Das Stadtzentrum verschwindet dann bald aus dem Blickfeld, wenn es an noblen Anwesen vorbeigeht. Hübsch ist der Blick zurück übers Wasser auf den Palast. Informationstafeln erklären unterwegs die Geschichte von Mensch und Natur am Loch. Hier sollte man nach einem antiken Crannog Ausschau halten – einem Versteck auf der Insel, das die Einheimischen vor Jahrhunderten nutzten, um dort Schutz zu suchen. Der Weg führt dann auf die Hauptstraße und zurück ins Zentrum. Wer auf dem

Ein Ritterturnier auf Linlithgow Palace, dem Geburtsort Maria Stuarts, begeistert die Zuschauer

Das tragische Leben von Maria Stuart

Das Leben von Maria Stuart ist tragischer als so manches moderne Fernsehdrama. Maria wurde am 8. Dezember 1542 im Linlithgow Palace geboren und im Alter von nur sechs Tagen Königin von Schottland. Nachdem sie einen Großteil ihrer Kindheit in Frankreich verbracht hatte, kehrte sie 1561 nach Schottland zurück. Marias Versuche, als Katholikin den Protestantismus zu unterlaufen, schlugen fehl, und so wurde sie zum Abdanken gezwungen. Sie floh nach England und suchte Zuflucht bei ihrer Cousine Elisabeth I., wurde jedoch festgenommen und verbrachte dann ihr restliches Leben unter Hausarrest. Nachdem sie verdächtigt worden war, an einem Attentat auf Elisabeth I. beteiligt gewesen zu sein, wurde sie 1587 hingerichtet.

markierten Weg zum Loch bleibt, wird schließlich mit einem spannenden Blick in Richtung Palast belohnt.

Unweit von Linlithgow finden sich zwei weitere historische Gebäude im Westen in Richtung Stadtzentrum. Sie lassen sich bei einem Mittagessen vom Feinsten in dem mit einem Michelin-Stern ausgezeichneten **Champany Inn** oder einfach bei einem Burger im Chop House (siehe S. 279) goutieren.

Das **House of the Binns** ist seit über 400 Jahren in Besitz der Familie Dalyell. Der jüngste Bewohner ist der umstrittene Politiker Tam Dalyell, ein ehemaliger Labour-Abgeordneter und Provokateur.

Das oft übergangene **Blackness Castle** thront oberhalb des Firth of Forth. Diese Festung ist in Mel Gibsons Spielfilm „Hamlet" (1990) zu sehen. Östlich der Burg verläuft ein herrlicher Spazierweg am Fluss entlang und durch Wälder nach South Queensferry (siehe S. 76/77), wo man dann auch noch Hopetoun, das „schottische Versailles", bewundern kann. Für die anspruchsvolle Wanderung sind mindestens drei Stunden einzuplanen; anschließend besteht dann die Möglichkeit, mit dem Taxi zum eigenen Auto zu fahren oder mit dem Bus nach Linlithgow.

Ein Schmuckstück des Transportwesens und eine beliebte Familienattraktion ist der restaurierte Bahnhof **Bo'ness.** Das Projekt ruhte lange Zeit, bis eine Freiwilligen-Initiative es zu neuem Leben erweckte. Im Bahnhof befindet sich das **Scottish Railway Museum**, die größte Ausstellung in Sachen Eisenbahn des Landes, mit Lokomotiven, Wagons und anderen Exponaten. Im Sommer finden regelmäßig Fahrten mit der **Bo'ness und Kinneil Railway** *(www.srps.org.uk/railway)* statt, viele mit nostalgischen Dampfloks. Vor der Rückfahrt bietet sich der Besuch einer alten Mine an. Am Bahnhof gibt es auch ein Café und ein Touristenzentrum.

Der schönste Blick in West Lothian bietet sich vom **Cairnpapple** im sanften Hügelland, erreichbar über die Straße südlich von Linlithgow hinter dem **Beecraigs Country Park** (siehe Kasten S. 84). Der Panoramablick auf Zentralschottland ist herrlich, und einen Cairn (Grabstätte) kann man auch noch besichtigen.■

House of the Binns
Karte: 56 A3
Adresse: Linlithgow, West Lothian
Telefon: (01506) 834 255
Preis: £ £
www.nts.org.uk/Property/33/

Blackness Castle
Karte: 56 A3
Adresse: Blackness
Telefon: (01506) 834 807
Preis: £
www.historic-scotland.gov.uk

Bo'ness
Karte: 56 A3
Besucherinformation
Adresse: Bo'ness Station, Union Street, Bo'ness
Telefon: (08452) 255 1996

Scottish Railway Museum
Adresse: Bo'ness Station, Union Street, Bo'ness
Telefon: (01506) 822 298
Preis: £ £
www.srps.org.uk/railway

CAFE
VESPA
PIZZA
BIRRA

Die weitläufige kosmopolitische Stadt liegt im Tal des River Clyde, am Fuß der sanften Hügel des von der Landwirtschaft geprägten Ayrshire

Glasgow & Ayrshire

In der Innenstadt von Glasgow ist immer viel los

Glasgow & Ayrshire

In den letzten zwanzig Jahren avancierte die größte Stadt Schottlands von einem verkommenen Industrieort zu einer der dynamischsten und kulturell interessantesten Metropolen Europas. Dieser Status wurde nicht zuletzt durch diverse Preise untermauert. Es warten aber auch noch weitere Sehenswürdigkeiten außerhalb der Innenstadt am River Clyde sowie an der beeindruckenden Küste von Ayrshire.

Glasgow – oder der „nette grüne Ort", wie die Übersetzung aus dem Gälischen so poetisch lautet – ist eine pulsierende Stadt mit vielschichtiger Historie und enormem Kulturbewusstsein. Nach dem Zweiten Weltkrieg, als Glasgow die boomende „zweite Stadt des Empire" war und die in den Werften am Clyde erbauten Schiffe die Weltmeere beherrschten, setzte ein postindustrieller Niedergang ein. Doch die Glasgower haben sich noch nie unterkriegen lassen und machten

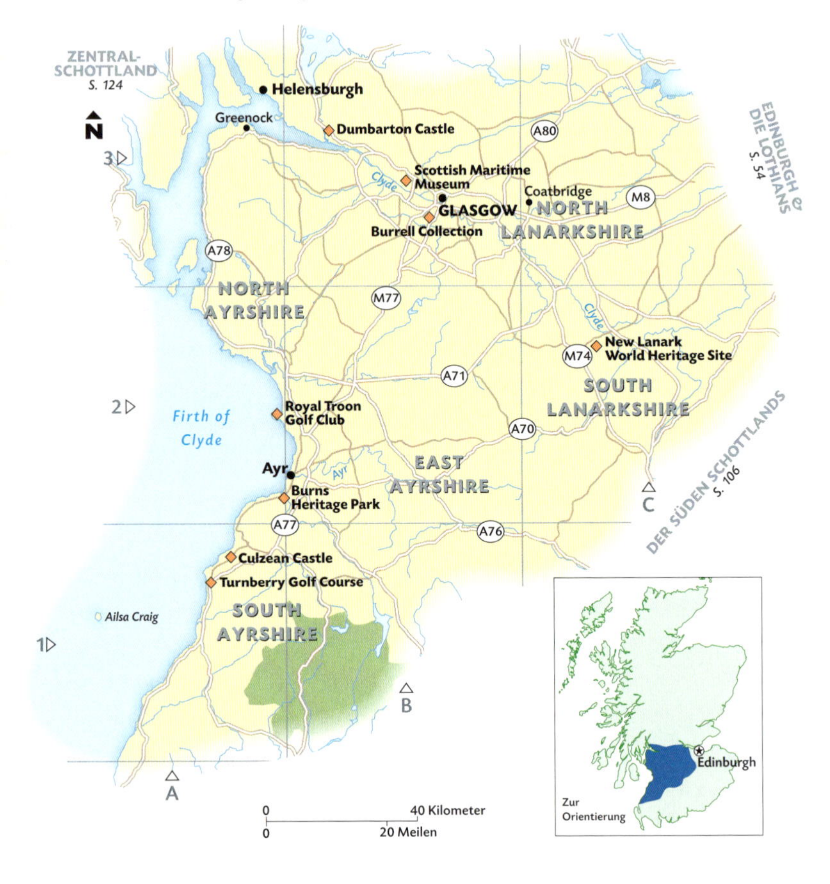

sich in den 1980er Jahren ans Werk, das Image ihrer Stadt zu verändern. Seitdem findet Glasgow als Europäische Kulturstadt sowie als Stadt der Architektur und des Design Anerkennung. Dieser kometenhafte Aufstieg soll 2014 mit der Ausrichtung der Commonwealth Games gekrönt werden.

Veränderte Stadt

In den letzten Jahren hat die massive Bautätigkeit die Innenstadt verändert. Die einst verrufene Buchanan Street gilt nun als „Style Mile" und ist mit Designerläden und Szenekneipen gespickt. Die Stadt kann sich zwar keiner Restaurants mit Michelin-Sternen rühmen, verfügt jedoch über jede Menge tolle Lokale, in denen man die letzten Schiffsbauer ebenso antrifft wie einen Popstar oder vergötterten Fußballspieler.

Optisch ist Glasgow ja vielleicht nicht so reizvoll wie die gefeierte Hauptstadt, doch wer genauer hinsieht, wird umso reicher belohnt. Denn wer wäre nicht bezaubert von einer Stadt, in der einst der Architekt und Designer Charles Rennie Mackintosh (1868 bis 1928) zu Hause war? Von ihm stammen einige der prachtvollsten Gebäude. Er hinterließ weltweit aber auch enormen Eindruck mit seinem kreativen, funktionalen Design.

Jenseits der Innenstadt liegt das Clyde Valley relativ abseits der Touristenpfade; das perfekt erhaltene New Lanark Heritage Centre ist hingegen eine Attraktion von Weltrang und wurde sogar von der Unesco gewürdigt. Gen Süden erstrecken sich die sanften Hügel des ländlichen Ayrshire, wo einst Schottlands romantischster Dichter, Robert Burns, lebte; er führte ein einfaches Leben und sprach den kleinen Mann an, was auch heute noch typisch für den Zeitgeist in Glasgow ist. ■

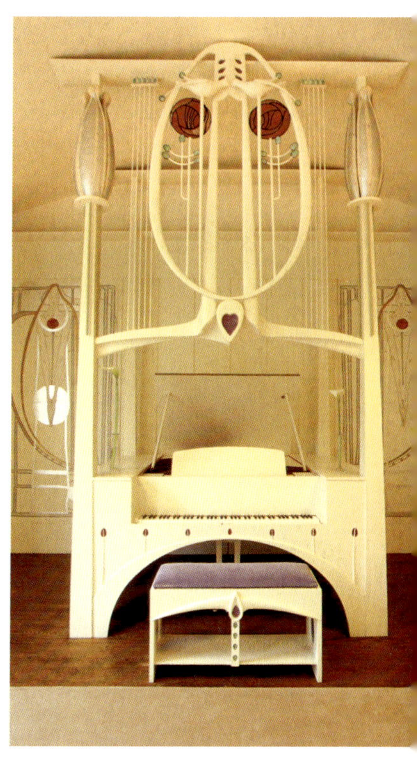

Das Piano im Musikzimmer des Hauses für einen Kunstliebhaber in Bellahouston Park

NICHT VERSÄUMEN

Das Kelvingrove Art Gallery & Museum, das meistbesuchte Museum Großbritanniens außerhalb Londons 96

Das Glasgow Science Centre, ein Hightech-Erlebnis in einem markanten modernen Gebäude 101

Einen Tag in der Burrell Collection, einer hochkarätige Kunstsammlung in einem Ambiente von Weltrang 103

Einen Ausflug nach New Lanark, das Vermächtnis von Visionären, die der Arbeiterschicht eine Zukunft verschafften 103

Burns Heritage Park in Alloway, das Dorf, in dem Robert „Rabbie" Burns geboren wurde 105

Im Zentrum von Glasgow

In der Innenstadt von Glasgow findet man sich problemlos zurecht. Die schachbrettartig angelegten Straßen machen das Sightseeing einfach, außerdem befinden sich alle Sehenswürdigkeiten in Laufnähe. In der Innenstadt locken Kneipen, Cafés, Restaurants und schicke Geschäfte.

Wunderschönes Buntglasfenster in der Kathedrale von Glasgow

Glasgow
90 B3
Besucherinformation
City Marketing Bureau, 11 George Square, Glasgow G2 1DY
(0141) 566 0800
www.seeglasgow.com

Stadtzentrum

In einem derart weitläufigen Stadtgebiet ist es gar nicht so einfach, das exakte Zentrum festzulegen, ein guter Ausgangspunkt ist jedoch der **George Square.** Der Platz liegt praktisch zwischen den beiden großen Bahnhöfen – der **Central Station** und der **Queen St. Station** – inmitten von urbaner georgianischer und viktorianischer Architektur, Relikten aus der Blütezeit. Am besten setzt man sich auf eine Bank und bewundert die prächtigen **City Chambers** *(George Square, Tel. 0141/287 2000, www.glasgow.gov.uk)* mit viel viktorianischem Pomp aus dem Jahr 1888; Königin Viktoria eröffnete sie höchstpersönlich. Interessant ist eine Führung – ein Ausflug in der Vergangenheit, als das British Empire die Welt beherrschte. Friese von allen Ländern, die dem Empire angehörten, zeugen vom damaligen Stolz. Bevor man den Platz verlässt, lohnt noch ein Abstecher in die Touristeninformation an der Südwestecke. Dort sind Fahrkarten für die vorzüglichen Fahrten mit dem oben offenen Sightseeing-Bus durch Glasgow erhältlich (*www.citysightseeing glasgow.co.uk*), außerdem allerlei Stadtpläne und Broschüren, darunter auch über die Merchant City, die nächste Station.

Die **Merchant City** wird von einem gitterförmigen Straßennetz durchzogen, unmittelbar südöstlich vom George Square. Die eleganten Sandsteingebäude wurden im 19. Jahrhundert von Kaufleuten errichtet, die mit Baumwolle und Tabak handelten, aber auch von Geschäftsleuten, die durch die florierenden Werften zu Reichtum kamen. Hier befinden sich nun Wohnhäuser, Geschäfte, Kneipen und Restaurants.

Zu den beeindruckendsten Gebäuden gehören die **City Halls**

INSIDERTIPP

Das Beste ist es, sich aus Diskussionen über die Erfolge der beiden Fußballmannschaften, den Glasgow Rangers und Celtic, herauszuhalten. Aufgrund der religiösen Brisanz könnten überaus emotionale Reaktionen folgen.

LARRY PORGES
NATIONAL GEOGRAPHIC-Redakteur

(Candleriggs, Tel. 0141/353 8000, www.glasgowconcerthalls.com), die 2006 nach einem Zigmillionen Pfund teueren Umbau als Konzertsaal eröffnet wurden. So unterschiedliche Berühmtheiten wie der Schriftsteller Charles Dickens (1812–70) oder der Komiker Billy Connolly traten hier auf. Die kostenlose Führung beginnt mit der **Trades Hall,** Robert Adams schönstem Bauwerk in Glasgow.

Ein Block weiter westlich vom George Square verläuft die **Buchanan Street,** Glasgows „Style Mile". Ein Großteil der Buchanan Street wurde als Fußgängerzone konzipiert, sodass Glasgow nun neben London eine der schönsten Städte zum Shoppen ist. Am südlichen Ende der Buchanan Street befindet sich das glitzernde **St. Enoch Shopping Centre** – ein Symbol für das neue Glasgow. Auf der anderen Seite liegt der Eingang zum **Princes Square.** Diese schicke Shoppingmall beherbergt eine Fülle von Designerläden, Geschäften und Restaurants.

Der Kaufrausch lässt sich in Richtung Norden fortsetzen. Bei den prächtigen **Buchanan Galleries,** einer weiteren schicken Shoppingmall, lohnt ein Blick rechts auf die Statue eines eher unscheinbaren Mannes mit Brille: Donald Dewar (1937–2000) wurde zum Premierminister des ersten schottischen Parlaments ernannt, das in Edinburgh 1999 zusammentrat – erstmals nach über 300 Jahren. Der Intellektuelle und Patriot Dewar war als Politiker beliebt.

Das nördliche Ende der Buchanan Street beschließt die **Royal Concert Hall** *(2 Sauchiehall St., Tel. 0141/353 8000, www.glasgowconcerthalls.com)*, wo im Januar das Musikfestival **Celtic Connections** abgehalten wird,

(Fortsetzung S. 96)

Trades Hall
✉ 85 Glassford St.
☎ (0141) 552 2418
www.tradeshallglasgow.co.uk

St. Enoch Shopping Centre
✉ St. Enoch Square
☎ (0141) 204 3900
www.st-enoch.co.uk

Princes Square
✉ Buchanan Street
☎ (0141) 221 0324
www.princessquare.co.uk

Buchanan Galleries
✉ 220 Buchanan St.
☎ (0141) 333 9898
www.buchanangalleries.co.uk

ERLEBNIS:

Unter Mackintoshs Bann

Die einzigartige Architektur und das Design von Charles Rennie Mackintosh (1868–1928) sind unauslöschlich mit der Textur Glasgows verwoben. Man kann auf seinen Spuren wandeln und sich dazu einen kostenlosen Führer in der Touristinformation am George Square mitnehmen. Im Zentrum sind die **Glasgow School of Art** *(168 Renfrew St.)*, die **Willow Tea Rooms** *(217 Sauchiehall St.)* und das **Daily Record Building** *(Mitchell St.)* zu bewundern. Im West End gilt die **Hunterian Gallery** *(University Ave.)* als Topattraktion. Am Stadtrand sollte man nach dem **Scotland Street School Museum** *(225 Scotland St.)*, der **Ruchill Church Hall** *(15–17 Shakespeare St.)* und der **Mackintosh Church** *(870 Garscube Rd.)* Ausschau halten. Weitere Informationen unter *www.glasgowmackintosh.com*

Rundgang durch Glasgow

Bei derart vielen neuen Shoppingmalls und neuen Bauten wirkt die City von Glasgow auf den ersten Blick eher nichtssagend. Wer jedoch genauer hinsieht, entdeckt viele interessante Sehenswürdigkeiten. Überall sind Bauwerke aus der georgianischen und viktorianischen Epoche – sie bezeugen, welch wichtige Rolle der Stadt im British Empire einst zukam.

Der George Square im Zentrum von Glasgow nach einem Regenschauer

Sie verlassen den **George Square** über die North Hanover Street und bummeln dann über die Cathedral Street gen Osten zur **Glasgow Cathedral** ❶ *(Cathedral Square, Tel. 0141/552 8198, www.glasgowcathedral.org.uk)*, einem Wahrzeichen der Stadt. Hier stand bereits im 12. Jahrhundert eine Kirche, das heutige Gebäude stammt allerdings aus dem 15. Jahrhundert. So mancher findet die Kathedrale etwas arg erdrückend, aber das war durchaus so beabsichtigt: Die Kirche sollte die Gläubigen Rechtschaffenheit lehren.

Gleich neben der Kathedrale unternimmt das **St. Mungo's Museum** ❷ *(2 Castle St., Tel. 0141/276 1625)* den ambitionierten – und lohnenden – Versuch, die Weltreligionen in einem zweistöckigen Stadthaus vorzustellen. Das Museum bietet auch Führungen durch die weitläufige **Necropolis** ❸ an, die sich auf der anderen Seite der Wishart Street gen Osten erstreckt. In dieser riesigen Totenstadt liegen alle diejenigen begraben, die in Glasgow einst Rang und Namen hatten, etwa 50 000 Menschen.

Wenn Sie in Richtung Süden die High Street hinuntergehen, gelangen Sie zum unverwechselbaren **Tolbooth** ❹. Hier befand sich früher das Stadtzentrum mit dem Rathaus und dem Gefängnis. Mittlerweile wurde das Zentrum weiter nach Westen verlagert;

NICHT VERSÄUMEN

Glasgow Cathedral • Necropolis • People's Palace • Gallery of Modern Art

verblieben ist nur noch ein 38,5 Meter hoher Uhrturm, der über den Verkehr wacht.

Wenn Sie nun gen Süden den Saltmarket hinuntergehen, erstreckt sich links die beliebte grüne Lunge der Stadt: **Glasgow Green**. Hauptattraktion ist der **People's Palace** 5 *(Glasgow Green, Tel. 0141/276 0788)*, der die Geschichte der Stadt erzählt.

Nun geht es wieder zum Saltmarket zurück und dort dann beim Toolbooth links über die Trongate zum **Tron Theatre** 6 *(63 Trongate, Tel. 0141/552 4267, www.tron.co.uk)*. Das Tron war ursprünglich eine alte Kirche mit einem Turm aus dem 16. Jahrhundert, wurde Ende der 1990er Jahre jedoch umgestaltet und fungiert nun als Location für zeitgenössische Kunst. Im Restaurant ist das künstlerische Flair der boomenden Kulturstadt spürbar.

In Richtung Westen wird aus der Trongate die Argyle Street. Um den prächtigen Haupteingang der gewaltigen viktorianischen **Central Station** 7 zu finden, biegen Sie rechts in die Hope Street und dann noch einmal rechts in die Gordon Street ein. Im Bahnhof lohnt ein Blick auf das gewaltige Dach, unter dem sich früher der Dampf der alten Loks staute. Ein Hauch alten Glanzes wird spürbar, wenn die Züge zu den alten Piers am Clyde rattern.

Vom Bahnhof gehen Sie nun zwei Blocks östlich zur Buchanan Street und weiter in die **Merchant City** (siehe S. 92), dann über den Royal Exchange Square zur **Gallery of Modern Art** 8 *(Royal Exchange Sq., Tel. 0141/287 3050)*. Diese 1996 eröffnete Galerie für moderne Kunst ist nach der Tate Modern in London die am zweithäufigsten besuchte Kunstausstellung Großbritanniens.

Siehe auch Karte S. 90
George Square
6,4 km
Ein halber Tag
George Square

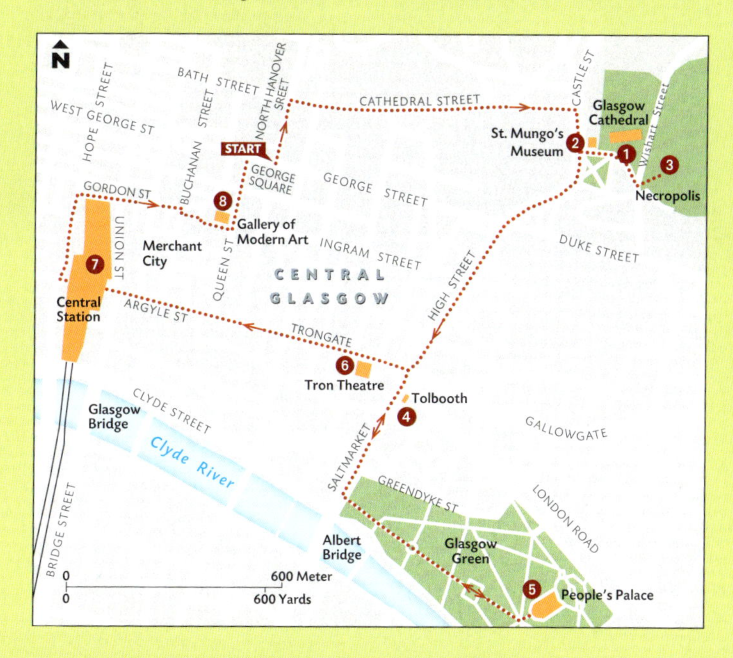

ERLEBNIS: Der Fußball in der Stadt

Das Derby zwischen den beiden bedeutendsten Fußballmannschaften von Glasgow – die Rangers und Celtic – wird „Old Firm" genannt. Die Teams bekommen wohl ebenso viel Unterstützung von ihren begeisterten Fans, der „Tartan Army", wie die Nationalmannschaft. Eine Eintrittskarte für ein Lokalderby zu ergattern ist in Anbetracht der erbitterten Rivalität gar nicht so einfach, aber man bekommt Online oder am Kartenschalter oft ein Ticket für ein weniger emotionsgeladenes Spiel – was auch für die internationalen Fußballspiele gilt. Jedenfalls lohnt sich die Ausgabe, denn es ist ein Erlebnis, die Tartan Army aus voller Kehle ihre Anfeuerungen und Lieder singen zu hören. Die **Rangers** *(www.rangers.co.uk)* bieten Führungen im Ibrox Stadium an, **Celtic** *(www.celticfc.co.uk)* im Celtic Park. Das **National Museum of Football** befindet sich im Hampden Park *(www.scottishfootballmuseum.org.uk)*.

Kelvingrove Art Gallery & Museum

Argyle Street

(0141) 276 9599

www.glasgowmuseums.com

aber natürlich finden hier das ganze Jahr über Kulturevents statt. Im Westen verläuft die **Sauchiehall Street** – eine weniger glamouröse Einkaufsstraße im Stil des „alten Glasgow."

Glasgow wurde eine weitere Ehrung zuteil, als die Unesco es 2008 zur Stadt der Musik ernannte. Damit wurden die vielen Musiker im Bereich Klassik, Folk und Pop geehrt, die Glasgow hervorgebracht hat. Der Preis trägt der Tatsache Rechnung, dass die Stadt Musik aller Stilrichtungen fördert. Am bekanntesten sind Lulu und der unlängst verstorbene Lonnie Donnegan, aber auch Franz Ferdinand und die Band Glasvegas. Höhepunkt des Glasgower Musikkalenders ist das Celtic Connections-Koncert im Januar in der Royal Concert Hall (siehe S. 93), aber es finden regelmäßig Konzerte in Barrowlands *(www.glasgow-barrowland.com)* sowie in der O_2 Academy statt *(www.o2academyglasgow.co.uk)*.

West End

Im West End von Glasgow geht es erheblich weniger hektisch zu, dort ist es viel grüner als im Zentrum, was den Ursprüngen der Stadt als „nettem grünen Ort" auch besser entspricht. Das West End wurde in der zweiten Hälfte des 19. Jahrhunderts erbaut, als die Reichen nach mehr Platz und Frischluft suchten. Das West End ist aber auch ein Ort der Gelehrsamkeit und Kultur – hier befinden sich die Glasgow University sowie namhafte Museen und Galerien.

Kelvingrove Park: Der Kelvingrove Park, die große grüne Lunge Glasgows, ist der Star im West End; in seinem Herzen befindet sich die **Kelvingrove Art Gallery & Museum.** Den unlängst umgestalteten Kunsttempel einfach als Museum und Galerie zu bezeichnen, wird der Sache allerdings kaum gerecht. In dem hochherrschaftlichen viktorianischen Gebäude ist eine Spitfire zu bestaunen, die Besucher können mit einem Elefanten Bekanntschaft schließen, eines der berühmtesten Werke Salvador Dalís (1904–99) bewundern, „Der Christus von St. John vom Kreuz", und die Geheimnisse der ägyptischen Mumien ergründen. Es sind insgesamt mehr als 8000 Exponate ausgestellt. Bei der Zigmillionen Dollar teuren Umgestaltung des Anwesens hat man sich viele Gedanken gemacht, und so kommen die Exponate nun in den Genuss von natürlichen Lichtverhältnissen in einem wahrlich imposanten Gebäude. Wer sich für Geschichte interessiert, sollte eine Ausstellung besuchen, in der erklärt wird, wie sich das Selbstbild einer Nation anhand seiner Kunst entwickelt hat. Nicht minder sehenswert ist die Ausstellung über die entlegenen schottischen Inselchen St. Kilda – praktisch für Reisende, denen der Weg dorthin zu weit ist. Selbstverständlich ist dem berühmtesten Sohn der Stadt, Charles Rennie Mackintosh (1868–1928; siehe Kasten S. 93) ein eigener Raum gewidmet. Zu bewundern sind erlesene Beispiele seiner bekannten Möbel. Aber auch jüngere Besucher kommen wegen der vielen interaktiven Exponate auf ihre Kosten.

Direkt gegenüber vom Kelvingrove befindet sich in der Argyle Street das **Transport Museum**. Ende 2011 sollen sämtliche Exponate in ein neues Transport Museum am Ufer des Clyde umziehen. Das derzeitige Museum kann mit einem beeindruckenden Zentralbereich aufwarten, der **Kelvin Hall**; sie ist vollgestopft mit alten Bussen, Dampfloks und Trambahnen. Wirklich nett ist die Abteilung, in der das alte viktorianische U-Bahn-System nachempfunden wurde – samt Bahnsteig und altmodischen Zügen. Die Sammlung von alten Autos und Motorrädern hat etwas von einer Zeitreise.

(Fortsetzung S. 100)

Transport Museum
✉ 1 Bunhouse Rd.
☎ (0141) 287 2720
www.glasgowmuseums.com

Glasgow University
☎ (0141) 330 2000
www.gla.ac.uk/visitors

Ry Cooder (im Vordergrund) bei einem Liveauftritt mit den Chieftains in der Glasgow Royal Concert Hall im Rahmen des Celtic Connections Festival 2010

Schiffbau am Clyde

Am River Clyde war einst die bedeutendste Werft der Welt – Glasgow daher eine der wichtigsten Städte des British Empire. Heute ist es kaum mehr vorstellbar, dass einmal über die Hälfte aller Schiffe weltweit am Clyde gebaut wurden. Der schmale, seichte Wasserlauf ist heute nur ein Schatten von früher. Anstelle betriebsamer Werften finden sich hier nun aufgelassene Lagerhallen und verfallene Docks.

Der Eingang zum Hafentunnel und der Finnieston-Kran, mit dem sich Eisenbahnen auf Schiffe hieven lassen

Der River Clyde ist mit ein wichtiger Grund dafür, warum Glasgow das ist, was es heute ist. Kurz nach dem Act of Union, der 1707 Schottland und England zu einem Königreich einte, gründete Glasgow einen Handelsposten mit Absatzmärkten weltweit. Die Kaufleute handelten mit Baumwolle und Tabak und trieben Geschäfte in Afrika, Indien und in der Karibik. Glasgow expandierte, denn der Handel brachte großen Wohlstand in die Stadt.

Die Nachfrage im Inland nach neuen Schiffen stieg rasant, doch die Eigentümer der Werften in England erkannten auch das Potenzial einer Stadt mit billigen Facharbeitern, viel Eisen und Kohle und einem problemlosen Zugang zum Atlantik. Der schottische Pioniergeist brach sich Bahn, als im Westen des Landes neue Technologien entstanden. Eine der wichtigsten Erfindungen war die Dampfmaschine des schottischen Ingenieurs James Watt (1736–1819). Sie sollte die Produktion von Schiffen revolutionieren. Zwischen 1812 und 1820 stellten die Glasgower Werften sage und schreibe 42 Dampfschiffe mit Holzrumpf her.

Kräne ragten bald vom Rutherglen im Osten bis zur Clyde-Mündung bei Greenock im Westen auf. Riesige Trockendocks, zahlreiche Kais, Millionen Tonnen an Eisen und Kohlen sowie eine riesige Zahl an Arbeitern strömten in die „zweite Stadt des Empire". Stahlfabriken ermöglichten den Bau von noch mehr und noch robusteren Schiffen. Auch Glasgow profitierte vom neuen Boom im Schiffsbau in den Jahren von 1860 bis 1920, der die Stadt zum Weltzentrum für Schiffsbau avancieren ließ. Im Jahr 1913 wurde mit 760 000 Tonnen der Spitzenwert erreicht.

Der letzte große Triumph war, als 1934 die „Queen Mary" in See stach. Doch auch dieses Ereignis vermochte nicht über den allmählichen Niedergang in den Werften von Glasgow hinwegtäuschen. Die weltweite Wirtschaftsdepression in den 1930er Jahren, die zunehmende Konkurrenz durch das Ausland nach dem Zweiten Weltkrieg sowie die ersten erschwinglichen Flugreisen lösten gemeinsam den Niedergang des Schiffbaus am Clyde aus. Die „Queen Elizabeth 2" war das letzte bedeutende Schiff, das 1967 produziert wurde.

INSIDERTIPP

Die guten alten Zeiten, als am Clyde erbaute Schiffe über die Weltmeere segelten, werden wach, wenn Sie mit der P.S.S. „Waverley", einem romantischen Schaufelraddampfer, an den alten Werften vorbeischippern [*www.waverleyexcursions.co.uk*]

LEON GRAY
NATIONAL GEOGRAPHIC-Mitarbeiter

Im Scottish Maritime Museum von Braehead erzählt diese Wandmalerei im Stil des sozialistischen Realismus eine spannende Geschichte

Wiederbelebung einer Industrie

Die verbliebenen Werften am Clyde müssen sich in Anbetracht der neuerlichen Finanz- und Wirtschaftskrise mehr denn je um Effizienz und Flexibilität bemühen. Glücklicherweise haben sich aufgrund der Globalisierung neue Möglichkeiten aufgetan, sodass weltweit attraktive Märkte gewonnen und lukrative Verträge im In- und Ausland geschlossen werden konnten. Nun sind westlich vom Zentrum wieder zahlreiche Kräne bei der Arbeit zu sehen, denn es werden gegenwärtig wieder mehr Schiffe, u. a. auch Kriegsschiffe produziert.

Wer gern mehr über die Geschichte des Schiffbaus in Glasgow erfahren möchte oder über die gesellschaftlichen Verhältnisse einer Stadt, deren Aufstieg unauflöslich mit dem Schiffbau verbunden ist (im Jahr 1930 waren gut und gerne etwa 100 000 Einwohner in 39 Werften tätig), sollte der Ausstellung „Clydebuilt" im Scottish Maritime Museum *(Kings Inch Road, Braehead, Tel. 0141/886 1013, www.scottishmaritimemuseum.org, £)*, das am Südufer des River Clyde gelegen ist, einen Besuch abstatten. In diesem innovativen Museum werden auf mehreren Ebenen, anhand von lebensgroßen Puppen, die Werftarbeiter und Schiffsbauer darstellen, spannende Geschichten erzählt.

Hunterian Museum & Art Gallery
✉ University Avenue
☏ (0141) 330 5431
www.hunterian.gla.ac.uk

Armadillo
✉ Scottish Exhibition and Conference Center, Exhibition Way
☏ (0141) 248 3000
www.secc.co.uk

Glasgow University: Durch den Kelvingrove Park in Richtung Norden über den Kelvin Way wird es immer grüner, bis die Glasgow University erreicht ist. Die prächtigen Sandsteingebäude lassen das Ensemble eher wie eine alte Burg wirken und nicht wie eine Universität, aber es schlendern hier schon seit 1870 die Studenten herum. Die Universität verfügt auch über ein Besucherzentrum – für all diejenigen, die mehr über die diversen Gebäude und Statuen wissen wollen. Es werden auch Führungen auf den Turm organisiert, von dem sich ein herrlicher Blick über die Stadt eröffnet.

Gleich auf der anderen Straßenseite befindet sich das **Hunterian Museum and Art Gallery.** Hauptattraktion ist die größte Sammlung von Gemälden von James Abbott McNeill Whistler (1834–1903) außerhalb Washingtons. Die Sammlung umfasst gut 80 Ölgemälde, zahlreiche Zeichnungen und Aquarelle sowie über 2000 Drucke. Die Galerie präsentiert auch Arbeiten einer Gruppe von Malern, die unter dem Begriff „Glasgow Boys" bekannt wurde, nämlich von Sir James Guthrie (1859–1930) und Edward Hornel (1864–1933), sowie eine kleinere Sammlung von Werken der schottischen Aquarellmaler, allen voran John Duncan Fergusson (1874 bis 1961). Auch Glasgows Genie Charles Rennie Mackintosh (siehe Kasten S. 93) wird hier gewürdigt.

Nur fünf Gehminuten sind es von der Galerie über die University Avenue bis zu einer der reizendsten Gassen der Stadt – ein Geheimtipp. Die **Aston Lane** mit Kopfsteinpflaster ist von anmutigen Steinhäusern gesäumt, in denen sich Kneipen, Cafés und Restaurants befinden. Am Ende der hübschen Gasse befindet sich die bohemienartige **Byres Road** mit vielen Lokalen, Kneipen und schicken Boutiquen.

ERLEBNIS:
Abenteuer Wasserflugzeug

Der Clyde war schon immer der Haupttransportweg der Stadt. Heute eröffnet sich nun eine neue Möglichkeit, den Fluss zu erleben. Loch Lomond Seaplanes *(50 Pacific Quay, nahe Glasgow Science Centre, Tel. 01436/675 030, www.lochlomondseaplanes.com)* **hat Wasserflugzeuge, die nahe beim Glasgow Science Centre landen. Jedenfalls ist dies eine prickelnde Alternative, die Stadt kennenzulernen. Man kann sogar zum weiter entfernten Loch Lomond und nach Oban fliegen. Privatcharter sind möglich.**

Rund um den Clyde

Nach jahrzehntelangem Schattendasein hat sich am River Clyde endlich etwas getan. Anstelle der Werften (siehe S. 98/99) finden sich hier nun vielerlei Touristenattraktionen und moderne Architektur. Heute kann man mit Ausflugsbooten und Wasserflugzeugen (siehe Kasten unten) den Fluss und die Umgebung erkunden.

Das Nordufer: Der am besten sanierte Flussabschnitt befindet sich westlich vom **Clyde Arc**, einer an sich schon beeindruckenden modernen Brücke, von den Glasgowern liebevoll „Squinty Bridge" genannt. Am Nordufer liegt das **Scottish Exhibition and Conference Centre** (SECC) – zwei wuchtige, aber funktionale Gebäude, in denen Musikveranstaltungen und andere Events stattfinden. Im SECC befindet sich auch der **Armadillo,** ein Auditorium, das Lord Norman Foster (*1935) 1995 schuf. Ein neuer Konzertsaal für 12 500 Personen, ebenfalls ein Entwurf von Foster, ist gerade in Bau, zudem das neue Transport Museum (siehe S. 97), ein preisgekrönter Entwurf der im Irak geborenen Zaha Hadid (*1950). Der **Finnieston-Kran** ragt über all den modernen Gebäuden auf – und soll an die alten Zeiten des Schiffbaus erinnern.

Ein weiteres Relikt befindet sich weiter am westlichen Nordufer. Das **Tall Ship at Glasgow Harbour** *(100 Stobcross Rd., Tel. 0141/222 2513, www.glenlee.co.uk)* ist ein riesiges Rahsegelboot namens „Glenlee", eines der letzten erhaltenen Segelschiffe, die am Clyde gebaut wurden. Das Segelschiff mit Stahlrumpf stach 1896 in See, segelte viermal um die Welt und umrundete Kap Hoorn 15-mal. Das restaurierte Schiff soll Ende 2011 ins Scottish Maritime Museum von Braehead (siehe S. 99) umziehen.

Das Südufer: Jenseits der Fußgängerbrücke, gegenüber vom SECC am anderen Ufer, steht ein Gebäude aus Glas und Stahl, in dem zwei Fernsehsender zu Hause sind, die British Broadcasting Corporation (BBC) und das Scottish Television (STV), sowie das bekannte **Glasgow Science Centre.** Das Hauptgebäude – die gigantische **Science Mall** aus Titan und Glas – präsentiert sich als innovative Besucherattraktion auf drei Etagen. Im Museum liegt das Hauptgewicht auf interaktiven Exponaten und Geräten, die auch den kleinen Gästen Spaß machen. Hier kann man Madagaskar-Fauchschaben kennenlernen, seinen eigenen Heißluftballon basteln und das Planetarium besuchen.

Zum gleichen Komplex gehört der **Glasgow Tower,** mit 127 Metern das höchste freistehende Gebäude Schottlands. Die Ingenieure verwendeten mehr als 3000 Tonnen Beton für das 20 Meter tiefe Fundament des Turms. Bei schönem Wetter besteht die Möglichkeit, auf eine Aussichtsplattform hinaufzufahren, um den unvergleichlichen Ausblick zu genießen. Hier befindet sich auch ein **IMAX-Kino** *(Tel. 0141/420 5000).* ■

Das Scottish Exhibition and Conference Centre, ein Entwurf des Architekten Lord Norman Foster

Glasgow Science Centre
✉ 50 Pacific Quay
☎ (0141) 420 5000
$ *£££*
www.glasgowsciencecentre.org

Glasgow Tower
✉ 50 Pacific Quay
☎ (0141) 420 5000
$ *££*
www.glasgowsciencecentre.org

Außerhalb des Zentrums

Glasgow ist die größte Stadt Schottlands. Ihre Vororte reichen weit in das Umland hinein, manche sogar bis zu den Satellitenstädten, die sich an den Ufern des Clyde und gen Süden nach Lanarkshire erstrecken. Dort liegt eine der Topsehenswürdigkeiten Schottlands: New Lanark.

Eine Baumwollmühle aus dem 18. Jahrhundert am Ufer des River Clyde in New Lanark

Dumbarton

Besucherinformation

Information Centre, 7 Alexandra Parade, Milton

(08452) 255 121

Dumbarton Castle

90 B3

Castle Road, Dumbarton

(01389) 732 167

££

Helensburgh

90 A3

Besucherinformation

Information Centre, The Clock Tower, East Clyde St.

(01436) 672 642

Eine der interessantesten Trabantenstädte ist **Dumbarton.** Den Großteil des Orts prägen unscheinbare Häuser aus der Zeit nach dem Zweiten Weltkrieg; von dieser Tristesse hebt sich das auf einem auf einem Basaltfelsen throhnende **Dumbarton Castle** ab. Es überblickt den Clyde, einst sollte es Glasgow vor einer möglichen Invasion von Seeseite bewahren. Im August des Jahres 1548 wurde die damals fünfjährige Maria Stuart von der französischen Flotte, die in Dumbarton ablegte, nach Frankreich gebracht.

Wen seit dem Sightseeing in Glasgow der Schiffbau nicht mehr loslässt, sollte den **Denny Tank** *(Castle Street, Dumbarton, Tel. 01389/763 444, www.scottishmaritimemuseum.org/dumbarton, £)* besuchen, der mit zum Scottish Maritime Museum gehört. Der Denny Tank ist das älteste Versuchsbecken der Welt für Schiffsmodelle.

Ein kleines Stück weiter nördlich an der Bahnlinie nach Glasgow liegt das elegante **Helensburgh** – berühmt als Geburtsort von John Logie Baird (1888–1946), einem Fernsehpionier, der an der Entwicklung dieses Mediums nicht unwesentlich beteiligt war. Mittlerweile steht Helensburgh als Ferienort der Glasgower zwar nicht mehr so hoch im Kurs, aber das nostalgische Flair ist dennoch nett.

Über die Geschichte von Helensburgh erfährt man einiges im **The Hill House**. Die Räumlichkeiten wurden von einem berühmten Sohn der Stadt gestaltet: Charles Rennie Mackintosh.

INSIDERTIPP

Glasgow und das Tal des Clyde verfügen über das weitläufigste Eisenbahnnetz Schottlands, und so macht es Spaß, einfach ein bisschen herumzufahren.

LARRY PORGES
NATIONAL GEOGRAPHIC-Redakteur

New Lanark

In Richtung Südosten wird der Lauf des Clyde schmäler und mäandriert in weiten Bögen durch ein breites Tal, in dem einige Orte mit neuzeitlicher Bebauung liegen. Hinter der hübschen Stadt Lanark liegt ein wahres Kleinod, die **New Lanark World Heritage Site.**

Die Baumwollmühle aus dem 18. Jahrhundert ist aus historischen Gründen so wertvoll, dass sie von der Unesco ins Weltkulturerbe aufgenommen wurde. Wer seinen Besuch wirklich genießen möchte, sollte sich zuerst im Besucherzentrum informieren. Dort erfährt man alles über den visionären Industriellen David Dale (1739–1806), der 1785 zusammen mit seinem Partner Richard Arkwright (1733–92) das Dorf gründete, um mit der Wasserkraft des River Clyde im großen Stil Baumwolle herzustellen. Etwas ganz Besonderes vollbrachte der Mühlenbetreiber Robert Owen (1771 bis 1858): Er schuf für seine Arbeiterfamilien die erste Kinderkrippe der Welt und ermöglichte Kindern bis zum Alter von zwölf Jahren eine Schulausbildung. Owen war klar, dass Kultur und Erziehung ebenso wichtig waren wie Arbeit, um Produktion und Qualität zu optimieren.

Zu den Attraktionen hier zählen die „Annie McLeod Experience": Der „Geist" eines Mädchens aus der Mühle unternimmt mit den Besuchern eine ungewöhnliche Tour durch das Alltagsleben in den 1820er Jahren. Anschließend ist der gut gemachte Film in der Schule von Robert Owen zu sehen – eine Zeitreise in die Vergangenheit. Bei schönem Wetter lohnt der Spazierweg am Fluss entlang zu den beeindruckenden **Falls of Clyde**, die aus drei Wasserfällen bestehen. ■

The Hill House
✉ Upper Colquhoun Street, Helensburgh
☎ (0844) 493 2208
$ £££
www.nts.org.uk/Property/58

New Lanark World Heritage Site
M 90 C2
✉ New Lanark Road, Lanark
☎ (01555) 661 345
$ £££
www.newlanark.org

Falls of Clyde
☎ (01555) 665 262
www.newlanark.org/fallsofclyde.shtml

Die Burrell Collection

Die Burrell Collection ***(Pollock Country Park, 2060 Pollockshaw Rd., Tel. 0141/287 2550, www.glasgowmuseums.com; siehe Karte S. 90 B3)*** **ist eine Kunstgalerie und Museum mit einer unglaublichen Vielzahl an Werken – die Privatsammlung des Schiffsmagnaten William Burrell (1861–1958). Zu den Highlights der rund 8000 Exponate umfassenden Sammlung gehören „Der Denker" von Auguste Rodin (1840–1917). Im Obergeschoss befindet sich auch eine Gemäldesammlung, darunter sind Werke von Édouard Manet (1832–83), Eugène Boudin (1824–98) und Alfred Sisley (1839–99) sowie „Château de Medan" von Paul Cézanne (1839–1906). Die exzellente Burrell Collection, fünf Kilomter südwestlich vom Stadtzentrum gelegen, ist für viele einer der Hauptgründe, nach Glasgow zu kommen, so bedeutsam sind die hier ausgestellten Werke. Das zugehörige Café/Restaurant ist ebenfalls ausgezeichnet.**

Ayrshire

Ayrshire erstreckt sich südlich der letzten Werft am Clyde und reicht vom Firth of Clyde bis zur Irischen See. Hier gibt es lange Sandstrände und berühmte Golfplätze. Die Hauptstadt der Grafschaft, Ayr, ist als Geburtsort von Robert Burns, dem schottischen Shakespeare, bekannt.

Das imposante Culzean Castle liegt inmitten einer herrlichen Gartenanlage

Turnberry Golf Course
90 A1
Maidens Road, Turnberry
(01655) 334 032
www.turnberry.co.uk

Royal Troon Golf Club
90 A2
Craigend Road, Troon
(01292) 311 555
www.royaltroon.co.uk

Golf

Das landwirtschaftlich geprägte Ayrshire ist als Standort der beiden wohl exquisitesten Golfparadiese der Welt bekannt: Turnberry und Royal Troon. **Turnberry** kann gleich mit drei Golfplätzen aufwarten – Ailsa, Kintyre und Arran. Sie werden von einem Leuchtturm dominiert, der bei der Fernsehberichterstattung im Rahmen der letzten British Open Championships allgegenwärtig zu sein schien.

Gleich im Norden verfügt das 1978 zu **Royal Troon** erhobene Troon über drei wahrhaft königliche Golfplätze, nämlich Royal Troon, Portland und Craigend. Der Back Nine von Royal Troon gilt mit Recht als die größte Herausforderung der Welt. In Ayrshire gibt es jedoch noch zahllose weitere öffentliche und private Golfplätze – alle mit herrlichem Ausblick auf die Sandstrände in Richtung Arran und Ailsa Craig.

Alloway

Eines steht fest: Ayrshire ist Burns-Land. Der „schottische Shakespeare" wird in Alloway wie ein König verehrt. In diesem verschlafenen Dorf zwischen Turnberry und Royal Troon kam der Dichter 1759 zur Welt. Folgerichtig befindet sich hier der **Burns Heritage Park**. Zum Park gehören das Burns Cottage, das Burns Memorial, die Tam O'Shanter Experience sowie das Burns Museum.

Als erstes sollte man dem **Burns Cottage** einen Besuch abstatten. Hier kam bei bitterkalten Winterstürmen einer der größten Romantiker und Lyriker zur Welt, der Mann, der der Welt neben „Auld Lang Syne" noch viele andere Klassiker der Weltliteratur schenkte. Im Cottage erfährt man viel Wissenswertes über seine frühen Lebensjahre.

Das Museum befindet sich gleich neben dem Cottage; weitere Sehenswürdigkeiten lassen sich bequem zu Fuß erreichen, so das **Burns Memorial,** ein großes steinernes Bauwerk (1820–23), und die **Tam O'Shanter Experience,** benannt nach einem der berühmtesten Gedichte von Burns. Mithilfe moderner Technik erwacht Burns in dieser audiovisuellen Präsentation zu neuem Leben; außerdem finden regelmäßig Sonderveranstaltungen statt, die – natürlich – Burns zum Thema haben.

Culzean Castle

Mit Abstand eine der beeindruckendsten Burgen von Ayrshire oder gar von Schottland ist Culzean Castle, 19 Kilometer südlich von Ayr an der Südküste von Ayrshire. Die Burg war einst die Residenz des Marquis von Ailsa; Teile des wuchtigen Gebäudes datieren aus dem 15. Jahrhundert. Durch die häufigen Erweiterungen wirkt die Burg heute eher wie ein prachtvolles Landhaus. Als Erstes sollte man im Besucherzentrum vorbeischauen, wo eine hervorragende audiovisuelle Präsentation die interessante Geschichte der Burg erläutert. Die schon äußerlich imposante Burg kann innen mit weiteren Schätzen aufwarten, u. a. mit einer Waffensammlung, die 1812 vom Tower in London hierhergebracht wurde. Einen Blick lohnt das Oval Staircase – das Werk des schottischen Architekten Robert Adam (siehe Kasten unten). Er gestaltete die ursprünglich mittelalterlichen Räumlichkeiten um. Zu bewundern sind auch von ihm entworfene Tische und Stühle. Anschließend macht ein Spaziergang durch das weitläufige Grundstück Spaß. ■

Der Stil von Adam

Robert Adam (1728–92) wurde in Fife, Schottland, als Sohn eines Architekten geboren. Er unternahm eine Italienreise, um die klassizistische Bauweise zu studieren. Mit neuen Ideen kehrte er nach Hause zurück. Adam begehrte auf gegen den damals vorherrschenden palladianischen Stil. Er war zwar klassizistisch beeinflusst, dennoch hielten sich seine innovative Lichtgestaltung und eleganten Linien nicht sklavisch an klassische Proportionen und Dekor. Sein letztes Projekt war Culzean Castle, das er 1772–90 umgestaltete.

Alloway
90 A2

Burns Heritage Park
90 A2
Murdoch's Lane, Alloway
(01292) 443 700
Cottage: ££; Tam O'Shanter Experience: £; Museum & Denkmal: frei
www.burnsheritagepark.com

Culzean Castle
90 A1
Bei Maybole, Ayrshire
(0844) 493 2149
££
www.culzeanexperience.org

Die sanfthügelige Landschaft von Dumfries, Galloway mit seiner beeindruckenden Steilküste und die Borders, eine Region mit grünen Feldern und heidekrautbedeckten Hügeln bilden den Süden von Schottland

Der Süden Schottlands

Der Galloway Forest Park ist für seine atemberaubend schöne Natur berühmt

Der Süden Schottlands

Obschon der Süden Schottlands auf der Durchreise nach Edinburgh und Glasgow oder noch weiter nördlich zu den Highlands oft übersehen wird, hat die Gegend viel zu bieten: von den üppigen Wäldern bis hin zur zerklüfteten Küste in Dumfries und Galloway, in den Borders hingegen zeugen Klosterruinen von der bewegten Geschichte der Region.

NICHT VERSÄUMEN

Frische Meeresfrüchte im reizvollen Seebad Portpatrick verkosten **111**

Wandern und Radeln in den bewaldeten Hügeln des Galloway Forest Park **115**

Die Klöster in den Borders aufsuchen, um das Erbe der Mönchsorden in Augenschein zu nehmen **118**

Melrose, das reizvolle Städtchen am Fluss Tweed inmitten der Hügellandschaft erkunden **117**

Fangfrischen Fisch mit Chips am Küstenhafen Eyemouth genießen **123**

Dumfries & Galloway

Seit 1975 sind die historischen Grafschaften Dumfriesshire und Galloway zu einem Gebiet verschmolzen. Heute bieten Dumfries und Galloway eine Reihe von Attraktionen, angefangen mit den nostalgischen Küstenstädtchen Kirkcudbright und Portpatrick bis hin zum Trail Rabbie Burns im quirligen Dumfries. Entdeckunglustige kommen bei den vielen

malerischen Dörfern und Schlössern, die in der Landschaft verstreut liegen, voll auf ihre Kosten. Besonders sehenswert sind die Schlösser Kennedy und Caerlaverock. Die Klöster Dumfries und Galloway hingegen sind weniger bekannt als ihre ebenso reizvollen Pendants in den Borders. Zu den Naturattraktionen gehört die Küste, auch „Schottische Riviera" genannt, die entlang des Solway Firth im Süden verläuft, sodann die Halbinsel Rhinns of Galloway an der Irischen See im Westen und der Forest Park mit einem Teilabschnitt des Southern Upland Way. Die Wanderroute mitten durch Dumfries und Galloway durchquert die gesamte Borders-Region.

Die Borders

Jahrhunderte lang haben sich Schottland und England um die Vorherrschaft in der Region bekämpft, die sich Borders nennt. Die Hügellandschaft, im Westen von Mooren und im Osten von einer Felsenküste begrenzt, ist durchzogen von sanften Tälern und Hochebenen. Hinzu kommen hübsche Marktflecken, Klosterruinen und einige der herrlichsten Landhäuser Großbritanniens. Es ist also nicht schwer zu begreifen, warum sich Menschen in diese Region unsterblich verlieben.

Topattraktionen sind zweifelsohne die alten Klöster in den Borders, wo einst Zisterzienser- und Augustinermönche lebten. Heute sind nur noch Ruinen erhalten. Die Hügellandschaft und der Fluss Tweed haben ebenfalls viel zu bieten. Melrose mit seiner Abtei ist der Inbegriff dessen, was den Borders ihre Anziehungskraft verleiht: dort locken besondere Läden, preiswerte Hotels und Restaurants, und eine reiche Literaturgeschichte; immerhin ist es das Land von Sir Walter Scott, einem der bedeutendsten schottischen Schriftsteller. Die Borders sind auch ein Reiseziel für Aktivurlauber. Hier hat Schottland einige der besten Wander- und Radwanderstrecken zu bieten. Die Borders sind geprägt von Landhäusern und Schlössern, die von Schottlands reicher Geschichte zeugen. Juwelen sind das Floors Castle bei Kelso, das Traquair House bei Peebles und das erstaunliche Abbotsford – Sir Walter Scotts einstiges Zuhause. ■

Dumfries & Galloway

Von den Stränden der „Schottischen Riviera" und Hügeln von Dumfriesshire, von Schottlands südwestlichster Region ist es noch weit bis zu den Highlands. Die historischen Städte dieser Gegend, wo einst Robert Burns beheimatet war, haben für Kunstliebhaber viel zu bieten.

Fußgängerzone im Herzen von Dumfries, einer traditionellen Marktstadt

Dumfries
108 C2
Besucherinformation
64 Whitesands, Dumfries
(01387) 245 555
www.visitdumfriesandgalloway.co.uk

Burns House
Burns Street, Dumfries
(01387) 255 297
So–Mo geschl.
www.burnsscotland.com

Dumfries

Ayrshire mag zwar der Geburtsort von Robert Burns (1759–1796; siehe S. 48) gewesen sein, die Marktstadt Dumfries aber rühmt sich enger Bande zu Schottlands Nationaldichter – fünf Jahre seines Lebens soll der Poet hier verbracht haben. Deshalb wurde ihm auch eine herrliche Marmorstatue in der High Street gewidmet. Volksnah wie er war, soll Burns jedoch die feuchtfröhliche Gesellschaft im Pub seinem untersterblichen Ruhm auf dem Marmorsockel vorgezogen haben. Das **Globe Inn** (*56 High St., Tel. 01387/252 355, www.globeinndumfries.co.uk*) war seine Lieblingskneipe. Aus einer der Liebesaffären mit einem Barmädchen ging ein Kind hervor. **Burns House,** wo der Dichter im Alter von 37 Jahre auf tragische Weise starb, ist da schon eine gediegenere Gedenkstätte. Seine Witwe Jean Armour lebte hier noch weitere 30 Jahre bis zu ihrem Tod. Die interessantesten Exponate sind persönliche Briefe und handgeschriebene Notizen. Am Flussufer des Nith steht sein **Grabmal**, ein neoklassizistisches Monument.

INSIDERTIPP

Threave Castle thront auf einem Inselchen mitten auf einem Fluss. Ein Fährmann nimmt die Besucher mit hinüber – einfach die Glocke bimmeln lassen!

JIM RICHARDSON
NATIONAL-GEOGRAPHIC-Fotograf

Gegenüber, auf der anderen Flussseite, liegt das **Robert-Burns-Center.** Allein schon die alte Mühlenkulisse macht den Besuch lohnenswert. Im Rahmen einer filmischen Inszenierung werden Burns Verbindungen mit Dumfries umso deutlicher. Die audiovisuelle Präsentation, welche auch außerhalb der Museumsöffnungszeiten stattfindet, ist ein Highlight.

Galloway

Kirkcudbright , das Sternchen an der „Schottischen Riviera", liegt 37 Kilometer südwestlich von Dumfries. Was die Oase der Entspannung am Meeresufer perfekt macht, ist der noch intakte Fischerhafen. Heute ist Kirkcudbright bei Künstlern gar noch beliebter als bei Fischern, denn die Lichtverhältnisse sind für Maler fantastisch. Weitere Attraktionen sind das trutzige **MacLennan's Castle** und das **Broughton House,** ein herrliches Stadtpalais (18. Jh.), das ein Museum beherbergt. Ebenfalls lohnenswert ist die Besichtigung der imposanten Ruine des **Threave Castle** auf einer Insel im Fluss Dee, nördlich von Kirkcudbright.

Portpatrick, das letzte schmucke Hafenstädtchen am Saum der Irischen See, liegt in einer ruhigen Bucht an der Westküste Galloways. Einige der weiß getünchten oder pastellfarbenen Häuser, die schön gruppiert auf den umgebenden Hügeln liegen, sind heute Hotels oder beherbergen ausgezeichnete Fischrestaurants. Heute ist Portpartrick kein wichtiger Hafen mehr

(Fortsetzung S. 114)

Robert Burns Centre
Mill Rd., Dumfries
(01387) 264 808
So geschl.
£
www.rbcft.co.uk

Kirkcudbright
108 C1

MacLennan's Castle
Castle Street, Kirkcudbright
(01557) 331 856
££

Broughton House
12 High St., Kirkcudbright
(01557) 330 437
££

Threave Castle
Threave Castle, Castle Douglas
(07711) 223 101
£

Portpatrick
108 A1

Heiraten in Gretna Green

Gretna Green im südlichen Dumfriesshire ist ein historisches Städtchen, das lange Zeit mit geheimen Hochzeiten und Romanzen in Verbindung stand. Diese Tradition geht bis ins Jahr 1753 zurück. Damals wurde in England ein Gesetz verabschiedet, das Minderjährigen unter 21 untersagte, ohne elterliche Zustimmung zu heiraten. Da dieses Gesetz in Schottland nicht galt, wurde Gretna Green jenseits der Grenze an der Hauptstraße nach Glasgow der Lieblingsort junger heiratswilliger Paare aus England. Nach schottischem Gesetz konnte wirklich jeder heiraten. Dabei hielten die Hufschmiede von Gretna Green so viele Trauungen ab, dass die spontanen Eheschließungen als „Amboss-Hochzeiten" Schule machten. Zwar wurde dieses gesetzliche Schlupfloch im Jahr 1853 geschlossen, jedoch zieht die romantische Geschichte der Stadt immer noch Tausende Paare in ihren Bann – sei es, dass sie sich dort das Jawort geben oder ihren Eheschwur erneuern.

Wanderung: Die Galloway-Küste

An den Steilklippen nördlich von Portpatrick, wo der Wind vom Mull of Galloway herüberpeitscht, wird einem unvermittelt klar, dass man weit in die menschenleeren Highlands vorgedrungen ist. Auf diesem Teilabschnitt des Southern Upland Way verliert man sich im Nu in der Wildnis der spektakulären Halbinsel Rhinns of Galloway.

Blick in Richtung Norden zum Leuchtturm Killantringan bei Portpatrick

Mit einem Aufgebot an ausgezeichneten Hotels, Pubs und Restaurants ist das reizvolle Küstenstädtchen **Portpatrick** ein beliebter Ausgangspunkt für alle, die entlang der imposanten Steilküste der Rhinns of Galloway auf Erkundungstour gehen wollen. Die Stadt bildet den westlichen Schlusspunkt des Southern Upland Way, einer 340 Kilometer langen Wanderroute entlang der gesamten Nordseeküste. Für eine Kraft spendende und lohnende Wanderung muss man hingegen keine großen Entfernungen zurücklegen oder auf den abendlichen Komfort eines Hotels in Portpatrick verzichten.

Der Ausgangspunkt für eine Wanderung ist der Parkplatz am **Hafen von Portpatrick** ❶. Dort kann man sich an einer Schautafel über den Verlauf des Southern Upland Way informieren. Von der Stadt aus führt eine in das Gestein gehauene Treppe die Klippen hinauf. Wer beim Aufstieg auf die Stadt zurückblickt, erspäht die Ruine des **Dunskey Castle,** einer Festungsanlage mit Turm (14. Jh.) hoch über den Klippen südlich von Portpatrick. Diese Wanderung bezieht sich nur auf die ersten Kilometer des Southern Upland Way – man sollte sich deswegen nicht von den Schildern irreführen lassen, wonach noch über 200 Meilen zu laufen sind.

NICHT VERSÄUMEN

Portpatrick • Sandeel Bay • Leuchtturm Killantringan

Oberhalb der Treppen verläuft der Pfad die Klippe entlang vorbei am Golfplatz von Portpatrick. Nach etwa 1,5 Kilometer erreicht man die malerische **Sandeel Bay** ❷. Früher einmal war der Strand bei Badelustigen beliebt, heute jedoch ist kaum noch jemand bereit, in die kalten Fluten zu springen. Stattdessen sind die Grotten und Wasserfälle an beiden Enden des Strandes ein beliebtes Ausflugsziel. Weiter nördlich führt wieder ein Treppenpfad die Klippe hinauf – die noch schmaleren und grob gehauenen Stufen verlangen viel Trittsicherheit. Das Gleiche gilt für die Verlängerung des Pfads am Klippenrand. Nach wenigen Minuten gelangt man zur nächsten Bucht namens **Port Kale** ❸. Hier stehen zwei sechseckige Hütten. Sie sind die einzigen Überreste der ersten Telegrafenstation zwischen Schottland und Irland. Die hier noch steilere Treppe ist mit einem Geländer versehen, was den Aufstieg sehr erleichtert.

Auf den nächsten 2,4 Kilometern durchquert man die offene Landschaft oberhalb der Klippen bis zum Leuchtturm Killantringan. An den höchsten Punkten auf diesem Pfad rückt der Leuchtturm ins Blickfeld. Bei guter Fernsicht kann man sogar den Fährverkehr zwischen Stranraer und Belfast beobachten. Bei Ebbe kommt das Wrack der „Craigantlet" zum Vorschein, die 1982 vor der Küste auf Grund lief.

Der attraktive weiß-gelbe **Leuchtturm Killantringan** ❹ ist noch in Betrieb und deshalb auch für die Öffentlichkeit zugänglich. Black Head heißt der einzelne Felsen, auf dem der Leuchtturm steht. Von dort hat man hervorragende Ausblicke auf die Küste bis zu den Sandstränden in der Knock Bay weiter nördlich.

Von hier aus kann man den gleichen Küstenweg in umgekehrter Richtung zurücklaufen, alternativ führt ein Rundweg landeinwärts entlang einer einspurigen Landstraße zum Ausgangspunkt zurück. Nach zwei Kilometern mündet die Straße in die B738 nach Portpatrick. An der Kreuzung biegt man rechts auf die Landstraße südwärts ein. Auf der B738 herrscht mehr Verkehr als auf der Straße, die vom Leuchtturm wegführt. Allerdings haben Fußgänger auf den breiten Böschungen mehr Platz. Nach 3,2 Kilometern macht die Straße eine Kurve und mündet im Randgebiet von Portpatrick in die A77. Jetzt ist die Stadt knapp einen Kilometer entfernt. Auf dem letzten Stück kommt man an einem Kriegerdenkmal und an der Kirche vorbei.

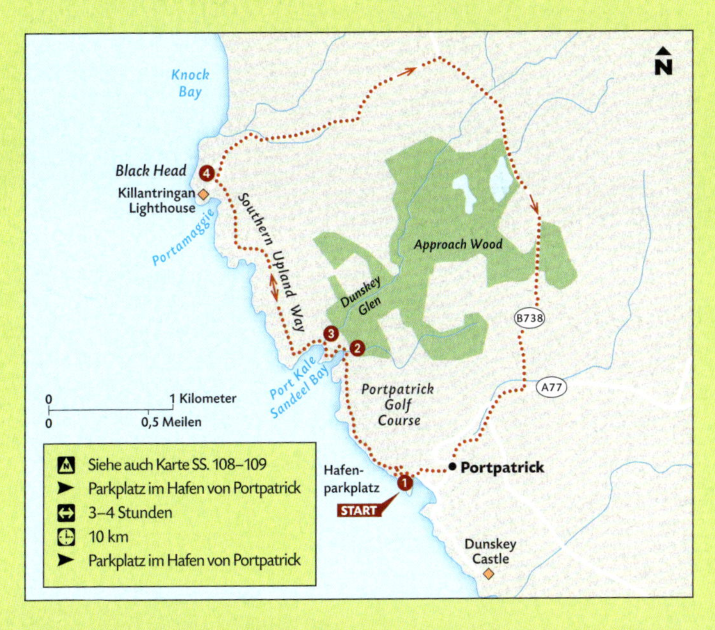

Robert Burns verbrachte die letzten drei Jahre seines Lebens im heute nach ihm benannten Burns' House in Dumfries

Drumlanrig Castle
108 C2
(01848) 331 555
Schloss: ££; Park & Grundstück: ££
www.drumlanrig.com

Caerlaverock CastleA 108 C1
Church Street, Glencaple
(01387) 770 244
££
www.historic-scotland.co.uk

Kloster Sweetheart
108 C1
New Abbey, Dumfries
(01387) 850 397
£
www.historic-scotland.co.uk

wie zu jener Zeit, als noch Schiffe in Richtung Nordirland ausliefen, sondern eher ein verschlafenes Nest. Von hier beginnt **The Southern Upland Way,** ein 340 Kilometer langer Küstenwanderweg (siehe S. 112). Zur Erkundung der westlichen Gegend querfeldein ist Portpatrick aber auch ein guter Ausgangspunkt.

Schlösser & Klöster

Wer Dumfries bereist, kommt nicht umhin, die vielen Klöster, Schlösser und Herrenhäuser zu besuchen. Nördlich der Stadt liegt ein Renaissancejuwel, das **Drumlanrig Castle,** welches 1691 der erste Duke of Queensberry, seines Zeichens Architekt, aus rosarotem Sandstein erbauen ließ. Das 32 000 Hektar große Grundstück besteht aus einem Landschaftspark und einem viktorianischen Garten. Im Rahmen geführter Schlosstouren lässt sich eine der feinsten Kunstsammlungen Schottlands bestaunen – die Buccleuch Collection mit Werken von Thomas Gainsborough (1727–88), Rembrandt van Rijn (1606–69) und Aert van der Neer (1603–77). Das Interieur der prächtigen Empfangsräume sind ein architektonisches Highlight. Sie verschaffen einen Einblick in die Lebensart der Herzöge, die über Jahrhunderte in Drumlanrig residierten.

Die überaus romantische Ruine des **Caerlaverock Castle** gehört zu Glencaple und liegt elf Kilometer südlich von Dumfries. Das burgähnliche Schloss (15. Jh.) hat einen einzigartigen dreieckigen Grundriss und ist von einem Wassergraben umgeben. Wer außerhalb der Anlage herumläuft, kann beim Anblick der skelettartigen Gebäudereste die Zerstörungswut der einstigen Rammbock-Invasoren erahnen. Beim Durchqueren der Festungsanlage wird im Auge des fantasievollen Betrachters das ganze Ausmaß der einstigen Übergriffe noch deutlicher. Im Besucherzentrum gewinnt man einen Einblick in die Geschichte des Schlosses und begreift, welch bitteres Los die Einwohner damals unter diversen Besatzern traf. Für die Erkundung der Anlage und der näheren Umgebung auf den Lehrpfaden, darunter einer, der zu den Fundamenten einer früheren Festung führt, sollte man sich ausreichend Zeit nehmen.

Weiter westlich vom Caerlaverock Castle findet man drei miteinander verbundene Klöster der Zisterzienser. Die **Sweetheart Abbey** liegt acht Kilometer südlich von Dumfries. Die spätere Lady Devorgilla ließ die Abtei im 13. Jahrhundert als bleibendes Tribut an ihren verstorbenen Gemahl erbauen. Weiter westlich, 1,5 Kilometer von

Solway Firth entfernt, befindet sich die von Mönchen erbaute **Dundrennan Abbey** (12. Jh.). Berühmt wurde die Abtei durch Maria Stuart, die vor ihrer Ausweisung nach England hier die ihre letzte Nacht in Schottland verbrachte.

Die **Glenluce Abbey** (12. Jh.) liegt viel weiter westlich. Der größte Teil der Anlage ist heute eine Ruine, jedoch ist der Kapitelsaal intakt. Bemerkenswert sind die grotesken Figuren, die das Dachgebälk und die Mauervorsprünge zieren.

Dort, wo das Land sich auf die malerische Halbinsel Rhinns of Galloway verengt (88 km westlich von Dumfries), stößt man auf den letzten Herrschaftssitz, das **Castle Kennedy.** De facto stecken hier zwei Schlösser in einem. Das ursprüngliche Schloss wurde 1716 durch einen Großbrand zerstört, seine Ruinen sind jedoch rund um das neuere **Lochinch Castle** noch erkennbar. Von hier fällt der Blick auf White Loch.

Naturattraktionen

Hauptattraktion südlich von Dumfries und Galloway ist der Solway Firth. Die wilde Küstenlandschaft ist geprägt von unzähligen Fels- und Sandbuchten. Entlang der **Schottischen Riviera** gibt es viele Ferienorte und Campingplätze – bei Einheimischen ist diese Urlaubsoase mit ihrem milden Klima überaus beliebt.

Der **Southern Upland Way** (siehe S. 112–113) verläuft mitten durch Dumfries und Galloway; der schönste Streckenabschnitt aber ist der **Galloway Forest Park** – Großbritanniens größtes bewaldetes Naturschutzgebiet (siehe Kasten rechts). Das Land ist reich an Mythen und Legenden. Die wohl spannendste Sage rankt sich um den schottischen König Robert Bruce, der sich hier versteckt hielt, bevor er sein Land siegreich im Kampf gegen England, den „Auld Enemy" („alter Feind") hinter sich vereinte. Wer nicht so viel Zeit hat, kann sich auf **Glentrool** konzentrieren – dort befindet sich der unglaublich reizvolle Loch Trool.

Die Halbinsel **Rhinns of Galloway** ist auf drei Seiten von der Irischen See umgeben. Um die Ausblicke wirklich zu genießen, sollte man bis zum **Mull of Galloway** am Südende der Halbinsel fahren – der südlichste Punkt Schottlands. ■

Kloster Dundrennan
108 C1
(01557) 500 262
£

Kloster Glenluce
108 A1
Glenluce
(01581) 300 541
£
www.historic-scotland.gov.uk

Castle Kennedy
108 A1
Stair Estate, Rephad
(01776) 702 024
££
www.castlekennedygardens.co.uk/

ERLEBNIS:

Radfahren im Galloway Forest Park

Eine Reihe von ausgezeichneten Pfaden laden zur Erkundung der unberührten Landschaft quer durch den Galloway Forest Park *(Tel. 01776/702 024, www.forestry.gov.uk/gallowayforestpark, $$)* ein. **„Round the Loch"** ist ein leichter 22,5 Kilometer langer Rundweg um den Clatteringshaws Loch. **„Palgowan"**, der vielleicht beliebteste Rundweg, beginnt am Besucherzentrum Glentrool. Auf 12,9 Kilometern geht es durch Wälder, ruhige Forststraßen und über kleine Hügel. Fahrräder kann man bei **HDI Ltd.** *(80 Victoria St., Tel. 01671/404 002, www.hdi-online.biz/bike-sales.asp)* in Newton Stewart ausleihen. Die Ortschaft ist vom Waldpark aus leicht mit dem Fahrrad erreichbar. Im Park selbst befinden sich drei Besucherzentren: **Kirroughtree** *(Tel. 01671/402 165)* und **Glentrool** *(Tel. 01671/840 302)*, beide bei Newton Stewart; und **Clatteringshaws** bei New Galloway.

Die Borders

Die Borders sind heute nicht mehr die umstrittenen „Badlands" zwischen Schottland und England, jedoch erinnert das reiche Erbe an Klosterruinen, Schlössern und Herrenhäusern an turbulente Tage. Dank seiner hübschen Marktstädte hat sich die Region wundersam gewandelt.

Kelso liegt malerisch an den Ufern des Tweed

Peebles
109 D3
Besucherinformation
Besucherzentrum Peebles, 23 High Street, Peebles
(01721) 723 159
www.peebles.info

Kailzie Gardens
Kailzie, Peebles
(01721) 720 007
££
www.kailziegardens.com

Peebles

Von Edinburgh aus braucht man mit dem Auto etwas weniger als eine Stunde nach **Peebles**, eine der attraktivsten Städte der Region südlich der Hauptstadt. Auf drei Seiten von Hügeln umgeben, liegt Peebles an der großen Biegung des Flusses Tweed. Die florierende Stadt ist eine kleine Oase, die sich hervorragend als Ausgangspunkt für Ausflüge in die nähere Umgebung eignet. Die belebte **High Street** ist von der viktorianischen Ära geprägt: Hier laden eine Reihe kleiner Delikatessengeschäfte und Boutiquen zum Bummeln ein – eine willkommene Alternative zu den allgegenwärtigen Einkaufszentren. Nur einige Gehminuten flussaufwärts nimmt die Landschaft einen wilderen Charakter an. Auf offenem Gelände führt ein von Kies gesäumter Uferpfad an grünen Parks vorbei auf das imposante **Neidpath Castle** zu. Das Schloss ist für die Öffentlichkeit zugänglich; noch ein paar Schritte weiter flussaufwärts lohnt sich ein zweiter Blick aus der Entfernung. Besonders am Turmhaus (14. Jh.) sind die Narben gut erkennbar, die der Englische Bürgerkrieg (1642–1649) hinterlassen hat.

In der entgegengesetzten Richtung, knapp fünf Kilometer östlich von Peebles auf der B7062

INSIDERTIPP

Während der Common Ridings in Hawick und Selkirk, deren Tradition 500 Jahre zurückreicht, sendet jedes Dorf Hunderte von kostümierten Reitern aus – auf Rundkurs durchs Hinterland.

JIM RICHARDSON
National-Geographic-Fotograf

nach Cardrona, stößt man auf die **Kailzie Gardens** – einen attraktiven Landschaftspark, wo einst eine Burg aus dem 12. Jahrhundert stand. Diese ist jedoch verschwunden. Der von Mauern umgebene Park ist das Ergebnis von Jahrzehnten, in denen Pflanzen gefunden werden mussten, die kalte Wintertemperaturen aushalten.

Ein Stück weiter auf der gleichen Straße, die nach Kailzie führt – acht Kilomter südlich von Kelso – befindet sich das alte **Traquair House.** Es soll das älteste bewohnte Herrenhaus Schottlands sein. Die derzeitigen Bewohner haben Familienbande, die bis ins 15. Jahrhundert zurückreichen. Das Haus ist im Stil eines festungsähnlichen Herrenhauses gebaut, die Einfachheit seiner weiß getünchten Fassade hat Klasse. Sehenswert sind die stattlichen Innenräume, insbesondere aber das Bett, in dem Maria Stuart geschlafen haben soll. Interessant sind auch die Kellergewölbe und das Grundstück mit Spazierwegen, auf denen Pfaue herumstolzieren.

Das Tweed-Tal

Der Tweed prägt ganz entscheidend die Borders-Landschaft, denn der Fluss ist die natürliche Grenze im östlichen Grenzgebiet zwischen England und Schottland. Er bahnt sich seinen Weg zwischen den Hügeln rund um Peebles und fließt bis zur englischen Grenzstadt Berwick-upon-Tweed.

(Fortsetzung S. 120)

Traquair House

- Innerleithen
- (01896) 830 323
- April–Okt. tgl. geöffnet, im Nov. nur am Wochenende; Dez.–März geschl.
- Haus & Grundstück: ££; nur Grundstück: £

www.traquair.co.uk

Melrose

- 109 E3

Besucherzentrum

- Besucherzentrum Melrose, Abbey House, Abbey Street, Melrose
- (01896) 822 283

www.melrose.bordernet.co.uk

ERLEBNIS: Radfahren in Glentress Fores

Glentress Forest liegt drei Kilometer östlich von Peebles an der A72. Der Waldpark bietet an die 80 Kilometer Trails für Mountainbiker. Ausrüstung und gute Tipps erhält man bei **The Hub in the Forest** *(Tel. 01721/721 736, www.thehubintheforest.co.uk)*, einem Bikeshop am Waldeingang. Der Laden gehört zwei früheren MTB-Profis. Zwar hat der gut ausgestattete Verleih gewöhnlich stets Ersatzräder auf Lager, jedoch ist es besser, ein Rad im Voraus zu buchen.

Die weitläufigen bewaldeten Hänge, die bis zum Fluss Tweed abfallen, sind ein perfektes Gelände fürs Mountainbiken; man hat die Wahl zwischen Forststraßen, Singletrails und Hindernisparcours. Die grüne Route ist für Familien und weniger Geübte geeignet. Die 19 Kilometer lange rote Strecke ist da schon anspruchsvoller, ja fast selbstmörderisch; der 30 Kilometer lange schwarze Trail ist voller steiler Böschungen und gefährlicher Sturzkanten. Wer Zweifachsaltos üben will, kann sich auf dem Freeride-Gelände austoben.

Der Wald ist aber auch beliebt bei Wanderern und Joggern. Mehr praktische Hinweise gibt es unter: *Tel. 01750/721 120, www.glentressforest.com oder www.forestry.gov.uk/glentressforest.*

Die Borders-Klöster

Die Schottischen Borders waren immer schon Schauplatz großer Leidenschaften, hitziger Kämpfe und Quell des Unfriedens. Die Klöster zeugen auch vom spirituellen Charakter der Region. Heute reihen sich die Klosterruinen wie an einer Perlenkette auf. Die Plünderungen englischer Invasoren vor einigen Jahrhunderten haben ihre Spuren hinterlassen. Trotz des längst vergangenen Ruhms hat sich die Ruinenromantik bis heute erhalten.

Die majestätische Kirche überragt die rosarot bis rötlich leuchtenden Klostermauern von Melrose Abbey

Die Borders-Klöster wurden unter der Herrschaft von König David I. aus Schottland gegründet. Dieser forderte im 12. Jahrhundert vier Mönchsorden auf, ihre Klöster eben dort zu errichten. David I. wollte damit demonstrieren, dass seine Macht sogar bis an die Südgrenze seines Königsreichs reichte. Über die Jahre hinweg kamen die Klöster zu Wohlstand und fingen ihrerseits an, Macht auszuüben.

Kelso Abbey *(Abbey Row, Kelso, www.historic-scotland.gov.uk)* war einst die größte und prächtigste Abtei, hielt jedoch der andauernden Fehde zwischen Schottland und England nicht stand und wurde schließlich verwüstet. Jedoch offenbart sich der romanische Baustil selbst noch in den Ruinen, und man kann erahnen, wie der Klosteralltag damals unter den Benediktinermönchen ausgesehen haben mag. Man kann sich die Türme und Querschiffe vorstellen, die Teil des ungewöhnlichen Doppelkreuz-Grundrisses waren.

Jedburgh Abbey *(Abbey Bridge End, Jedburgh, Tel. 01835/863 925, www.historic-scotland.gov.uk, ££)* war ebenfalls über Jahrhunderte hinweg Angriffen ausgesetzt, jedoch erinnert ihr majestätischer Charakter bis heute an die Botschaft, mit der David I. England gegenüber ein Zeichen setzte. Mit den Dimensionen des Klosters wollte er beweisen, dass Schottland die Vormachtstellung in den Borders innehielt. Die Abtei wurde an der Stelle erbaut, wo sehr viel früher, nämlich im 8. Jahrhundert, noch eine Kirche stand. Zwar schien die befestigte Abtei unverwüstlich, jedoch wurde sie schließlich von den Schotten selbst geschleift, damit sie nicht an die Engländer fällt. Die Klosterruinen prägen immer noch die unverwechselbare Kulisse der Stadt, die beim Herannahen markant ins Blickfeld rückt. Kloster Jedburgh ist das beste Ausflugsziel an einem regnerischen Tag; denn dort befindet sich auch ein gutes Besucherzentrum mit einer audiovisuellen Show. Besonders sehenswert ist der berühmte Jedburgh-Kamm,

INSIDERTIPP

Am schönsten ist Melrose Abbey an einem Herbstnachmittag, wenn die rosaroten Steinfassaden im Licht der untergehenden Sonne leuchten.

TIM HARRIS
NATIONAL-GEOGRAPHIC-Mitarbeiter

ein unschätzbares Juwel, welches das Kloster sein eigen nennt. Dieses Artefakt aus geschnitztem Elfenbein ist über tausend Jahre alt.

Unter den Bäumen versteckt in einer Biegung des Flusses Tweed (16 km westlich von Kelso) befinden sich die markanten Ruinen der mittelalterlichen **Dryburgh Abbey** *(Tel. 01835/ 822 381, www.historic-scotland.gov.uk, ££)*. Zwar sind diese nicht so gut erhalten wie andere Ruinen, jedoch gibt die Abtei Einblick in den einstigen Klosteralltag der Mönche. Die Kirche ist schon längst eingestürzt, aber große Teile der Mönchsquartiere haben überlebt. Dryburgh Abbey ist ein Pilgerort für Besucher, die das Werk des großen Sir Walter Scott bewundern: Sein Grabmal befindet sich nämlich in der Klosterkapelle –

Die Klosterruinen von Kelso Abbey

ein bescheidenes Denkmal aus Granit. Lange nach seiner Zerstörung 1544 wurde das Kloster von Graf Buchan erworben. Ende des 18. Jahrhunderts arbeitete er für den Erhalt der Ruinen und ließ Gärten anlegen.

Am vielleicht romantischsten sind die Klostetruinen von **Melrose Abbey** *(Abbey Street, Melrose, Tel. 01896/822 562, www.historic-scotland.gov.uk, ££)*. Dort lebt angeblich der Geist des größten Königs der Schotten fort – das Herz von Robert Bruce soll hier bestattet worden sein. Nach dem letzten Willen des schottischen Monarchen sollte das Herz auf einen Kreuzzug ins Heilige Land verbracht werden, jedoch wurde dieser Wunsch nie erfüllt. Die Vermutung, dass sein Herz in der Melrose Abbey ruht, wurde dadurch bestärkt, dass man im Jahr 1997 einen Helm mit einem Herz entdeckte.

Wer die Turmtreppe hinaufklettert, wird mit weiten Ausblicken über Melrose und die umgebenden Hügeln belohnt. Der ursprüngliche Baustil von Melrose Abbey wurde vom Zisterzienserorden geprägt, ist jedoch mit gotischen Details aufgefrischt. Bemerkenswert sind die Raffinesse und die Kreativität der Steinschnitzereien – den Anblick Wasser speiender Schweine, die Dudelsack spielen, wird man so schnell nicht vergessen.

ERLEBNIS:
Angeln im Tweed

Der Tweed bietet ausgezeichnete Möglichkeiten zum Angeln im Rahmen gut organisierter Tourismusangebote. Am einfachsten ist es, über das Hotel einen Ausflug zu buchen, jedoch kann man sich auch bei einem Anglershop einen Fischerschein besorgen. Gut beraten ist man mit Tweedside Tackle (*36–38 Bridge St., Kelso, Tel. 01573/225 306, www.tweedsidetackle.co.uk*) und Orvis (*11 The Square, Kelso, Tel. 01573/225 810, www.orvis.co.uk*). Der Tweed hat den besten Wildlachsbestand der Welt. Allein die Chance, einen Wildlachs zu fangen, wenn die Fische im Herbst flussaufwärts heimkehren, ist für jeden Angler ein absolutes Highlight. Jedoch wimmelt es hier auch von Forellen. Einige Hotels, darunter auch das Burt's in Melrose (*www.burtshotel.co.uk;* siehe S. 283) organisieren nicht nur Angelausflüge, sondern bereiten den fangfrischen Fisch auch für ein leckeres Abendessen zu.

Abbotsford

3 km westl. von Melrose

(01896) 752 043

Nov.–Mitte März geschl.

Anwesen & Grundstück: ££; nur Grundstück: £

www.scottsabbotsford.co.uk

Melrose: Die adrette, reizvolle Marktstadt liegt inmitten einer malerischen Hügellandschaft direkt am Tweed-Ufer. Der historische Stadtkern ist geprägt von kopfsteingepflasterten Gassen und wuchtigen Steinhäusern. Das aktive kulturelle Leben der Stadt zeugt von tiefem Traditionsbewusstsein. Dramatisch ist aber auch die Geschichte der Stadt, denn das „Border Country" war oftmals Schauplatz von Scharmützeln und Schlachten, die im Spannungsfeld zwischen England und Schottland zum Ausbruch kamen. Die windverwehte Landschaft rund um Melrose wurde lange Zeit mit den berüchtigten „Border Reivers" in Verbindung gebracht – Banditen im Grenzgebiet, die im Mittelalter dort ihr Unwesen trieben. Sie stahlen nicht nur Stallvieh, sondern beteiligten sich auch am Kriegsgeschehen zwischen den verfeindeten Stämmen.

Melrose ist stolz auf seine Traditionsgeschäfte – dazu gehören ein erstklassiger Metzger, ein Fischhändler, eine Weinhandlung und ein gut bestücktes Delikatessengeschäft. Mehrere Cafés, Teehäuser und Restaurants bieten Erzeugnisse aus heimischen Landen an.

Hier dreht sich nicht etwa alles um Fußball, sondern um Rugby, den Nationalsport Schottlands. Das winzige Städtchen ist stolz darauf, die Wiege des Rugby Sevens zu sein, einer Version des Spiels, wie es heute rundum die Welt praktiziert wird. Ein Ticket für ein Rugby-Spiel zwischen Melrose und anderen schottischen Mannschaften zu bekommen, ist einfach. Wer aber so richtig auf seine Kosten kommen will, sollte das legendäre Sevens-Turnier im April einmal hautnah miterleben – dann kocht die Stimmung in Melrose förmlich über.

Ein Trail nach England: An der Melrose Abbey (siehe S. 119) im Zentrum beginnt der **St. Cuthbert's Way** (*www.stcuthbertsway.fsnet.co.uk*), einer von vielen ausgezeichneten Wanderwegen in und um Melrose. Der St. Cuthbert's Way führt auf einer Strecke von 100 Kilometern über die Grenze bis zum Kloster Lindisfarne in England. Wer den Weg Richtung Süden läuft, findet sich außerhalb der Stadt in der Landschaft der Eildon Hills wieder. Es ist relativ einfach, hochzuklettern, um das großartige Panorama zu genießen – mit Blick hinunter aufs Tweed-Tal und weit über die Border-Region bis zum fernen England. Bei einer Sandwichpause oben am Gipfel kann es passieren, dass einem eine Moorhuhnfamilie Gesellschaft leistet – und sonst niemand!

Abbotsford: Sir Walter Scott ließ sich dieses Herrenhaus drei Kilometer westlich von Melrose erbauen. 1771 in der Altstadt von Edinburgh geboren, sollte aus Scott einmal Schottlands berühmtester und produktivster Romancier hervorgehen (siehe S. 49). In seinen letzten Lebensjahren hat sich der Schriftsteller mit dem Bau seines herrschaftlichen Refugiums in Abbotsford finanziell übernommen – dies war wohl mit ein Grund, weshalb er 1832 früh starb.

Der große Schriftsteller lebte ab 1812 gut zwanzig Jahre in Abbotsford, wobei sich die Bauarbeiten über fast die Hälfte der Zeit hinzogen. Die Architektur des stattlichen Anwesens schöpft aus einer Vielzahl unterschiedlicher Stilrichtungen – der schottische Feudalstil fällt dabei besonders ins Auge. An die sechs Räume sind heute der Öffentlichkeit zugänglich. Sie bieten einen einzigartigen Einblick in das Leben des Schriftstellers und die Zeit, in der Scott lebte. Zu den eklektisch präsentierten Exponaten zählen eine Haarsträhne von Rob Roy und das Kreuz, das Maria Stuart bei ihrer Enthauptung trug.

Wer beim „Scott-Trail" Feuer gefangen hat, sollte auch unbedingt den **Scott's View** aufsuchen, einen Aussichtspunkt 4,5 Kilometer östlich der Stadt. Die Postkartenansicht auf die **Eildon Hills**, wie sie sich über der Flussbiege des Tweed erheben, mit den dichten Wäldern und der üppig grünen Landschaft zum Westen hin, war Scotts Lieblingsausblick.

Kelso: Das Städtchen Kelso liegt 24 Kilometer östlich von Melrose. **Floors Castle** ist eine Attraktion, die man auf dem Weg ins Stadtzentrum

Kelso

109 E3

Besucherinformation

Kelso Visitor Information Centre, Town Hall, The Square, Kelso

(01573) 228 055

www.kelso.bordernet.co.uk

Floors Castle

Roxburghe Estates, Kelso

(01573) 223 333

Schloss & Grundstück: ££; nur Grundstück: £

www.roxburghe.net

Traquair House soll das älteste bewohnte Herrenhaus Schottlands sein

Mellerstain House

 Gordon, Berwickshire

 (01573) 410 225

nur nachmittags geöffnet; im Mai, Juni und Sept. So, Mi & an Feiertagen geöffnet; Juli–Aug. So–Mo & Mi–Do geöffnet.; im Okt. nur So; im Nov. und am Karfreitag geschl.

Haus & Park: ££; Nur Park: £

www.mellerstain.com

gar nicht verfehlen kann. Trotz seines Namens ist Floors kein „Castle", sondern ein Landhaus auf einem weitläufigen Grundstück am Tweed. Jahrhunderte hindurch war Floors Castle der Herrschaftssitz der Herzöge von Roxburghe. John Ker (1680–1741), der 1. Herzog von Roxburghe, beauftragte William Adam (1689–1748) mit dem Bau des Schlosses, das 1721 fertiggestellt wurde.

Anfang des 20. Jahrhunderts vermählte sich Henry John Innes-Ker (1876–1932), der 8. Herzog von Roxburghe, mit der Amerikanerin Mary Goelet, die nicht nur als Erbin einheiratete, sondern auch ihren eigenen Bestand an Kunstschätzen einbrachte.

Das Schloss liegt inmitten eines malerischen Landschaftsparks. Unbedingt gesehen haben sollte man den Forstgarten und den perfekt angelegten, ummauerten Park. Hier findet man auch einen Abenteuerspielplatz für Kinder, ein Restaurant, ein Café, ein Garten-Center und einen Meisterschaftsgolfplatz. Daneben gibt es noch Bioläden, in denen man frische Erzeugnisse kaufen kann, die auf dem Anwesen selbst hergestellt werden.

Die Common Ridings

Der turbulenten Geschichte der Borders wird im Rahmen der alljährlichen Common Ridings gedacht, auch Marches genannt, einer Mischung aus kostümiertem Reiterfest, Musikparade und Jahrmarkt. Die Umzüge finden im Frühsommer in der ganzen Region statt (*www.returntotheridings.co.uk*). Insgesamt sind es elf Festivals, die auf das 13./14. Jahrhundert zurückgehen. In jenen Zeiten waren die Städter gezwungen, die Stadtgrenzen abzureiten, um Rivalen daran zu hindern, das angestammte Territorium zu vereinnahmen. In der Kelso Civic Week beispielsweise galoppieren die Fans durch die Nachbardörfer „Kelsae Laddie" hinterher (*www.kelso.bordernet.co.uk*), und in Selkirk findet jedes Jahr im Juni die Kavalkade mit Hunderten von Pferden und Reitern statt – ein echtes Highlight!

INSIDERTIPP

Das Bistro im Naturreservat St. Abbs Head versorgt Wanderer mit hervorragenden Lunchpaketen, damit einem die Kraft entlang der zerklüfteten Borders-Küste nicht ausgeht.

SALLY McFALL
NATIONAL GEOGRAPHIC-Mitarbeiterin

Die georgianische Grandeur, die Kelso selbst ausstrahlt, entfaltet sich am Zusammenfluss zweier Flüsse, des Tweed und das Teviot, die von drei Brücken überspannt werden. Kelso, seit jeher eine Stadt von großer strategischer Bedeutung, wurde mehrmals geplündert und wieder aufgebaut. Der Stadtrundgang beginnt am großen Hauptplatz. Das **Rathaus** ist ein großes Gebäude mit einer Turmuhr. Alternativ kann man von hier aus auch dem Uferweg folgen, der in der Roxburghe Street beginnt und bis zum Floors Castle führt.

Mellerstain House ist ein weiteres herausragendes Landhaus, acht Kilometer nordöstlich von Kelso. Besonders bemerkenswert ist der Umstand, dass hier zwei Generationen am Werke waren,

Stürmische Gischt an der Felsküste des St. Abbs Head National Nature Reserve

zunächst der Architekt William Adam und später sein Sohn Robert Adam (1728–1792; siehe S. 105).

Die Küste entlang der Borders

Entlang des kleinen Küstenabschnitts der Borders-Region locken schöne Strände. Sehenswerte Städtchen an der Küste sind Eyemouth und St. Abbs.

Das **Eyemouth Maritime Centre** wirft ein Licht auf die reiche Geschichte der Stadt im Zusammenhang mit dem Fischfang. Bemerkenswert ist vor allem die Ausstellung mit den historischen Schiffen. Es lohnt sich auch ein Besuch im **Eyemouth-Museum,** das in einer alten Kirche untergebracht ist. Dort hängt der Eyemouth Tapestry, ein Wandteppich mit den Namen der verstorbenen Fischer und der verunglückten Boote, deren Flotte während eines Seeunglücks 1881 komplett ausgelöscht wurde. Der Tod von über 100 Fischern legte die ganze Stadt lahm. Für die Herstellung des Wandteppichs in den 1980er Jahren brauchte es das handwerkliche Geschick von 20 einheimischen Frauen.

Vom alten Fischerdorf **St. Abbs** (6,4 km nördlich von Eyemouth) kann man eine Küstenwanderung in malerischer Kulisse von einer Stadt zur anderen machen.

Auf den felsigen Halbinseln des **St. Abbs Head National Nature Reserve** *(Tel. 0844/493 2256, www.nnr-scotland.org.uk)* ist eine große Seevogelkolonie beheimatet. Trottellummen, Tordalken und Dreizehenmöwen nisten im Frühling und zum Sommeranfang, während Sturmtaucher und Raubmöwen erst im Spätsommer eintreffen. Der **Stevensons' Lighthouse**, der von David und Thomas Stevenson erbaut wurde, befindet sich am Ende des ausgeschilderten Pfads. An diesem Punkt schweift der Blick auf die Weiten der Küstenlandschaft. ■

Eyemouth Maritime Centre

✉ Harbour Road, Eyemouth
☎ (01890) 751 020
$ Besucherzentrum: £; Museum: kostenlos

www.worldofboats.org

Eyemouth Museum & Visitor Information Centre

✉ Auld Kirk, Market Place, Eyemouth
☎ (01890) 750 678
$ Museum: £; Besucherzentrum: kostenlos

www.eyemouthmuseum.org.uk

XALOHA

Im Herzen Schottlands liegt die Schnittstelle zwischen den südlichen Lowlands und den bergigen Highlands

Zentral-schottland

Segelschiffe an den Ufern des Crinan Canal in Argyll

Zentralschottland

Ein leicht erreichbares Wunderland: Auch Zentralschottland blickt auf eine bewegte Geschichte zurück. Mit seinen zerklüfteten Bergen, düsteren Lochs und romantischen Burgen bildet es so etwas wie einen Mikrokosmos im Herzen Schottlands.

Das lebhafte Stadtzentrum von Inveraray am Westufer des Loch Fyne

Zentralschottland ist ein geschichtsträchtiger Flecken Land – hier lebte William Wallace, der echte „Braveheart", und Helden wie Robert the Bruce und Rob Roy. Außerdem birgt die Region eine Fülle wunderbarer, malerischer Landschaften: silbern glitzernde Lochs, eine hübsche Küste, und eine beeindruckende Kulisse mit rauen Bergen im Hintergrund.

In der Stadt Stirling wurde Schottlands wohl strategischste Burg errichtet, die den Zugang zu den nördlichen Highlands bewacht – hier ist jene Zeit beinahe spürbar, in der William Wallace und Robert the Bruce ihre Taten vollbrachten. Ganz in der Nähe, bei Bannockburn, errang Schottland seinen berühmtesten Sieg über den „Auld Enemy" im Jahr 1314. Ein Denkmal und ein Besucherzentrum erzählen die Geschichte. Das Wallace Monument legt stolzes Zeugnis ab von der immerwährenden Verehrung der Schotten zu dem größten Patrioten und Märtyrer von Schottland.

In Zentralschottland befindet sich auch der erste Nationalpark des Landes aus dem Jahre 2002: Loch Lomond und der Trossachs National Park erstrecken sich über einen sehr weiten Bereich Schottlands.

Der Loch ist der größte Süßwassersee Englands, die Trossachs dagegen wirken eher wie eine kleinere Ausgabe der mächtigen Highland-Gipfel, deren Hänge für Wanderer und Radfahrer leicht zugänglich sind.

Oban & der Westen

Im Westen schimmern Argyll und die Halbinsel Cowal in der Irischen See. Trotz mannigfaltiger Sehenswürdigkeiten und obwohl sie von Glasgow aus leicht erreichbar ist, gehört die Region nicht zu den Haupttouristenrouten. Schottlands betriebsamster Fährhafen Oban liegt an der Westküste und lockt die Besucher mit hübschen Häusern, einer Distillerie und erstklassigen Mee-

NICHT VERSÄUMEN

Eintauchen in die Geschichte im Stirling Castle, Schottlands eindrucksvollstes Schloss 128

Die rauen Hügel und spektakulären Lochs der Trossachs 130

Eine Wanderung um den Loch Lomond 132

Einen Zwischenstop in Inveraray, historische Stadt an den Ufern des Loch Fyne 134

Der Scone Palace, Krönungsstätte der schottischen Könige 142

resfrüchten. Im Inland liegt Loch Awe, weiterhin noch ein Geheimtipp unter den Einheimischen, ganz im Gegensatz zu dem deutlich touristischer geprägten Loch Lomond oder Loch Ness.

Die Kintyre Peninsula ist eine romantische Halbinsel am Ende der Welt, die ins Meer hinausragt in Richtung Irland, mit stillen Straßen, halbleeren Städten und weiten Sandstränden. Teil derselben Landzunge – wenn auch nicht mehr Teil der Kintyre Peninsula selbst – ist Inveraray am Ufer des Loch Fyne, eine historische und freundliche Stadt. Sie ist großartige Ausgangsbasis für Streifzüge in der bemerkenswerten Region.

Perthshire

Zurück in östlicher Richtung geht es nach Perthshire. Die Hauptstadt Perth ist ein noch weitgehend unentdecktes Juwel unter den Städten, mit guten Restaurants und einer lebhaften Kulturszene. Im übrigen County gibt es etliche Munros zu sehen (Gipfel von mehr als 914 m Höhe), wunderbare Lochs und geschichtsträchtige Burgen. In der Region liegt auch Scone Palace, der Ort, an dem einst die schottischen Könige gekrönt wurden. Mit seiner bewegenden Geschichte und der reizvollen Landschaft ist Zentralschottland ein absolutes Muss für alle Reisenden – ein Besuch, der aufgrund der guten Verkehrsverbindungen sehr unkompliziert ist. ■

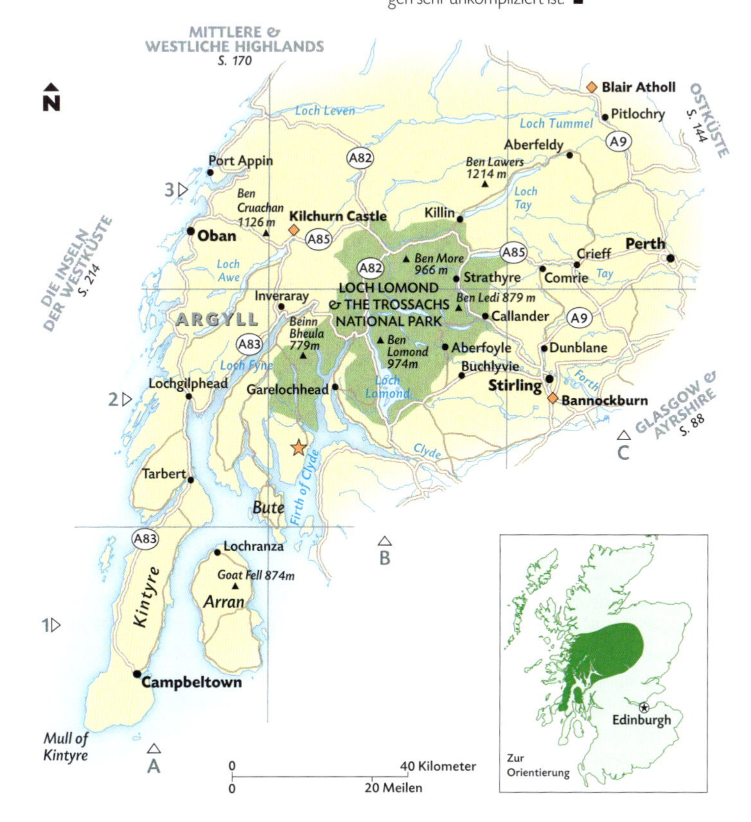

Stirling

Obwohl Stirling als Stadt noch relativ jung ist, gehört es doch zu den geschichtsträchtigsten Orten Schottlands. Genau in der Mitte zwischen dem Firth of Clyde und Firth of Forth gelegen, hat Stirling eine ganze Fülle an Sehenswürdigkeiten zu bieten.

Auf drei Seiten umgeben von Klippen, war Stirlings Burg lange Zeit eine strategisch wichtige Festung

Stirling
127 C2
Besucherinformation
Castle Esplanade, Stirling
(01786) 479 901
www.instirling.com/sight/visitor.htm

Stirling Castle
Castle Wynd, Stirling
(01786) 450 000
£££
www.stirlingcastle.gov.uk

Schotten, Engländer, und schon die Römer haben um die Kontrolle über das strategisch bedeutsame Stirling gekämpft . Und sie alle haben ihre Spuren hinterlassen.

Stirling Castle

Das historische Erbe ist am auffallendsten bei **Stirling Castle**, das von James IV. (*reg.* 1488–1513), James V. (*reg.* 1513–42) und Maria Stuart (*reg.* 1542–67) bewohnt wurde. Innerhalb der Burg gibt es einige eindrucksvolle Renaissance-Skulpturen sowie die erst kürzlich renovierte Great Hall zu besichtigen, wo die schottischen Monarchen einst ihre Gäste bewirteten. In der Castle Exhibition erfährt man viel Wissenswertes über die Geschichte.

Der Ausblick von der Burg ist großartig, von einer Seite blickt man hinunter auf den River Forth im Osten, während im Westen die Trossachs, Ochils und sogar die Pentland Hills zu sehen sind. Auch die **Stirling Bridge** ist sichtbar, wo das zahlenmäßig unterlegene Heer von William Wallace 1297 die Engländer vernichtend schlugen.

Altstadt

Zweifellos ist die Burg Stirlings Hauptattraktion, doch man sollte auch einige Stunden für das faszinierende **Old Town Jail** einplanen, auf das man beim Hinuntergehen in die Stadt trifft. Dort verbreitet „Stirlings garstigster Gefängniswärter" Angst und Schrecken und der Besucher erfährt, was es heißt, in einem viktorianischen Gefängnis einzusitzen. Die jüngeren Besucher werden Spaß haben an der speziell entworfenen Audio-Führung. Doch es gibt noch viel mehr Attraktionen auf dem Weg; auf derselben Route zurück in die Stadt steht das gut erhaltene **Argyll's Lodging** – ein anmutiges Stadthaus aus dem 17. Jahrhundert – sowie die **Church of the Holy Rude** *(St. John Street, Tel. 01786/475 275, www.holyrude.org)*. Wer sie besichtigen möchte, sollte zuvor anrufen, da eine geführte Tour gebucht werden muss.

Ein Stück weiter östlich liegt die attraktive **Altstadt**. Die Atmosphäre erinnert an Edinburghs Altstadt, vor allem die Royal Mile. Viele Gebäude datieren aus dem 16. und 17. Jahrhundert, aus Stirlings Goldenem Zeitalter als Königsstadt. Die Altstadt ist zauberhaft bei Nacht, ein Spaziergang bei Mondschein ist empfehlenswert.

Bannockburn

Das berühmte Schlachtfeld von Bannockburn liegt drei Kilometer südlich von Stirling. Hier besiegten die Schotten die Engländer in der legendären Schlacht von 1314, als König Robert the Bruce seine tapferen, aber zahlenmäßig völlig unterlegenen Krieger in einen Kampf auf Leben und Tod führte gegen die englische Armee, die nach Norden marschiert war, um Schottlands Drang nach Unabhängigkeit zu unterbinden. Bruces Männer siegten nicht, sie vernichteten „proud Edward's army" und »sent them back tae think again«, wie es in Schottlands inoffizieller Nationalhymne, die „Flower of Scotland", heißt.

Das mächtige Reiterstandbild des düsteren, trotzigen Bruce legt Zeugnis davon ab, wie hoch er noch immer im Ansehen steht, und das Besucherzentrum erzählt die Geschichte von Robert the Bruces und seine Heldentaten. Außerdem bekommt der Besucher die Gelegenheit, einen schweren Helm von einer Kettenrüstung aufzusetzen; es vermittelt einen Eindruck, wie schwer es gewesen sein muss, in jenen Tagen in voller Rüstung zu kämpfen.

Besonders sehenswert ist Bannockburn an zwei Tagen im Jahr, dem 23. und 24. Juni. In dieser Zeit schlüpfen Freiwillige in zeitgenössische Kleidung und spielen Schottlands berühmteste Schlacht gegen den „Auld Enemy" nach. ■

Wallace Monument

Eine Sehenswürdigkeit, die man bei einem Besuch Stirlings keinesfalls versäumen sollte, ist das imposante Wallace Monument *(Hillfoots Rd., außerhalb von Stirling, Tel. 01786/472 140, www.nationalwallacemonument.com, ££)*. Es liegt nicht weit von Stirling in östlicher Richtung. Nur zur Warnung: Die 246 Stufen führen ganze 67 Meter hoch. Oben angekommen, überblickt man einen historisch bedeutsamen Ort. Für diesen wunderbaren Ausblick hätte William Wallace wahrscheinlich sogar getötet, im wahrsten Sinne des Wortes. Es lohnt sich, die angebotene Audio-Führung wahrzunehmen.

Trossachs & Loch Lomond

Zerklüftete Berge, beinahe unberührte Lochs sowie attraktive Städte und Dörfer: Für alle, die ihre Reise auf Zentralschottland beschränken möchten, bieten sich die Trossachs als perfekte „Miniatur-Highlands" an.

Ben Ledi ragt über der Wasserfläche des Loch Lubnaig nahe Callander auf

Loch Lomond & Trossachs National Park

127 B2–B3

National Park Gateway Centre, Loch Lomond Shores, Balloch

(0845) 345 4878

www.lochlomondtrossachs.org

Grob zusammengefasst, sind die Trossachs die Region aus bewaldeten Glens und Bergen, die sich westlich der Partnerstädte Callander und Aberfoyle erstrecken in Richtung der „bonny bonny banks" Loch Lomonds (siehe S. 132–133). Normalerweise werden beide in einem Atemzug genannt, als **Loch Lomond & Trossachs Nationalpark.** Ein schöner Weg in die Trossachs führt entlang der malerischen Route westlich von Stirling nach Aberfoyle, über das Carse of Stirling und vorbei am **Lake of Menteith** – eine der wenigen Seenflächen Schottlands, die „lake" genannt sind. Hier kann man eine Paddeltour unternehmen zu den Ruinen der **Inchmahome Priory** (13. Jh.), und im Anschluss im **Lake of Menteith Hotel** *(Port of Menteith, Perthshire, Tel. 01877/385 258, www.lake-hotel.com, £££)* am Seeufer zu Mittag essen.

Streifzüge durch die Umgebung

Um tiefer in die Trossachs einzutauchen, sollte man per Auto, Rad oder Bus die schwindelerregende Straße von Aberfoyle nach Norden nehmen und den Duke's Pass nach Callander überqueren. Dieser gewundene Weg führt den Reisenden in ein hügeliges, verwunschenes Land mit riesigen Wäldern, die hin und wieder den Blick freimachen auf die Lochs. Vor Abfahrt sollte man sich in den Wintermonaten vergewissern, dass die Straße geöffnet ist, da Eis und Schnee die Durchfahrt manchmal unmöglich machen.

Von allen Bergen in dieser Region verdienen zwei besondere Aufmerksamkeit. Der **Ben A'an** (454 m) ist weniger als eine Stunde zu Fuß vom Parkplatz auf der A821 entfernt, am westlichen Ende des Loch Achray. Er bietet für die verhältnismäßig leichte Wanderung einen herrlichen Ausblick. Eine größere Herausforderung ist da schon der nahe gelegene **Ben Ledi** (879 m), der über dem reizvollen Loch Lubnaig aufragt. Der Weg führt durch dichten Wald und hinaus auf den Felsgrat, mit einem unvergesslichen Panorama.

Nicht ganz so wanderlustige Seelen können eine Bootstour auf dem Loch Katrine unternehmen mit dem historischen Dampfschiff **SS „Sir Walter Scott".** Ein schmaler Weg führt nach Westen vom Ben A'an Parkplatz zu einem kleinen Anlegeplatz, wo der charmante alte Dampfer die Passagiere auf eine Zeitreise mitnimmt.

Es geht zurück nach **Callander,** das zweite beliebte Tor zu den Trossachs. In das Städtchen kommen mehr Besucher als nach Aberfoyle; es hat eine geschäftige Main Street, Outdoor-Shops, einige Hotels sowie großartige Wandermöglichkeiten zu bieten. In der Nähe von Callander liegt das **Monachyle Mhor Hotel** *(Balquhidder, Lochearnhead, Tel. 01877/384 622, www.mhor.net, ££££)*, das auch eine Reihe von Geschäften in der Stadt betreibt, u. a. die Bäckerei **Mhor Bread** *(8 Main St., Tel. 01877/339 518)* und das **Mhor Fish** *(75–77 Main St., Tel. 01877/330 213)*.

INSIDERTIPP

Die Trossachs bieten einige der besten Wandermöglichkeiten in dieser Region Schottlands. Ihr Reiz ist deutlich größer, weil sie – im Gegensatz zu anderen Gebieten – nicht so überlaufen sind.

SALLY MCFALL
National Geographic-Mitarbeiter

Inchmahome Priory
Insel im Lake of Menteith, per Boot erreichbar von der Anlegestelle bei Port of Menteith
(01877) 385 294
££
www.historic-scotland.gov.uk

Callander
127 B2
Besucherinformation
10 Ancaster Square, Callander
(08452) 255 121
www.incallander.co.uk

SS „Sir Walter Scott"
Trossachs Pier, Loch Katrine, Nähe Callander
(01877) 332 000
So geschl.
£££
www.lochkatrine.com

ERLEBNIS: Mit dem Rad in die Trossachs

Am besten lernt man die Trossachs auf zwei Rädern kennen: Einer der atemberaubendsten Abschnitte des National Cycle Network führt durch diese Region, von Loch Lomond nach Killin. Das Wheels Cycling Centre *(Invertrossachs Road, Callander, Tel. 01877/331 100, www.scottish-cycling.com)* ist das beste Fahrradgeschäft der Region, mit einer breiten Auswahl an Mountainbikes. Trossachs Cycles *(Trossachs Holiday Park, Aberfoyle, Tel. 01877/382 614)* ist ebenfalls eine Option, es liegt drei Kilometer südlich von Aberfoyle auf der A81.

Loch Lomond
127 B2

Das Restaurant bei Monachyle Mhor liegt in einer überwältigenden Kulisse: Umgeben von einem abgeschiedenen Loch und Hügeln, liegt es in der Nähe von Balquhidder, wenige Kilometer nördlich von Callander. Fans von Rob Roy kommen hierher, da hier der berüchtigte Gesetzlose begraben liegt.

Um den Ben Lomond zu erklimmen, braucht man eine gute Ausdauer. In der Ferne ist Loch Lomond zu sehen

Loch Lomond

Mit seinen 37 Kilometern Länge und bis zu acht Kilometern Breite ist der Loch Lomond der bei weitem größte See Großbritanniens. 37 Inseln liegen im See, eine stille Oase und überwältigend zugleich.

Seit 2002 ist der Loch ein geschützter Bestandteil des **Loch Lomond & Trossachs National Park** (siehe S. 130f) – eine atemberaubende Wildnis, mit Bergen und Seen. Loch Lomond selbst liegt nicht weit von Glasgow entfernt; viele Leute nennen ihn sogar „Glasgows Loch", und so sieht es dort auch an geschäftigen Sommerwochenenden aus.

Ein guter Ausgangspunkt sind die **Loch Lomond Shores** in Balloch, ein großer Besucherkomplex, zu dem das Gateway Centre gehört. Hier erfährt man alles über den Loch, sein Erbe, und seine Rolle in der Gegenwart. Mit Kindern kann man das **Loch Lomond Aquarium** besichtigen oder auf Paddeltour gehen. Auch für Nahrung und Einkaufsmöglichkeiten ist gesorgt. Die Aktiveren unter den Besuchern können Mountainbikes ausleihen und auf Tour gehen.

Das Westufer des Loch Lomond ist am dichtesten besiedelt, hier führt auch die vielbefahrene A82 vorbei. Das schönste Dorf auf dieser Seeseite ist **Luss** – eine Idylle, die einst einen Auftritt in der beliebten schottischen TV-Show „Take the High Road" hatte. Der Titel bezieht sich auf die Ballade „Loch Lomond", die vom tragischen Geschick der Jakobiter mit dem Refrain erzählt: »You take the high road and I'll take the low road and I'll be in Scotland before you.«

ERLEBNIS: Tour auf den Ben Lomond

Mit seinen 974 Metern Höhe wirft dieser majestätische Munro – das ist die Bezeichnung für einen schottischen Berg mit mehr als 914 Metern Höhe – seinen Schatten über Loch Lomond. Er ist der südlichste der Munros und zugleich einer der berühmtesten. Da er leicht zu erreichen ist, bietet er einen idealen Einstieg in die schottischen Berge für alle, die über die richtige Ausrüstung und eine aktuelle Wettervorhersage verfügen.

Ausgangspunkt ist Rowardennan an den Ufern des Loch Lomond. Von hier startet der markierte Haupt- oder „Touristen"-Weg vom Parkplatz aus.

Es empfiehlt sich, eine Umgebungskarte zu besorgen (Ordnance Survey Explorer Map nos. 347 und 364), denn die Route ist durchaus schwierig. Nachdem man die reizvollen bewaldeten Ausläufer hinter sich gelassen hat, verläuft ein langer Wanderweg hinauf auf den kahlen Gebirgskamm. Der Weg ist leicht und sicher zu begehen, denn er ist befestigt.

Vom Gipfel aus hat man dann jedoch einen überwältigenden Ausblick: Weit unten erscheint Loch Lomond wie ein blauer Teppich, gepunktet mit kleinen Inseln. Rund herum sind Berge und Hügel, so weit das Auge reicht. Wer den Berg an einem schönen, sonnigen Tag besteigt, hat eine herrliche Wanderung vor sich. Die Tour ist etwa elf Kilometer lang und dauert drei bis vier Stunden. Informationen über geführte Touren gibt es bei C-N-Do Scotland *(33 Stirling Enterprise Park, Stirling, Tel. 01786/445 703, www.cndoscotland.com).*

Die Ostseite des Lochs ist geringer besiedelt als der Westen. Auf der Weiterfahrt in Richtung Norden von der freundlichen Stadt **Drymen** weichen die großen Wohnmobilanlagen einem schmalen Weg entlang des Lochs, mit vielen kleinen Buchten und stillen Strandabschnitten.

Die meisten der bewaldeten Inseln im Loch Lomond sind in Privatbesitz, aber einige wenige sind noch der Öffentlichkeit zugänglich. Am besten fährt man zur Insel **Inchcailloch** vom kleinen Dorf **Balmaha** aus, das am Ostufer liegt. Die Insel gehört der Scottish Natural Heritage, ist aber für Besucher frei zugänglich, sofern die Gruppe aus weniger als zwöf Personen besteht und man die Fähre benutzt, die auf Wunsch hinüber setzt *(The Boatyard, Tel. 01360/870 214, www.balmahaboatyard.co.uk, ££).*

Auf der pittoresken Insel gibt es zwei Wanderwege, den Low Path und den Summit Path. Letzterer ist anstrengender, doch der Weg eröffnet einen weiten Blick auf die umgebende Landschaft. Es gibt auch einen kleinen Picknickbereich und eine bescheidene Campingmöglichkeit für alle, die sich Hals über Kopf in die Insel verliebt haben und die Nacht hier verbringen wollen.

Balmaha ist ein ebenfalls attraktiver, leicht erreichbarer Ort direkt am Loch. Nördlich davon liegt die Millarochy Bay, wo man sich ebenfalls herrlich entspannen und die Schönheit des Loch Lomond auf sich wirken lassen kann. Der Weg endet in Rowardennan. Wer von hier aus weiter nördlich kommen will, muss den **West Highland Way** Wanderweg nehmen *(www.west-highland-way.co.uk).* ■

Loch Lomond Shores

✉ Ben Lomond Way, Balloch
☎ (01389) 751 035
www.lochlomondshores.com

Loch Lomond Aquarium

✉ Loch Lomond Shores, Balloch
☎ (0871) 423 2110
$ £££
www.sealifeeurope.com

Argyll

Argyll erstreckt sich von der Spitze des Mull of Kintyre im Süden bis Oban im Norden. Es ist ein weiterer Landesteil, der einen festen Platz im Herzen der Schotten hat, vom Tourismus jedoch noch unberührt blieb. Reisende werden eine Landschaft an der Atlantikküste entdecken, die von herber Schönheit ist und von Lochs und einer Vielzahl reizvoller Städte durchsetzt ist.

Die zerklüftete und raue Küstenlinie von Kintyre

Argyll
127 A1–A3, B2–B3

Inveraray
126 B2

Visitor Information
Front Street, Inveraray
(08707) 200 616
www.visitscottish heartlands. omscottishheartlands. com.uk/index.php

Loch Fyne & Kintyre

Die spektakulärste Anreise nach Argyll hat man westlich von Loch Lomond, über die legendäre „Rest and Be Thankful", einer schwindelerregenden Straße. Von hier eröffnet sich eine unglaublich zerklüftete Landschaft aus steilen Berghängen, rauschenden Wasserfällen und dichten Wäldern. Die Straße führt durch den **Argyll Forest Park,** an dem fjordähnlichen Loch Goil vorbei und unterhalb des Cobblers entlang, der mit seinen 880 Metern zwar nicht Argylls höchster Berg ist, aber mit Sicherheit der markanteste. Für einen trainierten Wanderer ist er relativ leicht zu erklimmen.

Am Meeresarm **Loch Fyne** befindet sich das weltberühmte **Loch Fyne Restaurant** *(Clachan, Cairndow, Tel. 01499/600 236, www.lochfyne.com/Restaurants/Locations/Cairndow, ££££)*, an der Nordspitze in Cairndow. Das Fisch- und Meeresfrüchte-Restaurant hat mittlerweile eine ganze Kette eröffnet und gehört zu den besten Fischrestaurants in Großbritannien.

Inveraray: Nur eine kurze Fahrt in Richtung Süden liegt Inveraray am Ufer des Loch Fyne – ein unverwechselbarer Anblick, mit Kirchtürmen und weiß gekalkten Häusern. Lebhaft geht es in der Main Street zu, die sich bis zu den Ufern des Lochs erstreckt, mit etlichen Souvenirläden, einem exzellenten Feinkostgeschäft, einer ganzen Reihe netter Cafés, einem altmodischen Candy Store und einem Highlight für Whiskykenner: **Loch Fyne Whiskies.**

Dieser reizvolle Spirituosenladen bietet großzügig Verkostungen an sowie einige sehr seltene Sorten. Der Laden erfreut sogar das Herz erklärter Whiskygegner, denn er bietet seinen eigenen Likör an – ein süßes Gebräu aus Orange und Schokolade.

An regnerischen Tagen hat die Main Street viel zu bieten, z. B. kann man das **Inveraray Jail** besichtigen. Hier erhält man einen einzigartigen Einblick in das Leben der Gefangenen von einst, auch der armen Kinder, die hier eingekerkert waren. Wachsfiguren und Schauspieler in zeitgenössischen Kostümen sind ebenfalls zu sehen.

Hauptattraktion der Stadt ist **Inveraray Castle**, das sich hoch über der Stadt und Loch Fyne erhebt. Inveraray Castle in seiner jetzigen Form wurde im Jahr 1789 erbaut. Es ist der angestammte Wohnsitz des Duke of Argyll – ein fortschrittlicher Mann, der bei den Einheimischen sehr beliebt ist. Er legt großen Wert darauf, mit der Gemeinde zusammenzuarbeiten, um Inveraray vorwärts zu bringen. Das Schloss kann besichtigt werden, und man bekommt Gelegenheit, die großzügigen Veranstaltungsräume zu erkunden. Außerdem gibt es ein Café, das kleine Mahlzeiten und Kuchen serviert.

Halbinsel Kintyre: In südlicher Richtung entlang des Loch Fyne liegt die Halbinsel Kintyre mit der reizvollen Ansiedlung **Tarbert** im Norden. In diesem hübschen kleinen Fischerdorf mit seinen farbenfrohen Häusern lassen sich gut und gerne ein paar entspannte Stunden verbringen. Die Kunstgalerie beim Yachtclub ist einen Besuch wert; im Café kann man bei einem Tee oder Kaffee und hausgemachtem Kuchen die eindrucksvollen Landschaftsbilder bewundern.

Kintyre verfügt über einige schöne Sandstrände; einer der überwältigensten davon ist **Machrihanish.** Hier kann man am

Loch Fyne Whiskies
✉ Top of Main St., Inveraray
☎ (01499) 302 219
www.lfw.co.uk

Inveraray Jail
✉ Church Square, Inveraray
☎ (01499) 302 381
$ ££
www.inverarayjail.co.uk

Inveraray Castle
✉ Cherrypark, Inveraray
☎ (01499) 302 203
$ £££
www.inveraray-castle.com

Mull of Kintyre

Keinem Fan von Ex-Beatle Paul McCartney muss erklärt werden, was das Mull of Kintyre ist: der südwestlichste Bereich der Halbinsel Kintyre, dem der Sänger eine Ballade gewidmet hat. Das Mull durchstreift man am besten zu Fuß, es bietet herrliche Ausblicke. Hier geht es bis zum äußersten Rand Schottlands – ein symbolischer Punkt, der so weit im Westen liegt, dass man meint, das nur 20 Kilometer entfernte Irland beinahe mit den Händen berühren zu können. An diesem einsamen Punkt fällt es leicht zu verstehen, warum Paul McCartney die Schönheit des Ortes in einem Lied festhalten wollte. Der Leuchtturm an der Spitze wurde von Robert Stevenson neu gestaltet (siehe Kasten S. 205).

Köstliche frische Krustentiere haben Oban den Namen Seafood Capital of Scotland eingebracht

Tarbert
127 A2

Campbeltown
127 A1

Kilchurn Castle
127 B3
Lochawe
(01838) 200 440
££
www.historic-scotland.gov.uk

Strand spazieren gehen und den Blick übers Meer schweifen lassen. Auch Seevögel sind zu sehen: Auf ganz Kintyre gibt es eine Vielzahl von Vögeln, und ein besonders eindrucksvoller Anblick ist es, wenn die Tölpel im Sturzflug ins Wasser tauchen. Wie an vielen Stränden in diesem Teil Schottlands strahlt Machrihanish etwas Außergewöhnliches aus, mit den anderen Inseln und sogar Irland in Sichtweite, das in der Ferne schimmert.

Auf der Fahrt zum berühmten **Mull of Kintyre** (siehe Kasten S. 135) ist der letzte Außenposten **Campbeltown.** Die Stadt hat schon bessere Tage gesehen, aber es gibt noch einige großartige alte Gebäude, von Palmen umgeben, am Ufer. Campbeltown liegt in einer hübschen Bucht, mit der Insel **Davaar** in Sichtweite. Davaar ist leicht mit der Fähre zu erreichen. Campbeltown setzt große wirtschaftliche Hoffnungen auf die Fährverbindung nach Irland. Gegenwärtig ist es noch ein Ort mit morbidem Charme, in dem man spazierengehen und von vergangenen Zeiten träumen kann.

Nach Norden Richtung Oban

Die westliche Küstenstraße führt von Kintyre aus nach Norden, durch eine malerische Landschaft. In der Nähe des Dorfes Crinan trifft die Straße auf den **Crinan Canal,** eine Abkürzung, die den Booten die stundenlange Passage um die Halbinsel erspart – eine beeindruckende schottische Ingenieursarbeit.

Direkt nördlich davon liegt **Kilmartin.** Innerhalb eines Radius von neun Kilometern rund um das Dorf liegen 350 Kulturdenkmäler, von denen viele aus prähistorischer Zeit stammen. Ein Museum und ein Café gibt es ebenfalls im Dorf.

Weiter geht es, wiederum in nördlicher Richtung. Dann gilt es, eine Entscheidung zu treffen – entweder, man bleibt auf der Küstenstraße, oder man fährt ins Inland nach **Loch Awe.** Schottlands längster Binnensee ist vielleicht nicht so bekannt wie Loch Ness und Loch Lomond, aber Besuchern aller Altersklassen wird hier dennoch viel geboten. Er ist berühmt fürs Forellenangeln.

Bekannteste Sehenswürdigkeit in dieser Gegend ist **Kilchurn Castle**, mit herrlichem Blick vom Burgturm auf Loch Awe.

An einem Regentag kann man **Ben Cruachan** besichtigen, den „hohlen Berg" am Nordufer des

INSIDERTIPP

Seafreedom Kayak [*www.seafreedom kayak.co.uk*] in der Nähe von Oban bietet Kajaktouren auf dem Meer an. Nutzen Sie die Gelegenheit, um zwischen mittelalterlichen Burgen und Destillerien zu paddeln in einer der spektakulärsten Regionen der Welt.

ANDREW TODHUNTER
NATIONAL GEOGRAPHIC-Autor

Loch. In seinem Inneren liegt ein Wasserkraftwerk verborgen. Auf einer Führung *(Dalmally, Tel. 01866/822 618, www.visitcruachan.co.uk, ££)* erfährt man sehr viel über die Anlage; zur Tour gehört auch eine Fahrt mit einem Elektrobus.

Oban

Oban ist Schottlands betriebsamster Fährhafen, mit einer weiten, von Hügeln umgebenen Bucht. In der Stadt selbst gibt es einige großartige viktorianische Guest Houses und Hotels. Die historische **Oban Distillery** gilt als die Hauptattraktion der Stadt, aber auch das **Scottish Sealife Sanctuary** ist bekannt mit seinem erfolgreichen Programm zur Rettung von Seehundkindern. Im Norden von Oban, allerdings selten für Besucher geöffnet, liegt **Castle Stalker,** das man am besten aus der Ferne bewundert. Ein weiterer lohnender Abstecher ist das Dörfchen **Port Appin** – ein Geheimtipp unter Schotten, die es gerne an Wochenenden besuchen. Hier bekommt man leckere Fische und Meeresfrüchte. ■

Oban
127 A3
Besucherinformation
Argyll Square, Oban
(01631) 563 122
www.oban.org.uk/index.php

Oban Distillery
Stafford Street, Oban
(01631) 572 004
£££
www.discovering-distilleries.com/oban

Scottish Sealife Sanctuary
Barcaldine, Oban
(01631) 720 386
££
www.sealsanctuary.co.uk/oban1.html

ERLEBNIS: Fisch & Meeresfrüchte in Oban

Die Küstenstadt Oban entwickelt sich mehr und mehr zu einem Fisch- und Meeresfrüchte-Paradies. Nicht ohne Grund werden Neuankömmlinge mittlerweile mit einem Banner begrüßt, das einen darüber informiert, dass man soeben die „Seafood Capital of Scotland" betreten hat. Viele der Besucher halten die Buden entlang der Mole für die besten; hier kann man auf einer Bank sitzen und sich an frischem Hummer erfreuen, und das zu einem Bruchteil von dem, was es in einem noblen Restaurant kosten würde. Währenddessen kann man die Fischerboote und Fähren in der wunderschönen Bucht von Oban beobachten.

Aber natürlich hat die Stadt auch schöne, elegante Restaurants zu bieten. Die Köche im **Ee-usk** (gälisch für Fisch; *North Pier, Tel. 01632/565 666, www.eeusk.com*) sind doch etwas kreativer bei der Verarbeitung der Meeresfrüchte. In der Stadt selbst zeigt **Coast** *(104 George St., Tel. 01631/569 900, www.coastoban.co.uk)* ebenfalls mehr Einfallsreichtum. Ein relativ neues Restaurant unmittelbar außerhalb des Stadtzentrums ist der **Seafood Temple** *(Gallanach Road, Tel. 01631/566 000, www.templeseafood.co.uk)*. Das Essen hier ist hervorragend, obwohl die Öffnungszeiten recht ungünstig sind. Reservierungen sind erforderlich, aber dafür wird man mit perfekt zubereitetem Fisch und Meeresfrüchten belohnt.

Rundfahrt um die Cowal Peninsula

Die Halbinsel Cowal ist ein unentdecktes Juwel abseits der Touristenpfade. Hier trifft der Reisende auf eine überwältigende Umgebung – Ausflüge mit der Fähre gehören mit zum Vergnügen. Für die Rundfahrt sollte man sich drei Tage Zeit nehmen.

Tarbert liegt an den Ufern des Loch Fyne, in der Nähe von Kintyre

Am besten erreicht man die Cowal Peninsula mit der Autofähre vom Hafen von Gourock aus Richtung Dunoon. Es gibt hier zwei Betreiber für die kurze Überfahrt über den Firth of Clyde Caledonian MacBrayne *(www.calmac.co.uk)* und Western Ferries (*www.western-ferries.co.uk*).

Dunoon ❶, Argylls größte Stadt, hat schon glanzvollere Tage gesehen und war einst das Lieblingsziel der Glasgower. Wer kann, sollte die Stadt im August besuchen, während des **Cowal Highland Gathering** – ein mitreißendes Fest mit traditioneller schottischer Musik und Tanz. Zu anderen Zeiten im Jahr ist **Castle Hill** die Hauptsehenswürdigkeit Dunoons. Bei diesen bescheidenen Ruinen gibt es ein Museum *(Castle Gardens, Dunoon, Tel. 01369/701 422, Nov.–Ostern geschl.)*, dessen interessantester Teil sich mit den alten „Steamers" befasst, die die Glasgower „doon the watter" brachten.

Weiter geht es Richtung Nordwesten auf der A815; rechts liegt der **Holy Loch** ❷. Bis in die 1990er Jahre war dieser Loch ein Standort für Atom-U-Boote der US-Marine. Richtung Westen auf der B836 lässt man die Zivilisation weitgehend hinter sich, während man in die wilde Landschaft des Glen Lean eintaucht.

Dann führt der Weg nach Westen auf der A836, danach auf die A886. Dann biegt man nach Süden ab auf die A8003 zum Aussichtspunkt von **Tighnabruaich** ❸, um von dort den fantastischen Blick auf die **Kyles of Bute** zu genießen. Auf Gälisch bedeutet *kyles* so viel wie „Engstelle", was sich auf den schmalen Wasserweg zwischen Cowal und der Isle of Bute bezieht. Hier kann man wunderbar segeln, doch das Panorama ist natürlich auch vom Land aus überwältigend. Weiter südlich erwartet den Rei-

NICHT VERSÄUMEN

• Tighnabruaich • Ardkinglas • Argyll Forest Park • Benmore Gardens

senden das charmante Dorf **Tighnabruaich** ④, was auf Gälisch „Haus auf dem Hügel" bedeutet, was sehr treffend die Häuser auf den steilen Hängen beschreibt, die über den Kyles aufragen. Das Dorf bietet sich für eine Übernachtung an, oder auch nur für einen Zwischenstopp, um köstliche Meeresfrüchte zu essen.

Umrundet man die Halbinsel auf einem nicht weiter klassifizierten Weg, erreicht man **Portavadie** ⑤, einen ziemlich bescheidenen, aber praktischen Standort für alle, die weiter nach Kintyre wollen: Von hier geht eine Fähre hinüber nach Tarbert. Sonst führt der Weg weiter nach Norden auf der B8000, dann auf die A886, und man erreicht das winzige **Strachur** ⑥ mit seinem **Creggans Inn** (*www.creggans-inn.co.uk*) – ein ausgezeichnetes Lokal für ein Mittagessen mit frischem Fisch und Meeresfrüchten, und schönem Ausblick auf den Loch Fyne.

Cowals erstaunlichste Attraktion aber ist der **Ardkinglas Woodland Garden** ⑦ (*Cairndow, Tel. 01499/600 261, www.ardkinglas.com, £*), weiter nördlich auf der A815. Zahlreiche Pfaden führen durch dieses zehn Hektar große grüne Paradies, mit einer erstaunlichen Vielfalt an Bäumen, deren Pflanzungen bis ins 18. Jahrhundert zurück reichen. Der hohe Niederschlag vor Ort und der Einfluss des warmen Golfstroms schaffen ideale Bedingungen für die Pflanzen. Hier steht auch die höchste Tanne Britanniens (61 m).

Zurück in Strachur, geht es nun weiter Richtung Inland auf der A815, dann südlich, tiefer nach Cowal hinein in den **Argyll Forest Park** ⑧ (*Tel. 01877/382 383, www.forestry.gov.uk*), ein Radler- und Wandereridyll.

Letzter Halt ist **Benmore Botanic Garden** ⑨ (*Benmore, Dunoon, Tel. 01369/706 261, www.rbge.org.uk/the-gardens/benmore, ££*), wo 300 Arten gedeihen, von Rhododendren bis zu Mammutbäumen. Von hier geht es auf der A815 nach Dunoon, wo die Fähre über den Clyde wartet.

Siehe auch Umgebungskarte S. 127
Gourock
162 km
1–3 Tage
Gourock

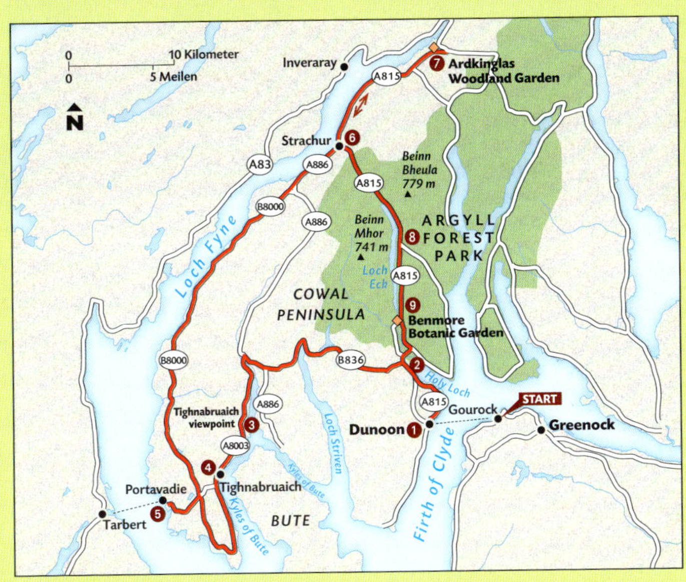

Perthshire

Perthshire ist das selbst ernannte „Tall Tree Country", mit viel Natur und einer überwältigenden Landschaft aus dichten Wäldern, malerischen Lochs und majestätischen Gebirgszügen. Danach kann man Städte erkunden und zahllose historische Attraktionen kennenlernen.

Blair Castle, der alte Wohnsitz der Dukes und Earls of Atholl, liegt im Herzen von Highland Perthshire

Perthshire

Besucherinformation

Lower City Mills, West Mill Street, Perth

(01738) 450 600

www.perthshire.co.uk

Loch Tay

127 B3–C3

Von Loch Tay nach Pitlochry

Die mächtigen Munros von Perthshire spiegeln sich an stillen Tagen im Loch Tay und verleihen dem See den Anstrich eines vereisten Canyons. Höchster Berg ist der **Ben Lawers** (1214 m). Am östlichen Ende von Loch Tay befindet sich das **Scottish Crannog Centre** *(Kenmore, Loch Tay, Tel. 01887/830 583, www.crannog.co.uk, ££)*, wo man viel Wissenswertes über die alten Crannogs erfährt. Crannogs boten den Menschen vor mehr als 2000 Jahren Schutz und Zuflucht. Diese schlichten Pfahlbauten befanden sich auf dem Wasser, erreichbar mittels eines einfahrbaren Fußwegs, sodass sie vor Angriffen gut geschützt waren. In einem rekonstruierten Bau wurde ein Museum untergebracht.

Aberfeldy liegt eine kurze Fahrt weiter östlich, eine anmutige kleine Stadt mit herrschaftlichen Straßen und großartigen Häusern. In Schottland gibt es Hunderte von

Destillerien, aber **Dewar's World of Whisky** *(Aberfeldy Distillery, Aberfeldy, Tel. 01887/822 010, www.scotland whisky.com/distilleries/highlands/Dewars, ££ pro Tour)* ist ein wirklich exzellentes Besucherzentrum. Als Höhepunkt der Führung darf der Besucher natürlich einen Schluck Whisky probieren.

Auf den Straßen Richtung Norden bleibt der kegelförmige **Schiehallion** fast immer im Blickfeld. Irgendwann schließlich gelangt man zum **Loch Tummel,** der gänzlich von Hügeln umgeben ist. Dieser Loch war einer der Lieblingsseen von Königin Victoria, und so befindet sich heute ein Besucherzentrum beim **Queen's View**.

INSIDERTIPP

Perthshire ist berühmt für seine Beeren. Wer im Sommer hierher kommt, sollte nach Hinweisschildern für Fruit Farms Ausschau halten, wo man Erd- und Himbeeren pflücken darf.

SALLY McFALL
NATIONAL GEOGRAPHIC-Mitarbeiter

Entlang der A9

In südlicher Richtung auf der A9 ist der nächste Halt **Blair Atholl**, ein verschlafenes Nest. Hier befindet sich auch das beeindruckende **Blair Castle** *(Tel. 01796/481 207, www.blair-castle.co.uk, ££)*. Das bemerkenswerte Bauwerk liegt im Herzen eines riesigen Anwesens (58 679 ha), mit zahllosen charmanten Landschaften und wunderbaren Spaziermöglichkeiten. **Killiecrankie** nahebei ist ein kleiner Ort, berühmt geworden durch einen gewaltigen Sprung. 1689, als die Jakobiter das englische Heer bei der Schlacht von Killiecrankie schlugen, entkam ein glücklicher englischer Soldat, indem er über die Schlucht sprang – eine eindrucksvolle Tat, die sicherlich in das große Reich der Legenden gehört. Im dazugehörigen Besucherzentrum kann man sich ausführlich informieren.

Weiter in südlicher Richtung auf der A9 gelangt man nach **Pitlochry**, ein Urlaubsort aus der viktorianischen Ära und ein beliebter Touristenstop, mit vielen kitschigen Souvenirshops an der geschäftigen High Street. Die **Edradour Distillery** ist die kleinste des Landes, stellt aber immer noch einen feinen Tropfen her. In Pitlochry befindet sich auch das **Scottish**

Aberfeldy
127 C3

Queen's View
Strathtummel, Pitlochry
(01350) 727 284

Killiecrankie
5 km nördlich von Pitlochry
Besucherzentrum: (0844) 493 2194
www.nts.org.uk/Property/39

Pitlochry
127 C3

Edradour Distillery
A924, Pitlochry
(01796) 472 095
So geschl.
£££
www.edradour.co.uk

ERLEBNIS:

Musikfestival T in the Park

T in the Park *(www.tinthepark.com)* ist ein gigantisches Musikfestival, das 1994 im Strathclyde Country Park zum ersten Mal veranstaltet wurde. Mittlerweile findet es in Balado statt (A9, bei Perthshire). Jedes Jahr im Juli treffen sich hier Rock-, Pop- und andere Musiker aus aller Welt. Viele von ihnen behaupten, dass T in the Park ihr Lieblingsfestival wäre, denn das schottische Publikum ist berühmt für seinen leidenschaftlichen Applaus. Tickets für das dreitägige Musikfestival sind bekanntermaßen nur schwer zu bekommen, also auf jeden Fall rechtzeitig buchen!

Perth
127 C3
Besucherinformation
Lower City Mills, West Mill Street, Perth
(01738) 450 600
www.perthshire.co.uk

Perth Concert Hall
Mill Street, Perth
(01738) 621 031
www.horsecross.co.uk

Perth Museum & Art Gallery
78 George Street, Perth
(01738) 632 488
So geschl.
www.pkc.gov.uk/museums

Comrie
127 C3

Comrie Croft
Braincroft, Crieff
(01764) 670 140
www.comriecroft.com

Hydro Electric Visitor Centre, Dam and Fish Pass *(Pitlochry Power Station, Tel. 01796/473 152, www.aboutbritain.com/HydroElectricVisitorCentre.htm, £)*, ein absolutes Muss für Fischfreunde. Hier kann man Wildlachse beobachten, wie sie auf ihrem Zug flussaufwärts die Lachstreppe nehmen.

Perth

Obwohl Perth am River Tay eine hübsche und gepflegte Stadt ist, wird sie oft von den Schotten ignoriert. Das Stadtzentrum wird von zwei Parkanlagen gesäumt – dem North and South Inch. Im Osten wird der Stadtkern vom silbern glitzernden Tay begrenzt. Ein breiter Weg eignet sich ideal für schöne Spaziergänge am Flussufer. Kulturelles gibt es bei der unkonventionellen **Perth Concert Hall.** Dieser Modern Arts-Treffpunkt bietet immer wieder eine Plattform für eine eindrucksvolle Reihe von Veranstaltungen. Daneben befindet sich die **Perth Museum and Art Gallery,** ein idealer Ort für die ganze Familie. In der Galerie finden häufig Wechselausstellungen statt. In der Abteilung für Naturgeschichte werden zahlreiche Tierarten vorgestellt.

Scone Palace

Zeitgenössische Einrichtung und Antiquitäten – Scone Palace *(Perth, Tel. 01738/552 300, www.scone-palace.co.uk, £££)* wirkt heute auf den Besucher wie ein anmutiges Landhaus. Jahrhunderte zuvor aber war dieses idyllische Refugium eine Stätte dramatischer Ereignisse. Hier wurden einst die schottischen Könige gekrönt. Der legendäre Stone of Destiny ist seit langem verschwunden, aber noch immer spürt man den Hauch der Geschichte. Im Jahre 843 wurde der erste schottische König, Kenneth McAlpine, auf dem berühmten Stein gekrönt. Scone House liegt zehn Autominuten nördlich von Perth, auf der A93.

Comrie & Weiter

Comrie, das westlich von Perth gelegen ist, gilt als Inbegriff des kultivierten Perthshire. Seine großartigen viktorianischen Bauwerke erinnern an die glanzvollen Tage, als der Ort eine gewisse Bedeutung innerhalb des britischen Gesellschaftslebens besaß. Comrie verfügte damals sogar über eine eigene Eisenbahnstation.

Comrie ist außerdem berüchtigt als schottische Hauptstadt des Erdbebens. Hier wurden mehr seismische Aktivitäten verzeichnet als irgendwo sonst auf dem britischen Festland – kein Wunder, denn die Stadt liegt oberhalb der Highland Boundary Fault, einer Verwerfungslinie.

In Comrie befindet sich daher das einzigartige **Earthquake House** *(The Ross, Comrie, www.strathearn.com/pl/earthquake.htm)*. Das erste Seismometer der Welt wurde im Jahr 1874 hier aufgestellt, heute kann man ein Modell davon besichtigen. Wer ein Wochenende oder aber auch länger in Comrie bleiben möchte, findet hier einige Möglichkeiten zur Frei-

South Inch Park, eine hübsche grüne Oase im Stadtzentrum von Perth

zeitgestaltung. Es gibt einen Golfplatz, Wanderwege entlang des River Earn und zahlreiche kulturelle Veranstaltungen.

Zweimal im Jahr lohnt es sich ganz besonders, nach Comrie zu kommen. Da ist zunächst das Summer Festival, **Comrie Fortnight** genannt, mit einer ganzen Reihe von Veranstaltungen – darunter Tänze und eine Parade – in der letzten August- und der ersten Septemberwoche. Das Highlight schlechthin ist allerdings das **Hogmanay** (siehe Kasten S. 17): Die Bewohner marschieren mit brennenden Fackeln rund um das alte Stadtzentrum, um – wie es so schön heißt – die bösen Geister zu vertreiben; im Anschluss daran folgt eine ausgelassene Feier u. a. mit Auftritten von einheimischen Musikgruppen.

Ganz in der Nähe, südlich von Perth, liegt **Loch Leven**, einer der geschichtsträchtigsten Lochs in Schottland. Inmitten des Sees, der von Bergen umgeben ist, befindet sich eine Insel, auf der eine Burg steht. Auf dieser Burg hielt sich Maria Stuart, nicht ganz freiwillig, eine Zeit lang auf: Sie wurde hier beinahe ein Jahr lang gefangen gehalten. Wer auf diesen historischen Spuren wandeln will, kann mit einem kleinen Boot zur Insel übersetzen und sich die Burg anschauen.

Der Loch einschließlich seiner Umgebung gehören zum **Loch Leven National Nature Reserve,** in dem unzählige Vogelarten beheimatet sind, darunter Enten, Rostgänse und Schwäne. Ein besuchenswertes Café findet sich bei der **Vane Farm.** ■

Loch Leven Castle
☎ (01577) 862 670
🕒 Nov.–März geschl.
$ £
www.historic-scotland.gov.uk

Loch Leven National Nature Reserve
✉ The Pier, Kinross
☎ (01577) 864 439
www.snh.org.uk/scottish/taysclack/nnr.asp

Vane Farm
✉ Kinross
☎ (01577) 862 355
$ £

Bewaldete Glens, hohe Berge, imposante Burgen, Zeugnisse der Pikten und Destillerien, in denen man sich einen Schluck Whisky gönnen kann

Ostküste

Schottischer Dudelsackspieler auf einem Hügel oberhalb von Braemar

Ostküste

Die Ostküste kann nicht mit so majestätischen Bergen aufwarten, wie es sie an der Westküste gibt, dafür ist die Region aber umso geschichtsträchtiger und hat neben Naturschönheiten auch architektonische Schätze zu bieten. Hier leben auch wesentlich mehr Menschen als an der Westküste, vor allem in den Städten Aberdeen und Dundee.

Die Naturschönheiten an der Ostküste Schottlands kommen durch die eindrucksvollen Burgen, imposanten Landhäuser, großen Abteien und lebhaften Städte besonders gut zur Geltung. Ganz im Süden liegt St. Andrews, das weltweit als „Heimat des Golfs" bekannt ist.

Das „Königreich Fife" erstreckt sich nördlich von Edinburgh, gleich auf der anderen Seite des Firth of Forth. Diese Region war einst das Kernland und die Machtbasis der schottischen Könige – der imposante Falkland Palace und die Dunfermline Abbey zeugen davon. In St. Andrews, einem Ferienort am Meer, demonstriert die monumentale Ruine der Kathedrale, welch großen Einfluss die Kirche hier einst hatte. Heute ist St. Andrews das Golferparadies schlechthin mit dem berühmtesten Platz des Landes, dem Old Course.

NICHT VERSÄUMEN

Das erstaunlich gut erhaltene Dorf Culross 149

St. Andrews, die geistige „Heimat des Golfs" 151

Die Ballater Royal Station, ein akribisch restaurierter Bahnhof, der das Viktorianische Zeitalter zu neuem Leben erweckt 162

Die geschäftige Hafenstadt Aberdeen mit einer Fülle von historischen Sehenswürdigkeiten und einem Sandstrand 164

Eine entspannte Autofahrt an der herrlichen Ostküste entlang durch die Moray-Fischerdörfer – die reinste Postkartenidylle 168

Gleich am andern Ufer des River Tay erstreckt sich die Region Angus mit der zu Unrecht unterbewerteten Stadt Dundee. Im letzten Jahrtausend vollzog Dundee einen Wandel von einem bescheidenen Fischerhafen zu einer pulsierenden Industriestadt; heute finden sich hier historisch wie auch kulturell interessante Sehenswürdigkeiten; nichts bleibt unversucht, um die Stadt von ihrem drögen, postindustriellen Image zu befreien.

Außerhalb der Stadt warten weitere Sehenswürdigkeiten, darunter Glamis Castle – eine der imposantesten Burgen von Schottland – sowie die malerischen Angus Glens mit ihrer herrlichen Naturlandschaft. Die Glens bieten sich für viele Unternehmungen an: Angefangen bei einfachen Spaziergängen, die so ziemlich jeder genießen kann, bis hin zu anspruchsvollen Touren auf die Munros – Berge, die höher als 900 Meter sind; hier kann die richtige Ausrüstung von existenzieller Bedeutung sein. An der Küste von Angus liegt das geschichtsträchtige Arbroath; hier kann man wunderbar fangfrische Meeresfrüchte genießen. Nach Broughty Ferry kommen viele Einwohner aus Dundee, um sich an der Küste zu entspannen.

Der weitläufige Gebirgszug Cairngorm trennt Angus von Royal Deeside – ein reizvolles Gebiet mit üppigen Tälern und bewaldeten Hügeln. Queen Victoria ließ hier in den 1840er Jahren ihren Sommersitz, Balmoral, errichten. In diesem traditionsreichen Landstrich wurden die Highland Games geboren. Heute strömen die Touristen in diese durch und durch schottische Gegend, um sich in den hübschen Ortschaften und Dörfern wie Braemar und Ballater die Zeit zu vertreiben.

An der Küste östlich von Royal Deeside liegt Aberdeen, Schottlands drittgrößte Stadt. Die „Ölkapitale Europas" profitiert heute von den Erdölvorkommen in der Nordsee. Aberdeen kann mit einer interessanten Geschichte und imposanten alten Bauten aufwarten, verfügt jedoch auch über einen Sandstrand direkt in der Stadt und über erstaunlich viele Grünflächen. Der Hafen Aberdeen fungiert als Tor zu den Inseln im Norden; nach Orkney und Shetland bestehen regelmäßige Fährverbindungen.

Die Küste von Aberdeenshire präsentiert sich eindrucksvoll – mit schönen Sandstränden, felsigen Klippen und hübschen Fischerdörfern wie Cullen und Portsoy, die an den unzähligen Buchten liegen. Und dann gibt es noch zwei Häfen, in denen mehr los ist: Peterhead und Fraserburgh – hier wird der Fischfang aus der Nordsee angelandet. Wer gern Meeresfrüchte und Fisch isst, kann hier in den zahlreichen Restaurants wahre Gaumenfreuden genießen. ■

Fife

Da das „Königreich Five" an drei Seiten von Wasser umgeben ist – dem Firth of Forth, der es von den Lothians im Süden abgrenzt, der Nordsee im Osten sowie dem River Tay – mutet die Region wie eine Insel an. Diesen Eindruck verstärken das starke Identitätsgefühl, die Fülle unterschiedlicher Sehenswürdigkeiten sowie das Kaleidoskop von Landschaften.

Ein Fischer in Elie, der mit dem Flicken der Netze beschäftigt ist

Fife
147 A1, B1
Besucherinformation
The Merchant's House, 339 High Street, Kirkcaldy
(01592) 267 775
So geschl.
www.visitfife.com

Forth Bridges
147 A1
Besucherinformation
www.forthbridges.org.uk

Südküste

Über die beiden imposanten Brücken, die sich über den Firth of Forth spannen (siehe S. 78), führen die Hauptrouten von Edinburgh nach Fife – ein würdiger Zugang zum „Kingdom of Fife." Auf der Fife-Seite am Forth liegt die Heimatstadt des ehemaligen Premierministers Gordon Brown, **North Queensferry.** Das beschauliche Städtchen hat einen alten Hafen, wo es Pubs und Restaurants gibt.

Die Hauptattraktion von North Queensferry ist **Deep Sea World** *(Battery Quarry, Tel. 01383/411 880, www.deepseaworld.com, ££££)*, das beeindruckendste Aquarium des Landes mit einem der längsten Haitunnel der Welt, in dem Riesenhaie, Rochen und andere Meerestiere leben. In den zahlreichen Aquarien wimmelt es nur so von exotischen Tropenfischen, in den Freibecken tummeln sich Robben.

Gleich nördlich von North Queensferry liegt das alte Städtchen **Dunfermline.** Moderne Häuser und gesichtslose Geschäfte verunstalten etwas das Zentrum, dennoch befindet sich hier eine der bedeutendsten Abteien Schottlands: **Dunfermline Abbey** *(18 St. Margaret St., Tel. 01383/724 586, www.dunfermlineabbey.co.uk, Nov.–März geschl., £)* wurde von

Queen Margaret (1045–93) als Klosterkirche in Auftrag gegeben – samt Fährbetrieb von South Queensferry, damit die Pilger den Forth überqueren konnten. Die Kirche wurde 1072 geweiht; ihr Sohn King David I. (1085–1153) ließ sie dann später zur Abtei ausbauen. Sieben schottische Könige liegen hier begraben, darunter Robert the Bruce (1274–1329).

Nach der Besichtigung der Abtei macht es Spaß, einen Geheimtipp zu erkunden: **Pittencrieff Park.** Diese hübsche 31 Hektar große grüne Lunge (Haupteingang: Dunfermline High Street) war ein Geschenk von Andrew Carnegie (1835–1919), dem berühmten Sohn der Stadt; er war damals der reichste Mann der Welt mit enormem Einfluss in Schottland wie auch in Nordamerika. Der **Andrew Carnegie Birthplace** *(Moodie Street., Tel. 01383/ 724 302, www.carnegiebirthplace.com, Mitte Dez.–März geschl. £)*, sein Geburtshaus, wurde von dessen Frau ihn ein kleines Museum umgewandelt.

Westlich von Dunfermline ist **Culross** die interessanteste Siedlung – hier scheint die Zeit stillzustehen. Culross war früher ein betriebsamer Hafen, der durch die Salz- und Kohleindustrie zu Wohlstand kam; im 20. Jahrhundert ging es dann jedoch bergab. Der National Trust for Scotland packte die Gelegenheit beim Schopf und stellte dieses Stück Schottland des 17. Jahrhunderts unter Denkmalschutz. Zu den Attraktionen zählen der **Culross Palace** (1597), das **Townhouse** (1626) und die **Abbey Church**, die zum Teil aus dem Jahr 1217 datiert.

Östlich von Dunfermline finden sich so interessante Küstenstädtchen und Dörfer wie **Aberdour** (mit hübschen Bürgerhäusern, Burgfried und Sandstrand), **Kinghorn** (mit malerischem Fischerhafen) und **Kirkcaldy**, wo

Dunfermline
147 A1
Besucherinformation
1 High St., Dunfermline
(01383) 720 999
www.dunfermline.info

Culross Palace
Culross
(0844) 493 2189
Nov.–März geschl.
££
www.nts.org.uk/Property/22/

ERLEBNIS: Zu Fuß über den Fife-Küstenweg

Der Küstenweg von Fife ist eine Langstrecke von 150 Kilometern – die Schotten lieben ihn, und auch den Besuchern erschließt sich hier die wunderschöne Landschaft. Der Wanderweg beginnt im Schatten der Forth-Brücken bei North Queensferry, führt dann gen Osten am Ufer des Firth of Forth entlang, bis er schließlich bei der Landzunge von Fife Ness einen Schlenker nach Norden vollzieht. An der Nordsee entlang geht es bis St. Andrews und weiter zum River Tay, wo der Weg an der Tay Bridge mit Blick auf Dundee endet. Auf dem Küstenweg liegen viele Fischerdörfer, Burgen und Kirchen, Naturreservate und sogar die Militärbasis Leuchars. Die Anbieter von Wanderungen unterteilen die Tour in sieben passable Teilstrecken (siehe Website *www.fifecoastalpath.co.uk*, mit Hinweisen zu den Sehenswürdigkeiten und öffentlichen Verkehrsmitteln). Einige lassen sich auch im Rahmen eines Tagesausflugs bewältigen – ideal ist die Etappe vom hübschen Fischerdorf **Pittenweem** nach **Fife Ness**, dem östlichsten Punkt des Wegs. Auf gut zwölf Kilometern geht es dann auf urigen Wegen an malerischen Fischerdörfern, Buchten und Stränden vorbei, bis die spektakuläre Landspitze erreicht ist, der krönende Abschluss.

Kirkcaldy Museum & Art Gallery
Abbotshall Road, Kirkcaldy
(01592) 412 860
£
www.fife.gov.uk

Falkland Palace
147 B1
Falkland, Cupar
(0844) 4932 186
£££
www.nts.org.uk/Property/93

Scotland's Secret Bunker
Troywood, St. Andrews
(01333) 310 301
Nov.–Feb. geschl.
£££
www.secretbunker.co.uk

Adam Smith (1723–90), der große Denker des 18. Jahrhunderts, zur Welt kam. Das **Kirkcaldy Museum and Art Gallery** kann mit einer erlesenen Kunstsammlung aufwarten, darunter Arbeiten der Glasgow Boys (siehe S. 100).

Das Hinterland

Das Hinterland von Fife ist eine kaum erschlossene Oase mit Feldern, sanftwelligen Hügeln und beschaulichen Dörfern. Als absolutes Highlight gilt der **Falkland Palace**, 18 Kilometer nördlich von Kirkcaldy. Er wurde 1450–1541 in einer Senke in den als Wanderparadies bekannten Lomond Hills errichtet und diente den Stuart-Königen und Königinnen als Zufluchtsort vor ihren Rivalen, dem Haus Hannover. Herrliche Gärten, flämische Wandteppiche aus dem 17. Jahrhundert und faszinierende Gemälde lohnen den Besuch.

Aus einer ganz anderen, aber nicht minder spannenden Epoche stammt **Scotland's Secret Bunker**. In diesem Geheimbunker (an der B540 südlich von St. Andrews) in 30 Metern unter der Erde hätte die Regierung im Falle eines Atomkriegs gegen die frühere Sowjetunion ihren Sitz gehabt. Dieser Bunker von der Fläche zweier Fußballplätze erstreckt sich über zwei Tiefgeschosse und ist bei den Einheimischen nicht sonderlich beliebt. Vielmehr ruft die Erinnerung an den Kalten Krieg und das schlimmstmögliche Szenario eher Argwohn und Angst hervor.

St. Andrews

Wer in Fife nur eine Stadt besuchen möchte, dann sollte es unbedingt St. Andrews sein. Die „Heimat des Golfsports" hat viel mehr zu bieten als nur Golf. Der überaus geschichtsträchtige Ort kann mit zahlreichen Sehenswürdigkeiten auf-

Golfspieler auf dem Weg zurück ins Clubhaus nach einer Runde Golf auf dem Old Course von St. Andrews

Die geistige Heimat des Golfspiels

Obwohl Leith für sich in Anspruch nimmt, den Golfsport ins Leben gerufen zu haben, ist St. Andrews als „Heimat des Golfsports" bekannt und findet aus diesem Grund weltweite Anerkennung. Die Schotten schlugen hier bereits im 15. Jahrhundert ihre Bälle, wenngleich König Jakob II. 1457 den Sport verbot, weil seine Soldaten angeblich das Bogenschießen vernachlässigten!

Der Golfclub Royal and Ancient – bis heute auch der Dachverband – wurde gegründet, als 22 einheimische Männer die Regeln festlegten. Dem R&A *(Tel. 01334/ 460 000, www.randa.org)* unterstehen die renommiertesten Golfplätze der Stadt, so auch der Old Course, wo 2010 die British Open ausgetragen wurden. Weitere Informationen zum Thema Golf in Schottland siehe Kasten S. 166.

warten, die vielen Studenten erfüllen die Straßen mit Leben. Die pittoreske Lage der Altstadt an der Nordsee ist sehenswert, zudem erstrecken sich dort herrliche Sandstrände.

Die Stadt ist nach dem hl. Andreas, dem schottischen Nationalheiligen, benannt worden, vermutlich als die Reliquien des Apostels hierher gebracht wurden. Hauptsehenswürdigkeit ist die Kathedrale, unweit der Stadtmitte, die dem Heiligen gewidmet ist. Das einst mächtigste Sakralgebäude des Landes wurde während der Reformation zerstört. Heute ist die Kathedrale eine Ruine. Außerdem befinden sich hier noch die Ruinen der **St. Rule's Church**, von deren hochaufragendem Turm sich der grandiose Blick über die Stadt und die Nordsee lohnt. Insgesamt führen 157 Treppenstufen zur Turmspitze hinauf.

Eine weitere bedeutende historische Sehenswürdigkeit ist die Ruine von **St. Andrews Castle.** Diese Burg wurde im 12. Jahrhundert errichtet und galt als die zweite Schaltzentrale kirchlicher Macht in Schottland. In Ausstellungen kann man viel über die Geschichte der Burg und ihre schaurige Vergangenheit erfahren. Der eigentliche Reiz besteht jedoch in einem Rundgang auf den Mauern. Dann kann man sich mit etwas Fantasie vorstellen, wie es dereinst in jenen rauen und kriegerischen Tagen der Ritterzeit hier zuging.

Viele Gebäude der Stadt sind in Besitz der **University of St. Andrews**. Wer das Leben an der Uni näher kennenlernen möchte, sollte einfach mit einem Studenten plaudern – hier studierte u. a. auch Prince William.

Die spektakuläre Küste rund um St. Andrews lockt Golfspieler und Badefreunde gleichermaßen an. Am bekanntesten ist **West Sands**, das nur 15 Gehminuten vom Stadtzentrum entfernt liegt; dort wurde der Film „Die Stunde des Siegers" gedreht. Wie in jenem Film verausgaben sich Jogger an dem Sandstrand. Andere unternehmen eine kleine Paddeltour in den strandnahen Gewässern der Nordsee, manche machen einfach nur einen Strandspaziergang. Man sollte aber unbedingt auf die Gezeiten achten, denn die Flut kann sehr plötzlich kommen. ■

St. Andrews
147 B1, B2
Besucherinformation
70 Market St., St. Andrews
(01334) 472 021
www.visitfife.com

St. Andrews Cathedral
(01334) 472 563
££
www.historic-scotland.gov.uk

St. Andrews Castle
North Street, St. Andrews
(01334) 477 196
££
www.historic-scotland.gov.uk

University of St. Andrews
College Gate, St. Andrews
(01334) 476 161
££
www.historic-scotland.gov.uk

Mit dem Auto zu den Fischerdörfern von East Neuk of Fife

Der East Neuk of Fife lässt sich von Edinburgh, Glasgow und Dundee aus problemlos erreichen. Jedes Jahr nimmt das Leben seinen gemächlichen Gang, denn die ehedem imposante Fischereiflotte wird immer kleiner. Heute leben in den malerischen weißgetünchten Fischerhäusern noch hart arbeitende Fischer, die mit ihren Hummerreusen an den hübschen Häfen sitzen. Und natürlich gibt es hier einige erstklassige Fischlokale.

Robuste Steincottages säumen den Hafen von St. Monans

Organisation des Ausflugs

Dieser Ausflug lässt sich im Rahmen einer längeren Tagestour von St. Andrews aus unternehmen. Sinnvoller ist, ein oder zwei Übernachtungen einzuplanen, um in Ruhe das Flair der Dörfer auf sich wirken zu lassen; sie ähneln einander zwar, doch mit etwas Muße erkennt man den jeweiligen Charakter viel besser.

Beliebt ist, die Etappe von Elie nach Crail auf dem **Fife Coastal Path** (siehe Kasten S. 149) zu erwandern oder die Gesamtstrecke in ein paar Tagen mit dem Fahrrad zurückzulegen.

NICHT VERSÄUMEN

Elie • Das Seafood Restaurant in St. Monans • Scottish Fisheries Museum • Crail

Von Dorf zu Dorf

Der wichtigste Touristenort in Fife, **St. Andrews** ❶ (siehe S. 151), bietet sich als Ausgangspunkt an. Die Strände der Stadt liegen

schnell hinter einem, wenn man auf der A915 gen Süden durch das ländliche Hinterland fährt. Nach Largoward geht es über die B941 gen Süden. Das Meer taucht dann rasch wieder auf, in diesem Fall ist es der Firth of Forth mit der wunderbaren Skyline von Edinburgh im Hintergrund.

Unterwegs zum Firth geht es über die A917 nach Süden zum ersten hübschen Fischerdorf **Elie** ❷. Den Mittelpunkt bildet das **Ship Inn** (siehe Reiseinformationen S. 291), wo man zum neuesten Klatsch Meeresfrüchte oder Fisch isst und dazu ein Ale trinkt. Im Sommer findet am Wochenende hier immer ein Grillfest statt. Neben dem hübschen Hafen, den weißgetünchte Häuser mit ockerfarbenem Ziegeldach säumen, finden sich hier auch schöne Strände.

In Richtung Osten liegt an der A917 **St. Monans** ❸, ein kleines Dorf in East Neuk – ein Geheimtipp. Hier ist eines der besten Fischlokale Schottlands zu Hause, das **Seafood Restaurant** *(16 West End, Tel. 01333/730 327, www.theseafoodrestaurant.com)* mit köstlichen Gerichten bei herrlicher Aussicht.

Nur ein Katzensprung ist es auf der A917 bis **Anstruther** ❹ mit seinem lebhaften Fischerhafen. Hier locken mehrere ausgezeichnete Fish-and-Chips-Restaurants. Außerdem befindet sich hier das **Scottish Fisheries Museum** *(St. Ayles, Harbourhead, Tel. 01333/310 628, www.scotfishmuseum.org)*; es ist in mehreren historischen Gebäuden am Wasser untergebracht und informiert die Besucher ausführlich über den Fischfang an diesem Küstenabschnitt. Die besten sogenannten *Chippies* sind die renommierte **Anstruther Fish Bar** (siehe Reiseinformationen S. 291) und **The Wee Chippy** (siehe Reiseinformationen S. 291), das unlängst von der Tageszeitung *The Observer* zum „besten Fish-and-Chips-Lokal der Welt" gekürt wurde.

Das letzte der Fischerdörfer von East Neuk an der A917 ist **Crail** ❺. Die steinernen Gebäude säumen die Hügel. Hier leben viele Künstler, um sich von der Architektur, dem bunten Völkchen und den besonderen Lichtverhältnissen inspirieren zu lassen. In der hervorragenden **Jerdan Gallery** *(42 Marketgate South, Tel. 01333/450 797, www.thejerdangallery.com)* sind die Werke der einheimischen Künstler zu besichtigen. Danach kann man sich in einer schlichten Holzhütte direkt am Wasser den fangfrischen Hummer schmecken lassen und dabei den Fischern bei der Arbeit zuschauen. Die herrliche Szenerie hier prägt sich unauslöschlich ein, bevor es dann auf der A917 am Meer entlang wieder zurück nach St. Andrews geht.

Dundee & Angus

Im letzten Jahrtausend hat sich Dundee von einem bescheidenen Fischerhafen zur viertgrößten Stadt Schottlands entwickelt. Diesen Aufstieg verdankt der Ort größtenteils seiner strategisch günstigen Lage am Ufer des River Tay, die florierenden Handel mit aller Welt ermöglicht. Das Umland, die Region Angus, hat von den ländlich idyllischen Angus Glens bis zu einem wunderschönen Küstenabschnitt einfach alles zu bieten.

Mit der RSS „Discovery", die in der Discovery Cove von Dundee liegt, fuhr Robert Falcon Scott in die Antarktis

Dundee

Das Goldene Zeitalter Dundees begann im 14. Jahrhundert. Damals kam die Stadt als Handelszentrum zu Wohlstand; 200 Jahre war die Wollindustrie die Stütze der Wirtschaft. Dann beeinträchtigten allerdings gleich mehrere Ereignisse Dundees Geschick: 1548 legten die Engländer ein Feuer, 1607–1608 wütete die Pest, gefolgt von weiteren Angriffen der Engländer.

Im Jahr 1878 wurde die Tay Railway Bridge für den Verkehr freigegeben, die die Stadt mit Fife im Süden verband. Die drei Kilometer lange Eisenbahnbrücke war damals die größte Bogenbrücke der Welt und ein Triumph der Technik, der allerdings mit einer Tragödie enden sollte. Heute gilt die Ersatzbrücke – noch immer die längste Europas – als eines der Wahrzeichen von Dundee.

Die Relikte des alten Piers am Firth of Tay erinnern an die Ereignisse vom 28. Dezember 1879. In dieser Schicksalsnacht stürzte die Brücke ein; 75 Fußgänger kamen im tosenden Fluss ums Leben. Der schönste Blick über die Tay-Brücken (die Autobrücke wurde 1966 vollendet) sowie über den Fluss und die Küste bietet sich vom **Mills Observatory**, das 174 Meter oberhalb der Stadt auf dem Law

INSIDERTIPP

Als „Dundonian" wird ein spannender Lokaldialekt bezeichnet, der sich sogar so manchem Schotten verschließt. Mit entsprechender Ausdauer ist er jedoch gar nicht so unverständlich, wie er sich im ersten Moment anhört.

LARRY PORGES
NATIONAL GEOGRAPHIC-Lektor

Hill steht. Zum Observatorium gehört auch ein kleines Museum.

Die überwiegend moderne Stadtlandschaft Dundees weist einige architektonische Schätze auf, die von ihrer schillernden Geschichte zeugen: Die 1722 vollendete **St. Andrews Church** *(2 King St., Tel. 01382/224 860)*, das **Caird Hall Theatre** *(City Square, Tel. 01382/434 451, www.cairdhall.co.uk)* aus dem frühen 20. Jahrhundert, die historischen Bürgerhäuser in der **South Tay Street**, das derzeit geschlossene **Tay Hotel** sowie das älteste Bauwerk der Stadt, der **St. Mary's Tower** (1480) am Nethergate. **McManus,** die renommierteste Galerie der Stadt, hat sich auf Kunst aus dem 19. und 20. Jahrhundert spezialisiert und prägt das kulturelle Profil Dundees.

Der Tourismus ist mittlerweile von großer Bedeutung für die Wirtschaft. Seit dem Jahr 1986 liegt die **RRS „Discovery"** an der historischen Uferpromenade vor Anker – ein beliebtes Touristenziel. Das Schiff wurde für Kapitän Robert Falcon Scotts Fahrt in die Antarktis (1910–13) gebaut; im Wettlauf zum Südpol wurde er von Roald Amundsen geschlagen; auf dem Rückweg kamen Scott und seine Begleiter ums Leben. Bevor man an Bord des eleganten Schiffes geht, kann man Kapitän Scott (1868–1912) im **Discovery Point Visitor Centre** auf dessen tragischer Expedition virtuell begleiten.

Das zweite Relikt aus der Seefahrt ist die **HM Frigate „Unicorn"**. Das Schiff (1824) liegt im Victoria Dock vor Anker. Es ist ein sehr gut erhaltenes Kriegsschiff, das jedoch nie zum Einsatz kam. Zu den Highlights einer Besichtigung zählen die anmutige Galionsfigur, ein Einhorn, und eine gewaltige Kanone.

Jute aus Dundee

Jute wurde in Dundee erstmals 1833 mechanisch gesponnen. Im 19. Jahrhundert galt die Stadt bereits als Zentrum der Juteproduktion Europas – mit dem passenden Spitznamen „Juteopolis." Die grobe Faser lässt sich für vielerlei Zwecke verwenden, vor allem natürlich zur Herstellung robuster Säcke, die in der Blütezeit des British Empire hoch im Kurs standen. Billigprodukte aus Indien stürzten die einheimische Industrie ins Verderben; Wissenswertes über diese „gute alte Zeit" erfährt man Verdant Works Museum **(siehe S. 156).**

Dundee
147 B2
Besucherinformation
Discovery Point, Discovery Quay, Dundee
(01382) 527 527
www.angusanddundee.co.uk

Mills Observatory
Glamis Road, Balgay Park, Dundee
(01382) 435 967
£
www.dundeecity.gov.uk

The McManus
Albert Square, Meadowside, Dundee
(01382) 307 200
£
www.mcmanus.co.uk

RRS „Discovery"
Discovery Point, Discovery Quay, Dundee
(01382) 309 060
£££
www.rrsdiscovery.com

HM Frigate „Unicorn"
Victoria Dock, Dundee
(01382) 200 900
££
www.frigateunicorn.org

Verdant Works Museum
West Henderson's Wynd, Dundee
(01382) 309 060
£££
www.undiscovered scotland.co.uk/ dundee/ verdantworks

Dundee Rep Theatre
Tay Square, Dundee
(01382) 223 530
www.dundeerep theatre.co.uk

Dundee Contemporary Arts
152 Nethergate, Dundee
(01382) 909 900
www.dca.org.uk

Ein anderer Aspekt des Industriezeitalters in Dundee wird im **Verdant Works Museum** beleuchtet. In den 1860er und 1870er Jahren, der Blütezeit der Juteindustrie, waren von den 90 000 Einwohnern mehr als die Hälfte in den 60 Jutefabriken beschäftigt. Die ehemalige Mühle hatte 500 Angestellte. Der Besucher erfährt alles über die Herstellung von Jute und ihre Verwendungsmöglichkeiten. Interessant sind auch die interaktiven Ausstellungen.

Stadt des Fortschritts

Dundee ist heute eine pulsierende, zukunftsorientierte Stadt. Viel Geld wird in moderne Bauprojekte gesteckt: Vom markanten **Overgate Shopping Centre** *(zwischen West Marketgait, High St., & Reform St.)* bis zur Uferpromenade, einem Vorzeigeobjekt, zeugen zahlreiche Projekte von permanenten Sanierungsmaßnahmen. Jedenfalls bemüht sich die Stadt sehr, die Jahrzehnte des industriellen Niedergangs nach dem Zweiten Weltkrieg zu überwinden.

Großen Wert wird auf die Förderung von Kunst und Kultur gelegt. Unmittelbar westlich vom Stadtzentrum geht die High Street in den Nethergate über – und führt mitten ins Kulturviertel hinein. Hier kann das **Dundee Rep Theatre** mit einem flippigen Café aufwarten, einem eigenen Ensemble sowie einer Truppe für zeitgenössischen Tanz. Das Haus zählt zu den renommiertesten Theatern des Landes. In der Avantgarde-Location **Dundee Contemporary Arts** (DCA) ist das Angebot breit gefächert – von Ausstellungen moderner Kunst bis zu Filmkunst.

Wer vom Besichtigungs- und Shoppingprogramm genug hat, sollte einen entspannenden Spa-

Der City Square in Dundee ist eine Fußgängerzone – und ein idealer Ausgangspunkt für einen Bummel

ERLEBNIS: Wandern in den Angus Glens

Die Angus Glens erstrecken sich über den Glen Esk, Glen Prosen, Glen Clova, Glen Doll und Glen Lethnot. Sie sind ein Geheimtipp für Wanderfreunde in Schottland – eine wilde Landschaft, die in den Ausläufern der mächtigen Cairngorms versteckt liegt. Die zerklüfteten Täler mit ihren rauschenden Flüssen und grünen Wäldern werden von schroffen Berggipfeln gesäumt.

Die beeindruckende Landschaft lässt sich von Dundee aus mühelos erreichen. Die von Heidekraut bewachsene Region ist die Heimat von vielen Tierarten, vor allem von einer vielfältigen Vogelwelt. Wer einen Munro erklimmt – dass sind Berge die mindestens 914 Meter hoch sind – bekommt sogar seltene Alpenblumen zu sehen. Und mit etwas Glück schwingt sich von den Felsen ein Steinadler in die Lüfte.

Die Angus Glens bieten sich für vielerlei Outdoor-Aktivitäten an, beispielsweise angeln oder jagen. Abenteuerlustige können Kanu fahren, klettern und sich abseilen. Die beliebteste Freizeitbeschäftigung ist jedoch wandern. Die zahlreichen Wege lassen sich gut auf eigene Faust erkunden (empfehlenswerte Touren siehe *www.walkingstories.com/original/angus.htm)* oder im Rahmen einer geführten Wander- bzw. Radtour von **Glentrek** *(100 East High St., Forfar, Angus, Tel. 01307/469 536, www.glentrek.com).*

Wer nicht gern allein unterwegs ist, findet Gleichgesinnte während des **Angus Glens Walking Festivals** *(www.angusahead.com/walkingfestival)* im Juni. Angeboten werden über 20 Wanderungen für jedes Alter und die unterschiedlichsten Schwierigkeitsgrade. Erfahrene einheimische Bergführer führen sie zusammen mit Naturkundlern und Verwaltern von Adelssitzen durch, die viel Interessantes über die Gegend und ihre Geschichte zu erzählen wissen. Abends wird ein breites Unterhaltungsprogramm, beispielsweise ein Ceilidh oder ein Konzert mit traditioneller Musik angeboten.

ziergang in den **University of Dundee Botanic Gardens** unternehmen. Als Alternative bietet sich eine Behandlung im Yu Spa an, dem modernen Wellnesscenter im APEX Hotel (siehe Reiseinformationen S. 293).

Das Umland von Dundee

Dundee liegt inmitten herrlicher Landschaft; zu den unzähligen Attraktionen gehören die beschaulichen **Angus Glens**, sagenhafte Strände und historische Wehranlagen. Der Ort **Broughty Ferry**, 6,5 Kilometer östlich, begeistert seine Besucher mit einer Burgruine und windgepeitschten Stränden. Hier macht es Spaß, beim Mittagessen in einem traditionellen Gasthof oder auch im modernen Glaspavillon am Meer die Seele baumeln zu lassen.

Arbroath Abbey, 27 Kilometer nordöstlich von Dundee, gilt als eine der bedeutendsten historischen Stätten Schottlands. Hier unterzeichnete Robert the Bruce die Deklaration von **Arbroath** (siehe S. 40). Neben der romantischen Abteiruine kann Arbroath mit einer weiteren Attraktion aufwarten – den *Smokies*, stark geräuchertem Schellfisch – eine wahre Delikatesse.

Eine Sehenswürdigkeit, die man sich keinesfalls entgegen lassen sollte, ist **Glamis Castle**, 19 Kilometer nördlich von Dundee. Die Burg ist nicht nur für ihre herrliche Lage berühmt, denn in Shakespeares „Macbeth" wird hier König Duncan ermordet. ■

University of Dundee Botanic Gardens
✉ Riverside Drive
☎ (01382) 381 190
$ £
www.dundee.ac.uk/botanic

Arbroath Abbey
☎ (01241) 878 756
$ ££
www.historic-scotland.gov.uk

Glamis Castle
✉ Glamis, Angus
☎ (01307) 840 393
$ £££
www.glamis-castle.co.uk

Deeside

Bis zum 19. Jahrhundert war Deeside – die nach dem River Dee benannte Region – eine entlegene Wildnis mit zerklüfteten Bergen, tosenden Flüssen und beschaulichen Dörfern. Das änderte sich, als Queen Victoria das Balmoral Estate im schottischen Hochland erwarb. Durch den Kauf avancierte die Region sogleich zur Royal – königlichen – Deeside. Bis heute ist das Anwesen die Sommerfrische des britischen Königshauses.

Braemar Castle, eine vieltürmige Burganlage aus dem 17. Jahrhundert

Glenshee

147 A2

Glenshee Ski Centre
✉ Cairnwell, Braemar
☎ (01339) 741 320
$ ££££
www.ski-glenshee.co.uk

Am beeindruckendsten ist Royal Deeside, wenn man von den schwindelnden Höhen des **Glenshee** herunterkommt. Die Gegend ist im Winter eines der beliebtesten Skigebiete Schottlands, im Sommer ein wahres Wanderparadies. An den Hängen des rauen, wilden Glenshee liegt die erste Stadt von Deeside: **Braemar**. Sie wirkt wie aus einer anderen Welt; die ursprünglich raue Natur wurde gezähmt, hier liegen hübsche Granitbauten, alte Hotels und gemütliche Teestuben.

Bekannt ist die Stadt vor allem wegen ihres **Braemar Castle**, das leider etwas heruntergekommen ist. Die Gemeinde ist allerdings entschlossen, die Burg wieder in ihrer alten Pracht erstrahlen zu lassen, und so wird viel Geld in ihre Sanierung gepumpt. Der Fremdenverkehr ist ein bedeutender Wirtschaftsfaktor, es gibt viele Geschäfte mit Ausrüstung für Radfahrer, Wanderer und Skifahrer, aber auch nette Restaurants und Teestuben.

INSIDERTIPP

Um peinliches Schweigen zu vermeiden, sollte man sich mit englandfreundlichen Statements zurückhalten, denn viele Menschen in Schottland sind keineswegs einverstanden mit der gegenwärtigen Politik im Vereinigten Königreich.

SALLY McFALL
NATIONAL GEOGRAPHIC-Mitarbeiterin

Der wichtigste Event ist das alljährliche **Braemar Gathering** (siehe S. 163) – die bekanntesten Hochlandspiele der Welt, die Berühmtheiten und Blaublütige anlocken. Sportler, die ernsthaft bergsteigen möchten, sollten unbedingt den **Morrone** (859 m) erklimmen; los geht es ein Stück südlich vom Ortszentrum. Von diesem beeindruckenden Berg eröffnet sich ein herrlicher Blick auf den Ort und die Ausläufer der Cairngorm Mountains im Norden. Wer Braemar aus dieser Perspektive betrachtet, sollte folgendes Experiment ausprobieren: Zuerst kurz die Augen schließen. Stellen Sie sich nun die folgende Szenerie vor, als 1715 in den Bergen der Kriegsruf der Jakobiter-Clans schallte, die sich hier versammelten, um ihre Standarte zur Verteidigung gegen England zu hissen.

Balmoral Castle & Estate

Die A93 überquert östlich von Braemar mehrmals den tosenden **River Dee** bis Ballater (siehe S. 162) – noch eine Stadt, die eng mit dem Königshaus verbunden ist. Plötzlich ragt **Balmoral Castle** auf. Im Sommer darf eine eingeschränkte Besucherzahl den Feriensitz des britischen Königshauses besichtigen. Wer mehr über das Anwesen erfahren will, sollte den Touristenbus streichen und besser an einer offiziellen Balmoral Estate-Safari teilnehmen. So eine Tour mit dem Landrover beginnt im Park des Anwesens und führt durch eine wunderschöne Landschaft, die einst Queen Victoria so bezauberte. Im Anschluss daran, kann man sich in Ballater oder Braemar abholen lassen.

Whisky Country

Wer nach Deeside kommt, betritt das Whisky-Land. Um noch einmal auf das Königshaus zurückzukommen: Eines der Lieblingsgetränke von Prince Charles ist der Malt von **Royal Lochnagar** in Ballater. Wer jedoch lieber Sport treiben möchte, der sollte den 1115 Meter hohen Munro von **Lochnagar** besteigen – angeblich der Lieblingsberg von Prince Charles in Schottland.

Die Einwohner von **Ballater** schätzen das Königshaus jedenfalls so sehr, dass sogar die von den Royals autorisierten Bäcker und

(Fortsetzung S. 162)

Braemar
Karte: 147 A3
Besucherinformation
Adresse: The Mews, Mar Road, Braemar
Tel.: (01339) 741 600
guide.visitscotland.com

Braemar Castle
Adresse: Braemar
Tel.: (01339) 741 219
Preis: ££
www.braemarcastle.co.uk

Morrone
www.walkhighlands.co.uk/cairngorms/morrone.shtml

Balmoral Castle & Estate
Karte: 147 B3
Tel.: (01339) 742 534
Öffnungszeiten: Aug.–März geschl.
Preis: ££; Balmoral Estate Safari: ££££££
www.balmoralcastle.com

Royal Lochnagar Distillery
Adresse: Craithie, Ballater
Tel.: (01339) 742 700
Preis: Führungen: ££
www.discovering-distilleries.com/royallochnagar

Lochnagar Munro
www.walkhighlands.co.uk/munros/lochnagar

Tradition Tartan

Ein „Tartan", ist ein Karomuster aus vertikalen und horizontalen Fäden verschiedener Farben, die so gewebt sind, dass sie ein einzigartiges Design ergeben. Der Stoff eines Tartan besteht aus bunten Fäden, die im rechten Winkel miteinander verwoben sind und abwechselnde Streifen gleicher Länge und Breite ausbilden. Die Abfolge der durch das Weben geschaffenen Linien und Vierecke ergeben ein Muster, das Sett genannt wird.

Die ersten Tartans sollen in den Highlands bereits zwischen 600 und 500 v. Chr. entstanden sein, waren jedoch nicht so farbenfroh wie heute. Das älteste bekannte Beispiel ist der Falkirk-Tartan; er befindet sich im National Museum of Scotland in Edinburgh (siehe S. 65) und stammt aus dem Jahr 300.

In einem Geschäft wird ein Kilt genäht

Manche bezeichnen den Tartan als Plaid, was für die Schotten selbst allerdings keinen Sinn ergibt. Für sie war dieser Begriff ursprünglich der traditionelle Name für eine breite Bahn Webstoff, den man sich um den Körper wickelte oder als Decke benutzte. Der kürzere Kilt, wie wir ihn heute kennen, entstand erst später, wobei die kunstvollere Variante für festliche Anlässe wiederum Plaid heißt.

Für viele Schotten ist der Tartan mehr als nur ein Muster oder ein Stoff. Er ist ein Phänomen, das weit in ihre Geschichte zurückreicht und dem etwas Mythisches anhaftet. Auch wenn die Schotten glauben, dass jeder Tartan unauflöschlich mit dem jeweiligen Clan (oder Familie) verbunden ist, war das nicht immer so. Die Farben und Muster kamen ursprünglich aus bestimmten Regionen des Landes und definierten sich durch die Naturfarben, die den Webern in der jeweiligen Gegend zur Verfügung standen.

Farbe bekennen

Wenn die verschiedenen Clans ins Gefecht zogen, um ihre Anführer wie William Wallace und Robert the Bruce zu unterstützen, trugen sie unterschiedliche Tartans und Kilts bzw. Plaids. Manchmal war das Gewand eines Soldaten nicht nur auf ein Karomuster beschränkt. Das alles änderte sich nach der verheerenden Niederlage von Culloden, als das englische Heer die Tartan-Armee niedermetzelte – ein Dolchstoß ins Herz des traditionellen Lebensstils im Hochland. Der Tartan und das typische Hochlandgewand wurden von der britischen Regierung 1746 durch den Dress Act verboten.

Das Verbot wurde 1782 aufgehoben. Im folgenden Jahrhundert gewann der Tartan wieder

ERLEBNIS: Dudelsack spielen

Bei einer weiteren bekannten schottischen Tradition, dem Dudelsack aus dem Hochland, handelt es sich im Wesentlichen um ein Holzblasinstrument mit Rohrblättern, die durch einen vom Spieler aufgeblasenen Luftsack betätigt werden. Zu seinen wichtigsten Bestandteilen zählen der Chanter, der für die Melodie sorgt, und der Drone, eine zylindrische Basspfeife über dem Luftsack. Die Ursprünge des Dudelsacks sind überaus strittig, denn es gibt in Irland und Spanien ähnliche Instrumente. Die schottische Variante existiert jedoch offensichtlich bereits seit 1400. Solch ein Dudelsack soll schon während der legendären Schlacht von Bannockburn 1314 gespielt worden sein. Heute kann man Dudelsäcke bei den Highland Games, bei wichtigen Sportveranstaltungen und Festivals hören. Wer das Spielen des Instrumentes erlernen möchte, sollte mit ein paar Tönen auf dem Chanter anfangen. Das **National Piping Centre** in Glasgow *(30–34 McPhater St., Tel. 0141/353 0220, www.thepipingcentre.co.uk)* verkauft das nötige Zubehör und betreibt eine Schule (Einzelunterricht und Kurse). Zum Zentrum gehört auch ein Museum, das über Geschichte und Kultur des schottischen Nationalinstruments informiert.

an Beliebtheit, jedoch nicht als Karomuster für Alltagsbekleidung, sondern als Möglichkeit, Tradition und Verbundenheit mit einem Clan zu demonstrieren. Der Tartan avancierte zum Nationalsymbol – und ist es bis heute. Naturfarben wurden durch buntere, haltbarere Chemiefarben ersetzt. Dieser Trend erreichte seinen Höhepunkt während des Besuchs von George IV. 1822 in Edinburgh, als Sir Walter Scott die Schotten ermutigte, ihre edlen Tartans zur Schau zu stellen, um den britischen Monarchen zu beeindrucken.

Modere Tartans

Heute gibt es angeblich 7000 verschiedene Tartans, und jedes Jahr werden weitere Designs kreiert. Die meisten stehen für einen bestimmten Clan. Manche sind ein reines Phantasieprodukt wie die „Blume Schottlands" oder der Tartan, der für die Tartan Army entworfen wurde, die fanatischen Anhänger des schottischen Fußball-Nationalteams. Selbst da lässt aber nur eine kleine Minderheit den „offiziellen" Tartan sehen und trägt lieber den Tartan des eigenen Clans oder der Region, wie es die Vorfahren seit Jahrhunderten getan haben. Die beiden berühmtesten schottischen Tartans sind der „Black Watch" und der „Royal Stuart". Der „offizielle" britische Königliche Tartan ist der „Balmoral", der 1853 von Albert, dem Prinzgemahl von Queen Victoria, entworfen wurde; die Monarchin hatte bekanntlich ein enormes Faible für die Highlands.

INSIDERTIPP

Lassen Sie sich nicht zum Kauf eines Billig-Kilts überreden, wie sie in der Royal Mile von Edinburgh feilgeboten werden, sondern gehen Sie zu einem richtigen Kiltschneider, der Maß nimmt und ein qualitativ hochwertiges Kleidungsstück liefert, das bis an Ihr Lebensende hält – wenn nicht noch länger.

ALASTAIR GOURLAY
National Geographic-Mitarbeiter

Heute ist das Schottenkaro ein globales Phänomen. Von den Sex Pistols in den 1970er Jahren bis zu Lady Diana lieben alle den traditionellen schottischen Stoff. Der Tartan beschränkt sich heute nicht mehr auf Kilts und andere Bekleidungsstücke aus den Highlands. Er hat nach bescheidenen Anfängen mittlerweile seinen Siegeszug um die ganze Welt angetreten.

Ballater
147 B3
Besucherinformation
The Old Railway Station, Station Square, Ballater
(01339) 755 306
www.ballaterscotland.com

Banchory Museum
Bridge Street, Banchory
(01330) 823 367
£
www.aberdeenshire.gov.uk

Crathes Castle
147 C3
Near Banchory
(0844) 493 2166
£££
www.nts.org.uk/Property/20

Busunternehmen das königliche Wappen stolz zur Schau stellen.

Hauptattraktion ist die **Ballater Royal Station** (siehe Kasten unten), doch auch die Innenstadt zeigt deutlich, wie es um Royal Deeside bestellt ist: In Ballater, wo die Royals eine große Rolle spielen, gibt es gepflegte Stadthäuser und attraktive Cafés; die Büros vieler Veranstalter von Outdoor-Aktivitäten säumen die Straßen.

Ballater entwickelt sich immer mehr zum Ausgangspunkt für Fans von Abenteuersport. Besucher, die Berglandschaften ohne Sessellift und gemütliche Hütten zu schätzen wissen, unternehmen Wanderungen oder Touren mit dem Mountainbike im Umland. Ausrüstung und auch Leihräder sind in zwei Läden erhältlich: The Bike Shop *(Station Square, Tel. 01339/754 004, www.bikestationballater.co.uk)* und Cycle Highlands *(The Pavilion, Victoria Rd., Tel. 01339/755 864, www.cyclehighlands.com)*. Es gibt Radtouren aller Schwierigkeitsgrade.

Weiter östlich führt die A93 am River Dee entlang zum hübschen Städtchen **Banchory**. Hier beginnt bereits das Einzugsgebiet von Aberdeen, die ländliche Idylle bekommt etwas Urbanes. Die Highstreet dominieren Geschäfte und Fast-Food-Lokale, aber es gibt auch hübsche Häuser, Grünflächen und nette Spazierwege. Das **Banchory Museum** stellt die Verbindung der betriebsamen Kleinstadt zum Königshaus her – anhand des königlichen Tafelgeschirrs.

In Deeside liegen auch unzählige prächtige Landhäuser und Burgen. Jeder kann sich natürlich seine Lieblingsziele selbst aussuchen. Wenn man nur wenig Zeit hat, dann sollte man mit dem **Crathes Castle** (16. Jh.) beginnen. Das mit Edelsteinen besetzte Horn von Leys aus Elfenbein in der Great Hall ist ein Präsent, das die Familie Burnett von Robert the Bruce 1323 erhielt. Es symbolisiert das Lehen, auf dem die Familie später die Burg erbaute. Zum Anwesen gehören Barockgärten und ein Landschaftspark sowie der **Skytrek**, ein Abenteuerparcours, der hoch oben durch die Baumwipfel führt, mit herrlichem Blick auf Deeside. ■

Ballater Royal Station

Ein langer Pfiff – und die erste Dampfeisenbahn fuhr 1866 mit ihren Fahrgästen in die Ballater Station ein. Hundert Jahre lang machte der schönste viktorianische Bahnhof des Königreichs als Endstation der Linie Deeside Furore – die Lieblingslinie von Queen Victoria, denn sie führte durch diese eindrucksvolle schottische Landschaft. Über die mittlerweile eingestellte Bahnstrecke Deeside und den restaurierten Bahnhof am Station Square in Ballater kursieren amüsante Anekdoten, beispielsweise über den Besuch der britischen Königsfamilie oder des russischen Zaren. Ein Museum *(Station Sq., Ballater, Tel. 01339/755 306, £)*, das nach einer millionenschweren Sanierung eröffnet wurde, informiert über den Bahnhof und seine interessante Geschichte. Im Jahr 2008 kam noch eine königliche Kutsche hinzu – samt „Victoria", die zu ihrer letzten Reise aufbrach.

ERLEBNIS: Braemar Royal Highland Gathering

Die Highland Games sollen während der Herrschaft von King Malcolm Canmore in Royal Deeside entstanden sein, und so passt es gut, dass das berühmteste Highland Gathering heute in Braemar abgehalten wird. Wer an diesem Event teilnimmt, bekommt einen faszinierenden Einblick in die Traditionen und Bräuche Schottlands.

Die Braemar Royal Highland Society wurde im Jahr 1815 als Braemar Wright Society gegründet. Bereits 1826 wurde der Name in Braemar Highland Society umgenannt. Im Jahr 1866 kam Queen Victoria, selbst eine leidenschaftlicher Anhängerin der Highland Society Gatherings, zu dem Schluss, dass königliches Mäzenatentum nottat, und so wurde der Name der Gesellschaft mit dem Zusatz „Royal" versehen; und diese königliche Gesellschaft richtet die Spiele bis heute aus.

Schottische Tänzer drehen sich zu den Klängen der Dudelsäcke bei den Braemar Gathering Royal Highland Games

Das Braemar Gathering ist nicht das größte – vermutlich weil aufgrund seiner Beliebtheit die Zuschauerzahl beschränkt werden musste (siehe S. 22/23). Die Spiele finden alljährlich am ersten Samstag im September statt; bei dem Ereignis erwacht der Geist der Highlands zu neuem Leben. Wer nur Zeit für ein einziges Highland Game hat, sollte auf jeden Fall die Spiele in Braemar besuchen.

Höhepunkt sind die Pipe & Drum-Bands mit ihrem beeindruckenden Sound, der über die von Heidekraut bestandenen Hügel erschallt. Der eigentliche Wettkampf wird in zwei Diszipline unterteilt: Heavy und Track. Letztere entsprechen so etwa der gängigen Leichtathletik, während die Heavies den traditionellen Highland-Sport umfassen: Baumstammwerfen, Caber genannt. Bei einem anderen Wettkampf treten Angehörige der britischen Streitkräfte zum Tauziehen an.

Auch witzig

Amüsant sind die **Highland-Tänze**, bei denen die Tänzer im Tartan zu volkstümlichen Weisen ihre Talente unter Beweis stellen, für Spannung sorgt der Weitsprung. Das Sackhüpfen ist für die Kinder ebenso witzig wie für die Zuschauer. Wer fit ist, nimmt am anstrengenden Bergrennen auf den Morrore teil.

Ansonsten ist auch noch der **March of the Lonach Highlanders** *(www.lonach.org)* in Aberdeenshire sehr empfehlenswert.

Eintrittskarten

Karten für die Haupttribüne zu ergattern ist beinahe aussichtslos; am bestem wirft man bereits im Februar einen Blick auf die Website *(www.braemargathering.org)*, wenn der Verkauf eröffnet wird, um wenigstens für die unüberdachte Tribüne oder in der billigsten Sektion Karten zu erhalten. Wer kein Glück hat, der kauft ein Ticket für das fünf Hektar große Areal. Man spart dabei viel Geld, allerdings kann man dann die Events und Wettkämpfe nicht sonderlich gut verfolgen.

Aberdeen

Aberdeen ist die drittgrößte Stadt Schottlands. Durch die „Ölkapitale Europas" schlängeln sich die Flüsse Don und Dee. In der historischen Altstadt stehen zahlreiche Gebäude und Bauwerke aus Granit. Aberdeen besitzt mehr Grünflächen als jede andere Stadt in Großbritannien.

Der Hightech-Hafen von Aberdeen, das Herz der Öl- und Gasindustrie

Aberdeen
147 C3
Besucherinformation
23 Union St.
(01224) 288 828
www.aberdeen-grampian.com

In Anbetracht der strategischen Lage an Schottlands Ostküste verwundert es nicht, dass Aberdeen schon im 13. Jahrhundert ein bedeutendes Handelszentrum war. Im 19. Jahrhundert baute die Stadt diese Rolle weiter aus. Sie wusste auch die entstehende Ölindustrie zu nutzen und läutete einen Boom ein, der bis heute andauert.

Die Schotten bezeichnen Aberdeen sehr passend als „Granitstadt". Alle bedeutenden Gebäude sind aus solidem Granit errichtet. Die Hauptstraßen haben etwas von Granitschluchten, die durchaus einschüchternd wirken, wenn die Nordseestürme hindurchfegen.

Die Union Street, das Herz der pulsierenden Innenstadt, ist eine der größten Verkehrsadern Schottlands. Besucher aus England, die glauben, dass mit diesem Straßennamen die Vereinigung von England und Schottland 1707 begrüßt würde, liegen allerdings total daneben. Das Motto der Stadt, „Bon Accord" (gute Übereinstimmung), stammt aus dem Jahr 1306, als eines nachts die Bürger die englische Garnison plünderten und die Soldaten massakrierten.

Bester Ausgangspunkt für die Stadtbesichtigung ist das **Castlegate**, ein Platz am östlichen Ende der Union Street, wo einst die ma-

Aberdeens Olindustrie

Die Öl- und Gasindustrie etablierte sich erst, nachdem Mitte des 20. Jahrhunderts vor der Ostküste Schottlands enorme Vorkommen in der Nordsee gefunden wurden. Als Küstenstadt in unmittelbarer Nähe lag Aberdeen geradezu ideal, um zur „Ölkapitale Europas" aufzusteigen. Heute befinden sich hier der betriebsamste Heliport der Welt sowie ein pulsierender Hafen, der unzählige Ölbohrinseln bedient.

Aber ganz so rosig gestaltet sich die Situation dann doch nicht, denn die schwankende Nachfrage nach Öl hat starke Auswirkungen auf die Stadt. Außerdem birgt die Ölindustrie eine inhärente Gefahr, wie das Piper Alpha-Desaster von 1988 gezeigt hat: 167 Menschen kamen bei einer schrecklichen Feuersbrunst auf der Bohrinsel ums Leben. Aberdeen versucht derzeit, sich mit Hilfe von neuen, nachhaltigen Energien eine sicherere Zukunft aufzubauen.

INSIDERTIPP

Den Marsch der Lonach Highlander im August sollten Sie nicht versäumen. Dann ziehen zahlreiche Angehörige verschiedener Clans durch die Straßen von Aberdeenshire und machen bei jedem Landhaus Halt, um sich beim Hausherrn einen hinter die Binde zu gießen.

LEON GRAY
NATIONAL GEOGRAPHIC-Mitarbeiter

jestätische Burg stand. Zu bewundern ist hier das **Mercat Cross**, ein Marktkreuz mit kunstvollen Steinmetzarbeiten aus dem 17. Jahrhundert, einst der Mittelpunkt der Stadt. Weiter westlich am Anfang der Union Street befindet sich das **Town House**, eines der imposantesten Gebäude Aberdeens. Die überbordende Fassade wirkt herrlich pompös. Sie verdeckt den früheren Tolbooth, heute das **Tolbooth Museum**; im Mittelpunkt stehen Verbrechen und Strafen im 17. und 18. Jahrhundert, als im Gefängnis Hochkonjunktur herrschte.

Ein Block nördlich der Union Street ist ein noch spannenderes Bauwerk zu bewundern – das **Marischal College**, das zweitgrößte Granitgebäude der Welt. Es sieht aus, als hätte jemand über eine riesige Hochzeitstorte Granit gekippt. Das College gehört der Aberdeen University. Man sollte sich für die Besichtigung der faszinierenden Fassade viel Zeit nehmen und anschließend auch noch das etwas bescheidenere **Marischal Museum** mit Exponaten aus der viktorianischen Zeit besuchen. Die Öffnungszeiten variieren aufgrund von Renovierungsarbeiten.

Weiter westlich in der Union Street befindet sich die **Aberdeen Art Gallery** (Eingang: Belmont Street). Die erlesene Sammlung kann mit beeindruckenden Kunstwerken aus dem 19. und 20. Jahrhundert aufwarten sowie mit archäologischen Funden aus der Zeit der alten Griechen und Römer. Die Seefahrtausstellung erhellt die Beziehung der Stadt zur Nordsee. In

Tolbooth Museum
✉ Castle Street
☎ (01224) 621 167
🕒 Okt.–Juli geschl.
$ £
www.aagm.co.uk

Marischal Museum
✉ Marischal College, Broad Street
☎ (01224) 274 301
$ £
www.abdn.ac.uk/marischal_museum

Aberdeen Art Gallery
✉ Schoolhill
☎ (01224) 523 700
🕒 Mo geschl.
www.aagm.co.uk

Lonach Highland Gathering & Games
✉ Bellabeg Park, Strathdon, Aberdeenshire
☎ (01975) 651 297
$ £
www.lonach.org

ERLEBNIS: Eine Runde Golf

Mit über 500 Golfplätzen ist Schottland die Golfdestination Nummer eins weltweit. Für Fans dieser Sportart ist es fast schon Pflicht, bei einem Schottlandurlaub hier auch einmal die eine oder andere Runde zu spielen. Weniger ambitionierten Spielern eröffnet sich die Möglichkeit, am Beispiel vom Golfspiel einen Einblick in die Psyche eines Volkes zu bekommen.

Golfspieler frönen ihrem Sport vor der malerischen Kulisse der Grampian Mountains im Pitlochry Golf Club

Der älteste Golfplatz der Welt befindet sich in Musselburgh unweit von Edinburgh (siehe S. 80). Alte Dokumente belegen, dass hier bereits 1672 Golf gespielt wurde. Sogar Maria Stuart soll sich hier 1567 schon versucht haben.

Golf ist in Schottland stetig im Fluss, bestehende Plätze werden ständig verbessert, neue konzipiert – so zum Beispiel Donald Trumps Vision von einem riesigen Golfresort nördlich von Aberdeen (siehe Kasten S. 169).

Schottland ist für seine Links-Plätze in den Sanddünen am Meer bekannt. Die meisten Golfer mit brauchbarem Handicap zieht es zu den beeindruckenden Plätzen, wo schon die British Open ausgetragen wurden, wie **Muirfield** in East Lothian (siehe S. 80), **Royal Troon** und **Turnberry** in Ayrshire (siehe S. 104), **St. Andrews** in Fife (siehe S. 151) und **Carnoustie** *(Tel. 01241/802 270, www.carnoustiegolfclub.com)* in Angus. Wer auf so einem heiligen Platz spielen möchte, muss lange im Voraus buchen.

Viele Golfplätze im Landesinneren wie **Pitlochry** *(Tel. 01796/472 792, www.pitlochrygolf.co.uk)* in Tayside sind jedoch ebenso malerisch und prestigeträchtig. Der wohl beeindruckendste Golfresort liegt nicht einmal am Meer: **Gleneagles** (siehe Reiseinformationen S. 285) mit seinem Grandhotel erstreckt sich über stolze 344 Hektar in Perthshire inmitten von Hügeln und Wäldern. Es sind gleich drei Golfplätze vorhanden – der King's Course, der Queen's Course sowie der neue Jack Nicklaus –, konzipiert als PGA Centenary Course. Auf Letzterem soll 2014 der Ryder Cup ausgetragen werden.

In Schottland ist Golf beinahe ein Volkssport. Viele Plätze sind öffentlich zugänglich – von hochkarätigen Links bis zu bescheidenen Plätzen in den Städten. Auch einfache 9-Loch-Plätze gibt es zuhauf – ideal für Anfänger.

Wie man seinen Golfurlaub gestalten möchte, bleibt natürlich jedem selbst überlassen. Es besteht die Möglichkeit, einen Golfveranstalter zu engagieren, der dann Spiele auf berühmten Plätzen organisiert, zu denen man mit dem Hubschrauber einfliegt. Oder man spielt einfach eine Runde auf einem städtischen Golfplatz. Informationen gibt es auf *www.golf.visitscotland.com*; es ist ein wunderbares Erlebnis, in jenem Land Golf zu spielen, in dem dieser Sport einst erfunden wurde.

der Galerie werden auch viele Wechselausstellungen gezeigt; es finden auch Konzerte statt – von traditioneller Ceilidh-Musik bis hin zu indonesischer Gamelan-Musik.

Vom Castlegate direkt in Richtung Süden geht es zum alten Hafen hinunter. Hier ist imer viel los, es warten alte Steincottages, Straßen mit Kopfsteinpflaster und Lagerhäuser. Ein Großteil des Hafens ist für Besucher gesperrt, aber die Betriebsamkeit ist allenthalben spürbar. Das **Aberdeen Maritime Museum** dokumentiert die maritime Geschichte der Stadt – von den Anfängen des Fischfangs bis zur heute dominierenden Öl- und Gasindustrie. Anhand hervorragender Exponate erfährt man viel über Schiffbau und Segelschiffe. Zum Museum gehört auch das **Provost Ross's House** aus dem späten 16. Jahrhundert. Die Aussicht von hier auf den Hafen ist einzigartig.

Nördlich vom Hafen erstreckt sich **Aberdeen Beach**; hier trifft sich an sonnigen Tagen beinahe die gesamte Stadtbevölkerung. Der lange Sandstrand eignet sich bestens für Familien, Es macht auch Spaß, bei einer frischen Brise über die Promenade zu bummeln. In dieser Gegend gibt es viele gute Cafés und Restaurants, aber auch Arkaden und Vergnügungsparks – für Abwechslung ist somit gesorgt. Die Hauptattraktion ist das **Beach Leisure Centre** *(Beach Promenade, Aberdeen Beach, Tel. 01224/655 401, £££)* mit einem Swimmingpool, einem Wellenbad, einer Kletterwand und anderen Sportmöglichkeiten – ideal für Familien an einem verregneten Tag.

Aberdeen gewinnt regelmäßig „Britain in Bloom" – ein Wettbewerb, bei dem der grünste und schönste Ort gekürt wird. In Aberdeen herrscht zwar grauer Granit vor, an jeder Ecke setzen bunte Blumenbeete Akzente.

Unter den vielen Parks der Stadt ist der 18 Hektar große **Duthie Park** das Highlight. Im Sommer ist der „Rosen Mountain" eine Pracht; an kälteren Tagen locken die **Winter Gardens** mit exotischen Pflanzen, darunter die größte Kakteensammlung Großbritanniens. Im Sommer kann man auf dem See Boot zu fahren. Dann präsentiert sich die Stadt von einer beschaulichen Seite, scheinbar meilenweit entfernt von den Anlagen der Ölindustrie. ■

Aberdeen Maritime Museum
✉ 52–56 Shiprow
☎ (01224) 337 700
$ £
www.aagm.co.uk

Duthie Park
✉ Polmuir Road
☎ (01224) 585 310
$ £
www.aberdeencity.gov.uk

Die stimmungsvolle Soul Bar in der Union Street 333 – Entspannung pur

Fischerdörfer

Die Nordostküste ist für ihre Fischerdörfer bekannt. Obwohl der Fischfang in den letzten Jahren rückläufig ist, liegen in vielen dieser kleinen malerischen Häfen Fischkutter vor Anker. Dort sieht häufig noch Hummerreusen, hübsche Fischerhäuser mit ihren massiven Steinwänden schützen die Bewohner vor den starken Winden der Nordsee.

Traditionell weiß getünchte Fischercottages säumen die Straße im idyllischen Dorf Pennan

Stonehaven
147 C3

Besucherinformation
Stonehaven Tourist Information Center, 66 Allardice St.
(01569) 762 806

Tolbooth Museum
The Harbour, Stonehaven
(01771) 622 906
Nov.–Mai geschl.
££

Ein guter Ausgangspunkt zur Erkundung der Fischerdörfer ist **Stonehaven** im Süden von Aberdeen. Die Hauptattraktion hier sind die leckeren Fish and Chips, der historische Hafen, und das älteste Gebäude, der **Tolbooth,** heute ein Museum, das sich mit der Tradition des Fischfangs im Dorf beschäftigt. Im Sommer werden Bootsausflüge angeboten; am schönsten gestaltet sich der Besuch Anfang Juli, wenn das Folk Festival stattfindet.

Die Landschaft gibt sich nördlich von Aberdeen viel wilder. Dörfer mit Steincottages verbergen sich zwischen Sanddünen und Meeresklippen. **Peterhead** ist der größte Hafen Europas für Weißfisch. Hier lohnt ein Zwischenstopp, um einen frischen Schellfisch bei **Zanres** *(35 Queen St., Tel. 01779/477 128, www.zanres.co.uk)* zu verspeisen.

Fraserburgh, an der Nordostspitze von Aberdeenshire, lohnt einen Halt wegen des **Museum of Scottish Lighthouses**. Hier erfährt man alles über die Arbeit der Familie Stevenson, die in viele Leuchttürme entworfen und den Schriftsteller Robert Louis Stevenson hervorgebracht hat.

INSIDERTIPP

Bei einer Sturmflut können in Pennan die Wellen den Parkplatz überspülen und bis zu den Treppen des kleinen Gasthofs und Pubs reichen. Das Dorf ist einen Besuch wert und ein Muss für Fans des Kultfilms „Local Hero", der hier gedreht wurde.

JIM RICHARDSON
NATIONAL GEOGRAPHIC-Fotograf

Pennan, westlich von Fraserburgh, gilt als das Bilderbuchdorf dieser Region schlechthin. Es besteht nur aus einer Häuserreihe, die an einer Straße am Meer unterhalb der wuchtigen Klippen liegt. Der idyllische Ort wurde durch den Spielfilm „Local Hero" bekannt. Viele der Cottages sind heute Ferienhäuser – und viel mehr als entspannen kann man in Pennan auch nicht. Im **Pennan Inn** mundet das leckere Mittagessen; Zeitungsausschnitte erzählen hier von der guten alten Zeit, als Burt Lancaster bei den Dreharbeiten zu „Local Hero" hier weilte.

Nur ein paar Kilometer weiter westlich erreicht man die Dörfer **Crovie** und **Gardenstown**. Hierher kommen weniger Touristen als nach Pennan, obwohl sie genauso hübsch sind. In Gardenstown soll es feine Meeresfrüchte geben.

Noch ein Stück weiter westlich liegt **Portsoy**, das wohl „perfekte" Fischerdorf. Es geht hier heute recht ruhig zu, aber man kann noch die Zwillingshäfen sowie die riesigen alten Lagerhäuser bestaunen, außerdem erzählt das bescheidene kleine **Portsoy Maritime Museum** vom „Goldenen Zeitalter" im 17. Jahrhundert – und die unabhängige Touristeninformation auch. Im gemütlichen **Shore Inn** gönnt man sich ein schönes, frisches Bier.

Das gepflegte kleine Moray-Dorf **Cullen** ist für seinen *Cullen skink* bekannt, eine köstliche Suppe mit geräuchertem Schellfisch. Der moderne Ortsteil mit imposanten Bürgerhäusern, Cafés und einer Eisdiele, wurde auf einem Hügel errichtet; unten am Meer (unter einem alten Eisenbahnviadukt, das um den Ort herumführt) liegt der windgepeitschte Hafen. ■

Donald Trump in Anmarsch

Schottlands strittigstes Bauprojekt der letzten Jahre ist ein Einfall des amerikanischen Multimillionärs Donald Trump. Seine Bestrebungen, ein Stück unberührte Küste nördlich von Aberdeen zu einem exklusiven Golfplatz samt Luxuswohnungen umzugestalten, stößt jedoch auf Widerstand. Das Projekt (*www.trumpgolfscotland.com*) betrifft 607 Hektar Küstenlandschaft. Jedenfalls sind die Einheimischen hin- und hergerissen zwischen Sorgen um die Umwelt und Hoffnungen auf hohe Investitionen und langfristig garantierte Arbeitsplätze.

Peterhead
147 C4

Fraserburgh
147 C4

Museum of Scottish Lighthouses
Kinnaird Head, Stevenson Rd., Fraserburgh
(01346) 511 022
££
www.lighthousemuseum.org.uk

Pennan
147 C4

The Pennan Inn
Pennan
(01346) 561 201
www.thepennaninn.co.uk

Portsoy Maritime Museum
Portsoy Harbour
£

The Shore Inn
49 Church St., Portsoy
(01261) 842 831

Hohe Berge, von Heidekraut überwachsene Hügel und tiefe Seen (Monster inklusive) – außerdem Wintersport und Whisky in Strömen ...

Mittlere & westliche Highlands

Die stille Schönheit des Loch Insh

Mittlere & westliche Highlands

Eine Region voll rauer Schönheit und überwältigender Landschaft – weltberühmte Lochs, den höchsten Berg des Landes und erstklassige Adventure Sports hat diese geschichtsträchtige Region zu bieten, die so wild und romantisch ist, wie es in den Legenden steht.

In den mittleren und westlichen Highlands zeigt sich Schottland von seiner schönsten Seite: eine malerische, historisch bedeutsame Region zwischen Ost- und Westküste, mit hohen Bergen, wildzerklüfteten Glens und tiefblauen Lochs.

Einzige Metropole in den Highlands und Hauptstadt der Region ist Inverness an der Nordostküste. Die Stadt entwickelt sich mittlerweile unglaublich schnell – ein Zeichen, dass sich das Land endlich von den Folgen der verheerenden Schlacht von Culloden im Jahre 1746 erholt. Die Auswirkungen der Ereignisse während und nach dieser Schlacht waren so prägend für die Geschichte der Region wie der Beginn einer neuen Eiszeit. Im Moment ist Inverness eine der am schnellsten wachsenden Städte Europas; sie wird zunehmend attraktiver für Reisende, die mittlerweile immer häufiger ein paar Tage ihrer Highland-Tour hier verbringen.

Aviemore südlich von Inverness ist Schottlands betriebsamstes Wintersport-Resort. Es liegt im Schatten des gewaltigen Cairngorm-Massivs, wo einige der höchsten Gipfel Englands zu finden sind, darunter der mächtige Ben Macdui. Die Region wird im Sommer von Wanderern und Kletterern besucht, im Winter von Skifahrern und Anhängern der typisch schottischen Wintersportart Curling (dem Eisstockschießen ähnlich).

An den Ausläufern des Gebirges ist das gut organisierte Rothiemurchus Estate angesiedelt, ein bewaldetes Naturschutzgebiet mit vielfältigen Freizeitmöglichkeiten, von Angeln und Mountainbiking bis zu Wildtierbeobachtung und Hundeschlittenfahrten.

Östlich des Estates liegt Speyside, das weltberühmte Whiskys wie Glenfiddich und Glenlivet produziert. Die bedeutendsten Destillerien liegen alle relativ nahe zusammen und können leicht auf einer Tour besichtigt werden. Die anmutige Hauptstadt der Region, Grantown-on-Spey, bildet eine gute Ausgangsbasis für die Whiskytour. Und auch das Flusstal wird

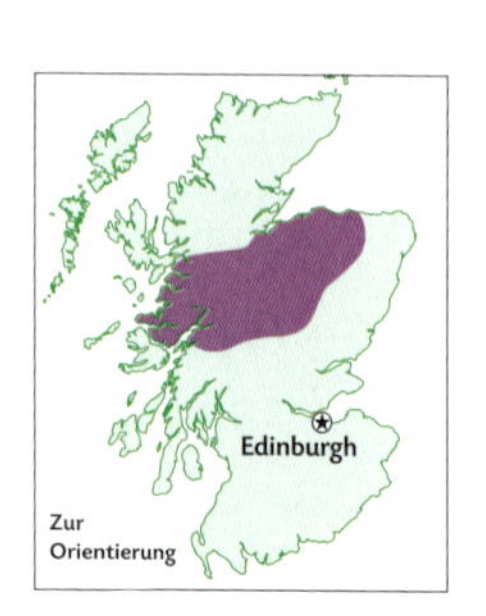

das ganze Jahr über von Wanderern, Rad-und Kanufahrern gern besucht.

An der gegenüberliegenden Küste von Inverness, am Ende des Great Glen, befindet sich Fort William. Im Great Glen liegen vier Lochs, darunter Loch Ness, die Heimat des berühmten (aber nur schwer fassbaren) Seeungeheuers „Nessie". Hier kann gewandert, geradelt und Kanu gefahren werden. Der bemerkenswerte Caledonian Canal, ein technisches Wunderwerk schottischer Ingenieurskunst aus dem 19. Jahrhundert, verbindet die vier Seen mit der Nordsee und dem Atlantik.

Seit kurzem entwickelt sich Fort William mehr und mehr zum Drehkreuz für Abenteurer, denn von hier aus hat man leichten Zugang zu den höchsten Bergen Englands: Ben Nevis sowie das Skigebiet Nevis Range rund um den Berg, mittlerweile ein Geheimtipp unter Mountainbikern und Skifahrern. In dieser Region der Highlands wurden auch herrliche Trekkingpfade mit unterschiedlichsten Schwierigkeitsgraden angelegt.

Glen Coe südlich von Fort William ist eines der schönsten Täler des Landes, auch wenn sein Name untrennbar verknüpft ist mit der tragischen Geschichte Schottlands. Von hier aus geht es nach Norden, entweder mit dem Zug, oder mit dem Auto auf der „Road to the Isles" Richtung Atlantikküste. Die Straße führt durch spektakuläre Glens, entlang weißer Sandstrände, bis zu den kleinen Dörfern Morar und Arisaig.

Der Fischereihafen Mallaig bildet das Ende der Strecke und ist zugleich das Tor zu den Inseln; von hier sieht man bereits die Isle of Skye im Meer schimmern. Das Festland nördlich von Mallaig und Knoydart ist ebenso ursprünglich geblieben wie die schottischen Inseln. Auch dieser Landstrich wurde von den tragischen Ereignissen geprägt, die auf die Niederlage bei Culloden folgten – eine Schlacht, die das Leben in den Highlands schlagartig und für immer veränderte und noch immer die Gemüter der Bewohner und Reisenden bewegt. ■

NICHT VERSÄUMEN

Hintergrundinfos über Schottlands berüchtigtes Schlachtfeld in Cullodens Besucherzentrum 177

Loch Ness, Schottlands größter Binnensee und die Heimat eines Ungeheuers 187

Unterwegs im Glen Coe, dem schönsten und tragischsten Glen in der schottischen Geschichte 192

Glenfinnan, ein Glen mit überwältigender Landschaft und großer Geschichte 194, 196

Inverness

Die Stadt liegt an der Nordspitze des Great Glen, ein Bindeglied zwischen den Highlands und den Lowlands. Inverness wurde aufgrund seiner Lage im Laufe der Jahrhunderte Zeuge zahlreicher Auseinandersetzungen, vom mittelalterlichen Clankrieg bis zum Massaker bei Culloden 1746. Heute ist Inverness die größte Stadt der Highlands, eine lebhafte Metropole mit einer Bevölkerung von mehr als 70 000 Menschen.

Eine Fußgängerbrücke über den River Ness verbindet das Zentrum von Inverness mit dem Ostufer

Inverness
172–173 C2
Besucherinformation
Tourist Information Centre Inverness, Castle Wynd, Inverness
(08452) 255 121
www.visithighlands.com

In den letzten Jahren sind die Bevölkerungszahlen permanent gestiegen, und im Jahr 2000 wurde Inverness offiziell zur Stadt erklärt. Das ist nicht zuletzt einer wachsenden Tourismusindustrie zu verdanken: Inverness bezeichnet sich als „Tor zu den Highlands", was sie in vielerlei Hinsicht auch ist. Viele Besucher betrachten Inverness heute als wichtige Station auf ihrer Schottlandreise, und auch immer mehr Schotten finden hier Arbeit.

Hauptsehenswürdigkeit der Stadt ist **Inverness Castle** *(Castle St.)*. Das Bauwerk wurde mehrfach zerstört, das gegenwärtige Sandsteingebäude hat nur noch wenig Ähnlichkeit mit dem Original. Dennoch, vieles hier erinnert noch an historische Persönlichkeiten wie Maria Stuart und Robert the Bruce (Robert I.). Da die Burg heute als Gerichtsgebäude dient, kann es nicht besichtigt werden, aber auch von außen ist es interessant, mit seiner Statue von Flora MacDonald vor dem Schloss – eine Würdigung jener Schottin, die Bonnie Prince Charlie nach der Niederlage seiner Armee bei Culloden zur Flucht verhalf.

INSIDERTIPP

Für ein ordentliches Maß an Highland-Gastfreundlichkeit und trockenen schottischen Humors sollte man am besten bei Richard und Jenny im Moyness House übernachten, es liegt nur wenige Minuten vom Stadtzentrum entfernt.

JENNIFER SEGAL
NATIONAL GEOGRAPHIC Development Office

Das Zentrum

Nur einen Häuserblock in nördlicher Richtung vom Schloss, im Castle Wynd, befindet sich das erst kürzlich neu gestaltete **Inverness Museum and Art Gallery.** Ein Besuch lohnt sich, und das nicht nur, weil der Eintritt frei ist. Das Museum erzählt die Geschichte der Stadt sowie der gesamten Highland-Region. Die Ausstellung umfasst alles, von Waffen über Dudelsäcke bis hin zu interaktiven Schaukästen, die über das traditionelle Leben in den Highlands informieren. Viele Gemälde der Sammlung zeigen historische Szenen.

Noch ein Stück weiter nördlich liegt das **Town House.** Das Gebäude stammt aus dem Jahre 1878 und wurde im gotischen Stil errichtet, was einen starken Kontrast zu vielen Gebäuden im Zentrum darstellt. Die berühmteste Versammlung fand hier 1921 statt: Es war die erste Britische Kabinettsversammlung, die jemals außerhalb Londons einberufen wurde, als Irland seine Unabhängigkeit erklärte. Heute kann das Gebäude auf geführten Touren besichtigt werden, und auch Konzerte werden hier veranstaltet. Das **Mercat Cross** und der **Stone of Tubs,** wo die Frauen früher ihre Waschzuber auf dem Weg zum Fluss abstellten, befinden sich direkt davor. Der Legende nach wird Inverness gedeihen, solange der Stein an seinem Platz bleibt.

Überquert man die Bridge Street Richtung Norden, erstreckt sich linker Hand der zentrale Einkaufsbereich der Stadt. Hier findet man nützliche Alltagswaren – auch für Ausflüge in die wilden Highlands. Natürlich gibt es auch viele „schottische" Läden für Touristen. Wer sich schon immer einen Kilt, einen pelzigen Sporran (Felltasche, die vorne am Schottenrock getragen wird), oder einen Dudelsack anschaffen wollte, ist hier richtig.

Moyness House
✉ 6 Bruce Gardens
☎ (01463) 233 836
www.moyness.co.uk

Inverness Museum & Art Gallery
✉ Castle Wynd
☎ (01463) 237 114
🕒 So geschl.
inverness.highland.museum

Town House
✉ Castle Wynd
☎ (01463) 702 000
🕒 Nov.–Mai geschl.
$ ££
www.highland.gov.uk

ERLEBNIS:

Die Stille der Ness Islands

Ein kurzer Spaziergang vom Stadtzentrum in Inverness in Richtung Süden führt zu den Ness Islands, einem Park, der sich über eine Reihe von kleinen Flussinseln erstreckt. Hier ist kein Straßenlärm mehr zu hören, nur das Rauschen des Wassers und der Gesang der Vögel. Die Inseln sind durch Wege miteinander verbunden, und an einem sonnigen Tag trifft man hier wenige andere Touristen, dafür aber viele Einheimische. Am besten man startet bei den Inseln am östlichen Ende der Infirmary Bridge; es ist die erste Fußgängerbrücke flussaufwärts von der Hauptverkehrsbrücke.

Scottish Kiltmaker Centre
4–9 Huntly St.
(01463) 222 781
So geschl.
£
www.highlandhouseoffraser.com

St. Andrew's Cathedral
15 Ardross St.
(01463) 233 535
£
www.invernesscathedral.co.uk

Einige der Händler haben gute Preise, doch der halbe Spaß beim Einkaufen besteht letztlich doch in den Geschichten, die man beim Kauf einer Ware unweigerlich zu hören bekommt.

Drei Häuserblocks weiter nördlich, in der 71 Church Street, liegt **Abertaff House**. Das angeblich älteste Gebäude von Inverness ist denkmalgeschützt und datiert aus dem Jahr 1593. Obwohl es nicht besichtigt werden kann, lohnt es sich trotzdem, dort vorbei zu gehen. Im Zusammenspiel mit den anderen Gebäuden rund um Church Street – wie **Steeple** *(2 Bridge Street)* und die **Old High Church** *(Ecke Church Street und Friars' Lane)*– spiegelt das Haus eine längst vergangene Ära wider.

Über den Fluss

Hinter der Old High Church führt eine Fußgängerbrücke über den River Ness zum ruhigeren Ostufer. Wer sich gleich links hält, gelangt zum **Scottish Kiltmaker Centre.** Hier wird alles Wissenswerte über Tartans und die Herstellung von Kilts gezeigt; Fans der Filme „Braveheart" und „Rob Roy" können einige der Kostüme besichtigen, die während der Dreharbeiten getragen wurden. Hier werden Männer seit einem halben Jahrhundert mit Kilts ausstaffiert, man befindet sich also in guten Händen. Bevor es zur Anprobe geht, kann man auch nach Informationen im dazugehörigen Online Guide suchen.

In südlicher Richtung entlang des Flusses liegt die zierlichste Brü-

Das schneebedeckte Schlachtfeld bei Cullodeen

cke von Inverness, die **Ness Bridge.** Kurz danach sieht man auch schon die **St. Andrew's Cathedral** aufragen. Die Kathedrale stammt aus dem 19. Jahrhundert und obwohl es vielleicht kein architektonisches Meisterwerk ist, hat man vom River Ness aus eine schöne Perspektive.

In der Nähe der Kathedrale zeugt das **Eden Court Theatre**, eine eindrucksvolle kulturelle Ikone, ebenfalls vom Aufschwung der Stadt. Das Programm ist vielfältig, es werden unterschiedlichste Veranstaltungen und Aufführungen gezeigt – praktisch alles von interaktiven Kinderevents über Theaterstücke bis hin zu Konzerten mit klassischer Musik.

Fünf Kilometer westlich des Stadtzentrums via die A862 liegt **Craig Phadrig Hill,** einstige Festung des Piktenkönigs Brude. Hier befindet sich eine Festung aus der Eisenzeit. Vom Hügel aus hat man einen großartigen Ausblick auf den Moray Firth.

Delfine im Moray Firth

Die Großen Tümmler, die man häufig im Moray Firth beobachten kann – das Gewässer verbindet Inverness mit der Nordsee – gehören zu den nördlichsten Delfinschulen überhaupt. Gelegentlich sieht man sie von der Küste aus, wie sie aus dem Wasser springen oder im Kielwasser der Boote schwimmen, ebenso wie Schweinswale und Zwergwale. Um sie aus der Nähe zu sehen, muss man eine Bootstour buchen. Inverness Dolphin Cruises (*Shore Street Quay, Tel. 01463/717 900, www.inverness-dolphincruises.co.uk*).

Culloden Moor

Östlich der Stadt wartet eine Sehenswürdigkeit, die für alle, die an schottischer Geschichte interessiert sind, ein absolutes Muss ist. Bei der Erwähnung von Culloden wird jeder Schotte eine Antwort parat haben, sei es nun Schulwissen oder eine leidenschaftliche Reaktion, die die Schlacht so gegenwärtig machen, als hätte sie erst gestern stattgefunden und das traditionelle schottische Leben vernichtet.

Das düstere Moor hat einen heiligen Platz in der schottischen Geschichte. Hier trafen im Jahre 1746 die aufständischen Jakobiten unter Bonnie Prince Charlie auf englische Regierungstruppen, angeführt von dem Duke of Cumberland. Nach nur einer Stunde erbitterten Kampfs lagen Tausende Highlander tot auf dem morastigen Boden – der Aufstand der Jakobiter (siehe S. 42) war niedergeschlagen. Nach der Schlacht marschierten die Regierungstruppen nordwärts durch die Highlands, brandschatzend und tötend.

Lange Zeit war das Schlachtfeld lediglich durch ein kleines Steindenkmal markiert, die Musketenkugeln und verrosteten Waffen wurden eher nebenbei aufgesammelt. Vor kurzem allerdings eröffnete ein hochmodernes **Visitor Center** im Moor, wo versucht wird, die Ereignisse mit Hilfe historischer Dokumente und archäologischer Fundstücke sowohl aus der Sicht der Jakobiter als auch der Engländer darzustellen. Im „battle immersion"-Raum wird die Schlacht plastisch dargestellt. Es lohnt sich, beim Verlassen des Museums die Audio-Führung für die Begehung des Schlachtfelds wahrzunehmen. ■

Eden Court Theatre
Bishops Road
(01463) 234 234
£–££££££
www.eden-court.co.uk

Culloden Moor
Ca. 6,5 km östlich von Inverness auf der B9006 (Culloden Moor)
(0844) 493 2159
Besucherzentrum im Jan. geschl.
££££
www.nts.org.uk/culloden

Aviemore & Cairngorms

Etwa 45 Kilometer südwestlich von Inverness, am Fuß der mächtigen Cairngorms, befindet sich das schottische Skiresort Aviemore. Lange, verschneite Winter sind hier nicht immer garantiert, doch auch dieses Tor zu den Highlands hat in den letzten Jahren seine Anziehungskraft gesteigert. Pisten und Skilifte sind betriebsbereit, sobald in Schottland etwas Schnee fällt. Mittlerweile gibt es hier viel mehr als nur Skitouren: Golfplätze, Mountainbiking und ein Heilbad.

In den Cairngorms stehen zahlreiche Skipisten bereit – nur der Schnee ist unvorhersagbar

Aviemore
173 C2
Besucherinformation
Unit 7, Grampian Rd., Aviemore
(0845) 225 121
www.visithighlands.com

Cairngorm Mountain Funicular
Aviemore
(01479) 861 261
im Nov. 10 Tage geschl.
£££
www.cairngormmountain.co.uk

Aviemore

Aviemore meint es ganz offensichtlich ernst mit seiner Neugestaltung: Die erst kürzlich gegründete Aviemore and Cairngorms Destination Management Organisation (ACDMO) hat es sich zum Ziel gesetzt, Aviemore zu Schottlands Version des kanadischen Resort of Whistler zu machen. Die Eröffnung des Cairngorm Nationalparks, dem größten im Vereinigten Königreich, war der Region natürlich von Nutzen, sowohl bei ihren Naturschutz-Bemühungen als auch in ihrem Bestreben, den Tourismus anzukurbeln.

Einen guten Eindruck erhält man von Aviemore und Umgebung durch die Seilbahn **Cairngorm Mountain Funicular,** die den Besucher auf den Gipfel des Munro bringt. Hier gibt es ein Café und Restaurant, von dem aus man die vorbeiziehenden Wanderer auf ihrem Weg zu den umliegenden Gipfeln beobachten kann.

Im Stadtzentrum befindet sich Aviemores **Viktorianischer Bahnhof** *(Dalfaber Road)*, ein altes Schmuckstück; die Holzkonstruktion ist ein Relikt aus einer längst vergangenen Epoche, als Züge mehr waren als nur ein einfaches Transportmittel. Die **Strathspey Steam Railway** ermöglicht eine wundervolle Zeitreise zurück in die großen Tage der Dampflokomotiven. Herrliche Ausblicke auf den Cairngorms Nationalpark eröffnen sich auf dem Weg von Aviemore durch Boat of Garten nach Broomhill.

Aviemores **Spey Valley Golf Course** im Norden zählt zu Schottlands interessantesten neuen Golfanlagen. Es ist ein schwieriges Gelände, überwachsen mit Heidekraut und dichten Fairways, doch selbst wenn einmal ein Schlag daneben geht, kann man noch immer entspannt bleiben und den Blick auf den River Spey und die umgebenden Berge genießen.

Mountainbiker können sich auf den Weg Richtung Süden machen, nach Laggan zur **Wolftrax** Mountainbike-Strecke *(Tel. 01463/791 575, www.forestry.gov.uk/wolftrax)*, eine der besten Routen des Landes mit einer großen Auswahl an blauen, roten und schwarzen Abfahrten. Die roten sind eine besonders harte Herausforderung, mit furchterregenden Drop offs über Felsen und engen Einfachspuren, die durch die Wälder führen. Leichter ist da der „Wilderness Trail". Er ist auf alten Wegen, die einst für den

(Fortsetzung S. 182)

Strathspey Steam Railway

✉ Aviemore Station, Dalfaber Road

☎ (01479) 810 725

$ *£££*

🕒 Nov.–März geschl.

www.strathspeyrailway.net

Spey Valley Golf Course

✉ Aviemore

☎ (0844) 879 9152

www.macdonaldhotels.co.uk

ERLEBNIS: Wintersport

Jedes Jahr buchen Tausende von Briten teure Reisen auf das europäische Festland oder sogar noch weiter weg auf der Suche nach dem Wintersportstätten – und das, obwohl es in Schottland hervorragende Wintersportmöglichkeiten gibt. Die Resorts sind vielleicht nicht so renommiert und glamourös, die Betriebe nicht so professionell wie die Refugien des Jetsets in den Alpen. Doch wer ohnehin im Winter hier ist, findet eine Vielfalt an Freizeitmöglichkeiten.

Der vielleicht berühmteste Wintersport in Schottland ist das Curling. Diese olympische Disziplin (Schottland hat mehrfach Champions hervorgebracht, sowohl bei den Herren als auch bei den Damen) findet auf einer Eisbahn statt. Die 18 Kilogramm schweren Granitsteine, die von Wettkämpfern in aller Welt verwendet werden, kommen alle aus dem selben Ort – der dramatischen Felseninsel Ailsa Craig vor Schottlands Westküste.

In dem sehr taktischen Spiel werden Teams aus jeweils vier Personen gebildet. Einer aus der Gruppe lässt den Stein übers Eis gleiten oder „curlen", während die anderen drei mit Hilfe von Besen versuchen, die Geschwindigkeit und die Richtung zu kontrollieren. Das Spiel wird überall in Schottland auf Eisbahnen gespielt, und gelegentlich auch im Freien, in besonders kalten Wintern. Für Details zu Curling-Veranstaltungen kann der **Royal Caledonian Curling Club** *(Tel. 0131/333 3003, www.royalcaledoniancurlingclub.org)* kontaktiert werden. Eine der berühmtesten Veranstaltungen im Freien ist das **Grand Match,** das nur unregelmäßig stattfindet (aufgrund der zunehmend wärmer werdenden Winter wurde der Wettkampf seit 1979 nicht mehr abgehalten), und zwar auf dem Lake of Mentieth (siehe S. 130).

Konventionellere Wintersportmöglichkeiten sind Skifahren und Snowboarding in einem von Schottlands fünf Skicentren (siehe S. 313). Für den dafür benötigten Schnee kann hier zwar niemand garantieren, aber an guten, d. h. schneereichen Tagen gibt es exzellente Abfahrtsmöglichkeiten. Die meisten der Abfahrten haben Anfänger- oder mittleres Niveau. Aber auch Hundeschlittenfahrten werden angeboten, und zwar im **Cairngorm Dog Sledding Centre** *(Moormore Cottage, Rothiemurchus Estate, Aviemore, Tel. 07767/270 526, www.sled-dogs.co.uk).*

Eine Wanderung in den Cairngorms: Cairn Gorm & Ben Macdui

Zu Beginn des 20. Jahrhunderts glaubten viele Leute noch, Ben Macdui wäre Schottlands höchster Berg, nicht Ben Nevis. Der Irrtum ist verständlich: Er ist wirklich gewaltig, ein 1309 Meter hoher Gigant im Herzen der wilden Cairngorms.

Wandern in den Cairngorms nahe Aviemore

Im Frühling und Sommer ist Aviemore die geeignete Ausgangsbasis, um den Ben Macdui zu bezwingen. Das Cairngorm Plateau empfiehlt sich nicht für unerfahrene Bergwanderer und sollte im Winter ganz gemieden werden, außer man unternimmt eine offiziell geführte Tour. Benötigt werden auf einer Wanderung angemessene Outdoor-Kleidung, viel Essen und Trinken, Karte und Kompass sowie jemanden, der mit beidem sicher umgehen kann.

Start ist der **Parkplatz** ❶ am Cairngorm Ski Center, wo die Versuchung groß ist, gleich die steilen Geröllschluchten rund um das Plateau zu erkunden. Stattdessen sollte man aber lieber dem sichereren Pfad folgen, der sich Richtung Südwesten windet.

NICHT VERSÄUMEN

Miadan Creag an Leth-Choin • Lochan Buidhe • Ben Macdui • Cairn Gorm

Eine Wanderung im Schatten der mächtigen Berge des Cairngorm-Massivs ist eine Ehrfurcht einflössende Erfahrung und Herausforderung zugleich. **Trittsteine** ❷ führen über die Gebirgsbäche, die durch den **Coire an t-Sneachda** und später durch den Coire an Lochan fließen. Coire an t-Sneachda selbst ist ebenfalls ein atemberaubender Ort mit seinen eindrucksvollen Felswänden.

Der lange Kamm des **Miadan Creag an Leth-Choin** ❸ bildet den Zugang zum Plateau. Von hier blickt man in östlicher Richtung direkt in die Klamm von **Coire an Lochan** mit ihren eiskalten Gewässern, wenn die Wolkendecke einmal aufbricht.

Die einst dichten Wälder rund um Aviemore sind verschwunden, heute befindet sich hier eine Moorlandschaft, in der Schneehühner leben. Je weiter man dem Weg übers Plateau folgt, umso rauer wird die Landschaft. In der Nähe des **Lochan Buidhe** schließlich ist nur noch Buschwerk zu sehen. Der Gipfel des **Ben Macdui** ❹ (1309 m) ist ein Geröllfeld, mit einem schlichten Unterstand zum Schutz vor Steinschlag und starken Winden.

Von hier führt der Weg zurück, hinunter zum **Lochan Buidhe** ❺. Man kann nun auf dem gleichen Weg zurück wandern, doch interessanter ist es, die Route nach Nordosten vom

Lochan aus Richtung Cairn Gorm einzuschlagen. Dabei ist es wichtig, einen sicheren Abstand zum Rand des Plateaus zu halten. Der Ausblick vom Gipfel des **Cairn Gorm** 6 (1244 m) ist sogar noch eindrucksvoller als vom Ben Macdui. Sollte die **Seilbahnstation** direkt unterhalb des Gipfels geöffnet sein, ist der schnelle Rückweg gesichert. *(££)*. Als Alternativen bieten sich dagegen der **Corrie Cas** 7 an, wo der Wintersport tiefe Spuren hinterlassen hat, oder der längere, aber landschaftlich reizvollere **Fiacaill a Choire Chais.**

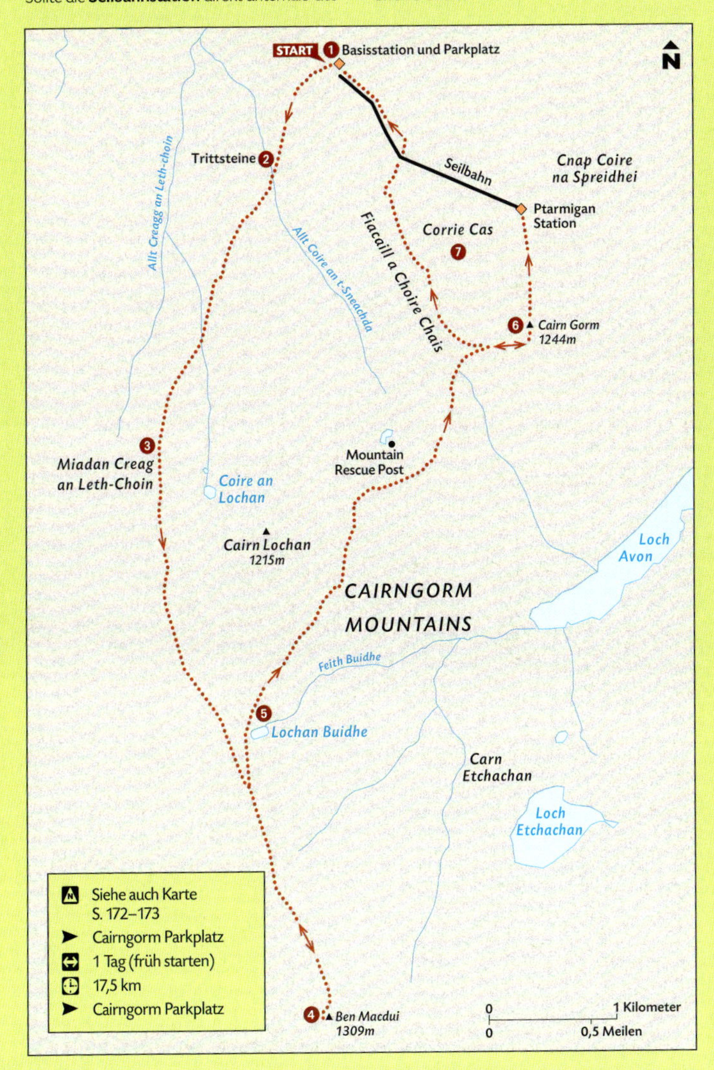

Fischadler bei Abernethy

In den 1950er Jahren galt der anmutige Fischadler in Großbritannien als ausgestorben. Dann erschien wie aus dem Nichts ein Adlerpaar bei Loch Garten, nördlich von Aviemore. Naturschützer ergriffen diese schier unglaubliche Gelegenheit und begründeten das **Abernethy Forest RSPB Reserve** (*Aviemore, Tel. 01479/831 476, www.rspb.org.uk*), zu dem nun der Loch und seine reizvolle, bewaldete Umgebung gehören. Die Bemühungen der Naturschützer hatten Erfolg: Heute gibt es mehr als hundert Fischadler-Paare, die in ganz Schottland brüten. Am besten kann man sie in der Zeit zwischen April und Ende August beobachten. Ein Besucherzentrum ist während dieser Zeit geöffnet und bietet Teleskope sowie geführte Touren an.

BaseCamp Mountain Bikes
- ✉ Laggan Wolftrax, Strathmashie Forest, Laggan
- ☎ (01528) 544 786
- $ ££££
- ⏲ Mi geschl.

www.basecampmtb.com

Loch Insh Watersports and Outdoor Activity Centre
- ✉ Kincraig
- ☎ (01549) 651 272

www.lochinsh.com

Rothiemurchus Estate
- 173 C2
- ✉ Abfahrt von der B970 nahe Aviemore
- ☎ (01479) 812 345
- $ £

www.rothiemurchus.net

Hermitage Guest House
- ✉ Spey Street, Kingussie
- ☎ (01540) 662 137
- $ ££

www.thehermitage.clara.net

Viehtrieb genutzt wurden, angelegt worden; sie führen tief in die wilde Landschaft hinein. Passende Räder können vor Ort beim **BaseCamp Mountain Bikes** ausgeliehen werden, das auch über die Fahrstrecken informiert.

Wer keine Angst hat nass zu werden, kann zu dem zauberhaften **Loch Insh** nicht weit von Aviemore in südlicher Richtung fahren. Der etwa 1,8 Kilometer lange und etwa ein Kilometer große, saubere See wird von Heidekraut bewachsenen Flächen und Hügeln umgeben . Hier befindet sich das **Loch Insh Watersports and Outdoor Activity Centre**, wo Kanus, Segelboote und Mountainbikes ausgeliehen werden können. Das Center ist idealer Anlaufpunkt für Familien, da es Unterricht für alle Altersgruppen anbietet.

Auf dem River Spey kann von Loch Insh bis Aviemore paddeln, ein Abenteuer, das dem Reisenden die Schönheit der Region erschließt und überwältigende Ausblicke auf die Cairngorms bietet.

Rothiemurchus Estate

Das 9710 Hektar große Rothiemurchus Estate liegt am Rande des Cairngorm-Massivs, direkt außerhalb der Stadt Aviemore.

INSIDERTIPP

Nimm eine Wanderung in Schottlands Bergen nie auf die leichte Schulter; es könnte das letzte sein, was du tust.

LARRY PORGES
NATIONAL GEOGRAPHIC-Redakteur

Kaum ein Ort eignet sich besser als Rothiemurchus, um die kaledonischen Wälder Schottlands kennenzulernen, mit seinen Waldkiefern, Birken und Wacholder. Wild lebende Tiere gibt es auf dem Weg zuhauf zu beobachten – angefangen beim Eichhörnchen und Kreuzschnabel bis hin zum Auerhahn und Baummarder.

Am Hauptparkplatz wurde ein **Information Center** eröffnet, hier werden auch Fahrräder verliehen. Bei eventuellem Zeitmangel ist das Rad der wohl geeignetste fahrbare Untersatz, um das Estate zu durchstreifen. Auch wer über etwas mehr Zeit verfügt, sollte sich für einen Tag ein Rad ausleihen und sich damit einen Überblick verschaffen.

Dann kann man die schönsten Bereiche an den folgenden Tagen zu Fuß durchwandern.

Der vielleicht hübscheste Teil des Estate ist **Loch an Eilein.** Der „Loch der Insel" wurde nach dem Inselchen benannt, das sich in der Mitte des silberblauen Wassers befindet und von einer verlassenen Burg gekrönt ist.

Mehr Betrieb gibt es am **Loch Morlich** am Rande des Estate. Ein beliebtes Wassersport-Center liegt direkt am Loch, von wo aus man an klaren Tagen eine überwältigenden Ausblick auf die Cairngorms hat. Neben dem Center gibt es sowohl einen Strand als auch einen Campingplatz.

Wer eine Vorliebe fürs Angeln hat, ist hier gut aufgehoben bei den zahlreichen Angeboten, vom müßigen Angeln nach Regenbogen- und Bachforellen in den Lochs bis zu der weitaus größeren Herausforderung, z. B.einen Lachs im **River Spey** zu fangen.

Im Café-Restaurant kann man schließlich seine wohlverdiente Pause einlegen; hier werden die frischen Erzeugnisse des Estate verarbeitet. Beim Farm Shop gibt es außerdem alle möglichen Leckereien zu kaufen, darunter exzellentes Highland-Rindfleisch.

Kingussie & Newtonmore

Wer die Cairngorms von einem etwas ruhigeren Ausgangspunkt aus erkunden will, sollte weiter nach Süden fahren, zu den reizvollen Dörfern Kingussie und Newtonmore mit ihrer gastfreundlichen Atmosphäre. Reisende können in einem der zahlreichen familienbetriebenen Guest Houses übernachten, darunter das **Hermitage Guest House** in Kingussie, das **Coig na Shee Guest House** in Newtonmore und **Ruthven Steadings** in Kingussie, am gegenüberliegenden Ufer des River Spey.

Diese Dörfer bieten nicht nur gute Übernachtungsmöglichkeiten. Das **Highland Folk Museum** – das in zwei Gebäude aufgeteilt ist, eines in Newtonmore, das andere in Kingussie lohnt ebenfalls einen Besuch. Zu den Ausstellungsstücken zählen ein traditionelles Farmhouse, eine noch funktionierende Sägemühle und traditionelle Handwerksstücke aus den Highlands. Hoch über den Dörfern, auf einem Hügel südlich des Flusses, ragt die imposante Ruine **Ruthven Barracks** auf *(auf der B970, 1,6 km südlich von Kingussie)*, einer der wenigen noch existierenden militärischen Posten, die von den Engländern zur Unterwerfung und Unterdrückung der Highlander,

Mountainbiking am Ufer des stillen Loch an Eilein im Rothiemurchus Estate

Coig na Shee Guest House
✉ Fort William Road, Newtonmore
☎ (01540) 670 109
$ ££
www.coignashee.co.uk

Ruthven Steadings
✉ Ruthven, Kingussie
☎ (01540) 662 328
$ ££
www.bedandbreakfastcairngorms.co.uk

Highland Folk Museum
✉ Duke Street, Kingussie und Aultlarie Croft, Kingussie Road, Newtonmore
☎ (01540) 661 307
www.highlandfolk.com

Eine Bar in Grantown mit einer großen Auswahl an Single Malts

Speyside Way Centre
✉ Alter Bahnhof, Aberlour
☎ (01340) 881 266
$ £
www.speysideway.org

Grantown-on-Spey
173 D2
Besucherinformation
✉ 54 High St.
☎ (01479) 872 773

Walkers Shortbread
✉ Aberlour House, Aberlour
☎ (01340) 871 555
🕒 Sa–So geschl.
www.walkers shortbread.com

nach deren Aufstand von 1715 errichtet wurden.

Speyside

Die meisten Whiskydestillerien Schottlands liegen in Speyside, wo die kalten, klaren Wasser des River Spey fließen – für über 50 Destillerien eine ausgezeichnete Grundlage für die Herstellung von erstklassigem Whisky. Die malerische Region eignet sich für Streifzüge mit dem Auto, dem Fahrrad, oder auch zu Fuß.

Eine besonders reizvolle Route führt von Aviemore nach Speyside auf der A95, die auch **Grantown-on-Spey** passiert. Erhabene Georgianische Gebäude prägen das Bild dieser anmutigen Stadt. Hier bietet sich ein Spaziergang am Ufer des Spey an, aber auch die geschäftige Main Street mit ihren Cafés und Bars ist einen Bummel wert. Im August finden hier die Grantown-on-Spey Highland Games statt. Weiter nordöstlich folgt die A95 dem Spey auf seinem Weg zum Meer. Zahlreiche Destillerien säumen seine Ufer, sie sind Teil des offiziellen, über 112 Kilometer langen **„Malt Whisky Trail"** *(www.maltwhiskytrail.com)*. Auf diesem Weg liegen die neun besucherfreundlichsten Destillerien.

Eine der attraktivsten Whisky-Städte auf dem Weg ist **Charlestown of Aberlour**, die Heimat des Aberlour Whisky. Aberlour, wie die Stadt meist genannt wird, ist auch Geburtsort des berühmten **Walkers Shortbread.** Es wurde erstmals 1898 von Joseph Walker hergestellt und kann gleich im Fabrikladen gekauft werden. Die herrschaftliche Hauptstraße wird von soliden Granitgebäuden gesäumt; ein ruhiger Park erstreckt sich am Ufer des Spey.

Einst fuhr die Eisenbahn durch Aberlour, das alte Bahnhofsgebäude beherbergt heute ein Information Center, das über den **Speyside Way** informiert. Dieser 105 Kilometer lange Wanderweg bietet hervorragende Möglichkeiten zum Erkunden der Whisky-Region.

Nur wenige Kilometer in nördlicher Richtung entlang des Speyside Way erreicht man **Craigellachie**, ein hübsches Dorf, das natürlich ebenfalls über seine eigene Destillerie verfügt. Hier soll es auch die „beste Whisky Bar des Landes" geben, und zwar im Craigellachie Hotel *(Victoria Street, Tel. 01340/ 881 204, www.oxfordhotelsandinns.com)*. Die **Quaich Bar** (siehe Reiseinformationen S. 294) ist vom Boden bis zur Decke mit allen möglichen Whiskysorten angefüllt. Man kann die riesige Whiskykarte studieren oder aber sich mit dem fachkundigen Personal an der Bar austauschen.

INSIDERTIPP

Die vielleicht typischste Destillerie Schottlands ist Strathisla, mit Blasendestillationsanlagen, die mehrere Jahrhunderte alt sind. Eine außerordentlich gut ausgearbeitete Tour.

JIM RICHARDSON
NATIONAL GEOGRAPHIC-Fotograf

Eine andere Sehenswürdigkeit des Dorfes ist die gusseiserne **Craigellachie Bridge**, erbaut von dem renommierten schottischen Ingenieur Thomas Telford im frühen 19. Jahrhundert.

Knapp acht Kilometer in Richtung Süden führt der Weg durch eine raue Gebirgslandschaft nach **Dufftown**, der selbst ernannten „Weltstadt des Whiskys". Ein Sprichwort besagt: »Rom wurde auf sieben Hügeln („hills") gebaut, und Dufftown auf sieben Destillationsapparaten („stills").« In der Stadt lohnt auch ein Besuch der nahe gelegenen **Speyside Cooperage**, um einen Einblick zu bekommen in einen weiteren wichtigen Sektor der Whisky-Industrie – die Herstellung der berühmtenFässer.

Der Besuch von mindestens einer Destillerie ist jedenfalls obligatorisch in Speyside. **Strathisla** *(Seafield Ave., Keith, Tel. 01542/783 044, www.maltwhiskydistilleries.com, Tour: £)* im nahe gelegenen Keith ist eine der besten. Eine besonders nette Art und Weise, um dort hinzureisen, ist eine Fahrt mit der **Keith and Dufftown Railway**: Diese alte Eisenbahn fährt im Sommer von Dufftown bis Keith. Strathisla wurde bereits im Jahr 1786 gegründet und soll die älteste Destillerie in den Highlands sein. Hier werden viele der Whiskys produziert, die man für die Herstellung des berühmten blended Scotch Chivas Regal braucht.

Bei der Führung wird man nicht nur mit einer Fülle an interessanten Informationen versorgt, sondern auch mit so mancher Legende. Hier darf nicht nur der zwölf Jahre alte, sondern auch der noch viel edlere 18 Jahre alte Chivas Regal probiert werden, natürlich nur mit einem Spritzer Wasser verdünnt und ohne Eis. ■

Dufftown
173 D2

Besucherinformation
Dufftown Visitor Information Centre, 2 The Square, Dufftown
(01340) 820 501
Nov.–Ostern geschl.

Speyside Cooperage
Dufftown Road, Craigellachie, Dufftown
(01340) 871 108
£
Sa–So geschl.
www.speysidecooperage.co.uk

Keith & Dufftown Railway
Bahnhof Dufftown, Dufftown
(01340) 821 181
Mo–Do geschl., & Jan.–März
£££
www.keith-dufftown-railway.co.uk

ERLEBNIS: Shinty in Kingussie

Hoch im Tal des Flusses Spey, weit entfernt von den Destillerien und Skipisten, trifft man noch immer auf eine alte Highland-Tradition, die sich kaum verändert hat seit den Tagen, in denen sie als die „perfekte Übung für Krieger" galt. Shinty – ein Spiel, das wie eine schnellere, rauere Version des Feldhockey wirkt – wird noch immer in Newtonmore und Kingussie gespielt, deren einschlägige Teams die Highland Leagues dominieren. Im Sommer können Spiele in beiden Städten besucht werden, doch Höhepunkt der Saison ist das Spiel der beiden Städte gegeneinander, mit jubelnden Fans auf beiden Seiten. Wer mehr über diese beiden Teams erfahren möchte, findet nähere Informationen, u. a. zu den Spielansetzungen unter www.shinty.com.

Great Glen

Das Great Glen ist eine gewaltige geologische Verwerfungslinie, die sich etwa 97 Kilometer südwestlich von der Nordsee bis zum Atlantik zieht. Zerklüftete Berge und malerische Lochs prägen das Bild des Great Glen, das Inverness und Fort William miteinander verbindet.

Vom Urquhart Castle blickt man auf den Loch Ness

Caledonian Canal
 172 C2

Le Boat Laggan
Laggan Locks
(01809) 501 234
So geschl.
£££££
www.leboat.co.uk

Der Caledonian Canal

Vier Lochs liegen auf dem Weg von der Nordsee zum Atlantik – Ness, Oich, Lochy, and Linnhe – und diese sind wiederum untereinander verbunden durch den **Caledonian Canal**, eines der bemerkenswertesten Kanalsysteme der Welt. Auf einem Segelboot bekommt man den besten Eindruck von seiner Erhabenheit und Größe. In Laggan können Boote gemietet werden bei **Le Boat Laggan**. Eine Woche reicht aus, um den Kanal in beide Richtungen ganz zu durchqueren. **Der Great Glen Way** *(Tel. 01320/366 633, www.greatglenway.com)* führt Wanderer auf einem 117 Kilometer langen Wanderweg entlang der Kanalstrecke. Auch bei Radfahrern ist diese Route beliebt, allerdings kann der Betrieb in der Hauptsaison ganz schön heftig sein.

Auch Kanutouren sind möglich. Obwohl der Betrieb derzeit noch etwas eingeschränkt ist, wird der **Great Glen Canoe Trail** *(Scottish Canoe Assoc., www.canoescotland.org)* – voraussichtliche Fertigstellung 2012 – ein Netz mit kostenlosen Campingmöglichkeiten und kanufreundlichen Docks entlang des kompletten Caledonian Canals errichtet.

Die Geschichte des Caledonian Canals begann im frühen 19. Jahrhundert. Der neue Wasserweg von Küste zu Küste war die Möglichkeit, die Highlands zu erschließen, zugleich entfiel die mühsame Seereise entlang der heimtückischen Nordküste Schottlands.

Der Schotte Thomas Telford entwickelte die Pläne zu einer Verbindung der Nordsee bei Inverness mit dem Atlantik bei Fort William mittels einer Reihe von Kanälen und Schleusen, die die vier Lochs des Great Glen miteinander verknüpften. Das schiere Ausmaß der Ingenieursarbeit ist überwältigend. 29 Schleusen helfen den Booten, von Meereshöhe auf über 30 Meter zu steigen, bevor es wieder auf Meeresspiegelhöhe hinuntergeht.

Loch Ness

Den wohl dramatischsten Bereich des Kanals bildet die Region um Loch Ness. Die touristische Stadt **Fort Augustus** am Südende des Sees ist ein gemütlicher Ort mit lebendigen Bars, Cafés und Restaurants, die das Kanalufer säumen. Hier kann man am Kanal entlang bummeln, zum Loch Ness hinunterschlendern, oder die wunderschöne Außenfassade der **Fort Augustus Abbey** bewundern (die mittlerweile in eine Residenz mit Luxusapartments für Feriengäste umgewandelt wurde und für die Öffentlichkeit leider nicht zugänglich ist). Aber auch die Hügel in der Umgebung laden zu einem Spaziergang ein.

In der Stadt gibt es viele Unternehmen, die Bootstouren anbieten, doch **Cruise Loch Ness** in Fort Augustus bietet wohl die besten an, auf denen sich nicht nur Ausblicke auf die überwältigende Landschaft rund um Schottlands längsten See (37 km Länge) eröffnen. Diese Touren zeigen auch mittels ausgeklügelter Technik und 3-D-Bildern die Unterwasserwelt, sodass man sich höchstpersönlich auf die Suche nach dem berühmten Ungeheuer begeben kann: „Nessie".

Castle Urquhart am Loch Ness liegt östlich von Fort Augustus, das auch auf einer Bootstour von Inverness oder Fort Augustus aus angesteuert werden kann. Die Mauern dieser romantischen Rui-

Auf der Jagd nach einer Legende

Tausende von Touristen strömen jährlich zum Ufer des Loch Ness in der Hoffnung, einen Blick auf „Nessie" zu erhaschen. Unter Skeptikern herrscht der Verdacht, dass es überhaupt kein Ungeheuer gibt und es sich schlicht um einen Werbetrick handelt, um Touristen anzulocken. Nichtsdestotrotz kann die Suche nach dem Monster jede Menge Spaß machen, und auch ohne „Nessie" ist der See überwältigend. Am beeindruckendsten wirkt er bei Castle Urquhart, wo die Burgruine über dem eiskalten Gewässer wacht.

Fort Augustus
172 B2

Besucherinformation

Tourist Information Centre, Fort Augustus Car Park, Fort Augustus
(01320) 366 367
www.fortaugustus.org

Fort Augustus Abbey
St. Benedicts Abbey, Fort Augustus

Cruise Loch Ness
Fort Augustus
(01320) 366 277
Okt.–März geschl.
£££
www.cruiselochness.com

Castle Urquhart
Am Nordufer des Loch Ness, auf der A82 von Inverness
(01456) 450 551
££
www.historic-scotland.gov.uk

BOOTSTOUREN ZUM CASTLE URQUHART: Jacobite *(Tomnahurich Bridge, Glenurquhart Rd., Tel. 01463/233 999, www.jacobite.co.uk)* bietet Ausflüge von Inverness aus an; mit Cruise Loch Ness (siehe oben) sind Touren von Fort Augustus aus möglich.

Original Loch Ness Monster Visitor Centre
✉ The Village Centre, Drumnadrochit
☎ (01456) 450 342
$ ££
www.lochness-centre.com

Loch Ness Exhibition Centre
✉ Loch Ness Centre, Drumnadrochit
☎ (01456) 450 573
$ ££
www.lochness.com

Glen Nevis Visitor Centre
✉ Nevis Bridge, Fort William
☎ (01397) 705 922
$ £
www.highland.gov.uk

Sierra Club Visitor Centre
www.sierraclub.org/outings/national/brochure/10618A.asp

ne aus dem 13. Jahrhundert erstrecken sich vom Hügel bis zu dem glitzernden Loch hinunter. Die sagenumwobene Burg wirkt am eindrucksvollsten in den Abend- und Nachtstunden, wenn das Gemäuer mit Flutlicht angestrahlt wird.

Der nächste Ort von Urquhart aus ist **Drumnadrochit.** Hier gibt es zwei konkurrierende Unternehmen, die beide von sich behaupten, das „offizielle" „Nessie"-Besucherzentrum zu sein: das **Original Loch Ness Monster Visitor Centre** und das etwas professionellere **Loch Ness Exhibition Centre.** Manchem Reisenden wird die Aufmachung vielleicht geschmacklos erscheinen, doch für Nessie-Fans ist es ein Muss.

Ben Nevis & Nevis Range

Mit seinen 1344 Metern Höhe ist der Ben Nevis der höchste Berg der Britischen Inseln. Viele Schotten bezeichnen den gigantischen Felsenriesen schlicht als „The Ben". Er ist das Zentrum des Nevis Range, das sich in den letzten Jahren zum Spitzenreiter unter den Abenteuersportgebieten des Landes entwickelt hat.

Wer den Ben Nevis besteigt, beginnt auf Meeresniveau, und jeder einzelne Meter (1344 m) des Aufstiegs muss zu Fuß bewältigt werden. Eine Wanderung zum Gipfel des Ben Nevis sollte niemals auf die leichte Schulter genommen werden, egal wie warm und sonnig das Wetter an der Basis in Fort William ist (siehe S. 190f). In Gipfelnähe kann es auch im Sommer schneien, und manchmal verschlechtern sich die Sichtverhältnisse innerhalb von Minuten so dramatisch schnell, dass die Bergwanderung zu einem Kampf auf Leben und Tod wird. Auf dem Ben Nevis sterben jedes Jahr mehr Menschen als auf dem Mount Everest – also Vorsicht! Im Zweifelsfall vor Beginn der Wanderung im **Glen Nevis Visitor Centre** in Fort William die Wetterbedingungen checken. Hier startet die beliebteste Route.

Wer diese Verhaltensregeln befolgt, entsprechend ausgerüstet und fit ist, kann den Auf- und Abstieg bewältigen. Mehr als 100 000 Wanderer pro Jahr besteigen den Ben Nevis, obwohl es eine harte Tour ist, die zwischen fünf und sieben Stunden dauert. Erfahrene Kletterer ohne Höhenangst können auch als Alternative zum normalen Abstieg dem schmalen Grat von Càrn Mòr Dearg Arête folgen und nach Torlundy hinunter wandern.

Der Nevis Range wurde in den letzten Jahren erst so richtig er-

INSIDERTIPP

Der Sierra Club bietet Exkursionen an, auf denen die Streifzüge des jungen John Muir nachvollzogen werden können, von seinem Geburtsort nahe Edinburgh durch die Highlands bis zum Gipfel des Ben Nevis.

BOB SIPCHEN
National Geographic-Traveler-Magazin-Autor

schlossen durch ein Gondelsystem, das die Besucher 600 Meter hoch hinauf bringt von der Basis in Torlundy bis zum **Mountain Discovery Centre** auf Aonach Mhor. Das Center zeigt, wie dieses raue und zerklüftete Land einst geformt wurde, außerdem erhält man hier Informationen über alle Arten der hiesigen Aktivitäten.

Aktivitäten im Sommer & Winter: Im Sommer kann man auf dem Aonach Mhor, der nur einen Steinwurf von Ben Nevis entfernt ist, hochwandern. Es gibt auch leichtere Wanderungen in größeren Höhen; oder man nimmt die Gondel und spart damit Zeit und Kraft. Die leichteren Wanderwege wurden vom Mountain Discovery Centre beschildert.

Im Sommer zählen die steilen und felsigen Pfade des Nevis Range zu den besten Mountainbike-Strecken Europas. Viele der Pfade sind nicht für Anfänger geeignet. Unerfahrenere Mountainbiker können beim Mountain Discovery Center einen Trainer engagieren, der ihnen zeigt, wie man im Gelände zurecht kommt. Im Center findet man auch **Offbeat Bikes**, hier werden Fahrräder vermietet. Auf *www.ridefortwilliam.co.uk* stehen detailliertere Informationen zu Radtouren in der Gegend.

Jedes Jahr kommen Tausende, um die weltbesten Fahrer zu sehen auf dem **Off Beat Downhill Course** – eine halsbrecherische Abfahrt, bei der die Biker ein Gefälle von 555 Metern in etwa fünf Minuten bewältigen. Während der Wettkämpfe sind einige der Wege für die Öffentlichkeit gesperrt.

Der von Eis und Schnee bedeckte Gipfel des Ben Nevis überragt den Loch Linnhe

Der Nevis Range ist aber nicht nur für Extrem-Mountainbiker interessant. Eine Vielzahl längerer, aber weniger steiler Wege führt in alle Richtungen. Diese Forstwege sind unter dem Namen „Witches' Trails" (Hexenpfade) bekannt. Bei Schneefall wagen sich nur erfahrene Kletterer mit Steigeisen und Eispickeln auf den Berg; die Gondel ist auch dann in Betrieb und bringt Skifahrer und Snowboarder hinauf zu Schottlands höchstem Ski Center. Die Schneeverhältnisse sind im Nevis Range auch dann noch ideal, wenn anderswo die Saison schon vorüber ist. ■

Mountain Discovery Centre & Gondel

✉ Nevis Range, Torlundy, Aonach Mhor
☎ (01397) 705 825
$ Gondola: £££
www.nevisrange.co.uk

Offbeat Bikes

✉ Nevis Range, Torlundy
☎ (01397) 705 825
🕒 Mai–Mitte Sept.
$ Fahrradverleih: ££££
www.nevisrange.co.uk

Der Westen

Der westliche Teil der Highlands ist ein zutiefst romantischer, wilder und geschichtsträchtiger Flecken Erde. Hier kämpfte Bonnie Prince Charlie und floh schließlich für immer aus Schottland. Außerdem gibt es im Westen die feinsten Sandstrände, einige der schönsten Glens, und eine Fülle an Outdoor-Aktivitäten für jede Jahreszeit.

Fort William ist beliebte Ausgangsbasis für einen Streifzug durch das Nevis Range

Fort William

172 B1

Besucherinformation

Fort William Information Centre, 15 High Street, Fort William

(08452) 255 121

www.visitfort william.co.uk

Fort William

Eine der größten Siedlungen in der Region ist Fort William, ein zunächst wenig eindrucksvoller Verkehrsknotenpunkt mit unausgereifter Architektur, einer vielbefahrenen zweispurigen Straße am Ufer des Loch Linnhe und einer Menge mittelmäßiger Hotels und Restaurants. Nichtsdestotrotz gibt es hier viele Verkehrsanbindungen, wie beispielsweise einen Nachtzug mit Direktverbindung nach London und Bussen nach Norden, Süden und Osten sowie eine gute touristische Infrastruktur.

Die **High Street** in der Innenstadt von Fort William wird von zahlreichen Tartan-Souvenirläden gesäumt, man kann sich hier auch mit Outdoor-Klamotten eindecken, die man für eine Tour auf den Ben Nevis oder ins Nevis Range benötigt. Hauptsehenswürdigkeit ist das **West Highland Museum**. In den Sammlungen erfährt man Wissenswertes über die Geschichte der Region, außerdem sind alte Militärorden und Waffen aus allen Epochen zu besichtigen.

Ben Nevis, der höchste Berg im Vereinigten Königreich (siehe S. 188), dominiert das Stadtbild von Fort William. Der lange Anstieg von der Stadt zum Fuß des Berges führt durch die typisch schottische Landschaft des **Glen Nevis**, wo viele Szenen des Hollywoodfilms „Braveheart" gedreht wurden. Bauvorhaben rund um Fort William blieben auf ein Minimum beschränkt. Im Schatten von „The Ben" bieten sich die bewaldeten Hänge des Glen Nevis für eine Vielzahl von Outdoor-Aktivitäten an (siehe S. 189).

Fort William markiert zugleich das äußerste westliche Ende des mächtigen **Caledonian Canal** (siehe S. 186f). Nur 4,5 Kilometer in östlicher Richtung liegt außerhalb der Stadt **Neptune's Staircase**. Die größte Stufen-Schleuse des Vereinigten Königreichs ist die wohl imposanteste Anlage des ganzen Kanals. Die Boote werden hier auf beeindruckende 19 Meter über Meeresniveau gehoben, wobei sie acht Schleusen passieren. Eineinhalb Stunden braucht ein Boot für diesen Vorgang. Wer nicht nur einfach bei einer entsprechenden Prozedur zusehen will, kann den Treidelpfad entlang wandern und die Aussicht auf Ben Nevis und das Nevis Range genießen.

Fort Williams' Kulisse am Meeresarm von Loch Linnhe, umgeben von Bergen, könnte gar nicht spektakulärer sein. Im Sommer bietet sich ein Bootstrip vom Hafen aus an, um den Ausblick auf die Landschaft zu genießen. Hier am Hafen befindet sich auch das exzellente **Crannog Restaurant** mit frischen Fisch- und Meeresfrüchte-Gerichten. Die Bootstrips, die von **Crannog Cruises** unternommen werden, führen durch den Loch Linnhe und zeigen die schönsten Bereiche dieser reizvollen Umgebung. Wer Glück hat, wird möglicherweise ei-

West Highland Museum

✉ Cameron Square, Fort William

☎ (01397) 702 169

🕒 So geschl. außer Juli–Aug.

$ £

www.westhighlandmuseum.org.uk

Crannog Restaurant

✉ Town Centre Pier, The Waterfront, Fort William

☎ (01397) 705 589

$ £

www.crannog.net

ERLEBNIS: Glen Affric

Es liegt nicht weit von Fort William, aber dennoch wirkt Glen Affric, als wäre es Meilen entfernt von Massentourismus und Moderne. Eine gewundene, Respekt einflößende Straße führt zur Ostseite des Tals, die drei anderen Seiten des Glens sind unzugänglich und leer.

Viele Schotten halten Glen Affric für das schönste Glen des Landes, und es fällt einem auch nicht schwer dies zu verstehen: Das Tal wird umgeben von schroffen Bergen, in der Talmitte schimmert ein einsamer Loch, der von malerischen Inselchen bestanden ist. Der Pfad, der am Ufer entlangführt, ist eine ideale Wanderstrecke, während der weitere Weg am Südufer unter abenteuerlustigen Mountainbikern immer beliebter wird. Unter Umständen müssen kleinere Bäche durchwatet werden (wenn das Wasser nicht zu tief und der Überweg sicher ist), um rund um den See zu wandern. Der Pfad selbst ist von Waldkiefern umgeben und gesäumt von Heidekraut – eine wahres Juwel an einheimischer Vegetation, von der in der Folge der Highland Clearances so viel in Schottland vernichtet wurde.

Ein großartiger Wanderweg führt direkt am Loch Affric entlang, von Osten nach Westen und danach hoch in die Berge, über die **Five Sisters of Kintail** (siehe S. 212). Der Abstieg endet beim **Shiel Bridge Campingplatz** *(Inverinate, Kyle, 01599/511 221)*, an den Ufern des Loch Duich. Ein abgeschiedenes **Youth Hostel** *(Allt Beithe, Glen Affric, 0845/293 7373, www.syha.org.uk)* ist die ideale Ausgangsbasis für Wanderungen in die nähere Umgebung.

Weitere nutzdienliche Informationen über diese Region erhält man auf der Website *www.glenaffric.org*

Eine Dampflok auf dem Glenfinnan Viadukt, der zur West Highland Line gehört

Crannog Cruises
Town Pier, Fort William
(01397) 700 714
££££
www.crannog.net

Jacobite Steam Train
Fort William Railway Station, Station Square, Fort William
(0845) 128 4681
Nov.–April geschl.
££££
www.westcoast railways.co.uk

nen Schweinswal oder Delfin sehen. Und überhaupt, der Ausblick ist fantastisch: Ben Nevis auf der einen Seite, und die raue Landschaft der Ardnamurchan Peninsula auf der anderen.

Der Bahnhof von Fort William war die Endstation der West Highland Line, und auch heute noch werden Züge mit Schlafwagen von hier in die Glitzerwelt Londons geschickt. Die West Highland Line macht einen gemütlichen Schlenker von Glasgow nach Mallaig an der Westküste, mitten durch Berge und Glens. Von den großartigen, viktorianischen Viadukten und Brücken aus eröffnen sich atemberaubende Ausblicke auf die Landschaft der Highlands – für die Schotten gilt sie als die schönste Zugstrecke Europas.

Im Sommer verkehrt die **Jacobite Steam Train** zwischen Fort William und Mallaig auf der West Highland Line. Der 60 Jahre alte Zug verlässt Fort William mit einer großen Dampfwolke, die den Reisenden zurückversetzt in die goldene Zeit der Eisenbahn. Die altmodischen Wägen sind Teil der Attraktion; hier kann man sogar die Fenster heruntergekurbelt, um zu fotografieren – eine einmalige Chance vom **Glenfinnan Viaduct** fantastische Fotos zu schießen.

Glen Coe

Eine kurze Fahrt in Richtung Süden von Fort William aus liegt Glen Coe, eines der berühmtesten Glens Schottlands. Das bescheidene Dorf Glencoe wirkt winzig im Schatten des mächtigen Gebirges, und auch der Betrachter fühlt sich winzig im Angesicht dieser dramatischen Bergwelt.

Glen Coe ist sowohl bei Wanderern als auch bei erfahrenen Kletterern sehr beliebt, die ihre Fähigkeiten testen wollen und manchmal sogar ihr Leben riskie-

INSIDERTIPP

Buchen Sie eine Fahrt mit der Jacobite Steam Train (Dampflok) von Fort William nach Mallaig. Für Harry Potter Fans: Wer früh ankommt, kann sich einen Platz reservieren in Harry Potters Wagen, wo die Filmszenen des Hogwarts Express gedreht wurden.

JENNIFER SEGAL
NATIONAL GEOGRAPHIC-Planungsbüro

ren auf den schroffen Gipfeln und messerscharfen Graten. Der Treffpunkt im Dorf ist das legendäre **Clachaig Inn** *(Old Village Road, Glen Coe, Tel. 01855/811 252, www.clachaig.com)*, eine Kletterer- und Wanderer-Oase mit eigenem „boots room" zum Trocknen der Kleidung, schottischem Essen und Ale vom Fass. Das Inn ist der perfekte Platz, um Gleichgesinnte zu finden, wenn man alleine reist.

Ein Schild am Eingang des Clachaig Inn erinnert an das Jahr 1692 und den düstersten Tag in der Geschichte des Glens. Es trägt die Warnung: „No Hawkers or Campbells". Diese Inschrift bezog sich auf den Campbell-Clan, der zu jener Zeit für die britische Regierung kollaborierte. Dieser Clan verübte das schlimmste Verbrechen an der traditionellen Gastfreundschaft der Highland-Clans. Nachdem sie zwei Wochen lang die Gastfreundschaft der MacDonalds im Glen Coe genossen hatten, führten sie die Befehle der Engländer aus und töteten ihre schlafenden Gastgeber. Insgesamt wurden 38 ermordet, weitere 40 Frauen und Kinder zum Sterben in der Winterkälte zurückgelassen, nachdem die Dörfer niedergebrannt worden waren. Das **Glen Coe Visitor Centre** erzählt von jenen dunklen Tagen und erklärt, wie der Glen von diesen Ereignissen geprägt wurde.

Nun geht es zurück in nördlicher Richtung nach Fort William. Die meisten Reisenden nehmen von hier aus die „Road to the Isles"; allerdings lohnt sich ein Abstecher nach Westen. Hinter dem Loch

Glen Coe

172 B1

Besucherinformation

Glen Coe Visitor Centre, ca. 1,5 km südlich von Glencoe Village, Ausfahrt von der A82

(0844) 493 2222

Ausstellung: ££

www.glencoe-nts.org.uk

Bonnie Prince Charlie auf der Flucht

Die westlichen Highlands bildeten in ihrer Wildheit und Schönheit die perfekte Kulisse für Bonnie Prince Charlies oft verklärte Flucht aus Schottland. Eigentlich landete er 1745 bei Loch Nan Uamh nahe Arisaig auf dem schottischen Festland. Nach Culloden, als eine gigantische Summe auf seinen Kopf ausgesetzt war, wurde er von den treuen Highlandern gerettet, die ihn von Versteck zu Versteck schmuggelten. Nach einem Aufenthalt auf den Äußeren Hebriden und einer bizarren Bootsüberfahrt auf die Isle of Skye, während derer er sich als Frau verkleidete, um der Gefangennahme durch die englischen Redcoats zu entgehen, verließ der britische Beinahe-König Schottland zum letzten Mal auf einem französischen Schiff von Borrodale aus.

Nachgestellt: Bonnie Prince Charlies Ankunft in Glenfinnan

Highland Council Ranger Service
Glen Nevis Visitor Centre, Glen Nevis, Fort William
(01397) 705 922
www.highland.gov.uk

Glenfinnan
172 A1
Besucherinformation
Glenfinnan Monument & Visitor Centre, Glenfinnan, Lochaber
(0844) 493 2221
£
www.nts.org.uk/property/26

Linnhe liegt die **Ardnamurchan Peninsula**, der westlichste Punkt des britischen Festlands. Eine Fähre geht von Corran Ferry aus, oder auch von der Isle of Mull Richtung Süden. Ardnamurchan ist ein raues Fleckchen Erde. Die Hauptsiedlungen Salen, Kilchoan, Glenborrodale und Strontian sind winzige Außenposten, eine wunderschöne Idylle mit verlassenen Stränden und geisterhaften, verlorenen Dörfern. Die Region hat sich nie von den Folgen der Highland Clearances erholt (siehe S. 206–207). Wer lieber geführte Wandertouren buchen möchte, dem sei der **Highland Council Ranger Service** empfohlen. Ansonsten gilt, einfach losziehen und eintauchen in diese verwunschene Gegend, die von den Einheimischen „Rough Bounds" genannt wird.

Road to the Isles

Auf der „Road to the Isles", die von Fort William aus in nordwestlicher Richtung zum Meer nach Mallaig führt, gehört **Glenfinnan** zu den wichtigen Zwischenstopps. In dieser wildromantischen Landschaft stellte Bonnie Prince Charlie am 19. August 1745 seine Standarte auf und rief die Clans zu den Waffen. Anfangs sah es so aus, als hätte er sich verrechnet, doch irgendwann im Laufe des Nachmittags ertönte schließlich das Pfeifen der Dudelsäcke von den Hügeln her und kündigte das Kommen von immer mehr Kämpfern der Highland-Clans an – ein heroisches, aber letztlich tragisches Ereignis in der schottischen Geschichte.

Angemessenerweise stellt die Figur auf der Spitze des **Glenfinnan Monuments** nicht Bonnie Prince Charlie selbst dar, sondern einen ganz gewöhnlichen Highlander, einen jener Männer, die für ihre Sache kämpften und starben. Gegenüber liegt das **Glenfinnan Visitor Centre**, in dem die Ereignisse vor dem Aufstellen der Standarte und die Auswirkungen der

INSIDERTIPP

Glenfinnan wäre meine erste Wahl für eine Highland-Versammlung. Es ist von Bergen umgeben und liegt in der Nähe des Strandes, an dem Bonnie Prince Charlie landete, um die aufständischen Highlander zu sammeln.

JIM RICHARDSON
National Geographic-Fotograf

ERLEBNIS: Abstecher ins abgeschiedene Knoydart

Dieser atemberaubende Winkel Schottlands ist eine der letzten wilden Gegenden Europas. Selbst von den Schotten haben nur wenige diesen Landstrich mit eigenen Augen gesehen. Knoydart fügt sich in eine Landschaft zwischen den Lochs of Nevis (Himmel) und Hourn (Hölle) ein und übt auf abenteuerlustige Schotten eine beinahe schon mythische Anziehungskraft aus.

In vielerlei Hinsicht handelt es sich hier um keine natürliche Wildnis, auch wenn viele Besucher das glauben. Knoydart war sogar einst Sitz einer blühenden Ackerbau- und Fischergemeinde. Vor den Ereignissen bei Culloden wohnten hier mehr als tausend Clanmitglieder. Der Legende nach floh Bonnie Prince Charlie nach der verlorenen Schlacht hierher, allerdings gibt es keine Beweise für diese Behauptung. Nichtsdestotrotz hatte Culloden große Auswirkungen auf die Region, da die blühende Gemeinschaft im Zuge der Highland Clearances von ihrem Land vertrieben wurde. Heute leben nur noch etwa hundert Menschen auf der abgeschiedenen Halbinsel.

Das einsam gelegene Knoydart

Wer nicht gerade einen 26-Kilometer-Marsch von Kinloch Hourn nach Knoydart auf sich nehmen möchte, der muss den einzigen anderen Weg zu der Halbinsel wählen: mit der **Knoydart Ferry** *(Harbour Road, Mallaig, Tel. 01687/ 462 320, www.knoydart-ferry.co.uk, ££)*. Die Fähre legt im Hafen in Mallaig ab und legt beim entlegenstem Pub Britanniens an , dem **Old Forge** *(Inverie, Knoydart, Tel. 01687/ 462 267, www.theoldforge.co.uk, £££)*. Hier befindet sich auch Knoydarts einziges Hotel-Restaurant, das **Pier House** *(Inverie, Knoydart, Tel. 01687/ 462 347, www.thepierhouseknoydart.co.uk)*.

Hier gibt es weder Züge noch Busse, lediglich einen kleinen Weg, die Halbinsel kann also nur durchwandert werden. Knoydarts Wanderwege sind leicht zu begehen und eignen sich auch für Unerfahrene. Außerdem gibt es für Bergsteiger ein eindrucksvolles Munro-Trio (das sind Gipfel mit einer Höhe von mindestens 914 Metern). Allerdings liegt das nächste Krankenhaus in dieser Gegend weit entfernt, und es gibt auch keine Bergrettung in der Nähe. Man sollte deshalb unbedingt alle gebotenen Vorsichtsmaßnahmen ergreifen.

Trotz seiner bedrückenden Geschichte rückt Knoydart im letzten Jahrzehnt in ein deutlich positiveres Licht. Die **Knoydart Foundation** *(Tel. 01687/462 242, www.knoydart-foundation.com)* ist eine Stiftung, bestehend aus unternehmungslustigen Einheimischen. 1999 kaufte die Stiftung große Teile der Halbinsel, die zuvor als exklusive Angel- und Jagdgebiet genutzt wurden. Nun wird versucht, die Wirtschaft der Region wieder anzukurbeln, allerdings ohne die atemberaubende Landschaft und die natürlichen Ressourcen zu zerstören, was die Halbinsel ja in der Hauptsache attraktiv macht.

Lochaline Hotel
Lochaline, Movern
(01967) 421 657
££

White House
Lochaline, Movern
(01967) 421 777
££££
www.thewhitehouse restaurant.co.uk

Land, Sea & Islands Centre
The Harbour, Arisaig
(01687) 450 263
Im Winter geschl., im Sommer Sa. geschl.
£
www.road-to-the-isles.org.uk/centre.html

Schlacht analysiert und anschaulich dargestellt werden.

Südlich von Glenfinnan, abseits der ausgetretenen Pfade der „Road to the Isles", liegt die bergige, praktisch unbesiedelte **Morvern Peninsula**. Die Region ist selbst nach den Maßstäben der Rough Bounds verlassen – nur etwa 300 Menschen leben hier. Während das Innere des Morverns recht trostlos ist, lohnt sich ein Besuch der Dörfer entlang der Sound of Mull. Das größte der Küstendörfer, **Lochaline**, hat ein freundliches Hotel und ein ausgezeichnetes Tauchcenter (siehe Kasten S. 197); außerdem befindet sich hier das **White House**, ein sehr gutes Meeresfrüchte-Restaurant.

Nach Glenfinnan wird die „Road to the Isles" nun endgültig seinem Ruf gerecht. In nördlicher Richtung kann man immer wieder einen flüchtigen Blick vom Atlantischen Ozean erhaschen. Schließlich kommt einer der schönsten Strände Schottlands in Sicht, ein weißer Sandstrand mit glasklarem Wasser und Panoramablick zu den Hebriden. **Arisaig** ist ein gepflegtes kleines Dorf am Meer. Mal abgesehen von einigen Stränden, gibt es hier nicht viel zu besichtigen, ausgenommen das **Land, Sea, and Islands Centre**. In diesem kleinen, schlichten Museum befindet sich eine Ausstellung, die über die Spielfilme informiert, die hier in dieser Gegend gedreht wurden, darunter auch „Local Hero". Auch Bootstouren kann man in den Sommermonaten von Arisaig aus unternehmen, hinaus aufs Meer, um z. B. Seehundkolonien zu beobachten oder die vorgela-

Fischerboote im Hafen von Mallaig an der Westküste

gerten Inseln zu besuchen. Weiße Sandstrände erstrecken sich etwa zwölf Kilometer weit nach Norden bis zu dem friedlichen Dorf **Morar**, bekannt geworden durch die Strandszenen aus dem Spielfilm „Local Hero". Hier gibt es Campingmöglichkeiten direkt am Strand für Abenteuerreisende, sowie Hotels und Bed & Breakfast, sowohl in Arisaig als auch in Morar für alle, die es gerne etwas bequemer haben.

Von Morar aus Richtung Landesinnere liegt ein oft vergessener Loch, den viele Schotten für einen der schönsten des Landes halten. **Loch Morar** ist Schottlands tiefster Binnensee (er ist sogar das tiefste Gewässer des Vereinigten Königreichs). Teile des Lochs reichen bis in 310 Meter Tiefe. Das erklärt vielleicht, warum es auch hier die Legende von einem Seeungeheuer gibt. Morag soll Nessies „Schwester" sein, doch erfreulicherweise gibt es hier weder geschmacklose Touren noch Besucherzentren, und so bleibt alles der eigenen Vorstellungskraft überlassen. Es können Boote gemietet werden, allerdings sind die meisten Bootsleute mit ihren Angeln auf deutlich kleinere Fänge aus. Der kürzeste Fluss Schottlands, der River Morar, entspringt dem Loch, in dem fünf Inseln liegen.

Die West Highland Railway ebenso wie die asphaltierte Straße der „Road to the Isles" enden beide in **Mallaig**. Von der Küste aus hat man einen herrlichen Blick auf die Isle of Skye (siehe S. 232–237). An diesem rauen, aber sympathischen Fischerhafen legen auch die Fähren zu den Inseln ab. Das Ufer eignet sich ganz ausgezeichnet, um frische, leckere Fish and Chips zu essen (von einem der hervorragenden „Chippies" der Stadt) und dabei der geschäftigen Fischereiflotte zuzusehen. Seemöwen kreischen hoch über den Köpfen, während man nach neugierigen Robben Ausschau hält; sie behalten einen gerne im Auge, in diesem Teil Schottlands, wo die Trennung von Mensch und Natur noch nicht so zu spüren ist, wie in manch anderen Gegenden der Erde. ■

ERLEBNIS:
Ein Tauchgang in der Sound of Mull

Lochalines **Dive Centre** (*Lochaline, Morvern, Tel. 01967/421 627, www.lochalinedivecentre.co.uk*) bietet die Gelegenheit, die geheimnisvollen Wracks zu erkunden, die in den kalten und klaren Gewässern der Sound of Mull verborgen liegen. Tauchanfänger können einen Einführungskurs machen bei den gut ausgebildeten Lehrern des Centers. Erfahrenere Taucher haben die Möglichkeit, eines der gut ausgestatteten Tauchschiffe zu chartern. Das außergewöhnlich klare Wasser um Lochaline birgt nicht nur faszinierende Unterwasserlandschaften, sondern auch eine große Artenvielfalt, darunter – in den Sommermonaten – Delfine und Schweinswale. Neben den Natursehenswürdigkeiten finden sich in der Sound of Mull mit ihren heimtückischen Klippen und bedrohlichen Winterstürmen viele Schiffswracks. Die Betreiber des Tauchcenters, Mark und Annabel Lawrence, haben die Erlaubnis, Gruppen zu historischen Stätten zu führen, darunter die von Kanonenkugeln durchlöcherten Wracks der Kriegsschiffe „Swan" und „Dartmouth" aus dem 17. Jahrhundert.

Arisaig Boat Tours

✉ The Harbour, Arisaig

☎ (01687) 450 224

$ *££–££££*

www.arisaig.co.uk

Mallaig

172 A2

Besucherinformation

✉ Mallaig Heritage Centre, 15 High St., Fort William

🕒 Nov.–Ostern geschl.

www.mallaigheritage.org/uk

Schneebedeckte Gipfel, weite Sandstrände, schimmernde Lochs und zauberhafte alte Dörfer

Nördliche Highlands

Ein Sturzbach nördlich von Ullapool

Nördliche Highlands

Selbst Schotten kommen selten in die nördlichen Regionen ihres Landes – es ist also nicht weiter verwunderlich, dass es auch nur wenige Touristen hierher verschlägt. Wer die Reise trotzdem wagt, wird eine abwechslungsreiche Naturlandschaft entdecken, mit sanften Hügeln und Meeresklippen im Osten und schroffen Bergen im Westen.

Schottlands entlegener Norden erscheint vielerorts sehr einsam und still. Während der Highland Clearances wurden die Menschen hier gewaltsam aus ihrem Land vertrieben, um der Schafzucht Platz zu machen. Einen zivilisierteren Anstrich verleihen Orte wie Ullapool, die bevölkerungsreichste Stadt der Region, und Siedlungen wie Gairloch oder das Postkartenidyll Plockton. Hier gibt es auch zahlreiche Gasthäuser, in denen häufig erstklassiger Fisch und Meeresfrüchte auf der Tageskarte stehen.

Eine der zugänglichsten Regionen des Nordens, die Halbinsel Black Isle, blickt auf eine große piktische Vergangenheit zurück. Außerdem gibt es hier eine Vielfalt an natürlichen und architektonischen Sehenswürdigkeiten zu besichtigen, die von Inverness, der Hauptstadt der Highlands aus, relativ leicht zu erreichen sind.

Im Norden liegt die reizvolle Küstenstadt Dornoch mit ihrem schönen Strand und großartiger Architektur – ein beliebter Zwischenstop, ebenso wie John O'Groats im nordöstlichen Teil Schottlands. Es gilt als die nördlichste Siedlung auf dem britischen Festland und markiert den Anfangs- bzw. Endpunkt des längsten Trecks im Vereinigten Königreich, der 1407 Kilometer langen Route nach Land's End im Südwesten Englands.

Gute Fangmöglichkeiten von Makrele und Seelachs gibt es rund um die Guinard Bay

In der Natur

Landschaft und Naturerfahrungen sind für die meisten Reisenden die Hauptattraktion in diesem Teil Schottlands. Es gibt unzählige Outdoor-Aktivitäten, von Vogelbeobachtung und Wandern entlang verlassener Strände bis hin zu Felsenklettern und Wellenreiten an einem der besten Surfplätze der Welt.

Auch Bergsteigen ist angesagt, auf den Suilven beispielsweise oder Stac Pollaidh an der Nordwestküste. Die Torridon Mountains, ebenfalls im Westen gelegen, zählen

NICHT VERSÄUMEN

Dornochs edwardianische Bauten, Kathedrale und Strand **202**

Die unberührten Strände bei Sandwood Bay **205**

„Taking the high road" von Bealach Na Ba **210**

Das malerische Dörfchen Plockton **213**

Die spektakuläre Kulisse des Eilean Donan Castle **213**

zu großen Naturlandschaften Schottlands. Hier können die Wanderer zu den imposanten Höhen des Liathach und Beinn Eighe hinaufsteigen. Der Anstieg zum An Teallach ist eine Herausforderung und lockt von Dundonnell aus. Der National Trust for Scotland *(Tel. 0844/493 2100, www.nts.org.uk)* vermittelt Kontakte zu erfahrenen einheimischen Führern für Klettertouren und andere Outdoor-Aktivitäten.

Wem das zu beschwerlich klingt: Diese Region eignet sich auch fantastisch für einen Urlaub mit dem Auto. Auf gewundenen Straßen führt der Weg entlang der windgepeitschten Küstenlinie und eröffnet spektakuläre und scheinbar endlose Ausblicke aufs Meer. Einzige Begleiter hier sind die zahllosen Seemöwen. ■

Ostküste

Nordöstlich von Inverness (siehe S. 174–177) prägen sanft gewellte Hügel, fruchtbare Ebenen und niedrige Meeresklippen das Bild dieser Naturlandschaft in Schottland, was für so manchen Reisenden überraschend kommt, der die Highlands mit den hohen Bergen und Meerengen des Westens assoziiert. Viele Besucher, die sich auf ihrem Weg auf die Orkney Islands befinden, lassen diese reizvolle Region allzu oft links liegen.

Ein viktorianischer Brunnen vor der mittelalterlichen Fassade der Dornoch Cathedral

Tain Through Time
- ✉ Tower Street, Tain
- ☎ (01862) 894 089
- $ £
- ⏲ So & Nov.–März geschl.

www.tainmuseum.org.uk

Glenmorangie
- ✉ Glen Morangie, Tain
- ☎ (01862) 892 477
- $ Tour: ££

www.glenmorangie.com

Black Isle

Wer Inverness auf der A9 verlässt, kreuzt die **Black Isle** (siehe Kasten S. 203). Aber in Wahrheit handelt es sich nicht um eine Insel, sondern eine Halbinsel zwischen Cromarty, Moray und Beauly Firth.

Weiter nördlich bietet sich **Tain** als Zwischenstopp an. Die Ausstellung **Tain Through Time** widmet sich der Vergangenheit dieser hübschen Region – Tain behauptet, die älteste Royal Burgh (freie Stadt) Schottlands zu sein. Außerdem befindet sich hier eine der angesehensten Destillerien des Landes: **Glenmorangie.** Die Fearn Peninsula östlich von Tain ist ebenfalls einen Besuch wert, mit der hübschen Küstensiedlung **Portmahomack** und den Piktensteinen bei **Hilton** und **Shandwick.**

Dornoch

Ein Stück weiter auf der A9 liegt Dornoch, die reizvollste Ansiedlung in den nordöstlichen Highlands; sie behauptet, Schottlands sonnigste Stadt zu sein. Das architektonisch eindrucksvollste Gebäu-

INSIDERTIPP

Reservieren Sie in Dornoch einen Tisch im 2 Quail in der Castle Street. Das charmante kleine Restaurant hat die beste Speisekarte in der Stadt – und der Service ist freundlich.

MARLENE WALKER-GOLDEN
National Geographic, Digital Media

de der Stadt ist die **Dornoch Cathedral**, ein Juwel aus dem 13. Jahrhundert. In Dornoch liegt außerdem einer der prestigeträchtigsten Golfplätze des Landes, der **Royal Dornoch**, der so fesselnd ist wie die Landschaft, in der er eingebettet ist. Für Nicht-Golfer empfiehlt sich der weite goldene Sandstrand: **Dornoch Beach**.

Eine weitere wichtige Station an der Nordostküste ist **Dunrobin Castle** *(Golspie, Tel. 01408/633 177, www.dunrobincastle.co.uk, Mitte Okt. bis März geschl., ££)*, Wohnsitz des Duke of Sutherland. Mit seinen riesigen, kegelförmigen Türmen scheint das Schloss aus einem Märchen zu sein. Das Gebäude wurde im 14. Jahrhundert errichtet und ist eines der ältesten, noch bewohnten großen Häuser Schottlands.

Wick

Von Dunrobin aus führt die A9 die Küste entlang nach Wick, vorbei an dem gigantischen **Sutherland Monument** auf dem 397 Meter hohen Ben Bhraggie: ein etwa 30 Meter hohes Denkmal für den ersten Duke of Sutherland. Von der einstigen Blütezeit der Stadt als prosperierendes Fischerdorf wird im **Wick Heritage Museum** erzählt, ebenso wie über die Highland Clearances (siehe S. 206–207). Damals wurden viele Kleinbauern gezwungen, sich einen anderen Broterwerb zu suchen, viele wurden Fischer. ■

Dornoch Cathedral
✉ High Street, Dornoch
$ £
www.dornoch-cathedral.com

Royal Dornoch Golf Club
✉ Golf Road, Dornoch
☎ (01862) 810 219
$ ££££
www.royaldornoch.com

Wick Heritage Museum
✉ 18–27 Bank Row
☎ (01955) 605 393
🕒 Nov.–Ostern geschl.
$ £
www.wickheritage.org

ERLEBNIS: Die Black Isle

Sanft geschwungene Hügel und grüne Weiden sind die hervorstechendsten Merkmale der Black Isle – ein verborgener Winkel an der Ostküste mit hübschen Dörfern. Hier kann man bummeln, Delfine beobachten am Cromarty Firth, oder prähistorische Stätten besuchen. Dieser etwa 37 Kilometer lange und und knapp 15 Kilometer breite Landstrich hat ein breites Spektrum an Sehenswürdigkeiten zu bieten.

Erster Halt ist der **Black Isle Wildlife & Country Park** *(The Croft, Drumsmittal, Tel. 01463/731 656, www.black-isle.info)*. Auf dem überwiegend agrarisch geprägten Gebiet sind neben Nutztieren auch exotischere Tiere beobachten. Alternativ kann auch die **Black Isle Brewery** besichtigt werden *(Old Allangrange, Munlochy, Tel. 01463/811 871, www.blackislebrewery.com, Okt.–März So geschl.)* oder die **Glen Ord Distillery** *(Glen Ord, Tel. 01463/872 004, www.discovering-distilleries.com/glenord, Okt.–März Sa–So. & April–Juni So geschl)*.

Den besten Einblick in die piktische Geschichte in dieser Gegend bekommt man im **Groam House Museum** *(High Street, Tel. 01381/620 961, www.groamhouse.org.uk, Jan.–März geschl.)* in dem hübschen Küstendorf Rosemarkie. Hier gibt es eine einzigartige Sammlung von 15 Piktensteinen zu sehen, außerdem einen Kurzfilm über die Pikten, die einst in der Region lebten.

Im hohen Norden Schottlands

Viele Leute, die zur Nordküste Schottlands reisen, befinden sich auf einer Pilgerfahrt nach John O'Groats – dem Ort, der dafür berühmt ist, einfach nur das „end of the road" zu sein: der nordöstlichste Punkt des britischen Festlands, der mit dem Auto erreicht werden kann. Leider drehen die meisten Reisenden bei, sobald sie die kleine, unscheinbare Stadt erreicht haben, und verpassen dadurch die Schönheit der wilden und felsigen Nordküste Schottlands.

Duncansby Head, der Inbegriff zerklüfteter Schönheit an Schottlands Nordküste

John O'Groats
201 C3

Last House in Scotland
John O'Groats
(01955) 611 250
£

John O'Groats Ferries
John O'Groats
(01955) 611 353
Okt.–April geschl.
££££
www.jogferry.co.uk

Die nördlichsten Punkte

Tatsächlich gibt es nur wenig zu besichtigen in **John O'Groats,** bis auf das **Last House in Scotland** – Museum und Souvenirladen –, obwohl sich das ändern könnte, sobald das millionenschwere Vorhaben zur Entwicklung des Tourismus in der Region umgesetzt wird. Momentan genießt man diesen entlegenen Winkel der Welt am besten auf einer Fahrt auf die Nordsee hinaus – **John O'Groats Ferries** bietet Fahrten an, auf denen man Meerestiere beobachtet kann – oder man wandert entlang der zerklüfteten Küstenlinie des **Duncansby Head**.

Dunnet Head, 18 Kilometer westlich von John O'Groats gelegen, ist der nördlichste Punkt des britischen Festlands. An einem klaren Tag hat man einen beeindruckenden Ausblick auf die Küste, von Duncansby Head im Osten bis nach Cape Wrath im Westen. Bei schlechten Wetterverhältnissen lohnt ein Besuch des **Dunnet Head Lighthouse**, das Werk des berühmten Ingenieurs Robert Stevenson (siehe Kasten S. 205).

Thurso

Viele Reisende passieren die etwa 16 Kilometer westlich gelegene, unscheinbare Stadt Thurso auf ihrem Weg zur Orkney-Fähre in Scrabster. Wassersport-Fans allerdings wissen, dass **Thurso East** zu den besten Surfplätzen Europas zählt *(www.wannasurf.com/spot/Europe/UK/North_Scotland/thurso_east)*. Für die Nicht-Surfer-Fraktion dagegen empfiehlt sich ein Besuch des **Caithness Horizons** mit seinen Ausstellungen über die Geschichte, Geographie und Ökologie der Region.

Auf der Weiterfahrt nach Westen entlang der Küste passiert man Dounreay, dann **Bettyhill** mit seinen weißen Sandstränden **Torrisdale Beach** und **Farr Beach.** In der Stadt befindet sich das **Strathnaver Museum** , das über Clan-Traditionen und den Highland Clearances informiert (siehe S. 206). Die Ruinen des **Castle Varrich**, 19 Kilometer weiter westlich in einer atemberaubenden Umgebung mit Blick auf den Weiler **Tongue,** ist auch ein lohnender Abstecher.

Durness & Cape Wrath

Die wilde Schönheit dieser Landschaft begleitet den Reisenden auf dem Weg nach Durness *(www.durness.org)*, das nordwestlichste Dorf Schottlands. Mit seinen wenigen Häusern (von denen manche Zimmer mit Frühstück anbieten) und einem Hostel ist Durness nur notdürftig für Touristen ausgestattet, doch die eindrucksvolle Umgebung ist sehenswert, ein Besuch der 61 Meter langen **Smoo Cave** östlich der Stadt ein Muss. Von Mai bis September lohnt außerdem ein Ausflug zum 18 Kilometer entfernten **Cape Wrath**; man erreicht es mit der Fähre über den Kyle of Durness und einem Minibus (*Tel. 01971/511 343 oder 511 287 – Businfos*). Zu den Attraktionen auf der Strecke gehören die steilsten Klippen des britischen Festlands, die 189 Meter hohen **Clo Mor**, und ein weiteres Werk von Robert Stevenson, das **Cape Wrath Lighthouse**.

In südlicher Richtung geht es weiter; es ist verständlich, dass sich so mancher Reisende den Ausflug zur **Sandwood Bay** ersparen will: Zu dem Trip gehört ein 6,5 Kilometer langer Marsch von Blairmore aus, das einige Kilometer nördlich von Kinlochbervie liegt. Wer diese Wanderung auf sich nimmt, wird belohnt – Klippen, Sanddünen und ein unberührter Sandstrand machen diese Bucht zu einem der schönsten Strände in Britannien. ■

Thurso
201 C3

Caithness Horizons
Old Town Hall, Thurso
(01847) 896 508
£
www.caithnesshorizons.co.uk

Strathnaver Museum
Clachan, Bettyhill
(01641) 521 418
Nov.–März geschl.
£
www.strathnavermuseum.org.uk

Robert Stevensons Leuchttürme

Auf der Reise entlang Schottlands Küsten stößt man unweigerlich auf den Namen Robert Stevenson (1772–1850). Der in Glasgow geborene Robert trat in die Fußstapfen seines Stiefvaters, des berühmten Ingenieurs Thomas Smith (1752–1815). Im Jahre 1797 wurde er vom Northern Lighthouse Board angestellt. Im Laufe der folgenden 47 Jahre entwarf er 18 Leuchttürme in Schottland, darunter die Türme bei Dunnet Head und Cape Wrath. Auch nach seinem Tod spielte die Stevenson-Familie noch eine entscheidende Rolle bei der Gestaltung von Schottlands Leuchttürmen: Nicht weniger als acht Familienmitglieder bauten 97 Leuchttürme in einem Zeitraum von 150 Jahren.

Die Highland Clearances

Viele Reisende sind verblüfft über die dünne Besiedlung der nördlichen Highlands. Das ist nicht nur auf die abgeschiedene Lage zurückzuführen oder auf die unterentwickelte Wirtschaft; es liegt auch nicht am rauen Klima. Die Leere ist größtenteils ein Erbe der brutalen Highland Clearances, die im 18. und 19. Jahrhundert stattgefunden haben.

Ein schlichtes Cottage, wie es von Kleinbauern nach den Highland Clearances bewohnt wurde

Die Zerstörung des traditionellen Clansystems und die Vertreibung der Menschen von ihrem Land vollzog sich in einem Zeitraum von mehr als einem Jahrhundert. Ausgeführt wurden die „Säuberungen" unter dem Deckmantel landwirtschaftlichen Fortschritts, eigentlich aber waren sie eine Bestrafung für Bonnie Prince Charlies heroischen (manche sagen auch: waghalsigen) Versuch, den britischen Thron zurück zu erobern, ein Husarenstück, das mit der schicksalhaften Schlacht von Culloden (siehe S. 177) 1746 ein abruptes Ende fand.

Brutale Vertreibungen

Die frühen Clearances in den nördlichen Highlands werden von den meisten Historikern für die brutalsten gehalten. Highlander wurden von ihrem Land vertrieben und an der unwirtlichen Küste angesiedelt. Die Gutsherren nutzten das entvölkerte Land für eine großangelegte Schafzucht und machten große Gewinn durch den Verkauf von Wolle.

Als man die eingesessene Bevölkerung aus ihrer Heimat vertrieb und sie unter Zwang an der Küste ansiedelte, entstand der Beruf des Crofters (Kleinbauern). Den vertriebenen Menschen gestattete man, auf einem winzigen Stück Land zu leben, dem „croft". Dafür mussten sie an ihren Gutsherren ein Pachtgeld zahlen (oft einen beachtlicher Betrag). Um zu überleben, waren viele Highlander gezwungen Kelp zu sammeln (dieser stark jodhaltigen Seetang wurde für die Herstellung von Seife verwendet), viele von ihnen wurden Fischer.

Auch heute noch, Jahrhunderte später, muten die gewaltsamen Vertreibungen während der Clearances furchtbar und menschenunwürdig an. So wurden beispielsweise hunderte Menschen erbarmungslos in nur zwei Wochen aus Strathnaver in Sutherland vertrieben. Der Marquis of Stafford und die Countess of Sutherland (sie wurden später zum Duke und zur Duchess of Sutherland ernannt), denen das Land gehörte, gingen mit großer Härte gegen die Highlander vor. Sie heuerten Schafzüchter aus dem Grenzgebiet und aus Moray an, um die Menschen zu terrorisieren. Hütten wurden zerstört, indem man die Dächer abdeckte, manche wurden auch in Brand gesteckt. Älteren Menschen, die nicht schnell genug fliehen konnten, starben in den Flammen. Diese Geschehnisse blieben allerdings nicht unbemerkt. So wurde zwar einer der Schergen der Duchess of Sutherland, Patrick Sellar, 1816 des Mordes angeklagt, jedoch freigesprochen. Insgesamt vertrieben die Sutherlands im Zeitraum von 1811 bis 1821 etwa 15 000 Menschen aus ihrer Heimat. Das Strathnaver Museum (siehe S. 205) in Bettyhill zeigt eine Ausstellung zu dem Thema.

Exodus zur Küste

Für die einstmals im Landesinneren lebende, bäuerliche Bevölkerung, die in die kargen Küstenregionen Schottlands umgesiedelt wurden, war ihr neuer Broterwerb, der Fischfang, ungewohnt und naturgemäß sehr beschwerlich. Viele von ihnen erwirtschafteten zuwenig Geld, um die Pacht zahlen zu können.

Im Zuge der Highland Clearances wurden viele Highlander gewaltsam auf Schiffe gebracht und nach Nordamerika oder Australien verschifft. Die späteren Auswanderungswellen in die USA, nach Kanada, Neuseeland und Australien waren keinesfalls mit den gewaltsamen Vertreibungen in den Highlands zu vergleichen und hatten andere Gründe. Der Niedergang der *kelping*-Industrie im frühen 19. Jahrhundert machte das Leben der Crofters an der Küste noch schwerer. Trotz geringeren Einkommens, blieb die Pacht unverändert hoch. Einige der Pächter mussten allerdings feststellen, dass die Pacht noch nicht einmal das Schlimmste war. Als die Preise für Seetang fielen, begannen die Landbesitzer, selbst die Küstenbereiche zu räumen, um Platz für noch mehr Schafe zu schaffen. Damit wurden die Pächter endgültig zur Auswanderung gezwungen. Eine der Schätzungen geht von 25 000 gälisch sprechenden Schotten aus, die zwischen 1775 und 1850 nach Cape Breton in Nova Scotia, Kanada, auswanderten. Ein großer Teil davon war vermutlich Opfer der Highland Clearances geworden. Obwohl die Auswanderung von den Landbesitzern oft als eine Form der „gesponserten Emigration" getarnt wurde, hatten die Highlander – ohne politische Stimme, ohne finanzielle Mittel – nie wirklich eine Wahl.

ERLEBNIS: Auf der Suche nach den schottischen Wurzeln

Die Highland Clearances führten zu einem Massenexodus nach Amerika, nach Australien und Neuseeland. Gemeinsam mit früheren und späteren Auswanderungswellen geht die Zahlen der schottischen Zwangsemigranten in die Millionen. Wer denkt, dass in seinen Adern schottisches Blut fließen könnte, der kann seine Ahnen aufspüren. Familiennamen können einen Hinweis auf schottische Wurzeln geben, vor allem natürlich solche, die mit „Mac" oder „Mc" anfangen (was auf Gälisch „Sohn von" bedeutet). Mit der Suche beginnt man am besten im Register House oder in den National Archives in Edinburgh, dort ist eine Vielzahl von Dokumenten archiviert. Wenn es schnell gehen soll, startet man am besten mit der Suche des Familiennamens unter *www.ancestralscotland.com*, dann kann man auf spezialisierte Seiten wie das Blue Thistle Genealogy unter *www.bluethistlegenealogy.com* zurückgreifen.

Der Westen

Eine zerklüftete Gegend mit schneebedeckten Gipfeln, hochaufragenden mittelalterlichen Burgen und rauen Meeresklippen – doch der Westen hat auch seine heitere Seite, mit weißen Sandstränden und idyllischen Dörfchen, die an den Ufer der Lochs liegen.

Umgeben von schneebedeckten Bergen, wacht das Eilean Donan Castle über den Loch Duich

Assynt

Besucherinformation

The Assynt Visitor Centre, Main Street, Lochinver

(01571) 844 654

So geschl.

www.assynt.info

Assynt

In Schottland gibt es zahllose herrliche Berge, aber die Gipfel des Assynt Parish und jene der benachbarten Coigach Peninsula umgibt etwas ganz Besonderes. Im Gegensatz zu den Cairngorms sind sie nicht Teil eines großen Massivs, sondern stehen vereinzelt. Jeder der Gipfel ragt wie ein riesiger Krieger in der unwirtlichen Moorgegend auf. Viele Besucher kommen hierher, um ausschließlich eine Tour auf den Assynt zu machen, doch in dieser Gegend gibt es auch noch weitere leichte Wanderwege sowie eine ganze Reihe hübsche Strände.

Südlich von Blairmore liegt die **Scourie Bay**, die mit ihrem weißen Sandstrand als herrliche Kulisse für einen Spaziergang oder auch ein entspanntes Picknick wie geschaffen ist. An einem schönen Tag kann man einen Abstecher nach Tarbet machen. Hier fahren kleine Boote zur Insel **Handa** hinüber, wo eine der größten Seevogelkolonien im nördlichen Europa lebt.

Obwohl nur wenige Besucher in den hohen Norden kommen, findet doch so mancher Reisende den Weg in das verschlafene Dorf **Kylesku**, wo man das großartige Restaurant im **Kylesku Hotel** (siehe S. 298) sowie eine Seehundko-

Lochinver
201 A3

lonie besuchen kann. Bootstrips (*Tel. 01971/502 345*) gehen zwischen März und Oktober vom Hotel aus zum Loch Glencoul, wo man mit großer Wahrscheinlichkeit Seehunde sehen kann. Einige der Trips führen auch zu Englands höchstem Wasserfall **Eas-Coul-Aulin**, der jedoch nicht besonders eindrucksvoll ist. Ein Ausflug dorthin wird nur bei günstigen Wetterbedingungen durchgeführt, also besser vorher anrufen.

Von Kylesku führt die B869 nach Westen, zum **Point of Stoer** und dem gleichnamigen Leuchtturm, ebenfalls ein Werk von Stevenson (siehe Kasten S. 205), der seit dem Jahr 1870 den Schiffen im Minch eine Orientierungshilfe ist. An der Spitze führt ein rauer Pfad zu Klippen, die auf den **Old Man of Stoer** blicken, einen 61 Meter hohen Felsen, der aus der Brandung ragt. Von hier überblickt man die Nordspitze vom schottischen Festland mit den Gipfeln des Assynt und die Insel Handa.

Weiter geht es nach Süden Richtung Lochinver, wobei sich ein Umweg über **Achmelvich** lohnt: Ein idyllischer weißer Sandstrand mit eindrucksvollen Dünen und einer hübschen kleinen Bucht – unter Schotten ein kleiner Geheimtipp. **Lochinver** ist vielleicht nicht die hübscheste Stadt Schottlands, aber ein idealer Ort, um sich mit Reiseproviant für diese entlegene Gegend zu versorgen. Hier liegen auch die **Culag Woods** mit einer Vielzahl von leicht begehbaren, familienfreundlichen Wanderwegen – Meer- und Bergblick inbegriffen –, die zu einem hübschen Kieselstrand führen.

In dieser Region gibt es einige großartige Möglichkeiten für Bergwanderungen. **Stac Pollaidh** oder Stac Polly geben einen überwältigenden ersten Eindruck – ein Tolkien-würdiges Szenario aus Felszacken, die je nach Blickwinkel völlig unterschiedlich erscheinen. Während der Stac Pollaidh auf einer Halbtagestour bewältigt werden kann, stellt der berühmteste Gipfel hier, der 731 Meterhohe **Suilven**, eine größere Herausforderung dar. Für ihn sollte man eine große Tagestour einplanen, eine 7-Kilometer-Wanderung zum Fuß des Berges inklusive, doch der fantastische Ausblick über Assynt und auf die Äußeren Hebriden machen diese Mühen wett. Man sollte natürlich auch alle Vorsichtsmaßnahmen und Vorbereitungen für eine derartige Tour treffen!

Wer gleich weiterfährt nach Ullapool (siehe S. 212), kann einen Umweg machen über die kurvenreiche, einspurige Straße Richtung Achiltibuie. Diese Land-

(Fortsetzung S. 212)

Inverewe Gardens

Seine Zeitgenossen fanden die Idee, exotische Pflanzen aus aller Welt nach Wester Ross zu importieren, vielleicht bizarr. Osgood MacKenzie aber, der Gründer der Inverewe Gardens, wusste sehr genau was er tat. *(Poolewe, Tel. 0844/493 2225, www.nts.org.uk, Nov.–März geschl., ££; siehe S. 212)*. Obwohl der Garten nördlicher liegt als Moskau, sorgt der warme Golfstrom für ideale Bedingungen. Besucher können an geführten Touren teilnehmen und auf den Pfaden der ausgedehnten Waldungen entlangschlendern, in denen sowohl einheimische als auch exotische Bäume gedeihen.

Eine Rundfahrt auf der Applecross Peninsula

Die Fahrt von den Torridon Mountains rund um die Applecross Peninsula nach Lochcarron führt durch eine atemberaubende Landschaft. Schwindelerregende Gebirgsstraßen wie der Pass Bealach Na Ba und überwältigende Ausblicke auf Seen und Berge warten auf alle Reisenden, die sich auf diese Tour machen.

Unterwegs vom Liathach Ridge nach Loch Torridon

Die Rundfahrt ist zwar an einem Tag zu bewältigen, um aber die wilde, ursprüngliche Schönheit der Halbinsel wirklich kennenzulernen, empfiehlt sich eine Übernachtung in Applecross – die Gelegenheit, um nicht nur durch eine überwältigende Naturlandschaft zu wandern, sondern auch herrlichen, fangfrischen Fisch zu genießen.

Mit seinen unzähligen Wanderrouten, darunter ein Aufstieg zum mächtigen Liathach (1490 m), sind die **Torridon Mountains** ein idealer Ausgangspunkt. Vom **Loch Torridon Visitor Centre** ❶ (*Torridon Mains, Tel. 01445/791 221*) in Torridon geht es nach Südwesten auf der A896, durch die kleine Siedlung Annat, dann zu **The Torridon** ❷ (siehe S. 297). Dieses großartige Country House an den Ufern des Loch Torridon serviert gutes Essen und eine hervorragende Auswahl an Single Malt Whiskys. Mit Torridon Activities (*Tel. 01445/791 242, www.thetorrdon.com/activities*) kann man Kletter- und Bergwandertouren zum Beinn Damph (902 m) im südlichen Teil des Gebiets unternehmen.

NICHT VERSÄUMEN

Applecross • Bealach Na Ba • Kishorn Seafood Bar

Nur eine kurze Fahrt auf der A896, und man erreicht einen **Aussichtspunkt** ❸ auf der rechten Seite, mit Blick aus großer Höhe auf den Loch Torridon und die umliegenden Berge. Nachdem man Balgy passiert hat, führt der Weg weiter nach **Shieldaig** ❹. Wer Essen gehen möchte, verlässt die A896 und besucht das **Tigh an Eilean Hotel** (siehe Reiseinformationen S. 297); hier gibt es gute Meeresfrüchte. Danach führt die A896 in südlicher Richtung nach Lochcarron. Die erste Straße rechts nehmen, die der

Küstelinie der Applecross Peninsula folgt, dann geht es Richtung Süden, immer dem **Inner Sound** entlang, mit fantastischer Aussicht auf die Inseln Rona und Raasay.

Der Weg führt weiter durch die Städte **Cuaig** ❺ und **Lonbain**; sobald man eine hübsche Sandbucht am Wegesrand entdeckt, hat man **Applecross** ❻ erreicht. In diesem weiß gekalkten Dörfchen finden sich ein Inn und einige malerische Cottages. Als schöner Zwischenstopp lohnt hier das **Applecross Inn** (siehe Reiseinformationen S. 297) wegen der atemberaubenden Lage und der köstlichen Meeresfrüchte. Das Dorf eignet sich auch als Ausgangspunkt für Wanderungen und verfügt über einen Campingplatz.

Von Applecross aus verläuft der **Bealach Na Ba** Weg erst ostwärts, danach südostwärts, bei ansteigendem Gelände, um dann in die A896 zu münden. Entlang des Wegs gibt es einige Aussichtspunkte, der höchste auf 626 Metern Höhe. Im Anschluss geht es bergab, die Fahrt wird spannend. Bei dieser steilen Abfahrt geht es auf einer engen, kurvenreichen Straße bis auf Meeresniveau hinunter. Am Fuß der Bealach Na Ba biegt man dann nach rechts auf die A896 ab; das Dorf **Ardarroch** ❼ am Loch Kishorn liegt nur einen Steinwurf entfernt. Hier winkt eine Belohnung nach der anstrengenden Fahrt: leckere Krustentiere in der **Kishorn Seafood Bar** (siehe Reiseinformationen S. 298). Danach geht es in westlicher Richtung auf der A806 nach **Lochcarron** ❽. Das Dörfchen an den Nordufern des Loch Carron eignet sich hervorragend zum Entspannen. Zudem kann man Fahrräder und Kajaks mieten – oder aber den Golfplatz aufsuchen.

Siehe auch Umgebungskarte S. 201
➤ Torridon Visitor Centre
80 km
1–2 Tage
➤ Lochcarron

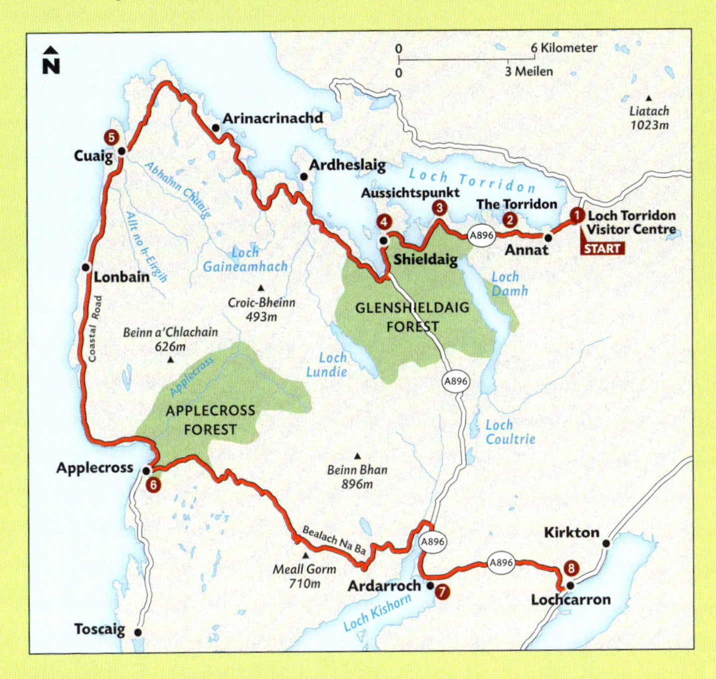

Achiltibuie
201 A2

Wester Ross
Besucherinformation
Ullapool Visitor Information Centre, 20 Argyle Street, Ullapool
(08452) 255 121
www.visitwester-ross.com

The Ceilidh Place
12–14 W. Argyle St., Ullapool
(01854) 612 103
£
www.theceilidhplace.com

Gairloch
201 A2
Besucherinformation
Gairloch Tourist Information, Auchtercairn
(01445) 712 071

schaft, durch die diese Straße führt, wird von hohen Bergen dominiert. Sie endet an einer T-förmigen Kreuzung; rechts geht es zum aufregenden Strand von **Achnahaird**. Er wird auf der einen Seite von Felsen und auf der anderen Seite von markanten Berggipfel umgeben. Nur einige Kilometer entfernt liegt **Achiltibuie**, ein kleines Dorf, in dem das großartige **Summer Isles Hotel** (siehe S. 297) steht. Es beherbergt ein Sterne-Restaurant sowie eine Gaststätte, die für ihre Meeresfrüchte bekannt ist. In Achiltibuie werden Bootstouren angeboten. u. a. von **Summer Isles Cruises** *(Badentarbet Pier, Achiltibuie, Tel. 01854/622 200, www.summer-isles-cruises.co.uk, £££)*, die im Sommer zweimal täglich ablegen.

Wester Ross

Viele Menschen denken bei Schottland an glitzernde Lochs, zerklüftete Berge, malerische Dörfer und einsame Sandstrände. Für viele ist das Gebiet um Wester Ross der Inbegriff dieses romantischen schottischen Idylls.

Ullapool ist Wester Ross' einwohnerstärkster Ort. Der alte Fischerhafen, der sich ans Ufer des Loch Broom schmiegt, spielte in der Geschichte der Highlands eine bedeutende Rolle. Viele der während der Clearances Vertriebenen setzten von hier die Segel nach Nordamerika, Australien und Neuseeland. Heute fahren die Fähren nur noch bis Stornoway auf der Isle of Lewis. Ullapool ist oft nur eine Station auf der Durchreise, hat aber einiges zu bieten, darunter gemütliche Pubs sowie ein zentrales „Kulturzentrum", **The Ceilidh Place.**

Weiter südlich, in Richtung der imposanten Torridon Mountains, führt die A835 an den **Inverewe Gardens** vorbei (siehe Kasten S. 209) auf dem Weg nach **Poolewe**, einem hübschen Dorf. Von hier kann man eine schöne Wanderung unternehmen zum malerischen **Loch Maree.**

INSIDERTIPP

Niemand fährt am Eilean Donan Castle vorbei, ohne zu fotografieren. Es ist der Inbegriff der schottischen Burg.

JIM RICHARDSON
National Geographic-Fotograf

Five Sisters of Kintail

Wer auf der A87 zwischen Glen Shiel und Loch Duich unterwegs ist, kann die fünf steilen, spitz zulaufenden Gipfel gar nicht übersehen: die Five Sisters of Kintail, die in ihrer Gesamtheit eine der beliebtesten Gratwanderungen Schottlands bilden. Zu der Bergtour gehören drei Berge mit über 914 Metern Höhe, die in Schottland unter dem Begriff Munros bekannt sind: Sgurr na Ciste Duibhe (1027 m), Sgurr na Carnach (1002 m) und Sgurr Fhuaran (1067 m). Die Tour eignet sich weder für unerfahrene noch für unsichere Wanderer, denn hier muss man steile Aufstiege auf felsigem Grund und Wanderungen auf schmalen Bergkämmen bewältigen. Der wohl beste Startpunkt für die Tour, die zwischen acht und zehn Stunden dauern kann, ist der Parkplatz auf der A87 zwischen den beiden Waldstücken.

In **Gairloch** an den Ufern des Loch Gairloch gibt es einige hübsche Sandstrände, außerdem ist es eine gute Ausgangsbasis für Exkursionen. Die B8021 auf der Nordseite der Bucht präsentiert Fahrern, Radfahrern und Wanderern eine beeindruckende Küstenlandschaft. Sie führt zu einem Kap mit dem Leuchtturm **Rua Reidh**, der über ein kleines Besucherzentrum sowie über Quartiere im Hostel-Stil verfügt.

Im Südwesten führt eine einspurige Straße an einem hübschen Loch vorbei, durch das Dörfchen **Badachro** mit seinem empfehlenswerten Pub, dem **Badachro Inn** (*www.badachroinn.com*). Das nächste Dorf ist **Redpoint**, hier gibt es einen großen Sandstrand sowie einen wunderbaren Spazierweg mit Blick auf die Hebriden.

Häuser des Dorfes Plockton am Ufer des Loch Carron, mit den Gipfeln der Applecross Mountains im Hintergrund

Plockton

Etwa 97 Kilometer südlich von Gairloch befindet sich ein pittoreskes Dorf, das wunderschön am Loch Carron gelegen ist, mit Blick auf die Applecross Mountains. Plockton war im BBC-Drama „Hamish MacBeth" zu sehen.

Am besten erkundet man die Umgebung von Plockton vom See aus. Ein Bootstrip der **Calum's Plockton Seal Trips** eröffnet einen herrlichen Ausblick auf die gekalkten Cottages und die imposanten Cuillin Hills of Skye. Seehunde sind mit großer Wahrscheinlichkeit zu sehen (oder es gibt das Geld zurück), vielleicht mit etwas Glück auch Delfine und Otter. Wer alleine auf den Loch hinausfahren möchte, kann Kanus im Souvenirladen ausleihen. Landratten dagegen können das Panorama und frische „Plockton-Garnelen" im **Plockton Hotel** (siehe S. 297) genießen.

Nach einer halbstündigen Fahrt in südöstlicher Richtung auf der A87 wird der Blick frei auf eine der schönsten Burgen Schottlands, **Eilean Donan.** Diese sehenswerte Festung entstand im 13. Jahrhundert, wurde jedoch im Jahr 1719 zerstört, als 343 Pulverfässer explodierten. Fats 200 Jahre lang lag die Burg in Trümmern, bis sie schließlich im frühen 20. Jahrhundert restauriert wurde. Von außergewöhnlicher Schönheit ist auch die überwältigende Naturkulisse hier – der Blick auf den Loch Long, Loch Alsh, Loch Duich sowie die Five Sisters of Kintail (siehe Kasten S. 212). Filmfans kennen das Schloss vermutlich aus dem Spielfilm „Highlander". ■

Rua Reidh
✉ Melvaig
☎ (01445) 771 263
$ £
www.ruareidh.co.uk

Calum's Plockton Seal Trips
✉ 32 Harbour St., Plockton
☎ (01599) 544 306
$ ££
www.calums-sealtrips.com

Eilean Donan
Karte 201 A1
✉ Dornie
☎ (01599) 555 202
$ ££
www.eileandonancastle.com

ISLAND

Farbenfrohe Dörfer und rauchige Whiskys auf einem Insel-Fleckenteppich zwischen schottischer Küste und rauem Nordatlantik

Die Inseln der Westküste

Die farbenfrohe Stadt Tobermory auf der Isle of Mull

Die Inseln der Westküste

Viele Schottlandreisende träumen von einem Abstecher auf die Insel Skye, deren Berge voll romantischer Geschichten stecken. Viele ahnen nicht, dass Schottland über 800 Inseln hat, von denen fast 100 bewohnt sind. Die Inseln vor der Westküste unterscheiden sich nicht nur landschaftlich, sondern weisen eine abwechslungsreiche Fauna und Kultur auf.

Bute und Arran zählen zu den am leichtesten erreichbaren schottischen Inseln. Aufgrund ihrer Nähe zu Glasgow waren sie bereits in viktorianischer Zeit ein beliebtes Reiseziel. Heute erleben die Inseln eine kleine Renaissance: Neben Boutique-Hotels und vielen fantastischen Restaurants gibt es eine Reihe von örtlichen Unternehmen, die Outdoor-Aktivitäten, regionale Produkte sowie Informationen über die Geschichte und Tierwelt der Inseln anbieten.

Die Insel Islay, die zu den Inneren Hebriden gehört, muss man Whiskykennern nicht extra vorstellen. Denn in den acht Destillerien werden einige der edelsten Whiskys hergestellt. Darüber hinaus ist die mit Sandstränden und weiß gekalkten Dörfern durchsetzte Landschaft einfach fantastisch. Die meisten Islay-Besucher erleben die Insel Jura nur als dramatisches Bergpanorama am Horizont. Doch diese felsige Insel, auf der wesentlich mehr Hirsche als Menschen leben, belohnt Bergwanderer, Naturbeobachter und alle, die einmal völlig abschalten wollen, mit unvergesslichen Erlebnissen.

NICHT VERSÄUMEN

Köstliche schottische Spezialitäten und Abenteuersportarten auf der Insel Arran 219

Whiskyverkostung in den acht Destillerien der wildromantischen Insel Islay 222

Insel Mull – erhabene Berggipfel, unberührte Strände, unzählige Tiere sowie der kunterbunte Hauptort Tobermory 226

Wandern über Berg und Tal auf den gewaltigen Cuillin Hills der sagenumwobenen Insel Skye 232

Bezaubernde Landschaft auf Harris 240

Von der an der Westküste gelegenen, lebhaften Hafenstadt Oban ist die Insel Mull nur eine kurze Fährreise entfernt. Mull ist seit langem ein beliebtes Ferienziel: Schotten und andere Touristen bummeln durch den farbenfrohen Hauptort Tobermory und genießen die pittoresken Berge und atemberaubenden Sandstrände. Die Insel ist auch eine gute Ausgangsbasis für Ausflüge zu den kleineren Inseln, darunter zum uralten Pilgerziel Iona, oder zu den Inseln Eigg, Rhum, Canna und Muck.

Wer noch weiter reisen möchte, kann sich auf der Insel Coll die Zeit mit Wandern oder Radfahren vertreiben oder an den menschenleeren Stränden relaxen. In der Ferne erblickt man die Äußeren Hebriden (oder Western Isles) sowie die Inneren Hebriden. Die Nachbarinsel Tiree darf sich rühmen, sowohl der sonnenreichste Ort Britanniens als auch Austragungsort eines wichtigen internationalen Windsurfing-Events zu sein, nämlich der Tiree Wave Classic.

Im Norden liegt Skye, das zu den Inneren Hebriden zählt: Die Insel gleicht einem riesigen Naturspielplatz, auf dem erfahrene Kletterer ordentliche Bergtouren unternehmen und andere Besucher die Dörfer mit ihren weiß gekalkten Häusern inmitten überwältigender Landschaft bewundern können. Von Uig im Norden der Insel verkehren Fähren nach Lochmaddy auf North Uist (Äußere Hebriden) und nach Tarbert auf der Insel Harris.

Eine Reihe von Dämmen verbindet die Inseln North Uist, Benbecula, South Uist und Eriskay miteinander, die durch azurblaue Lochs, klei-

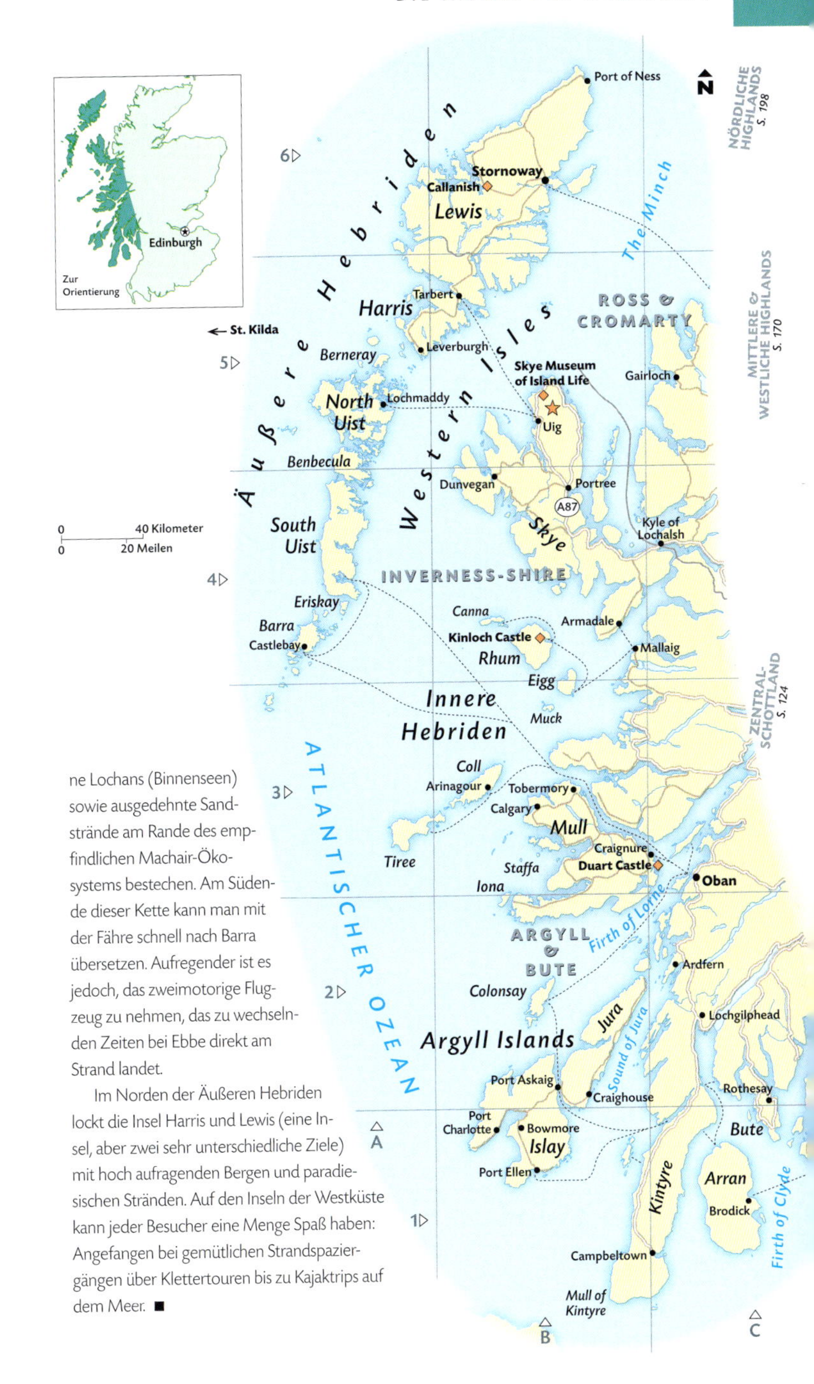

ne Lochans (Binnenseen) sowie ausgedehnte Sandstrände am Rande des empfindlichen Machair-Ökosystems bestechen. Am Südende dieser Kette kann man mit der Fähre schnell nach Barra übersetzen. Aufregender ist es jedoch, das zweimotorige Flugzeug zu nehmen, das zu wechselnden Zeiten bei Ebbe direkt am Strand landet.

Im Norden der Äußeren Hebriden lockt die Insel Harris und Lewis (eine Insel, aber zwei sehr unterschiedliche Ziele) mit hoch aufragenden Bergen und paradiesischen Stränden. Auf den Inseln der Westküste kann jeder Besucher eine Menge Spaß haben: Angefangen bei gemütlichen Strandspaziergängen über Klettertouren bis zu Kajaktrips auf dem Meer. ■

Rund um die Inseln von Argyll

Vom schottischen Festland gelangen Reisende per Fähre zu den küstennahen Inseln von Argyll, die zum Archipel der Inneren Hebriden zählen. Ob viktorianischer Charme auf Bute, schottische Spezialitäten auf Arran oder unberührte Natur auf Jura, ob Islays Whiskydestillerien oder Mulls beeindruckende Burgen und bunte Dörfer – auf den Inseln ist für jeden Geschmack etwas geboten.

Eine Autofähre hat auf den Kyles of Bute angelegt

ANREISE INSELN VON ARGYLL: Caledonian MacBrayne (Tel. 08705/650 000, www.calmac.co.uk) und Western Ferries (Tel. 01369/704 452, www.western-ferries.co.uk) bedienen die Inseln von Argyll. Die Anreise ist auch per Flugzeug (Ryanair & British Airlines), Auto oder Eisenbahn (Scotrail) möglich.

Inseln von Argyll

217 B1–B2, C1

Besucherinformation

Tourist Information Centre Argyll Square, Oban

(01631) 563 122

www.visitscottishheartlands.com

Bute

Auch wenn Bute nur 24 Kilometer breit und acht Kilometer lang ist, weist es für Besucher doch viele Attraktionen auf. Die im Firth of Clyde gelegene Insel hatte ihre Blütezeit im 19. Jahrhundert als beliebtes Urlaubsziel der Glasgower, die auf den traditionellen Raddampfern „doon the watter" anreisten (siehe Kasten S. 219).

Der Hauptort **Rothesay** hat etwas an Glanz verloren, doch die allgegenwärtige viktorianische Architektur mit ihrer Atmosphäre verblasster Pracht verlockt immer noch. Sehenswert sind auch die Hafenpromenade, das **Bute Museum** *(7 Stuart St., Tel. 01700/505 067, www.butemuseum.org, £)*, die bunten **Ardencraig Gardens** *(Ardencraig Lane, High Craigmore, Tel. 01700/504 644, www.gardens-of-argyll.co.uk, £)* sowie **St. Mary's Chapel** *(High Street)* aus dem 14. Jahrhundert. Die beeindruckendste Sehenswürdigkeit ist jedoch die 800 Jahre alte Ruine von **Rothesay Castle** *(Castlehill Street, Tel. 01700/502 691, www.historic-scotland.gov.uk, ££)*: Zwischen dem 13. und 16. Jahrhundert residierten auf der imposanten Burg mehrere schottische Könige.

Jenseits der Stadtgrenze lassen sich weitere Kulturdenkmäler der Insel entdecken. Nicht weit entfernt im Süden liegt **Mount Stuart**, ein dekadentes viktorianisches Herrenhaus im gotischen Stil. Es gilt als eindrucksvollstes Haus dieser Art im ganzen Vereinigten Königreich und war der Stammsitz des dritten Marquis von Bute. Mount Stuart ist schon Grund genug, Bute einen Besuch abzustatten. Zur Blütezeit im Frühjahr und Sommer ist auch **Ascog Hall Fernery and Garden** einen Abstecher wert.

Wie die Nachbarinsel Arran im Südwesten wird auch Bute durch den Highland Boundary Fault, eine geologische Verwerfung, in Highland- und Lowlandregionen unterteilt. Im Norden schufen geologische Aktivitäten vor vielen Jahrtausenden Hügel wie den **Windy Hill** (278 m), die höchste Erhebung der Insel, die heute zum Bergwandern einlädt. Den Süden prägen grünes Ackerland und herrliche Sandstrände, wobei **Kilchattan Bay** und **Scalpsie Bay** (ideal zur Seehundbeobachtung) als besonders sehenswert gelten.

Kilchattan Bay liegt nur drei Kilometer von Butes Südspitze entfernt: Hier beginnt der **West Island Way** mit seinen atemberaubenden Ausblicken. Die rund 48 Kilometer lange Strecke macht im Süden der Insel eine Schleife, bevor sie Richtung Norden nach Rhubodach führt und dann wieder nach Süden bis Port Bannatyne an der Ostküste. Ein Highlight der Route ist **St. Blane's Chapel** aus dem 12. Jahrhundert.

Arran

Arran wird oft als „Schottland im Miniaturformat" bezeichnet. Kein Wunder bei sieben Golfplätzen, dramatischen Burgen, pittoresken Dörfern, einer Whiskydestillerie, einem erstklassigen Seafood-Restaurant sowie einer Unzahl von Produzenten regionaler Spezialitäten. Dazu kommen noch Arrans Naturschönheiten – die felsigen Berge des Nordens und die sanft

Bute
217 C1–C2

Mount Stuart
Mount Stuart Drive, Rothesay, Bute
(01700) 503 877
££
www.mountstuart.com

Ascog Hall Fernery and Garden
Ascog, Bute
(01700) 504 555
Mo–Di geschl.
£
www.ascoghallfernery.co.uk

ERLEBNIS: Schiffsreise an Bord der „Waverley"

Die schönste Anreise nach Bute ist zweifellos die Fahrt an Bord der PS „Waverley" *(Waverley Terminal, 36 Lancefield Quay, Glasgow, Tel. 0845/130 4647, www.waverleyexcursions.co.uk)*. Der letzte Hochsee-Raddampfer der Welt fährt in den Sommermonaten regelmäßig von Glasgow den River Clyde hinab nach Rothesay auf Bute. Der Original-Raddampfer „Waverley" wurde 1940 bei der Evakuierung von Dünkirchen versenkt. Sein Nachfolger, einer der letzten nach dem Zweiten Weltkrieg gebauten Raddampfer, absolvierte seine Jungfernfahrt am 16. Juni 1947.

Eigentlich sollte die „Waverley" Loch Goil und Loch Long hinauffahren nach Lochgoilhead und Arrochar. Doch die meiste Zeit verkehrte sie zwischen Craigendoran und den Erholungsgebieten am Firth of Clyde, dessen Strände damals sehr beliebt waren.

Eine Reise auf der „Waverley" gleicht einem Trip durch die Vergangenheit. Man fühlt sich um viele Jahre zurückversetzt, wenn man dem Akkordeonspieler lauscht, das schimmernde Metall im Maschinenraum bewundert und das Schiffshorn tuten hört. Selbst wer nicht vorhat, auf der „Waverley" mitzufahren (sie verkehrt auf verschiedenen Routen von Juni bis zum Sommerende, sowie einige Trips im Oktober), sollte nach diesem außergewöhnlichen Schiff mit seinem schwarz-weißen Rumpf und den rot-schwarz-weißen Schornsteinen Ausschau halten.

Arran
217 C1
Besucherinformation
Tourist Information Centre, The Pier, Brodick, Arran
(01770) 303 776
www.visitscottishheartlands.com

Isle of Arran Heritage Museum
Rosaburn
(01770) 302 636
Ende Okt.–April geschl.
£
www.arranmuseum.co.uk

Brodick Castle, Gardens & Country Park
Brodick, Arran
(0844) 493 2152
Do–Fr geschl.
£££
www.nts.org.ukProperty/13/Contact

geschwungenen Hügel des Südens sowie die vielen Sandstrände.

Brodick ist der Hauptort der Insel und bietet neben dem Fährhafen, diversen Hotels, Bars, Cafés und Shops auch einen Sandstrand und einen verrückten Golfplatz. Die Hauptattraktion liegt jedoch am nördlichen Stadtrand. Das in einem Cottage aus dem frühen 20. Jahrhundert untergebrachte **Isle of Arran Heritage Museum** befasst sich eingehend mit der Sozialgeschichte der Insel. Ein paar Kilometer weiter überraschen **Brodick Castle, Gardens and Country Park** mit herrschaftlichen Räumen und weitläufiger Parkanlage, die auf eine 600-jährige Geschichte zurückblicken. Der Hauptweg auf Arrans höchsten Gipfel, **Goatfell** (819 m), dessen mächtige Form die Insel dominiert, beginnt hinter der **Isle of Arran Brewery** in Brodrick (siehe Kasten unten). Vom Gipfel aus kann man an einem klaren Tag ein spektakuläres Panorama aus schroffen Bergen und schimmernden Lochs sehen, das sich von Irland im Südwesten bis zum Ben Lomond auf dem Festland erstreckt.

Lochranza an der Nordspitze der Insel beherbergt den **Lochranza Golf Course** *(Lochranza, Tel. 01770/830 273, www.lochranzagolf.com, ££££)* und die **Lochranza Distillery** *(Lochranza, Tel. 01770 830/264, www.arranwhisky.com, ££)*, wo man in einem Besucherzentrum alles über diesen exzellenten Single Malt erfährt. Am stärksten im Gedächtnis bleibt einem jedoch die dramatische Ruine von **Lochranza Castle** aus dem 13. Jahrhundert. Die geschichtsträchtige Burg beherbergte u. a. die Familie MacSween sowie Oliver Cromwell. Alte Berichte sprechen davon, dass sogar Robert the Bruce 1306 hier landete, als er von Irland zurückkehrte, um Anspruch auf den schottischen Thron zu erheben.

Die Straße schlängelt sich an Arrans Westküste entlang und führt durch **Catacol,** dessen weiß gekalkte Cottages auch die „Zwölf Aposteln" genannt werden. Obwohl sie heute recht hübsch wirken, wurden sie doch Mitte des 19. Jahrhunderts für von ihrem Grund und Boden Vertriebene erbaut, weshalb die Cottages dieser Notleidenden den Spitznamen

Food Renaissance: Arrans Köstlichkeiten

Arran hat sich zu einem Ziel für Feinschmecker entwickelt. Einer der Pioniere dieser Arran-Renaissance war die Firma Arran Fine Foods *(www.taste-of-arran.co.uk)*, die Konfitüren, Marmeladen und Saucen herstellt. The Island Cheese Company *(Home Farm, Brodick, Tel. 01770/302 788, www.islandcheese.co.uk)* hat einige erstklassige Käsesorten kreiert, indem sie Cheddarkäse z. B. mit Whisky und Chili versetzt. Perfekt zu diesen weichen, krümeligen Käsesorten passt natürlich ein Wooleys of Arran Oatcake *(www.wooleys.co.uk)*, ein echt schottischer Haferkeks. Darüber hinaus gibt es einen Speiseeisproduzenten *(Arran Dairies, Market Road, Brodick, Tel. 01770/302 374)*, einen Chocolatier *(James of Arran, Shore Road, Brodick, Tel. 01770/302 873, www.jamesofarran.com)*, eine Destillerie *(Isle of Arran Distillers, www.arranwhisky.com)* sowie eine Brauerei *(Isle of Arran Brewery, Brodick, Tel. 01770/302 353)*.

„Hungry Row", also „Hungerhäuserzeile" trugen.

Noch weiter zurück in die Geschichte kann man im **Machrie Moor** reisen, dessen Hauptattraktion sechs **Megalithanlagen** bilden. Neben Steinkreisen, von denen lediglich ein einzelner Menhir noch aufrecht steht, gibt es Doppelkreise, die auf die Bedeutung dieser uralten Stätte verweisen, auch wenn heute nur Granitbrocken übrig geblieben sind. Auch **King's Cave** nahe **Blackwaterfoot** gilt als historischer Boden: Hier soll Robert the Bruce neuen Mut gefasst haben.

Die nahe gelegenen Dörfchen **Lagg, Kilmory** und **Torrylin** sind zusammengewachsen und wirken wie ein einziges Dorf. In dieser Gegend lohnt es sich, Ausschau nach prähistorischen Stätten zu halten, wie z. B. dem jungsteinzeitlichen **Torrylin Cairn** und dem **Torr a'Chaisteal Dun** (auch Corriecravie Dun), einem befestigten Hof aus der Zeit um 200 n. Chr.

In den vergangenen Jahren wurde Arrans traditioneller Charme durch eine Reihe von Abenteuersportarten ergänzt. Mountainbiking, Schluchtenwandern sowie Kajakfahrten auf dem Meer können über die **Arran Adventure Company** *(Auchrannie Road, Auchrannie Resort, Tel. 01770/302 244, www.arranadventure.com, ££££)* gebucht werden, während das **Balmichael Visitor Centre** *(Shiskine, Tel. 01770/860 596, www.balmichael.com, £)* Hubschrauberflüge und Quadbiking anbietet. Wer's gemütlicher mag, probiert das Töpferstudio oder den Kinderspielplatz aus.

Die Menhire von Machrie Moor auf Arran

Jura

Jura zählt zu Schottlands bestgehütetsten Geheimnissen: Die Insel (368 km²) überwältigt alle Besucher durch ihre traumhafte Landschaft. Die herausragendste Sehenswürdigkeit sind die Paps of Jura – drei majestätische Berggipfel, die man sogar von Islay und Argylls Westküste aus sehen kann.

Da es auf der Insel angenehmerweise kaum Straßen und folglich auch wenig Verkehr gibt (Jura hat lediglich eine Straße entlang der Süd- und Ostküste), gedeiht die Tierwelt hier prächtig. Vogelfreunde können Moorhühner, Schnepfen, ja sogar Steinadler beobachten. Die Hirschpopulation umfasst rund 6000 Tiere, wohingegen nur 200 Menschen die Insel als ihre Heimat bezeichnen. Vor vielen Jahrhunderten trug Jura den Namen Dy Oer (Joora), was so viel wie „Hirschinsel" bedeutet. Obwohl es auf Jura einige Attraktionen gibt, wie z. B. die **Isle of Jura Distillery** in **Craighouse**, Juras einzigem Dorf, sowie **Jura House and Gardens** in Ardfin, kommen die meisten Touristen doch, um in Ruhe die Natur zu genießen.

(Fortsetzung S. 224)

Jura

217 B2

Besucherinformation

 Islay–Jura Tourist Information Centre, The Square, Bowmore, Islay

(01496) 810 254

www.visitscottishheartlands.com

Isle of Jura Distillery

Craighouse, Jura

(01496) 820 240

So geschl.

££

www.isleofjura.com

Jura House & Gardens

Ardfin, Jura

(01496) 820 315

££

www.jurahouseandgardens.co.uk

Islay-Whisky

Seit Jahrhunderten pilgerten die Menschen zur wildromantischen Insel Islay. Auch heute noch erfüllen sich jedes Jahr Pilger der besonderen Art ihren Traum und brechen zu diesem abgelegenen Erholungsort auf: Sie kommen auf die Insel, um dem *Uisge Beatha* Ehre zu erweisen – der gälische Ausdruck lässt sich mit „Wasser des Lebens" übersetzen. Natürlich sind sie auf der Suche nach Whisky, besonders nach den rauchigen, vollmundigen Single Malts, die von den acht auf der Insel verteilten Destillerien hergestellt werden.

Die Bruichladdich-Destillerie ist nur eine der vielen Brennereien auf Islay, die sich mit Geschichte und Kultur der Whiskyherstellung beschäftigen

Whiskykenner aus aller Welt schätzen die Islay Malts wegen ihrer einzigartigen Geschmacksnoten. Islays Malts unterscheiden sich von anderen Whiskys hauptsächlich wegen des Torfes, denn auf der Insel ist dieser Bodentyp vorherrschend. Die gemälzte Gerste, aus der man Whisky herstellt, wird über Torffeuer geröstet, was den einheimischen Malts ihr einzigartiges rauchiges Aroma verleiht. Man braucht nur einmal am Glas zu schnuppern und weiß sofort, dass es sich um ein „dram", also ein Schlückchen, von Islay handelt. Jede der acht Destillerien besitzt eine eigene Wasserquelle, jeder Whisky schmeckt etwas anders. Das Wasser der Destillerien aus Islays Süden ist z. B. brauner, weil torfhaltiger. Darüber hinaus entstehen durch individuelle Destilliertechniken Geschmacksnoten und Aromen, die sich doch stark unterscheiden, wenn man bedenkt, wie klein die Insel eigentlich ist.

Destillation & Destillerien

Bei den Führungen in den Destillerien lernen Besucher den gesamten Prozess der Whiskyherstellung kennen, vom Mälzen bis zum Maischen. Während des Mälzprozesses wird die gekeimte Gerste in der rauchigen Hitze des bren-

INSIDERTIPP

Vor der Reise sollte man im Internet prüfen, welche Whiskys überall erhältlich sind. So kann man später ganz besondere Flaschen, die es nur auf der Insel zu kaufen gibt, als Souvenir auswählen.

LARRY PORGES
NATIONAL GEOGRAPHIC-Redakteur

nenden Torffeuers getrocknet. Das so entstandene Malz schüttet man dann in heißes Wasser in einen Maischebottich. Nach dem Maischen wird die so entstandene zuckrige Flüssigkeit („wort") zur Gärung mit Hefe versetzt. Zu diesem Zeitpunkt weist die Flüssigkeit nur einen geringen Alkoholgehalt auf. Anschließend wird sie jedoch in großen Kupferkesselpaaren (Brennblase) zweimal destilliert. Jeder Fehler während dieses Prozesses beeinträchtigt das endgültige Aroma. Der Brennmeister überwacht den Destillationsprozess Tag und Nacht. Nach der zweiten Destillation füllt man den Branntwein in Eichenfässer, in denen er 8–20 Jahre lang in einem kühlen Lagerhaus reift. Im Lauf dieser Jahre verliert der Whisky seine ursprüngliche Schärfe: Er wird milder und entwickelt den vollen Geschmack eines Single Malt.

In den vergangenen Jahren ist die weltweite Nachfrage nach Islay Whisky stark gestiegen, was auf der Insel für zwei Wiedereröffnungen sorgte. Die Ardbeg-Destillerie, die 1981 ihre Produktion einstellte, nahm sie 1997 wieder auf, während Bruichladdich, deren Fässer 1995 eingemottet wurden, 2001 erneut aufmachte. Sie wetteifern heute u. a. mit Laphroaig, Lagavulin, Caol Ila, Bunnahabhain und Bowmore.

Islays achte Destillerie, der erste Destillerie-Neubau auf der Insel seit 124 Jahren, öffnete 2005 seine Tore. Die in einem alten Hof untergebrachte Kilchoman-Destillerie ist eine der kleinsten in ganz Schottland. Der Bauer zeugt mit seiner kühnen Start-Up-Idee vom Unternehmungsgeist, der diese Hebridengemeinde gedeihen lässt, und ruft die Erinnerung an die Tage wach, als britische Steuereintreiber noch nicht landauf landab beinahe alle Dorf-Destillerien geschlossen hatten. Die Kilchoman-Destillerie ist eine der wenigen Destillerien in Schottland, die jeden Schritt in der Whiskyherstellung selbst vor Ort ausführt. Dazu gehören der Anbau der Gerste sowie das Abfüllen des gereiften Whiskys in Flaschen.

Islay Whisky Festival

Whiskyliebhaber suchen Islay das ganze Jahr über heim. Die beste Zeit ist jedoch im Mai, wenn das Islay Whisky Festival stattfindet. Jedes Jahr tobt dieses laute Event, das am letzten Maiwochenende beginnt und eine Woche dauert, von einer Destillerie zur nächsten, in einem Rausch aus Gratisverkostungen, Partys, Tagen der offenen Tür und schließlich der wildesten Nacht des Jahres, dem festlichen Ceilidh (einer traditionellen keltischen Feier mit Musik und Tanz). Weitere Informationen über das Festival unter *www.scotlandwhisky.com/whisky-festivals/Islay-malt-and-Music-festival.*

Alljährlich kommen „Pilger" aus aller Welt, um den Ursprungsort ihrer geliebten Islay Malts zu erkunden und um den Bach (oder „burn" auf Schottisch) zu sehen, in dem das Wasser für die Destillerie dahinplätschert. Wer ein wahrer Whiskyliebhaber ist oder sich für eine uralte Kunst interessiert, die auch in der heutigen Zeit ihren Wurzeln treu bleibt, sollte sich nach Islay aufmachen.

Der letzte Schritt vor dem Genuss: Der Kauf einer Flasche Whisky zum Mitnehmen

SwimTrek
63 Landsdowne Place, Brighton
(01273) 739 713
££££
www.swimtrek.com

Die **Paps of Jura** ziehen Wanderer und Kletterer an. Beinn an Oir, der „Berg aus Gold", ist mit 785 Meter der höchste Gipfel und gehört zu den sogenannten Corbetts (Berge über 762 m Höhe). Östlich steht der „heilige Berg" Beinn Shiantaidh (757 m) und im Südwesten der „Mountain of the Sound", Beinn a'Chaolais (734 m).

Auf der Insel Jura lebt eine Hirschpopulation von etwa 6000 Tieren

Entlang der mit Sandstränden, Klippen und Höhlen reichlich gesegneten, 185 Kilometer langen Küste bieten sich unzählige Möglichkeiten für Wanderungen im flachen Gelände. Wer im Landesinneren unterwegs ist, kann uralte **Menhire** und verfallene **Ringwälle** entdecken sowie die Ruinen von **Aros Castle** und **Claig Castle.** Hier kann man auch baden gehen, und zwar im **Gulf of Corryvreckan** mit seinem berüchtigten Strudel (30 m Durchmesser). Als Teilnehmer eines einwöchigen **SwimTrek** auf den Inneren Hebriden kann man durch den Gulf schwimmen. Oder man bestaunt den Strudel vom Boot aus (zahlreiche Anbieter, siehe Kasten S. 225). Unter keinen Umständen sollte man sich dem gefährlichen Strudel alleine nähern.

Islay

Mit seinen acht Whiskydestillerien (siehe S. 222f) und den atemberaubenden Stränden sollte das wildromantische Islay eigentlich völlig von Touristen überlaufen sein. Doch die Hebrideninsel ist so abgelegen, dass der Massenandrang noch aussteht. So können die Einheimischen weiterhin ihr selbstgenügsames Leben führen, das sie seit der Zeit, als die legendären Lords of the Isles über ganze Landstriche der schottischen Highlands von ihrer Festung auf Islay herrschten, gewohnt sind.

Islay (619 km^2) besitzt einen Flughafen und zwei Fährhäfen. Abgesehen von der Fährverbindung nach Jura und Colonsay sowie nach Kennacraig auf dem Festland hat **Port Askaig** im Nordosten der

Insel Besuchern wenig zu bieten. Wer in **Port Ellen** im Süden ankommt, sollte Ausschau nach dem **Carraig Fhada Lighthouse** halten. Dieses beeindruckende Gebäude aus dem 19. Jahrhundert beherbergt auch eine seit langem stillgelegte Destillerie, die nun als Mälzhaus für andere Destillerien dient. Daneben liegt **Singing Sands**, einer der schönsten Strände der Insel. Östlich des Ortes führt die Straße nach Claggin Bay vorbei an drei Destillerien, der Ruine von **Dunyvaig Castle** und dem **Kildalton Cross** – einem der schönsten Exemplare frühschristlicher Kreuze in Schottland – sowie an der verfallenen **Kildalton Chapel.**

Der Weg nach Westen führt auf die **Oa-Halbinsel** (The Oa), wo sich das **American Monument** befindet, ein monolithisches Mahnmal über dem Mull of Oa, das an zwei US-amerikanische Schiffe erinnert, die im Jahre 1918 hier versenkt wurden. Nach Norden geht es vorbei am Sandstrand von **Laggan Bay** Richtung **Bowmore**, dem Hauptort der Insel. Er ist berühmt für die gleichnamige **Destillerie,** die zweitälteste Schottlands. Sehenswert sind auch die alten Kirchen sowie der Blick über den Loch Indaal.

Südwestlich liegen die stark gälisch geprägten **Rhinns of Islay,** die einst eine eigenständige Insel waren und von zahlreichen Steinkreuzen, Menhiren und anderen historischen Monumenten übersät sind. Hier befindet sich auch **Port Charlotte,** das mit seinen gekalkten Häuschen und dem malerischen, kleinen Hafen am Ufer des silbrig schimmernden Loch Indaal als das hübscheste Dorf der Insel bezeichnet werden kann. Im Ort gibt es zwei Sehenswürdigkeiten: das historische **Museum of Islay Life** sowie das **Wildlife Information Centre**, das die Inselfauna zum Thema hat.

Ganz in der Nähe warten die Zwillingsdörfer Portnahaven und Port Wemyss auf Besucher. In **Portnahaven** kann man eigentlich nichts tun, als entspannt am Wasser zu sitzen und den erstklassigen Ausblick über den Hafen zu genießen, während man sich allmählich

Golf von Corryvreckan

Der Golf von Corryvreckan ist eine Meerenge zwischen den Inseln Jura und Scarba. Hier befindet sich der drittgrößte Meeresstrudel der Welt (30 m Durchmesser). Der Corryvreckan-Whirlpool wird durch einen knapp unter der Meeresoberfläche gelegenen submarinen Berggipfel sowie durch die Gezeiten hervorgerufen. Man kann ihn aus der Luft betrachten, ihn aber auch per Boot besichtigen. Folgende Touranbieter gibt es: Craignish Cruises *(Tel. 07747/023 038, www.craignishcruises.co.uk, £££££)* in Ardfern und Farsain Cruises *(Tel. 01852/500 664, £££££)* in Craob Haven, beide in der Nähe von Lochgilphead, sowie Sealife Adventures *(Dunaverty, Easdale, Tel. 01631/571 010, www.sealife-adventures.com, £££££)* in Oban.

Islay

217 B1–2

Besucherinformation

Islay–Jura Tourist Information Centre, The Square, Bowmore, Islay

(01496) 810 254

www.visitscottishheartlands.com

Bowmore Distillery

School Street, Bowmore, Islay

(01496) 810 441

So geschl.

£

www.bowmore.co.uk

Museum of Islay Life

Port Charlotte, Islay

(01496) 850 358

Nov.–März geschl.

£

www.islaymuseum.org

Wildlife Information Centre

Port Charlotte, Islay

(01496) 850 288

£

Keltisches Steinkreuz auf der Insel Islay

Islay Woollen Mill
An der A846, Bridgend, Islay
(01496) 810 563
So geschl.
www.islaywoollenmill.co.uk

Mull
217 B2–B3

Duart Castle
Isle of Mull
(01680) 812 309
Mitte Okt.–März geschl., restl. Jahr Fr–Sa geschl.
£
www.duartcastle.com

Torosay Castle
Isle of Mull
(01680) 812 421
Nov.–März geschl.
£
www.toroay.com

an den langsamen Rhythmus des Dorfalltags anpasst. Schöne Cottages säumen auch die Uferpromenade von **Port Wemyss**, von wo der Blick übers Meer nach Laggan Bay und zum Mull of Oa im Osten schweift. Islay besitzt eine eigene **Wollmühle**: Die traditionell gewebten Stoffe dieses Familienbetriebs wurden in mehreren Filmen verwendet, darunter „Braveheart" und „Rob Roy". Auch im Norden gibt es keltische Steinkreuze, Sandbuchten und Gedenksteine, die an Schiffsbrüchige erinnern. **Loch Finlaggan** ist altes Siedlungsland und war einst ein Machtzentrum der Lord of the Isles.

Islay blieb fast unberührt vom Tourismus und verströmt einen ganz eigenen Charme. Alte Gewerbe wie Fischen, Töpfern und Weben spielen auf der Insel nach wie vor eine wichtige Rolle – zu den Highlights eines Islaytrips gehört der Besuch in den Werkstätten der einheimischen Kunsthandwerker. Auf Islay gibt es auch ein **Tauchzentrum** *(10 Charlotte St., Port Ellen, Tel. 01496/302 441)* und einen Golfclub *(Port Ellen, Tel. 01496/302 310, www.machrie.com)*. Wer zum jährlichen Whisky Festival (siehe S. 223) oder Jazz Festival im September anreist, erlebt Islay von seiner besten Seite.

Mull

Die Insel Mull ist eine der am leichtesten erreichbaren Inseln in Schottland – die Anreise mit der Cal-Mac-Fähre von Oban nach Craignure dauert nur 40 Minuten (andere Routen führen von Lochaline nach Fishnish und von Kilchoan nach Tobermory). Während des Sommers sind die Anlegestellen an beiden Enden überfüllt mit Autos, Bussen und Fußgängern, die alle die Insel für sich entdecken wollen. Doch selbst im Hochsommer wirkt die Insel aufgrund ihrer Größe nicht überlaufen. Um alles zu sehen, sollte man mehr als einen Tag hier verbringen.

Reist man von Oban Richtung Mull, wird die Attraktivität der Insel sogleich offenbar: Raue Gipfel ragen aus dem Wasser und die schroffen Umrisse von **Duart Castle** verweisen auf die aufregende Geschichte. Auch **Torosay Castle** liegt nahe Craignure; ein Besuch lohnt sich schon allein wegen der entzückenden Schmalspurbahn, die die Touristen vom Fährhafen zu diesem großartigen Herrenhaus bringt.

An der Nordspitze der Ostküste liegt Mulls Hauptort **Tobermory.** Das quietschbunte Dörfchen ist eines der hübschesten Orte an Schottlands Westküste. Der frühe-

Islays großer Gänsezug

Selbst wer sich nicht für die Vogelbeobachtung interessiert, wird von den zahlreichen Zuggänsen beeindruckt sein, die Islay in den Wintermonaten bevölkern. Erfahrene Ornithologen wissen jedoch, dass diese großartigen Vögel aus verschiedenen Gegenden stammen. Ab Ende September kommen Nonnengänse aus Grönland zu den Wattflächen von Loch Indaal und Loch Gruinart, wo sie bis April überwintern. Am besten lassen sich die Gänse in der Abenddämmerung beobachten, wenn sie zu ihren Schlafplätzen fliegen. Von September bis November sieht man auch Schwärme von Grau- und Kurzschnabelgänsen. Im Frühling sollte man vor allem Ausschau nach Watvögeln halten, besonders nach Schnepfen, Rotschenkeln und Brachvögeln.

Der beste Ort zur Gänsebeobachtung ist das Loch Gruinart Nature Reserve im Nordwesten Islays (*Tel. 01496/850 505, www.rspb.org.uk/reserves/guide/l/lochgruinart*).

INSIDERTIPP

Mein Lieblingsgolfplatz ist Machrie auf Islay. Er liegt direkt am Meer: Die Wellen schlagen nicht weit von den Fairways ans Ufer und das Gras der Roughs wächst fast einen Meter hoch.

JIM RICHARDSON
National Geographic-Fotograf

re Fischerhafen lebt heute überwiegend vom Tourismus: Viele Übernachtungsmöglichkeiten, Restaurants, Pubs und Geschäfte in den wunderschönen, farbenfrohen Steinhäusern am Hafen warten auf Besucher. Auch das Kulturleben kommt im **Mull Theatre** und im fantastischen **An Tobar Arts Center** nicht zu kurz: Dort finden nicht nur Ausstellungen statt – auch Musik, Bildende Kunst und kreatives Lernen werden hier gepflegt.

Im Süden trennt der Ross of Mull mit seinen Klippen und Sandstränden Craignure von Fionnphort, wo die Schiffe nach Iona ablegen. In den Sommermonaten organisiert Gordon Grant Tours *(Achavaich, Iona, Tel. 01681/700 388, www.staffatours.com, ££££)* Bootstouren zu den Treshnish Isles und nach **Staffa** (siehe S. 228) auch mit Staffa Trips *(Tigh na Traigh, Iona, Tel. 01681/700 358, www.staffatrips.co.uk, £££££)*. Auch mit Lorn Ferry gelangt man von Uisken nach Colonsay, allerdings verkehrt die Fähre unregelmäßig.

Die meisten Touristen kommen wegen der Naturschönheiten nach Mull, wobei die Küstenstraße, besonders die Strecke von Salen nach Calgary, an erster Stelle steht. Wenn man von Salen Richtung Atlantik hinunterfährt, eröffnen sich Ausblicke auf Ben More und viele andere Gipfel und Bergrücken. **Calgary** selbst zählt zu Schottlands schönsten Stränden und ist auf jeden Fall der beste Strand der Insel. Die weiße Sandfläche ist auf drei Seiten von schroffen Hügeln gesäumt. Bei den Dünen darf man sogar ganz offiziell und kostenlos sein Zelt aufstellen – eine Toilette

Machrie Hotel & Golf Links
✉ Port Ellen, Isle of Islay
☎ (01496) 302 310
www.machrie.com

Mull Theatre
✉ Druimfin, Tobermory
☎ (01688) 302 673
$ £
www.mulltheatre.com

An Tobar Arts Center
✉ Tobermory
☎ (01688) 302 211
🕒 So geschl.
$ £
www.antobar.co.uk

Iona
217 B3

Iona Abbey
Iona
(01681) 700 404
£
www.iona.org.uk

Staffa
217 B3

Coll
217 B3

An Acarsaid
Arinagour Post Office, Coll
(01879) 230 329
So geschl.
www.anacarsaid.co.uk

Breachacha Castle
Arioleod, Coll

und Picknicktische sind auch vorhanden. Wer genügend Zeit hat, kann nach **Ulva** übersetzen *(Die Personenfähre von Ulva Ferry verkehrt auf Wunsch von Juni–August).*

Wanderern bietet Mull von allem etwas: den **Ben More** (966 m), anspruchsvolle Küstenwanderungen und gemütliche Spaziergänge im Flachland.

Iona

Von dieser kleinen Insel (5 km auf 1,6 km) brach St. Columba auf, um die Pikten zum Christentum zu bekehren. Die wichtigste Sehenswürdigkeit der Insel ist die großartig restaurierte, im 12. Jahrhundert gegründete **Benediktinerabtei.** Um nichts zu versäumen, sollte man die kostenlose Führung mitmachen. Darüber hinaus bietet die Insel einige gemächliche Wanderungen, wobei die schönste die Sandstrände und den Kiesstrand Port a'Churiach in St. Columba's Bay im Norden zum Ziel hat.

Staffa

Wer nur eine von Schottlands unbewohnten Inseln besuchen will, sollte sich für Staffa entscheiden: Mit ihren schwarzen Basaltsäulen beeindruckt die Insel schon seit der Wikingerzeit alle Besucher. Ins öffentliche Bewusstsein drang Staffa im Jahre 1772 durch das Gemälde von Joseph Mallord William Turner (1775–1851). Felix Mendelssohns (1809–1847) Hebriden-Ouvertüre („Die Hebriden"), auch unter dem Namen „Die Fingalshöhle" bekannt, machte die Insel endgültig populär, sodass selbst Queen Victoria sie besuchte. Im Sommer reisen immer noch unzählige Touristen an, um Fingal's Cave zu sehen.

Coll

Schon allein die Anreise mit der Cal-Mac-Fähre von Oban zum abgelegenen Traumziel Coll, einer Insel der Inneren Hebriden, ist ein Riesenspaß. Auf dieser knapp dreistündigen Fahrt kommen die Reisenden in den Genuss von herrlichen Ausblicken auf die Ardnamurcha-Halbinsel, die Inseln Mull und Skye, die Small Isles und sogar auf die Äußeren Hebriden, bevor die „Clansman" in **Arinagour** anlegt. Vom Meer aus gesehen wirkt Coll ein wenig enttäuschend – flach, felsig und ohne besondere Merkmale. Doch der erste Eindruck täuscht gewaltig, denn die Sandstränden dieser wenig bekannten Insel sind wunderbar.

ERLEBNIS: Windsurfen auf Tiree

Atemberaubende Sandstrände, starke Winde und Meeresströmungen machen in ihrem Zusammenspiel Tiree zu Schottlands beliebtestem Ziel für Windsportarten. Die Insel hat sich als weltweites Top-Ereignis im Windsurfen etabliert: Teilnehmer aus aller Welt reisen zum Tiree Wave Classic *(www.tireewaveclassic.com)* an. Die alljährlich im Oktober stattfindende, sechstägige Veranstaltung ist sehenswert. Die Surflehrer von Wild Diamond *(www.wilddiamond.co.uk)* erteilen ganzjährig fachkundigen Unterricht (für Anfänger und Könner) und vermieten auch Ausrüstung. Erfahrene Surfer sollten während der windstärksten Monate auf die Insel reisen (März–Juni oder Sept.–Okt.).

Am besten quartiert man sich im **Isle of Coll Hotel** (siehe Reiseinformationen S. 298) in Arinagour ein, dem einzigen Ort auf der winzigen Insel (19 km lang, 6 km breit), wo es recht gemütlich zugeht: Weiß gekalkte Cottages säumen die schöne Bucht des Loch Eatharna: Von hier schweift der Blick übers Meer auf die Treshnish Isles und die Berggipfel von Mull.

Colls Hauptattraktion sind die 20 wunderbaren Sandstrände, die definitiv einen Besuch wert sind. Hogh Bay und Crossapol sind die wohl besten Strände. Doch egal, welchen Sandstreifen man sich aussucht: Selbst im Hochsommer wird man dort wahrscheinlich keine Menschenseele antreffen.

Auf Coll gibt es so gut wie keinen Straßenverkehr: Die Insel eignet sich also perfekt zum Radfahren und Wandern. Fahrräder vermietet **An Acarsaid (Souvenirladen und P**ost, £). Der Aufstieg auf den Ben Hogh (104 m), der höchsten Erhebung, lohnt sich. Vom Gipfel aus blickt man über die Paps of Jura und genießt das Panorama von den Inneren bis zu den Äußeren Hebriden.

Coll bietet keine aufregenden Touristenattraktionen: Wer motorisiert ist, kann bei den beiden „Castles" im Inselsüden vorbeischauen, die jedoch nicht für die Öffentlichkeit zugänglich sind. **Breachacha Castle** wurde im 15. Jahrhundert erbaut, während das nahe gelegene Herrenhaus oder „New Castle" aus der Mitte des 18. Jahrhunderts stammt. Einige Gebiete auf Coll sind als Naturreservate ohne touristische Infrastruktur ausgewiesen (*www.rspb.org.uk/reserves/guide/c/coll)*; lediglich Pfade führen hindurch.

Fangfrischer Fisch ist eine Spezialität auf der Insel Coll

Tiree
217 A3

Tiree

55 Minuten dauert die Überfahrt auf der Cal-Mac-Fähre von Coll nach Tiree, der westlichsten Insel der Inneren Hebriden, die auch einen Flughafen besitzt. Diese Insel (19 km auf 5 km) ist, wegen der ausgezeichneten Windverhältnisse, der Austragungsort des alljährlichen Windsurfing-Wettbewerbs , **Tiree Wave Classic** (siehe Kasten S. 228).

Tiree beansprucht einen der ersten Plätze, wenn es um die meisten Sonnenstunden in Großbritannien geht. Berücksichtigt man noch die mildernde Wirkung des Golfstroms, so kann man an den Sandstränden oft warme Sommertage genießen und dort richtig entspannen. Das Vogelparadies Tiree zieht zudem Ornithologen an. Gemütliches Bergwandern ist auf Ben Hynish (141 m), Beinn Hough (119 m) und Kennavara (103 m) möglich. ■

Die Small Isles

Südlich von Skye liegt die Inselgruppe der „Small Isles" – Muck, Eigg, Rhum und Canna. Auf diesen ruhigen und naturbelassenen Oasen leben nur wenige Menschen und nur eine Handvoll Besucher verirrt sich hierher, weshalb das Angebot an Unterkünften begrenzt ist. Auch öffentliche Verkehrsmittel gibt es nicht.

Wandern auf dem An Sgurr (Eigg). Im Hintergrund die Insel Rhum

Muck
217 B3

Eigg
217 B3–B4

ANREISE ZU DEN SMALL ISLES: Caledonian MacBrayne Ferries (www.calmac.co.uk) verkehrt von Mallaig nach Rhum, Eigg und Canna. Die MV „Shearwater" (www.arisaig.co.uk) fährt von Arisaig nach Rhum, Eigg und Muck.

Muck

Auf Muck, der kleinsten (3 km lang, 1,6 km breit) und südlichsten der Small Isles, kann man herrlich entspannen, Tiere beobachten und die grandiose Landschaft bewundern. Auf der Insel existiert ein Laden, der Kunsthandwerk vertreibt, ein Tearoom sowie ein Hotel *(Port Mor House Hotel, Port Mor, Tel. 01687/462 365)*. Außerdem gibt es hier wesentlich mehr Seehunde als Menschen (40 Einwohner). Besucher können sich bei **The Green Shed** *(Carn Dearg, Muck, Tel. 01687/462 363, www.thegreenshed.net)* im Teppichweben mit Wolle der Inselschafe versuchen.

Eigg

Die nördlich von Muck gelegene Insel Eigg (8 km auf 5 km) ist die auffälligste der Small Isles. Sie wird vom markanten **An Sgurr** (393 m) beherrscht, der aus Pechsteinlava besteht und einem Basaltplateau aufsitzt. Vom Gipfel dieser geologischen Formation, die vor etwa 58 Millionen Jahren entstand, kann man manchmal Steinadler sehen. Die Route zum Gipfel, die am Pier beginnt, wo die Schiffe aus Mallaig (Festland) anlegen, ist unkompliziert. Sie wird von Cairns (Steinhaufen) markiert; der Aufstieg dauert etwa zwei Stunden. Auch der schöne Strand Singing Sands lockt Besucher auf die Insel.

Rhum

Rhum ist mit rund 100 Quadratkilometern die größte der Small Isles und wurde zum Naturreservat erklärt. Das **Rhum National Nature Reserve** *(Tel. 01687/462 026, www.snh.org.uk, £)* wird von dem Gebirgszug Rhum Cuillin, dessen höchster Gipfel, Askival, 812 Meter Höhe erreicht, durchzogen. Auch Wanderwege in flachem Gelände verlaufen durch das Gebiet. In diesem Paradies für Ornithologen lassen sich auch die einst beinahe ausgestorbenen Seeadler beobachten. Das in der Nähe gelegene **Kinloch Castle** (siehe Kasten unten) ist eine Burg aus rotem Sandstein mit großartiger Inneneinrichtung aus der Zeit von König Edward VII. Auf der Burg gibt es auch ein Bistro sowie Übernachtungsmöglichkeiten auf Hostelniveau.

Canna

Vogelbeobachter, Wanderer und Freunde stiller und einsamer Gegenden besuchen das winzige Eiland Canna (8 km breit und 1,6 km lang). Die gesamte Insel gehört dem National Trust for Scotland *(Tel. 0844/493 2100, www.nts.org.uk/Property/76)*, der hier einen Bauernhof und ein Vogelschutzgebiet betreibt. Touristische Einrichtungen sind dünn gesät: Es gibt jedoch einen Tearoom und ein Guesthouse. Mit Genehmigung des NTS darf man auf der Insel auch wild campen. Für botanisch Interessierte ist Canna besonders reizvoll: Im Frühsommer wird die Insel von Orchideen bewachsen. ■

INSIDERTIPP

In den Gewässern vor Arisaig, zwischen dem Festland und den Inseln Mull und Eigg, kann man oft Zwergwale und Riesenhaie beobachten. Die Fähre MV „Shearwater" legt einen Stopp ein, falls diese Tiere zu sehen sind.

RUS HOELZEL
National Geographic-Mitarbeiter

Rhum
217 B4

Kinloch Castle
217 B4
Rhum
(01687) 462 037
££
www.isleofrum.com/kinlochcastle-bu.html

Canna
217 B4

Die jüngste Burg der Insel

Kinloch Castle auf Rhum wurde zwischen 1897 und 1900 von George Bullough erbaut, dem exzentrischen Sohn eines britischen Textilmagnaten. Beim Bau scheute er keine Kosten: Für einen Garten und einen privaten Golfplatz auf dieser vom Wind gepeitschten Insel importierte er etwa 250 000 Tonnen Erde. Kinloch Castle war das erste Wohnhaus in Schottland mit Elektrizität – die von einem kleinen Wasserkraftwerk in der Nähe des Castle erzeugt wurde. Die Anlage diente dazu, eine gigantische mechanische Musikbox mit dem Namen „Orchestrion" mit Licht und Energie zu versorgen. Nach dem Ersten Weltkrieg verfiel die Burg und im Jahr 1957 verkaufte Bulloughs Witwe schließlich die ganze Insel samt Castle an Scottish Natural Heritage für 1 £ pro Acre. In dem seltsamen Gebäude, das seit 1900 kaum verändert wurde, kann man an einer Führung teilnehmen und sogar in einem der grandiosen, wenn auch ein wenig verblichenen Gästezimmern übernachten.

Skye

Seit Flora MacDonald Bonnie Prince Charlie vor seinen englischen Verfolgern „over the sea to Skye" in Sicherheit brachte, wie es in dem berühmten Lied heißt, nimmt die „Insel des Nebels" einen besonderen Platz in der schottischen Vorstellungswelt ein. Nähert man sich der Insel von Kyle of Lochalsh im Osten, kann man sich der Faszination des Ausblicks kaum entziehen.

Der Hafen von Kyleakin und die Ruinen von Castle Moil auf Skye

Skye
217 B4–B5

Besucherinformation

Tourist Information Centre, Bayfield House, Bayfield Rd., Portree, Skye
(01487) 612 137
www.visithighlands.com

Portree
217 B4

Skye gilt als Paradies für Wanderer und Kletterer, denen zwölf Munros mit sämtlichen Schwierigkeitsgraden zur Auswahl stehen – elf davon sind Teil der schroffen Cuillins. Höhepunkt für viele Besucher ist der **Sgurr Alasdair** (993 m), der höchste Gipfel der Insel, für dessen Besteigung man eine Kletterausrüstung benötigt. Doch man muss nicht gerade Sir Edmund Hillary sein, um sich auf Skye zu vergnügen: Dutzende fantastischer Wege, darunter Waldpfade und hübsche Strandspaziergänge, überziehen die Insel. Die mit 1656 Quadratkilometern Fläche größte der Hebrideninseln hat auch eine unübersehbare Menge historischer Monumente und moderner Touristenattraktionen zu bieten. Als die Fähre noch von Kyle of Lochalsh nach **Kyleakin** verkehrte, war die Hafenstadt auf Skye ein lebhafter kleiner Touristenort. Heutzutage rauschen die meisten Besucher nur vorbei, nachdem sie die Brücke überquert haben (siehe Kasten S. 233). Um die Wirtschaft anzukurbeln, hat sich der Ort zu einem wahren Paradies für Backpacker gewandelt. Das Ergebnis: Zahlreiche billige Hostels und lärmige Bars säumen die Straßen der Stadt.

INSIDERTIPP

Auf der Insel Skye lohnt sich eine Fahrt auf der landschaftlich schönen Strecke entlang der Ostküste von Portree nach Uig: Also, genügend Zeit für grandiose Fotostopps einplanen!

NICOLE ENGDAHL
NATIONAL GEOGRAPHIC-Development Office

Portree & die Trotternish-Halbinsel

Auf ihrem Weg nach Norden Richtung Portree, dem Hauptort der Insel, führt die A87 durch **Broadford**, wo es neben Unterkünften, Lebensmittelgeschäften, Anbietern für Abenteuertouren und Tankstellen auch einheimisches Kunsthandwerk gibt. Mit Kindern lohnt sich ein Besuch im **Skye Serpentarium** *(The Old Mill, Broadford, Tel. 01471/822 209, www.skyeserpentarium.org.uk, £)*, einem Ausstellungs- und Zuchtzentrum für Reptilien.

Portree ist ein recht charmantes Städtchen mit einem von bunten Cottages und schroffen Klippen gesäumten Hafen, der zu den hübschesten Schottlands zählt. Neben einer Brücke von Thomas Telford, einem berühmten Bauingenieur des 18./19. Jahrhunderts, finden sich hier auch eine Reihe von passablen Restaurants, Bars und Unterkünften. Der Ort ist gut versorgt mit Cafés, Souvenirläden und Outdoorspezialisten sowie dem wirklich tollen **Skye Batiks** *(The Green, Portree, Tel. 01478/613 331, www.skyebatiks.com, £)*, wo farbenfrohe Batikarbeiten (vom T-Shirt bis zur Tischdecke) mit keltischen Mustern verkauft werden. Das **Aros Centre** *(Viewfield Road, Tel. 01478/613 649, www.aros.co.uk, £)* am Südrand von Portree lockt an Schlechtwettertagen mit Kaffee, Kino und Konzerten.

Ein absolutes Muss ist der Ausflug von Portree auf die 32 Kilometer nördlich gelegene Trotternish-Halbinsel, die nicht nur einige der aufregendsten Landschaften Skyes aufweist, sondern auch ein Ort romantischer und uralter Geschichten ist. Inmitten dieses „Abenteuerspielplatzes" voll herabgestürzter Felsbrocken, bizarrer Steinformationen und eindrucksvoller Klippen sollten der **Quiraing** (siehe S. 234f) und die Felsnadel **Old Man of Storr** unbedingt auf der Liste eines jeden Skye-Besuchers stehen – der Abstecher lohnt sich nicht ausschließlich für überzeugte Wanderer. **Lealt Falls** und **Kilt Rock** an der Küste

(Fortsetzung S. 236)

ANREISE NACH SKYE: Nach der Eröffnung der Skye Bridge ist es nicht mehr nötig, per Fähre anzureisen. Wer doch das Schiff bevorzugt, kann mit Caledonian Macbrayne (www.calmac.co.uk) auf der Hauptroute zwischen Armadale und Mallaig fahren.

Skye Bridge

Die Skye Bridge (eigentlich zwei Brücken, die auf der winzigen Insel Eilean Ban zusammentreffen) wurde im Jahre 1995 eröffnet und bedeutet für die Inselbewohner nun rund um die Uhr Zugang zum Festland und eine kürzere Reisedauer. Anstatt diese neue Freiheit zu feiern, beklagten viele Inselbewohner stattdessen, dass Skye seinen Inselcharakter verloren habe. Die Ablehnung hatte einen finanziellen Hintergrund. Die Mautgebühr orientierte sich an den früheren Fährtickets von Kyle of Lochalsh, wodurch diese 1,6 Kilometer lange Konstruktion zur teuersten Zollbrücke Europas wurde. Seit Dezember 2004 ist sie nun gebührenfrei.

Wanderung auf der Trotternish-Halbinsel – der Quiraing

Da die meisten Bergwanderungen auf Skye bergsteigerische Kenntnisse voraussetzen, wissen viele einfache Wanderer nicht recht, wo sie hinsollen. Zum Glück bietet sich der Quiraing an (eine Ansammlung faszinierender Felsformationen), der eine überwiegend moderate Bergtour (7 km) bereithält – mit atemberaubenden Ausblicken auf die Western Isles und unzählige Eilande in Küstennähe. Ein wenig klettern muss man dabei schon und auch schwindelfrei sollte man sein. Übliche Wanderausrüstung ist selbstverständlich.

The Needle inmitten anderer Felsformationen im Quiraing auf Skye

Vorbereitung

Der Rundweg beginnt und endet am Parkplatz der Quiraing-Straße etwa drei Kilometer nordwestlich von Staffin. Die Strecke ist nicht allzu anstrengend (340 Höhenmeter sind zu überwinden) und ist in drei bis vier Stunden zu schaffen, je nachdem wie lange man die eigenartige Landschaft aus bizarren Felszacken und -nadeln bewundern möchte. Die Wege sind normalerweise gut in Schuss, doch der Aufstieg ist stellenweise recht steil. Ausrüstung und Kleidung sollten unbedingt den schottischen Verhältnissen angepasst werden. Bei schlechtem Wetter sollte man lieber abwarten!

NICHT VERSÄUMEN

The Table • The Needle • The Prison

Der Aufstieg

Vom **Parkplatz** an der Quiraing-Straße **1**, folgt man dem ausgeschilderten Fußweg Richtung Flodigarry. Nach wenigen hundert Metern geht es am besten im Zickzackkurs den grünen Hügel hinauf bis zum Hochweg, der nordöstlich über den Hang führt. Schließlich kommt man an einen **Gatterzaun.** **2**

Der Weg führt durch das Gatter hindurch und danach nach rechts. Auf diesem Streckenabschnitt eröffnen sich im Osten schon bald atemberaubende Ausblicke von der Kliffkante aus: Staffin Bay, der Atlantische Ozean und die Torridon Mountains in Wester Ross auf dem Festland.

Das Gelände steigt nicht weiter an, der anstrengendste Teil ist also geschafft. Allerdings gibt es noch einen Abstecher westlich des Weges, der zum Gipfel des **Meall na Suiramach** ③ (543 m) führt. Wieder auf dem Hauptweg bleibt man nahe der Kliffkante, umgeht einige Schluchten und folgt weiter dem Weg, der nach **Fir Bhreugach** hinunterführt ④, wobei der „col" (niedrigster Abschnitt des Grates) die Gipfel von Sron Vourlinn und Meall na Suiramach verbindet.

Für den Abstieg folgt man dem Weg, der im Zickzack von der Ostseite des „col" hinabführt. Dabei sollte man Richtung Norden den fantastischen Ausblick über **Kilmaluag Bay** nicht verpassen. Nach dem Abstieg geht es rechts auf dem Weg unterhalb der Felsen weiter. Dieser Pfad endet am Ausgangspunkt der Tour. Vom Weg aus sind mehrere kleine Felsnadeln sowie zwei der typischen Felsstapel des Quiraing zu sehen.

Der dünne fingerähnliche Felsen, **The Needle**, ist eines der Wahrzeichen des Quiraing mit hohem Wiedererkennungswert. Ganz in der Nähe beeindruckt **The Prison** mit seinem dramatischen Dreiergipfel, der aus einer bestimmten Perspektive wie eine Burg wirkt. Um The Needle von der besten Seite zu sehen, klettert man auf **The Table** ⑤. Unerfahrene sollten diesen steilen Steig über den Geröllhang besser meiden. Auf dem ordentlichen Weg geht es zurück zum Parkplatz. Der Weg ist gut zu passieren, nur für den Pfad durch eine kleine Schlucht muss man auch die Hände zur Hilfe nehmen.

Siehe auch Karte S. 217
➤ Parkplatz an der Quiraing-Straße
7 km
3–4 Std.
➤ Parkplatz an der Quiraing-Straße

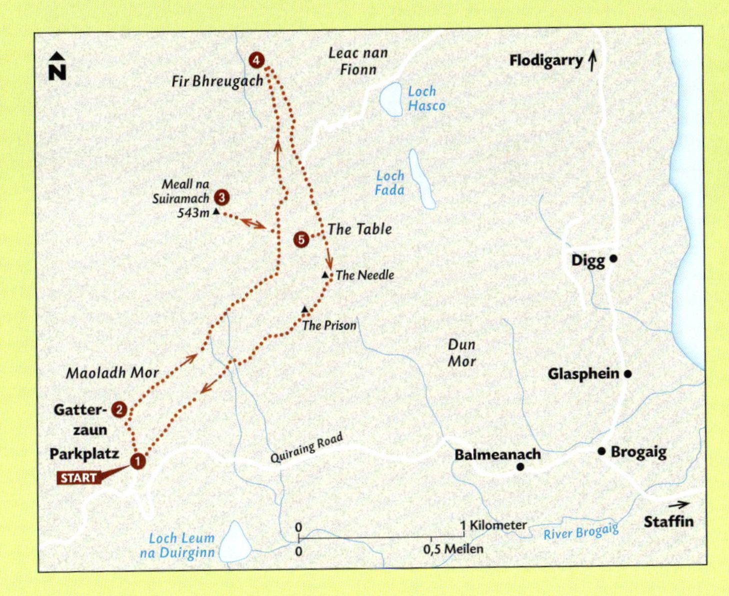

Skye Museum of Island Life
Kilmuir
(01470) 552 206
£
www.skyemuseum.co.uk

Dunvegan
217 B4

Dunvegan Castle
W von Portree in Munegan
(01470) 521 206
££
wwww.dunvegancastle.com

Colbost Croft Museum
Colbost
(01470) 521 296
£

Talisker Distillery
Carbost
(01478) 614 308
£
www.discovering-distilleries.com/talisker

beeindrucken mit ihren einzigartigen Formen.

Ein weiteres lohnendes Ziel im Osten der Halbinsel ist das **Staffin Museum** *(Tel. 01470/562 321, nur nach Anmeldung, £)*, das eine beachtliche Sammlung von Fossilien aus der Gegend präsentiert. In Staffin befinden sich Schottlands größte und besterhaltenste Dinosaurierspuren (vermutlich 165 Millionen Jahre alt).

An der Westküste von Trotternish liegt das interessante **Skye Museum of Island Life.** Dieses Ensemble sehr gut erhaltener traditioneller Blackhouses ermöglicht einen faszinierenden Einblick in das Alltagsleben der Insel vor rund 100 Jahren. Auch der Ausblick auf die Insel Harris ist großartig. Wer sich für das Leben von Flora MacDonald und ihre Rolle als Fluchthelferin für Bonnie Prince Charlie nach seiner furchtbaren Niederlage bei Culloden interessiert, kann auf dem Friedhof hinter dem Museum das Grab der schottischen Heldin besuchen. Es mag überraschen, dass die tapfere Flora, die wegen ihrer Beihilfe zur Flucht für kurze Zeit im Tower of London eingekerkert war, später heiratete und eine Familie gründete. Sie wurde neben ihrem Ehemann begraben.

Durnish-, Vaternish- & Minginish-Halbinseln

Westlich von Portree ist **Dunvegan Castle** einen Besuch wert. Der MacLeod-Clan beherrschte diese historische Burg seit dem 13. Jahrhundert, obwohl ein Großteil der heutigen Festung aus der Mitte des 19. Jahrhunderts stammt. Wer erhabene Pracht erwartet, wird vielleicht enttäuscht sein. Doch die Fahrt lohnt sich allein schon wegen der eindrucksvollen Lage am Loch und wegen der sehenswerten Gärten. Vor der Burg legen Schiffe ab, die Touren zu den Seehunden anbieten. Abstecher von Dunvegan nach Westen zur **Durnish-Halbinsel** oder nach **Waternish** im Norden haben mit dramatischen Landschaftsausblicken ihren eigenen Reiz. Nicht verpassen sollte man den westlichsten Punkt der Insel, **Neist Point,** mit seinem gleichnamigen Leuchtturm, beeindruckenden Klippen am Meer, Aussicht

ERLEBNIS: Per Schiff zum Loch Coruisk

Der in den rauen Cuillin-Bergen gelegene Loch Coruisk (3 km lang, einige 100 m breit) ist ein vielversprechender Anwärter auf den Titel „Schottlands einsamster und atemberaubendster Loch". Zwei Veranstalter, Bella Jane *(Tel. 01471/866 244, www.bellajane.co.uk, ££££)* und Misty Isle *(Tel. 01471/866 288, www.mistyisleboattrips.co.uk, ££££)*, führen von Elgol Boottrips zum Loch durch (Ostern bis September): Von der reinen Schiffsfahrt bis zur Frühaufstehervariante, bei der man genügend Zeit an Land hat, um durch die Cuillins zu wandern. Die meisten Besucher wählen die Tour mit 90-minütigem Landaufenthalt. Am Ufer des Lochs wandert es sich (mit Wanderschuhen) recht gemütlich. Erfahrene Bergwanderer oder Kletterer mit passender Ausrüstung können auch einen One-Way-Trip planen und durch die Berge nach Sligachan oder zurück nach Elgol marschieren.

auf die Western Isles und dem hübschen Dorf **Stein,** von wo aus der Blick über Loch Bay und die Äußeren Hebriden schweift.

Das **Colbost Croft Museum** gibt einen Einblick in das Leben der Kleinpächter auf Skye und zeigt auch eine restaurierte Destillieranlage, die zum illegalen Whiskybrennen verwendet wurde. Noch mehr über die heimliche Whiskyherstellung und über die Produktion des einheimischen, legalen Single Malt wird in der **Talisker Distillery** auf der schroffen Minginish-Peninsula verraten. Auf der Halbinsel lassen sich schöne Wanderungen unternehmen, wenn der Nebel die mächtigen Cuillin Hills im Osten verdeckt.

Sich mit diesem scheinbar undurchdringlichen Gebirgszug anzulegen, ist für ungeübte Kletterer absolut nicht zu empfehlen. Man kann sich die beeindruckende Landschaft aus der Ferne ansehen, ohne sich anzustrengen: Schiffe fahren von Elgol hinaus zum **Loch Coruisk** (siehe Kasten S. 236), einem schmalen Gletschersee, der von den Gipfeln der Cuillins umgeben wird.

Sleat-Halbinsel

Sleat, die südlichste von Skyes Halbinseln, ist vom Tourismus kaum berührt. Nur wenige Menschen kommen hierher, abgesehen von den Passagieren der CalMac-Fähre, die von Mallaig auf dem Festland anreisen und in **Armadale** von Bord gehen. Wer das Abenteuer sucht, kann bei **Seafari Adventures** *(Armadale Pier, Skye, Tel. 01471/833 316, www.seafari.co.uk, ££££)* eine rasante Fahrt auf einem Speedboat buchen. Im Westen der Halbinsel locken Sandstrände, Cottages und ein tolles Bergpanorama. Bei Ebbe und nur nach Überprüfung der Gezeitentabelle ist es möglich, von Isleornsay zum **Ornsay Lighthouse** hinauszuspazieren. In Sleat sollte man unbedingt **Clan Donald Skye** besuchen – ein Besucherzentrum, das **Armadale Castle** mit seinen weitläufigen Gärten und Waldwegen sowie das **Museum of the Isles** umfasst. Letzteres informiert u. a. mit Soundeffekten (klirrende Schwerter und Schlachtenlieder) über das Mittelalter, als der Donald-Clan die Lords of the Isles stellte.

Sleat ist bis zum heutigen Tage der Stammsitz des Donald-Clans. Wer einen Blick auf Laird und Lady werfen möchte, sollte die **Kinloch Lodge** *(Sleat, Tel. 01471/833 333, www.kinloch-lodge.co.uk)*, ein altes Jagdschloss, besuchen. ■

Loch Coruisk auf der Insel Skye

Clan Donald Skye
- Armadale, Sleat
- (01471) 844 305
- Nov.–März geschl.
- ££

Armadale
- 217 B4

Äußere Hebriden

Weit weg, jenseits des Minch und nördlich von Skye liegen Lewis und Harris, die oft für zwei Inseln gehalten werden. Es handelt sich jedoch um Teile einer einzigen Insel, die das Herz der Äußeren Hebriden bildet – einer der abgelegensten Außenposten Europas. Diese Inseln, die oft als Western Isles bezeichnet werden, waren die Heimat von Highland-Clans, jakobitischen Rebellen und sogar Wikingern. Auch Gälisch wird auf den Äußeren Hebriden noch gesprochen.

Lewis
217 A6–B6
Besucherinformation
26 Cromwell St., Stornoway
(01851) 703 088
www.visithebrides.com

Lewis

Am besten erkundet man die Insel Lewis von **Stornoway** aus, dem Hauptort und Verkehrszentrum der Insel. Mit 6000 Einwohnern könnte man Stornoway fast als Stadt bezeichnen: Während des Aufenthalts ist es also sinnvoll, Lebensmittel zu kaufen, zu tanken oder vielleicht essen zu gehen, da touristische Einrichtungen auf der Zwillingsinsel sonst dünn gesät sind. Stornoway wirkt nicht allzu reizvoll, bietet aber doch einige Sehenswürdigkeiten. Das **An Lanntair Art Centre** *(Kenneth Street, Tel. 01851/703 307, www.lanntair.com, £)* ist ein Zentrum für moderne Kunst, das neben wechselnden Ausstellungen auch Konzerte mit keltischer Musik und Kinovorstellungen anbietet. Das nahe gelegene **Museum Nan Eilean** dokumentiert den Alltag der Inselbewohner im Lauf der Jahrhunderte. Ausgestellt sind Stücke aus allen Epochen, von Wikinger-Artefakten bis zur rekonstruierten Einrichtung der Blackhouses. Über die Stadt wacht vom anderen Ende der Bucht das imposante, aber momentan leerstehende **Lews Castle** aus viktorianischer Zeit. Wer mehr über die Geschichte des großartigen Gebäudes erfahren möchte, kann sich im **Stornoway Trust Woodland Centre** *(Tel. 01851/706 916, £)* auf dem Burggelände informieren und anschließend den Tearoom aufsuchen.

Westlich von Stornoway führt die Straße durch ein wildes Moorgebiet, das von winzigen Lochans (kleine Seen) in dem zahllose

Kiesstrand und natürliches Felsentor auf Lewis

Steinkreise auf Lewis

Auch wenn die Calanais Steinkreise *(siehe oben; www.historic-scotland.gov.uk)* die eindrucksvollsten und meistbesuchten sind, gibt es noch weitere Menhire auf Lewis. Viele davon sind nicht wirklich inspirierend. Die jahrhundertelange Erosion hat sie abgetragen und verwittern lassen; oft sind nur noch ein oder zwei Steine übrig. Aber es gibt natürlich auch Ausnahmen: Der größte Menhir (6 m) in Schottland, Clach an Trushal, steht etwa 20 km nördlich von Stornoway. Den Steinacleit Cairn and Stone Circle, etwas weiter im Süden gelegen, sollte man ebenfalls besichtigen.

INSIDERTIPP

Die uralten Calanais-Menhire auf Lewis darf man nicht versäumen. Wer vor oder nach der Öffnungszeit des Besucherzentrums ankommt, hat das beste Licht zum Fotografieren und entgeht den Touristenmassen.

JENNIFER SEGAL
National Geographic-Development Office

Lachse leben, durchsetzt ist. Weiter geht es nach **Callanish**, dessen ehrfurchtgebietender, 5000 Jahre alter Steinkreis, die **Calanais Standing Stones**, das meistbesuchte Touristenziel auf dem Archipel ist. Im Besucherzentrum werden die Thesen zur Funktion und Geschichte der Anlage vorgestellt. Auf Lewis gibt es auch einige weniger bekannte Steinkreise: In **Na Dromannan**, einem Steinbruch östlich der Calanais Stones, hat eine Ausgrabung Steine zutage gefördert, die vermutlich älter als der weltberühmte Steinkreis von Stonehenge sind. Auch einige der Calanais-Stones stammen vermutlich aus diesem Steinbruch.

Etwas weiter nördlich, in **Carloway**, befindet sich eine weitere historische Stätte – der **Dun Carloway Broch.** Mit seinen runden Trockensteinmauern ist er einer der besterhaltensten von Hunderten von Wehrtürmen, die entlang Schottlands Atlantikküste stehen. Das **Doune Broch Centre** erhellt die mysteriösen Ursprünge der Brochs und beschwört die Erinnerung an die Tage herauf, als die Menschen in diesen Türmen Schutz suchten.

Nach Norden geht es von Calanais hinüber nach Bernera, die kleine Insel, die seit 1953 durch eine Brücke mit Lewis verbunden ist: Hier, im rekonstruierten **Bostadh Iron Age House** aus der Eisenzeit lernt man einiges über die einst hier lebenden Menschen vom Stamm der Pikten. Auch die nicht ganz so ferne Vergangenheit kann man auf Lewis erkunden: Im **Arnol Blackhouse Museum** an der Westküste steht ein altes Pächterhaus (croft house) mit einem prasselnden Torffeuer mittendrin. Noch weiter die Straße entlang (näher an Calanais) liegt bei Carloway ein ganzes Dörfchen aus restaurierten, reetgedeckten Crofters

Stornoway
217 B6

Museum Nan Eilean
Francis Street
(01851) 709 266
£
www.cne-siar.gov.uk/museum/stornoway/index.asp

Calanais Standing Stones
Callanish
(01851) 621 422
£

Doune Broch Centre
Carloway
(01851) 643 338

Arnol Blackhouse Museum
Arnol
(01851) 710 395
£

Gearrannan Blackhouse Village
Carloway
(01851) 643 416
£
www.gearrannan.com

Harris
217 A5, B5

Houses, das **Gearrannan Blackhouse Village**. Zwischen den neun Häuschen hindurch kann man den Hügel hinab zum Atlantik spazieren. Wer das Abenteuer liebt, kann auch hier übernachten.

Neben historischen Stätten bietet Lewis schwarze Torfmoorlandschaften, durchsetzt von Siedlungen, die der überwiegend streng presbyterianischen Lebensweise der Insel angepasst sind. In starkem Kontrast zu dieser Landschaft stehen die Sandstrände der Insel (am sehenswertesten ist **Uig Sands**) sowie die steilen Klippen am **Butt of Lewis.**

Diese dramatische Szenerie ist wie geschaffen für Outdooraktivitäten. Immer mehr Veranstalter bieten Freizeitaktivitäten zum Ausprobieren an: Surfen, Kajakfahren auf dem Meer, Powerkiting und Radfahren. So z. B. **Surf Lewis** *(28 Francis St., Stornoway, Tel. 01851/840 337, www.hebrideansurf.co.uk, £££££)*, **58 Degrees North** *(20a Coll, Tel. 01851/820 726, www.canoehebrides .com, £££££)* und die **Western Isles Kite Company** *(West View, Aird Uig, Timsgarry, Tel. 01851/672 771, www.powerkitesales.co.uk, £££££)*. Fahrradverleih: **Bike Hebrides** *(Macarthurs Yard, Stornoway, Tel. 07522/121 414, www.bikehebrides.com, £££££)*, die auf Lewis und Harris auch einen Fahrradlieferservice betreiben, sowie **Alex Dan's Cycle Centre** *(67 Kenneth St., Stornoway, Tel. 01851/704 025, www.hebrideancycles.co.uk, £££££)*.

Eine große Bandbreite an Bootstouren findet sich bei **Sea Trek Hebrides,** die zwölfstündige Exkursionen nach **St. Kilda,** Angeltouren und Trips zur Tierbeobachtung ebenso anbieten wie rasante Schlauchbootfahrten.

Harris

Die südlich von Lewis gelegene Insel Harris besticht durch eine Landschaft, die auf den britischen Inseln ihresgleichen sucht. Die Insel bietet einfach alles: Hoch aufragende Berge, langgestreckte weiße Sandstrände und eine bunte Mischung an Tieren (von Seehunden bis zu Vögeln). Die Krönung ist jedoch, dass die Insel vom Tourismus fast völlig verschont geblieben ist – sogar mitten im Sommer.

Wie Harris und Lewis insgesamt ist auch Harris selbst in zwei sich deutlich unterscheidende geographische Hälften geteilt. Nördlich des Hauptortes **Tarbert** weist

Tagesausflug nach Harris

Wer nur wenig Zeit hat oder ohne Auto unterwegs ist, kann sich für seinen Besuch auf der Insel Harris etwas aus dem Tagesausflugsprogramm von Cal Mac aussuchen. Die Tagestour von Uig auf der Insel Skye führt hinüber nach Lochmaddy zu einer Busfahrt rund um North Uist, bevor es mit einer anderen Fähre weitergeht nach Leverburgh. Auf Harris steht dann eine weitere Busfahrt entlang der Westküste nach Tarbert auf dem Programm. Schließlich bringt einen die Fähre wieder zurück nach Uig auf Skye. Cal Mac bietet auch einige weitere Ausflüge an, darunter auch die sogenannte „Grand Tour" auf der Insel Lewis, die in Ullapool auf dem Festland ihren Ausgangspunkt hat. Mehr Informationen findet man auf der Website *www.calmac.co.uk*

die Insel eine imposante Berglandschaft mit schroffen Gipfeln und erhabenen Felsrücken auf – ein Paradies für Bergwanderer. Ein Großteil des Landes befindet sich nun in Gemeinschaftsbesitz als Teil des North Harris Trust, der im kleinen Maßstab Wiedergutmachung für die Folgen der Highland Clearances leistete und der Gemeinschaft für die Zukunft eine größere Kontrolle ermöglicht.

Im Süden von Harris sieht die Landschaft völlig anders aus. Die Ostküste nimmt eine Mondlandschaft aus seltsam geformten Felsen und von Klippen gesäumten Buchten ein. Überraschenderweise leben die meisten Bewohner des Südens in dieser scheinbar ungastlichen Gegend: Nach den Highland Clearances (siehe S. 206f) wurden sie hier angesiedelt. Die verstreuten Siedlungen werden heute von einer kurvenreichen Straße verbunden, die von den Einheimischen Golden Road genannt wird, in Anspielung auf die horrenden Baukosten der Straße. Während sie abgelegenen Gemeinden zugutekommt, sorgt sie auch dafür, dass Besucher diese eigentümliche Mondlandschaft in Augenschein nehmen können.

An der Westküste sieht es wieder ganz anders aus. Hier gibt es ausgedehnte Strände, wobei einige davon zu den saubersten und eindrucksvollsten Europas zählen. Unübertroffen ist **Luskentyre Beach,** ein endloser weißer Sandstreifen an glasklarem Wasser, gesäumt von sanft geschwungenen, grünen Hügeln und den in der Ferne wie Schatten wirkenden Bergen von North Harris.

Als vom Tourismus noch fast unberührte Insel hat Harris auch wenig Sehenswürdigkeiten zu bieten oder gar Vergnügungsmöglichkeiten bei schlechtem Wetter. Besucher kommen hauptsächlich auf die Insel, um die großartige Natur zu genießen: Wandern, Klettern, Mountainbiken und allerlei Wasser-

In einem Restaurant in Tarbert wird frischer Hummer zubereitet

sportarten sind sehr beliebt. Viele schottische Urlauber bringen ihre eigene Ausrüstung mit. Fahrräder für die ganze Familie kann man bei **Harris Cycle Hire** *(Sorrel Cottage, 2 Glen Kyles, Leverburgh, Tel. 01859/ 520 319, www.sorrelcottage.co.uk, ££££)* in Leverburgh mieten, wobei eine Reservierung zu empfehlen ist. Wer eine geführte Bergtour machen möchte, wendet sich an

MacGillivray Centre
A859, Northton, Harris
(01859) 502 011
So geschl.

Seallam Visitor Centre
Northton, Harris
(01859) 520 258
£
www.seallam.com

North Uist
217 A5

Lochmaddy
217 A5

Mike Briggs *(Bunabhainneadar, Tel. 01859/ 502 376).*

An Tagen, an denen man es etwas ruhiger angehen will, kann man trotzdem einiges unternehmen. In **Northton** zeigt das **MacGillivray Centre** die Arbeit des Naturforschers William MacGillivray und die Fauna und Flora der Insel. Im gleichen Dorf informiert auch das **Seallam Visitor Centre** über die spannende Geschichte der Insel. Im Sommer bieten **Sea Harris** *(East Tarbert, Tel. 01859/502 007, www.seaharris.co.uk, £££££)* und **Kilda Cruises** *(Heatherlea, West Tarbert, Tel. 01859/502 060, www.kildacruises.co.uk, £££££)* Touristen die Möglichkeit, das weit entfernte St. Kilda auf einer Tagesschiffsreise zu erkunden. Sie organisieren auch kürzere Fahrten zu den Shiants und zu einigen der kleineren Hebrideninseln. Diese Abenteuertrips sind keine normalen Schiffsreisen, was sich auch am Preis zeigt.

Direkt im Westen neben Harris liegt die Insel **Taransay.** Vom Horgabost-Strand legen Schiffe zu dieser Insel ab *(www.visit-taransay.com, ££££)*. Wer den Meeressäugetieren und den Seevögeln näher kommen möchte, kann an einer Bootstour zur Tierbeobachtung teilnehmen, die **Strond Wildlife Charters** *(Sound of Harris, Tel. 01859/520 204, £££££)* ab Leverburgh anbietet. Bei schlechtem Wetter gibt es Schlimmeres als einen Besuch im **Skoon Art Café** in **Geocrab** *(4 Geocrab, Tel. 01859/530 268, www.skoon.com)*, wo köstliche Hausmannskost serviert und Bilder des einheimischen Künstlers Andrew John Craig ausgestellt werden. An einem klaren Tag sieht man vom Café aus wunderbar über den Minch. Außerdem gibt es hier regelmäßig Konzerte.

North Uist

Die Fähren von Caledonian MacBrayne Ferries *(www.calmac.co.uk)* fahren von Leverburgh auf Harris nach Süden um die tückischen Felsen herum auf der Insel Berneray, die wiederum durch einen Damm mit North Uist verbunden ist. Die meisten Besucher durchqueren Berneray einfach, da ihr eigentliches Ziel die Uists sind. Es lohnt sich jedoch, dieses kleine Inselchen (3 km auf 5 km) zu erkunden, falls die Zeit nicht zu knapp ist: Großartige Strände und Sanddünen sowie ein unglaubliches Panorama sind der Lohn. Um Berneray kennenzulernen, kann man dem Rundweg im Nordteil der Insel folgen – die Markierungstafeln sind blau und das Gelände ist gut zu begehen.

Der zweite Hauptzugang für North Uist liegt in **Lochmaddy** an der Ostküste, wo Autoreisende von Uig auf der Insel Skye ankom-

INSIDERTIPP

Bei Ebbe sollte man North Uists Scolpaig Tower besuchen. Diesen „Aberwitz" auf einem Eiland im Wasser lohnt die Mini-Wattwanderung allemal.

LEON GRAY
National Geographic-Mitarbeiter

Die Koexistenz der Religionen

Während die Inselbewohner auf den Western Isles im Allgemeinen friedlich zusammenleben, existiert eine religiös-konfessionelle Grenze zwischen den Bewohnern des Nordens (North Uist, Harris und Lewis), die Anhänger der protestantischen Kirche sind, und denen von South Uist und Barra, die überwiegend katholischen Glaubens sind. Neben der Church of Scotland gibt es auch noch weitere protestantische Glaubensgemeinschaften auf den Äußeren Hebriden. Um ihrem Wunsch nach Glaubensausübung nachkommen zu können, sorgen sie dafür, dass der Sonntag in dieser Gegend wirklich noch der Tag des Herrn ist. Geschäfte, Pubs, Firmen und Tankstellen bleiben dann geschlossen. Sogar Kinderspielplätze sind tabu und bleiben verwaist. Die Äußeren Hebriden haben die höchste Rate an Kirchgängern in Schottland: Und eine glühende gälische Predigt ist tatsächlich eine beeindruckende Erfahrung.

men. Lochmaddy besitzt die besten touristischen Einrichtungen der Insel, darunter Uists einziges Tourist Office, eine Bank, einen Supermarkt sowie einige Lokale. Es eignet sich deshalb gut als Ausgangsbasis. Als Highlight gilt das **Taigh Chearsabhagh,** ein Kulturzentrum und Museum mit großer Bedeutung für die Kulturszene der Insel. Outdoorliebhaber können sich im **Uist Outdoor Centre** *(Lochmaddy, Tel. 01876/500 480, www.uistoutdoorcentre.co.uk, £££££)* vergnügen, wo Sporttauchen, Kajakfahren auf dem Meer, Klettern, Bergwandern, Tierbeobachtung sowie „Coasteering" (Küstenerkundung zu Fuß bzw. schwimmend) angeboten werden.

Westlich von Lochmaddy steht man überrascht in der Landschaft von North Uist: Die Berge von Harris sind plötzlich verschwunden und stattdessen breitet sich eine düstere Sumpflandschaft zwischen den Lochs aus. Die Küstenstraßen säumen einige kleine Siedlungen. Diesem Landstrich haftet jedoch etwas Tragisches an: Es betrifft das schwere Schicksal der hier ansässigen armen Landbevölkerung, die einst im Zuge der Highland Clearances (siehe S. 206f). vertrieben wurde. Das sorgenvolle Leben der Kleinbauern ist noch in den verfallenen Pächterhäusern und verlassenen Dörfern zu spüren. Um die Insel in ihrer ganzen Schönheit erfassen zu können, erkundet man sie am besten zu Fuß, mit dem Fahrrad oder dem Auto. Sehenswert sind der Grabhügel **Barpa Langais**, die drei Menhire **Na Fir Bhreige** und der Steinkreis **Pobull Fhinn**. Diese neolithischen Stätten bestechen weniger durch ihr heutiges Erscheinungsbild als durch ihre Geschichte. Im Nordwesten steht das burgartige Folly **Scolpaig Tower** auf einem malerischen Eiland in dem gleichnamigen Loch. Im RSPB Naturreservat in **Balranald**, südlich des Tower, kann man vor einem herrlichen Küstenpanorama wandern und womöglich den Wachtelkönig, einen der seltensten Vögel Britanniens, zu sehen (oder zumindest zu hören).

South Uist

Im Gegensatz zu Harris und Lewis handelt es sich bei den Uists tatsächlich um zwei getrennte Inseln,

Taigh Chearsabhagh

✉ Lochmaddy, North Uist
☎ (01876) 500 293
$ £
www.museumsgalleriesscotland.org.uk/member/taigh-chearsabhagh

Balranald

✉ 5 km W von Bayhead; nach Hougharry links von der A865 abbiegen
☎ (01463) 715 000
$ £
www.rspb.org.uk

South Uist

217 A4

Loch Druidibeg Nature Reserve
✉ Stilligarry, South Uist
☎ (01870) 620 238
$ £
www.snh.org.uk

Kildonan Museum
✉ Kildonan, South Uist
☎ (01878) 710 343
$ £
www.kildonan museum.co.uk

die über einen Damm via das Eiland **Benbecula**, das fest in der Hand des britischen Militärs ist, miteinander verbunden sind. Die meisten Besucher fahren einfach nur durch, was gar keine schlechte Idee ist. South Uist unterscheidet sich von North Uist nicht nur auf den ersten, sondern auch auf den zweiten Blick. Die Vorherrschaft des Katholizismus ist unübersehbar: Am Straßenrand stehen zahllose Madonnenfiguren.

Die Landschaft von South Uist wird im Osten von Hügeln und Bergen geprägt und an der ungeschützten Westküste von goldenen Sandstränden. Bergwanderer besteigen gerne den **Ben More** – mit 620 Metern der höchste Gipfel der Insel. Denn wer den steilen Aufstieg hinter sich gebracht hat, wird mit einem wunderbaren Panorama über die Hebrideninseln belohnt. Außerdem kann man von dort oben erkennen, wie viele Lochs und Lochans es auf den Uists tatsächlich gibt. Die Aussicht vom Berg **Hecla** (606 m) ist ähnlich verlockend.

Die Atlantikküste wird von der für die Äußeren Hebriden typischen Machair-Vegetation und von Sanddünen gesäumt, die sich im Frühling in einer unglaublichen Wildblütenpracht präsentieren. Dazwischen sind alte Croftingdörfer und zahllose Lochans verteilt. Vogelliebhaber und überzeugte Flachlandwanderer können auch das **Loch Druidibeg Nature Reserve** besuchen – dieses Naturreservat in staatlicher Hand umfasst Machair mit bunten Blumen, Moorlandschaft und Lochans. Die Fauna lässt sich am besten im Juli bewundern, während man im späten Frühjahr und Frühsommer vielleicht auch Watvögel, Federwild und den Wachtelkönig entdecken kann. Von Stilligarry aus führt ein markierter Weg in das Reservat. Eine Übersichtskarte des Reservats ist im Tourist Office von **Lochboisdale,** dem Hauptort der Insel, erhältlich.

South Uists Attraktionen bei Schlechtwetter sind etwas begrenzt: Besonders sehenswert ist das **Kildonan Museum** an der Hauptstraße A865. Das Inselleben vergangener Jahrhunderte wird

Machair

Machair ist das gälische Wort für ausgedehnte und tiefliegende, fruchtbare Ebenen, wobei die Hälfte diese Landschaftsart in Schottland auf den Äußeren Hebriden liegt. Dieser seltene und empfindliche Lebensraum ist nur schwer zu beschreiben: Er reicht in etwa von den Sanddünen bis zur Torferde im Landesinneren, ist mit zahllosen Muschelschalen durchsetzt und von Strandhafer bewachsen. Wer South Uist, Barra und South Harris im Juli und August besucht, erlebt diese Landschaft als einen lebendigen und bunten Teppich aus seltenen Wildblumen, darunter auch Orchideen. Eine unübersehbare Anzahl von Vögeln lebt im Machair-Lebensraum, darunter Regenpfeifer, Kiebitz und der seltene Wachtelkönig.

Das Meer rund um die Äußeren Hebriden hat viele Gesichter – von ruhiger, blauer Windstille bis zu berghohen, sturmgepeitschten Wellen

hier durch ausgewählte Ausstellungsstücke wieder lebendig. Am wertvollsten ist dabei der Clanranald Armorial Stone (16. Jh.), der das Wappen des Clans schmückt, der mehr als 450 Jahre die Insel beherrschte.

Wer von den Geschichten um Bonnie Prince Charlie und Flora MacDonald verzaubert wurde, interessiert sich vielleicht dafür, dass Flora als Kind auf South Uist lebte: Nicht weit vom Kildonan Museum Richtung Süden markiert ein Cairn den Ort ihrer Kindheit. Die tragische Geschichte der Stuarts findet ihre Fortsetzung auf der Insel Eriskay, die über einen Damm mit der Südspitze von South Uist verbunden ist: Dort landete angeblich Charles Edward Stuart, um die jakobitische Revolution von 1745 vorzubereiten.

Eriskay ist eine wunderschöne Insel mit weißen Sandstränden. Ein Erkundungsbesuch lohnt sich, da Eriskay vom Tourismus noch völlig unberührt ist.

Barra

Die am Südende der Äußeren Hebriden gelegene Insel Barra nimmt einen sofort gefangen. Zwar ist sie nur 13 Kilometer lang und acht Kilometer breit, doch was ihr an Größe fehlt, macht sie durch Vielfalt wieder wett. Hier locken nicht nur die Bergmassive von Ben Tangaval und Heaval, sondern auch Glens und Moore, leuchtend bunte Machairblumen, sanftwellige Hügel und unberührte weiße Sandsträn-

Barra
217 A4

Barra Heritage Centre
Castlebay, Barra
(01871) 810 413
£
www.barraheritage.com

Kisimul Castle
Barra
(01871) 810 313
Okt.–März geschl.
££
www.historic-scotland.gov.uk

Zwei Gemeine Delfine pflügen bei Barra Head durchs das Gewässer

de. Als Ausgangsbasis ist der Hauptort **Castlebay** zu empfehlen. An erster Stelle sollte das **Barra Heritage Centre** stehen, das die gälische Kultur und die kleinen Geschichten der Inselbewohner zum Thema hat. Unübersehbar thront **Kisimul Castle** auf einem Felsen mitten im Meer und beherrscht so die Bucht. Die beeindruckende Festung zeugt von der Macht des Clan MacNeil, der Barra lange beherrschte. Der 45. Clan Chief Robert MacNeil, ein amerikanischer Architekt, kaufte die Burg 1937 und widmete sein Leben dem Wiederaufbau dieser Festung, die zu den ältesten Europas gehört. Im Jahr 2000 übernahm Historic Scotland das Gebäude.

In der rekonstruierten Festung befindet sich ein Museum. Den schönsten Blick auf die Festung hat man vom Wasser aus an Bord eines Kajaks. Die ortsansässige Firma **Clearwater Paddling** *(Castelbay, Barra, Tel. 01871/810 443 www.clearwaterpaddling.com, ££££)* organisiert Touren durch die Bucht bis zum Kisimul Castle. Castlebay bildet das Herz von Barras kulturellem Leben: Hier finden regelmäßig Folkkonzerte statt sowie das jährliche **Barra Fest** im Juli.

Die Insel lässt sich gut zu Fuß erkunden, obwohl man mit dem Fahrrad schneller vorwärtskommt. Barra verzaubert mit seiner spektakulären Landschaft: Nicht versäumen darf man den Sandstrand Halaman Bay mit seinen hohen Atlantikwellen.

Die ungewöhnlichste Attraktion ist der **Barra Golf Club** *(Cleat, Isle of Barra, Tel. 01871/810 240)*. Dieser einzigartige Golfplatz wür-

INSIDERTIPP

Der Flugplan für Barra ist flexibel, da das Flugzeug bei Ebbe am Strand landet.

JIM RICHARDSON
National Geographic-Fotograf

de sogar Tiger Woods aus der Fassung bringen. Er bietet zwar nur neun Löcher, aber hat tückische Gefahren wie z. B. den „weltgrößten Bunker" (ein riesiger Atlantikstrand) sowie Zäune rund um die Greens, die sowohl Kühe als auch Golfbälle abhalten! Die Fairways sind oft von Felsen übersäte Hügel. Die meisten Spieler sind schon froh, wenn sie pro Loch nur einen Ball verlieren. Doch dies ist sicher einer der malerischsten Golfplätze der Welt. Auf der Insel erkennt man verschiedene historische Epochen, z. B. anhand der **Menhiren von Brevig Bay** und der Anlage von **Dun Cuier**. Darüber hinaus gibt es noch den Cairn **Dun Bharpa**, wo in der Jungsteinzeit die Toten bestattet wurden. In Craigston zeigt das **Thatched Cottage Museum** *(Craigston, Barra, £)* auf einprägsame Weise, wie die Menschen in den traditionellen Blackhouses lebten – zum Teil noch in den 1970er Jahren.

Die Wasserfläche zwischen Barra und der Insel Eriskay wurde weltberühmt: 1941 lief hier die SS „Politician" auf Grund und ihre Fracht von 24 000 Flaschen Whisky ging „verloren". Die unternehmungslustigen Einheimischen eilten zur Hilfe und bis die Zollbeamten endlich eingetroffen waren, war ein Großteil des mit dem Schiff gesunkenen Whiskys auf mysteriöse Weise verschwunden. Compton Mackenzies Buch „Das Whisky-Schiff" erzählt diese Geschichte und wurde 1949 verfilmt. Bald müssen die Einwohner von Barra vielleicht nicht mehr auf Schiffe in Seenot warten, bevor sie an das „Wasser des Lebens" herankommen. Denn 2010 eröffnete auf der Insel nach langer Zeit die erste (legale) Whiskydestillerie und ab 2013 wird dieser Whisky auch zu kaufen sein.

St. Kilda

Die abgelegenen und mystischen Inseln von St. Kilda liegen 66 Kilometer westlich der Äußeren Hebriden im Atlantik. Für viele Schot-

St. Kilda
🅰 217 A5

Flug nach Barra

Normalerweise fährt man per Boot nach Barra. Eine aufregende Alternative ist jedoch die Anreise im Flugzeug. Beim Landeanflug über dem Meer erscheint Barra-„Airport" inmitten einer Hügelgruppe hinter dem langen Sandstrand von Cockle Bay. Es gibt einen winzigen Terminal, aber keine Landebahn. Das Flugzeug macht sich bereit für die Landung, plumpst auf den Strand und hüpft hinüber zum Terminal. Die Barrafluglinie ist wohl eine der wenigen weltweit, deren Flugplan die Klausel „je nach Gezeiten" beinhaltet. Die dramatische Landung am Strand hinterlässt unauslöschbare Erinnerungen. Flüge nach Barra starten zweimal täglich von Glasgow und können über Flybe *(www.flybe.com)* gebucht werden.

Steinhäuser auf Hirta, St. Kilda, das westlich der Äußeren Hebriden liegt

ten hat eine Reise nach St. Kilda eine ähnliche Bedeutung wie die Suche nach dem Heiligen Gral: Viele träumen davon, eines Tages diesen Außenposten zu betreten, der zum Unesco-Weltkulturerbe zählt. Doch nur wenigen gelingt es, den Atlantik zu bezwingen und auf den Inseln an Land zu gehen. Diejenigen, denen diese Fahrt gelingt, entdecken eine Welt voller Mythen und Legenden sowie das Echo einer längst versunkenen Lebensweise.

Die Reise nach St. Kilda ist eine Herausforderung und nichts für Seekranke. Denn die Schiffsfahrt ist ein magenunfreundliches Ereignis, das von Oban aus 16 bis 18 Stunden dauert oder vier bis sechs Stunden von den Äußeren Hebriden. Die schwierige Anreise ist jedoch schnell vergessen, wenn die einzigartige Landschaft des Archipels am Horizont aufscheint – ein Anblick, der mit nichts auf den Britischen Inseln vergleichbar ist. St. Kilda wurde nie von Gletschern überfahren; die schroffen, rauen Felsen und die aufragenden „stacs" (das gälische Wort für „Felszinne"), die direkt aus dem Atlantik zu wachsen scheinen, erinnern eher an Island oder die Faröer als an Schottland. Die Inselkette umfasst mehrere Inseln (Hauptinseln: Hirta, Boreray, Soay und Dun) und „stacs".

Auf einer Insel, auf der der Mensch eindeutig die zweite Geige nach der Natur spielt, ist der Tierreichtum besonders groß. Rund eine Million Vögel nisten auf St. Kilda, was die Inseln zum Paradies für Ornithologen macht. Als Highlights gelten die Zehntausenden niedlichen Papageientaucher, die sämtliche Klippen bevölkern, sowie die mit 60 000 nistenden Paaren weltgrößte Population an Tölpeln auf Boreray. An Land findet man das zottelige Soayschaf, eine Art Urschaf, das nur auf diesen Inseln vorkommt.

Eine einzigartige Lebensweise

Jahrhundertelang fochten die Menschen auf St. Kilda einen harten Überlebenskampf. Die Hauptinsel von St. Kilda ist **Hirta** – die einzige Insel die ununterbrochen besiedelt war. Hier stößt man auf eine ziemlich unschöne Militäranlage sowie auf eine Forschungseinrichtung von National Trust for Scotland und Scottish National Heritage. Abseits vom Ufer liegt die verlassene Wohnstraße der Insel mit ihren alten Steinhäusern und traditionellen Blackhouses. Das sehenswerte, kleine Museum in der Village Street erzählt die Geschichte der Insel. Durch das Dorf führt zudem ein faszinierender „Geschichtspfad".

Allgegenwärtig ist der Gipfel des **Conachair** (430 m) mit Britanniens höchster Meeresklippe, von der aus grandiose Ausblicke über die Inseln und nach Osten auf die Äußeren Hebriden locken. Der steile Aufstieg ist ziemlich anstrengend, obwohl eine Straße beinahe bis zur Hälfte hinaufführt. Am schwierigsten ist es dabei, den großen Raubmöwen zu entkommen, die Wanderer angreifen, um sie von ihren Nestern fernzuhalten. Doch die Anstrengung lohnt sich wirklich.

Obwohl man auf Hirta gut anlegen kann, wird die Fahrt zu den anderen Inseln vielleicht problematisch. Die meisten Besucher müssen sich deshalb mit dem Blick vom Meer begnügen. Eine Schiffsfahrt rund um **Boreray**, während sich 40 Prozent der Weltpopulation an Tölpeln im Wasser tummeln, ist eine überwältigende Erfahrung.

Eine Reihe von Firmen organisiert Bootsfahrten von den Äußeren Hebriden nach St. Kilda, darunter auch **Sea Trek Hebrides, Sea Harris** und **Kilda Cruises** (siehe S. 242). Man kann auch als freiwilliger Helfer für den National Trust for Scotland auf St. Kilda arbeiten und die Insel so besser kennenlernen. Mehr Informationen gibt es auf der Weltkulturerbe-Homepage von St. Kilda (*www.kilda.org.uk.*). ■

Evakuierung von St. Kilda

Das Leben auf St. Kilda war elementar, wenn nicht gar utopisch: Es gab kein Geld und keine Regierung. Die gälische Bevölkerung hielt zusammen und unterstützte einander. Gemeinsam entschied man, welche Arbeit getan werden musste. Diese wirtschaftliche Unabhängigkeit konnte fast nicht mehr aufrecht erhalten werden, als 36 Einwohner im Jahre 1852 nach Australien emigrierten, was zu einer größeren Abhängigkeit von importierten Nahrungsmitteln und Gütern führte. Eine starke Nahrungsmittelknappheit im Jahre 1912, der Ausbruch der Grippe 1913, der Einfluss des Tourismus sowie die Auswirkungen des Ersten Weltkriegs läuteten die letzte Stunde für das Inselleben ein: 1930 wurden schließlich die noch verbliebenen 36 Inselbewohner evakuiert.

Seevögel kreisen hoch über den zerklüfteten Inseln und ihren Sandsteinklippen; im Sandgestöber steigen uralte Geheimnisse wieder auf

Die Orkney & Shetland Islands

Der Broch von Mousa, ein prähistorischer Steinturm, ist das Wahrzeichen der Insel Mousa auf dem Shetland-Archipel

Die Orkney & Shetland Islands

Wer zwischen der Nordspitze Schottlands und den Orkney- und Shetland-Inseln in die raue See sticht, begibt sich auf eine ungewöhnliche Überfahrt. Die Reise bringt Besucher in Berührung mit dem altnordischen Erbe der Inseln und versetzt sie zurück in die Eisenzeit.

Das prähistorische Orkney

Skara Brae ist nur eine der steinzeitlichen Stätten, die bis 3000–2000 v. Chr. zurückreichen; seit 1999 steht deshalb The Heart of Neolithic Orkney auf der Weltkulturerbeliste der Unesco. Die anderen Sehenswürdigkeiten des Archipels, die man einfach gesehen haben muss, weil sie ein außerordentliches Zeugnis der Jungsteinzeit abgeben und die Errungenschaften jener Völker Nordeuropas bezeugen, sind die Anlagen von Maes Howe mit den Stones of Stenness und der Ring von Brodgar, ein Steinkreis mit Ringgraben.

Bemerkenswert ist aber auch die jüngere Vergangenheit Orkneys, die um den weitläufigen Hafen von Scapa Flow mit seinem natürlichen Umfeld kreist –hier befindet sich eines der besten Tauchreviere weltweit. Südlich von Mainland lockt die Insel Hoy mit ihrem zerklüfteten, von Bergspitzen gesprenkelten Landschaftsbild und der markanten Felsnadel Old Man of Hoy, hierzulande „stack" genannt. Die restlichen Inseln sind wie Mainland auch mit sanften, welligen Hügeln gesegnet. Das fruchtbare Land ist in der Regel leicht zu bewirtschaften –und dies hat auch mit dazu beigetragen, dass die Insulaner von den Machenschaften Großbritanniens weitestgehend verschont blieben und über Jahrtausende ein Leben in Wohlstand führen konnten. Auch die Wildnis konnte sich hier frei entfalten, insbesondere in den Naturreservaten des Archipels.

NICHT VERSÄUMEN

Das grüne Shetland

Wenn Briten gebeten werden, die Shetland Islands auf einer Karte zu orten, kommen sie womöglich leicht ins Schlingern. Sogar bei den BBC-Wettervorhersagen kommt es immer wieder einmal zu Abweichungen, wo sich nun diese nördlichste Inselgruppe genau befindet. In den letzten Jahren jedoch hat sich auch auf Shetland das Öko-Label allmählich durchgesetzt und somit fanden die grünen Inseln ihren Platz auf der Weltkarte. Nach der Destination Scorecard – Ergebnis einer Umfrage, die nunmehr jährlich vom NATIONAL GEOGRAPHIC TRAVELER-Magazin durchgeführt wird – avancierte Shetland mit Rang vier zu eine der attraktivsten Inseldestinationen der Welt. Dabei wurde die Insel bei Kriterien wie „hohe Qualität in Sachen Umwelt und Ökologie", „Zustand historischer Gebäude und archäologischer Stätten" sowie „Zukunftsaussicht" bestens bewertet. Ein Expertenstab beschrieb Shetland mit „alles im grünen Bereich", was de facto den speziellen Charakter dieses spektakulären Naturparadieses des Nordens vermittelt.

Unberührte weiße Sandstrände, bizarre Felsen und zerklüftete Klippen schaffen einen geschützten Lebensraum für Tiere in freier Wildnis. Im Sommer sieht man unzählige Papageientaucher und riesige Raubmöwen. In den Gewässern tummeln sich Seehunde, Schweinswale, Fischotter und Delfine– besonders beeindruckend sind die Schwertwale.

Shetland birgt aber auch einige atemberaubende historische Stätten, für deren Erhalt gesorgt wurde. In Jarlshof kann man zwischen bemerkenswert gut erhaltenen Häusern aus der Eisen- und Bronzezeit dahinstromern und die Tage heraufbeschwören, als noch Wikingerschiffe in den Gewässern patrouillierten. ■

Die Orkney Islands

Bei den meisten Besuchern beschränkt sich die Entdeckungstour zu den Orkney Islands aus Zeit- und Machbarkeitsgründen auf Mainland. Allerdings besteht der gesamte Archipel aus bis zu 70 Inseln und kleineren Schäreninseln, von denen zurzeit 17 bewohnt sind. Zusammen bedecken die Inseln eine Fläche von über 900 Quadratkilometern. Der Archipel misst von Nord nach Süd 85 Kilometer und von Ost nach West 37 Kilometer.

Auf den Orkney Islands bei Yesnaby kann man gut Vögel beobachten

ANREISE ZU DEN ORKNEYS: Flybe (*Tel. 0871/700 2000, www .flybe.com*) bietet Flüge ab allen größeren britischen Flughäfen. Praktische Hinweise zum Fährverkehr gibt es bei John O'Groats Ferries (*Tel. 01955/611 353, www.jogferry.co.uk*), *Pentland Ferries* (*Tel. 01856/831 226, www.pentlandsferries.co. uk*), oder Northlink Ferries (*Tel. 0845/600 0449, www.northlinkferries.co.uk*).

Mainland

Das Mainland ist bei weitem das größte bewohnte Insel der Orkneys – die über 20 000 Einwohner wohnen vor allem rund um die Orte **Kirkwall** und **Stromness.**

Letzteres Städtchen ist Orkneys Fährhafen, wo prächtige Steinhäuser eine malerische Kulisse bilden. Hier präsentiert das **Pier Arts Centre** (*Victoria St., Stromness, Tel. 01856/850 209 www.pierarts centre.com, £*) britische Kunst des 20. Jahrhunderts sowie moderne Werke skandinavischer Künstler. Im **Stromness-Museum** (*52 Alfred St., Tel. 01856/850 025, www.orkneycommunities.co.uk/ stromnessmuseum, £*), nur ein paar Gehminuten davon entfernt, kann man einiges über die Naturgeschichte der Inseln erfahren.

Von hier geht es auf der A965 in Richtung Osten zur weniger reizvollen Inselhauptstadt **Kirkwall**. Jedoch ist ein Zwischenstopp zur Besichtigung der herrlichen **St. Magnus Cathedral** (*Broad St., Kirkwall, £;* siehe Kasten S. 255) ein Muss für alle Inselbesucher. Das **Orkney-Museum** ist ebenfalls einen Besuch wert. Im Rand-

INSIDERTIPP

Das St. Magnus Festival im Juni bringt großartige Musik auf die Orkneys; dann ist überall in Kirkwall was los. Ein Konzert in der St. Magnus Cathedral ist ein Ohrenschmaus.

SALLY McFALL
NATIONAL GEOGRAPHIC-Mitarbeiterin

gebiet der Stadt, genauer genommen in der **Highland Park Distillery**, wartet ein leicht torfiger Malzwhisky – einer der feinsten Schottlands – auf die Verkostung.

Um Orkneys Geschichte zu erleben, braucht es keinen Museumsbesuch. Denn an jeder Ecke findet man Spuren menschlichen Lebens, das es hier seit Jahrtausenden gibt. Auf Mainland verstreut finden sich senkrecht aufragende Menhire und Hügelgräber. Einige davon wurden von Archäologen erforscht, aber viele sind nach wie vor ein Mysterium.

Im westlichen Mainland sollte man folgende Stätten unbedingt gesehen haben: das Steinzeitdorf **Skara Brae** (siehe SS. 260–261), die Stones of Stenness, Maeshowe, den Ring von Brodgar sowie die Ruinen des **Earl's Palace** in Birsay. Die **Stones of Stenness** (*£*), die 6,5 Kilometer östlich von Stromness liegen, waren ursprünglich ein Steinkreis mit zwölf Felsplatten, heute sind noch vier übrig geblieben, die Wind und Wetter trotzen; möglicherweise ist man hier an dieser menschenleeren Stätte allein auf weiter Flur.

Das nahe gelegene **Maeshowe** (*Tel. 01856/761 606, £*) ist eine der am besten erhaltenen Anlagen jungsteinzeitlicher Ganggräber in Europa. Sie entstanden vor über 3000 Jahren. Ganz in der Nähe befindet sich auch der **Ring von Brodgar** (*£*), eine der beeindruckendsten Sehenswürdigkeiten auf Orkney. Unter all den Steinkreisen auf den Orkneys sieht dieser dem englischen Stonehenge am ähnlichsten. Vermutlich bestand der Steinring vor 4500 Jahren aus 60 Steinen. Heute sind noch an die 30 erhalten.

Um mehr über das Wikinger-Erbe auf den Orkney Islands zu erfahren, lohnt ein Besuch in Orphir, wo das **Orkneyinga Saga Centre**

Orkney Islands
253 A1–A2, B1–B2
Besucherinformation
West Castle St., Kirkwall
(01856) 872 856
www.visitorkney.com

Orkney Museum
Tankerness House, Broad Street, Kirkwall
(01856) 873 191
£
www.orkney.gov.uk

Highland Park Distillery
Holm Road, Kirkwall
(01856) 874 619
Tour: £
www.highlandpark.co.uk

Orkney & Shetland Islands Archaeological Sites
www.historic-scotland.co.uk

Orkneyinga Saga Centre
Gyre Rd., Orphir
(01856) 811 319
£

St. Magnus Cathedral

Die herrliche Kathedrale zu Kirkwall, auch als „Licht des Nordens" bekannt, wurde 1137 vom Wikingerfürsten Rognvald gegründet. Über die Jahrhunderte hinweg haben Wind und Wasser ihre Spuren auf dem roten und gelben Sandstein des Sakralbaus hinterlassen. Die Fassadenornamentik, ein Werk von Steinmetzen, die schon bei der Errichtung der Kathedrale von Durham in England mitgewirkt haben sollen, ist größtenteils mittelalterlich geprägt. Die besten Besuchszeiten sind während der Sonntagsmesse um 11.15 Uhr oder während eines der Orgelkonzerte bzw. musikalischer Darbietungen, die hier regelmäßig stattfinden (*www.stmagnus.org*).

Broch of Gurness
Evie
£
www.historic-scotland.gov.uk

Lamb Holm, Burray, & South Ronaldsay
253 A1

Orkney Fossil & Heritage Centre
Viewforth, Burray
(01856) 731 255
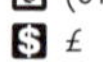
£
www.orkneyfossilcentre.co.uk

Orkney Marine-Life Aquarium
St. Margaret's Hope, South Ronaldsay
(01856) 831 700

£
www.orkneymarinelife.co.uk

Tomb of the Eagles
Liddle, St. Margaret's Hope, South Ronaldsay

Nov.–Feb. geschl.
££
www.tomboftheeagles.co.uk

die gewaltige Invasion der Nordmänner lebendig nacherzählt.

An der Nordküste der Insel liegen die gut erhaltenen Ruinen des **Broch of Gurness,** einer alten befestigten Siedlung, die von einem runden Steinturm überragt wird. Dieser soll aus der Zeit zwischen 200–100 v. Chr. stammen. Die Stätte ist von niedrigen Mauern bestanden – angeblich handelt es sich um Überreste eines Dorfs, das um den Broch herum angelegt wurde. Mit einer guten Portion Fantasie und einem Blick in die Ausstellung des Besucherzentrums, kann man ein lebendiges Bild heraufbeschwören, wie der Alltag auf Orkney in der Eisenzeit ausgesehen haben mag.

Die Italienische Kapelle

Eine der bemerkenswertesten Sehenswürdigkeiten auf den Orkneys ist die winzige italienische Kapelle auf Lamb Holm. Sie besteht aus zwei aneinander gefügten Nissenhütten, die mit Wandmalereien von Domenico Chiocchetti verziert sind. Hunderte italienische Kriegsgefangene, die später auch die Churchill Barriers bauten, haben hier architektonisch ein bleibendes Zeugnis hinterlassen. In der Kapelle konnten sie Gottesdienst halten, während ihrer Internierung im Camp 60. Über dem Gotteshaus wacht eine Betonstatue des Schutzheiligen St. Georg, dem Drachentöter.

Lamb Holm, Burray & South Ronaldsay

Während Orkneys Frühgeschichte sicherlich fesselnd ist, lohnt sich auch die Erkundung seiner jüngeren Geschichte. Südlich von Mainland kann man auf einem Damm zur unbewohnten Insel Lamb Holm hinüberfahren. Dort steht die **Italienische Kapelle** (siehe Kasten S. 256), ein fantastisches Erbe des Krieges. Auf dem Weg nach South Ronaldsay laden auch noch die Bunker des Zweiten Weltkrieges zu einer kleinen Stippvisite ein. Die **Churchill Barriers**, vier Dämme zwischen den Inseln, wurden auf Befehl des britischen Premiers Winston Churchill (1874–1965) zwischen 1940 und 1945 erbaut, um die Verteidigung des weitläufigen Naturhafens **Scapa Flow** zu verbessern (siehe Kasten S. 259). Unweit der Dämme wurden Schiffwracks absichtlich im Meer versenkt, um die Küste im Ersten und Zweiten Weltkrieg vor Angriffen durch deutsche U-Boote zu schützen.

Neben der faszinierenden Militärgeschichte bieten diese südlichen Inseln auch eine Reihe von Attraktionen für Familien. Das **Orkney Fossil and Heritage Centre** auf Burray, ein Fossilienmuseum mit einem UV-bestrahlten Raum, lässt Felsen in verschiedenen Farben aufleuchten, während das **Orkney Marine-Life Aquarium** in St. Margaret's Hope auf South Ronaldsay Meereslebewesen präsentiert.

Alle, die sich an archäologischen Stätten nicht sattsehen können, finden auf South Ronaldsay eines der beeindruckendsten steinzeitlichen Ganggräber der Orkney Islands, das **Tomb of the Eagles**, (dt. Grab der Adler), auch Grab von Isbister genannt. Attraktiver wird das Ausflugsziel noch durch die exponierte Lage des Erdwalls direkt über der Steilküste.

Hoy

Auch die zweitgrößte Insel auf den Orkneys besticht durch seine eindrucksvolle felsige Berglandschaft. Die Insel lockt mit einer der markantesten Felsnadeln des Archipels, dem **Old Man of Hoy**– ein „stack", der bei schottischen Kletterern auf der Wunschliste ganz oben steht. Die Insel hat Naturliebhabern wie auch Wanderern viel zu bieten. Die Populationen an Berghasen und Greifvögeln wie etwa Kornweihen und Wanderfalken ist hoch. Besucher sollten aber auch wissen, dass es auf der Insel keinen Linienbusverkehr gibt; wer also ohne eigenes Auto anreist, kann den Weg ab der Fähre in Stromness bis zur Rackwick Bay entweder zu Fuß, per Rad oder im Minibus zurücklegen. In Rackwick gibt es einige einfache Unterkünfte. Der kleine Küstenort ist ein idealer Ausgangspunkt für alle, die den technisch anspruchsvollen Old Man of Hoy (5 km weiter westlich) erklimmen wollen.

Wer nicht so sehr auf Kletterakrobatik in der Gischt des Atlantik steht, hat hier auch einige Wanderoptionen, z. B. den Klippenwanderweg nach **St. John's Head.** Hier erreichen die Steilwände Höhen von 346 Metern. Leider ist der Pfad in schlechtem Zustand und nur für Leute ohne Höhenangst geeignet. Eine leichte Wanderung führt zum höchsten Gipfel der Insel, dem **Ward Hill** (479 m). Von dort schweift der Blick weit über alle Inseln.

Hoy & South Walls

253 A1

Scapa Flow Visitor Centre

Lyness, Hoy

(01856) 791 300

£

www.scapaflow.co.uk

Ein Seehundweibchen säugt ihr Junges an der Küste von Pentland Firth auf Hoy

Westray
253 A2

Westray Heritage Centre
Pierowall
(01857) 677 414
Okt.–April geschl.
£
www.westrayheritage.co.uk

Papa Westray

253 A2

INSIDERTIPP

Wer von der Klippe auf den Old Man of Hoy hinunter blickt, einem turmhohen „stack" im Meer, begreift plötzlich, dass es der lange Weg per Fähre und zu Fuß ab Mainland wert war.

LARRY PORGES
National Geographic-Mitarbeiter

Orkneys militärgeschichtliche Bedeutung kommt abermals an der Ostküste von Hoy zum Ausdruck. Sehenswert sind der **Marinefriedhof** in Lyness und das **Scapa Flow Visitor Centre** (auch Lyness Interpretation Centre; siehe Kasten S. 259). Keinesfalls versäumen sollte man die umfangreiche Fotosammlung zum Inselalltag während der Weltkriege und die Ausstellung alter Militärfahrzeuge und Waffen.

Insel South Walls

Über einen schmalen Damm geht es von der südlichen Spitze der Insel Hoy zur Insel South Walls. Diese kleine Insel hat eines der besten Hotels und Restaurants auf den Orkneys, das **Stromabank Hotel** (siehe Reiseinformationen S. 301) sowie eine Verteidigungsanlage aus der Zeit der Napoleonischen Kriege, die **Hackness Battery** mit dem **Martello Tower**, ein Rundturm mit Kanone – schon in jener Zeit drangen Konflikte in Europa bis in den hohen Norden vor.

Nördlich von Mainland

Jede der bewohnten Inseln nördlich von Mainland–**Rousay, Wyre, Egilsay, Shapinsay, Stronsay, Sanday** und **North Ronaldsay** – hat etwas Sehenswertes zu bieten, angefangen von steinzeitlichen Stätten über Leuchttürme an steilen Sandsteinklippen bis hin zu Naturreservaten. Aus Zeitgründen bleiben jedoch die meisten Besucher auf der größeren Insel Westray bzw. ihrer kleineren Schwester Papa Westray hängen.

Auf **Westray** locken nicht nur reizvolle Landschaften, auch die frischen Erzeugnisse aus heimischen Landen wollen probiert werden. In der Hauptsiedlung Pierowall, kann man im **Westray Heritage Centre** mehr über das Leben auf der Insel erfahren. Lohnenswert sind auch Ausflüge zu den Ruinen des **Noltland Castle** (16. Jh.), zu den Steilklippen der Halbinsel **Noup Head** und zum **Castle o'Burrian**, einem „stack", auf dem Tausende von Papageientauchern nisten.

Eine Überfahrt nach **Papa Westray,** im fernen Nordwesten des Orkney-Archipels, gehört zum Inselhopping einfach dazu – egal, ob man per Fähre anreist (*www.orkneyferries.co.uk*) oder ab Westray einen der kürzesten Flüge der Welt bucht (ca. 2 Minuten; *www.loganair.co.uk*).

Papa Westray findet in der „Orkneyinga Saga"(13. Jh.) eine erste Erwähnung – eine halbmythische Geschichte der Wikinger-Grafen von Orkney. Die Insel hat aber auch ein streng religiöses Erbe. Der Legende nach war die „Priesterinsel" ein Wallfahrtsort der hl. Tredwell, auch Triduana. Zu den Highlights zählen das **Holland House**, ehedem Sitz der Trails-Familie, heute ein Museum, sowie die **St. Boniface Kirk**. Papa Westrays beeindruckendste Attraktion ist der **Knap of Howar,** eine jungsteinzeitliche Anlage. Experten schätzen, dass die Siedlung vor etwa 3500 v. Chr. errichtet wurde.

Auch Naturliebhabern hat Papa Westray einiges zu bieten: Neben Seehunden und Fischottern gibt es hier zahllose Seevögel – letztere lassen sich wunderbar im **North Hill RSPB Nature Reserve** beobachten. ■

Holland House
Papa Westray
£

North Hill RSPB Nature Reserve
Papa Westray
(01856) 850 176
www.rspb.org.uk

ERLEBNIS: Geschichte hautnah in Scapa Flow

Während des Ersten und Zweiten Weltkrieges war Scapa Flow ein größerer Marinestützpunkt; über 100 Kriegsschiffe lagen in der Bucht vor Anker. Der Hafen ist bis heute von seiner militärischen Vergangenheit geprägt. Besucher können die Blockschiffe besichtigen, die zum Schutz vor Angriffen durch deutsche U-Boote strategisch versenkt wurden. Die umliegenden Hügel sind von Geschützanlagen übersät.

Am Ende des Ersten Weltkrieges versammelten sich 74 gekaperte deutsche Schiffe im weitläufigen Naturhafen. Als die Deutschen erfuhren, dass der Friedensvertrag die Übergabe ihrer Schiffe vorsah, gab der Oberbefehlshaber grünes Licht für die Selbstversenkung der gesamten Flotte, noch bevor die Alliierten eingreifen konnten.

Die meisten Schiffwracks trieben ab, jedoch wurden alle, die an die Küste geschwemmt wurden, im Nu geborgen. Im Zuge einer der größten Bergungsaktionen der Briten, die 1920 begann, wurden in der Zeit zwischen den beiden Weltkriegen die meisten Wracks gehoben. Dennoch blieben einige auf dem Meeresgrund zurück, darunter drei Schlachtschiffe und ein U-Boot.

Zu den Havarien, die sich zu Beginn des Zweiten Weltkriegs ereigneten, gehörte auch der Untergang der „Royal Oak", die von einem deutschen U-Boot 1939 versenkt wurde. Bei dem Unglück kam die Hälfte der 1400 Mann starken Besatzung ums Leben. Heute ist das Schiffswrack der „Royal Oak" als Gefallenengrab denkmalgeschützt. Jedes Jahr am 13. Oktober findet dort ein Gottesdienst zum Andenken an das tragische Ereignis statt. Der von Schiffswracks übersäte Naturhafen – die deutsche Flotte und andere Wracks liegen auf ewig vereint auf dem Meeresgrund von Scapa Flow – ist heute eines der beliebtesten Tauchreviere Europas. Neoprenanzüge sind ein Muss, und es versteht sich von selbst, dass sich nur erfahrene Taucher in die Tiefen wagen sollten. Selbst Profis sollten sich vor dem Tauchgang vor Ort nach den Strömungen erkundigen – jedes Jahr verunglücken in Scapa Flow einige Taucher tödlich. **Scapa Scuba** *(Lifeboat House, Stromness, Tel. 01856/851 218, www.scapascuba.co.uk)* bietet PADI-Tauchkurse für Anfänger und Fortgeschrittene sowie geführte Tauchgänge für Einzelpersonen und kleine Gruppen an.

Gute Nachrichten für Nichttaucher: Es ist auch möglich, Scapa Flow zu erleben, ohne nass zu werden! **Roving Eye Enterprises** *(Westrow Lodge, Orphir, Tel. 01856/811 360, www.rovingeye.co.uk)* ermöglicht virtuelles Wracktauchen auf einem großen TV-Bildschirm – die Bilder werden über eine bewegliche Unterwasserkamera projiziert. Das **Scapa Flow Visitor Centre** (siehe S. 257f) auf der Insel Hoy geht noch mehr ins Detail, um die Rolle dieses Naturhafens während der beiden Weltkriege zu veranschaulichen.

Das steinzeitliche Orkney

Bis vor 150 Jahren verharrte Skara Brae auf den entlegenen Orkney-Inseln in einem tausendjährigen Dornröschenschlaf. Nur wenige Menschen hatten sich bis in diese trostlose, unwirtliche Bucht vorgewagt, wo der Wind und die Brandung des Atlantiks toben. Unter dem Sand lag ein uraltes Geheimnis begraben, das in einer Orkannacht die steinzeitliche Vergangenheit der Orkney Islands enthüllen sollte.

Skara Brae ist ein Steinzeitdorf an der Westküste von Mainland

In einer stürmischen Nacht des Jahres 1850 trat die unter Sand begrabene Skara Brae zu Tage, die am besten erhaltene jungsteinzeitliche Siedlung in Europa. Schon bald stellte sich heraus, dass es sich um keine gewöhnliche archäologische Stätte handelte, denn die Überreste von Skara Brae waren über 5000 Jahre alt.

Heute steht das hoch gepriesene „Pompeji von Schottland" als Teil des „Heart of Neolithic Orkney" auf der Welterbeliste der Unesco und hat sich als Mekka von Historikern und Archäologen etabliert wie auch als Pilgerziel für Bildungsreisende. Allein schon die Lage ist spektakulär, denn Skara Brae liegt in einer weiten Sandbucht, wo die Wellen des Atlantiks mit ihrer frostigen Gischt an die Ufer branden. Ein Besucherzentrum und ein nachgebautes Haus hat man extra für Bustouristen errichtet. Über der prähistorischen Stätte hingegen liegt ungebrochen der Zauber der Zeitlosigkeit – es ist ein Ort der Stille, der keiner großen Worte bedarf.

Rundgang durch Skara Brae

Das Besucherzentrum ist geschmackvoll gestaltet und liefert einige Informationen – genauer gesagt Spekulationen – über die Menschen, die einst das Dorf bewohnten. Heute wissen wir, dass dort Bauern und Fischer lebten, die ihre Häuser im Überlebenskampf gegen das raue Klima unter der Erde bauten. Jedoch ist es nach wie vor unklar, weswegen das Steinzeitdorf etwa 600 Jahre nach seiner Gründung aufgegeben wurde. Gab es einen kriegerischen Konflikt oder begrub ein ähnlich gewaltiger Sturm wie 1850 das Dorf unter Sand?

Das nachgebaute Haus vermittelt eine gute Vorstellung davon, wie die Lebensbedingungen der Ureinwohner vor Jahrtausenden ausgesehen haben mögen, jedoch ist Hauptattraktion eines Besuchs der Rundgang durch das eigentliche Steinzeitdorf. Heute darf man die Häuser nicht mehr betreten – sie wurden vorsorglich geschlossen, um zu vermeiden, dass sie durch zu viele Touristen Schaden nehmen. Auch ohne Reiseleiter erkennt man von den höher gelegenen Gehwegen aus zahlreiche Spuren, die auf die Lebensweise der Steinzeitmenschen Rückschlüsse ziehen lassen. Aus Steinplatten wurden Kommoden, Wandschränke, Regale, Herde und sogar Betten gemeißelt, die einen einzigartigen Einblick in die Vergangenheit ermöglichen – letztlich unterschied sich der steinzeitliche Alltag nicht allzu sehr von unseren heutigen, täglichen Grundbedürfnissen.

Skaill House

In den Sommermonaten gilt die Eintrittskarte für Skara Brae auch für eine Besichtigung des Skaill House. Einst residierte hier der Gutsherr von Skaill. Das herrschaftliche Haus wurde 1620 erbaut; heute kann man auf einem Streifzug die stattlichen Räume bewundern.

Faszinierend unter den Ausstellungstücken ist das Tafelservice von James Cook, der im Auftrag der britischen Krone die Welt umsegelte. Das besagte Service gelangte 1770 im Anschluss an Cooks dritten Südseereise an Bord der Schiffe „Discovery" und „Resolution" nach Stromness, wo es schließlich in die Hände des Gutsherrn von Skaill kam.

Besucherinformation

Die Stätte liegt 30 Kilometer nordwestlich von Kirkwall (Orkney) an der B9056. Skaill House steht unter Denkmalverwaltung bei Historic Scotland (*www.historic-scotland.gov.uk; ££*) und ist ganzjährig täglich geöffnet. Zur Anlage gehört auch ein Café (im Winter sind jedoch die Öffnungszeiten eingeschränkt).

Alltag im steinzeitlichen Skara Brae

Das gut erhaltene Steinzeitdorf Skara Brae vermittelt uns diverse Einblicke in den Lebensalltag der Menschen, die dort vor über 5000 Jahren lebten. Die einheitliche Anordnung der Häuser deutet darauf hin, dass die Bauern- und Fischergemeinde eng miteinander verwoben war. Einige Archäologen glauben, dass die architektonische Gleichförmigkeit auf ein egalitäres Zusammenleben hinweist, während andere davon ausgehen, dass sich die homogene Struktur unter den rauen klimatischen Bedingungen einfach am besten bewährt hat.

Jedes Haus bestand aus einem fensterlosen Zimmer mit einer Feuerstelle in der Mitte. Das einzige Tageslicht fiel durch eine Dachöffnung ein, die zugleich als Rauchabzug über dem Feuer diente. Aufgrund des Holzmangels in der kargen Gegend wurden die Möbel aus Stein hergestellt. Dazu gehörte auch ein Becken für Napfschnecken, die als Fischköder oder auch als Nahrungsersatz in Notzeiten dienten.

Funde von Tierknochen auf dem gleichen Areal verweisen auf Vieh- und Schafzucht – zur Nahrungsbeschaffung jagte man auch Rotwild und Wildschweine. Aus den Tierknochen fertigten die Steinzeitmenschen Werkzeuge, Tierhäute wurden zu Kleidungstücken und Decken verarbeitet. Entdeckt wurden auch Muscheln und Pflanzensamen, die darauf schließen lassen, dass sich die Dorfbewohner sowohl von Getreide (Weizen und Gerste), als auch von Fischen und Schalentieren ernährten.

Die Häuser waren durch windgeschützte, gut isolierte Korridore miteinander verbunden, so dass man sich auch in den langen, kalten Wintern quer durchs Dorf bequem fortbewegen konnte.

Die Shetland Islands

Wenn die Orkneys schon entlegen scheinen, dann gilt das erst recht für die Shetland Islands. Für viele Schotten liegen sie quasi auf dem Mond. Dem norwegischen Bergen sind sie näher als Aberdeen. Die Insulaner bezeichnen Orkney wiederum als den „Süden Schottlands". Das schottische Festland oder das unvorstellbar weit entfernte London sind für sie nur Außenposten.

Nordmänner mit Wikingerschiff beim Feuerfestival Up Helly Aa in Lerwick auf Shetland

ANREISE NACH SHETLAND: Flybe *(Tel. 0871/700 2000, www.flybe.com)* bietet Flugverbindungen ab allen größeren britischen Flughäfen. Praktische Hinweise zum Fährverkehr gibt es bei Northlink Ferries *(www.northlinkferries.co.uk)*.

Zwar mögen die Shetland & Orkney Islands wenig erforscht sein, jedoch tragen sie nicht unwesentlich zur Erdöl- und Erdgasversorgung der britischen Wirtschaft bei. Wer bereit ist, die Strapazen einer so weiten Reise in den Norden auf sich nehmen, wird mit eindrucksvollen Landschaften, einer reichen Tierwelt und steinzeitlichen Monumenten belohnt.

Einer der Höhepunkte des Jahres ist das Feuerfestival **Up Helly Aa** *(www.uphellyaa.org)* am letzten Dienstag im Januar – das Hauptevent findet in Lerwick statt. Im Mittelpunkt steht ein Feuerritual, bei dem ein Wikingerschiff feierlich verbrannt wird. Dann stößt Gegenwart auf Vergangenheit in einem Land, wo Wirklichkeit und Mythos miteinander verschmelzen.

Wer im Januar die Inseln bereist, sollte sich auf kurze, kalte Tage einstellen. Die langen, finsteren Winter werden durch herrliche Sommertage wieder wettgemacht, denn dann nämlich geht die Sonne niemals wirklich unter. Von Juni bis September, wenn der „Simmer Dim" einsetzt, wird es nie richtig Nacht. Zu dieser Jahreszeit ist der Archipel mit seinen Hunderten Inseln mit ebenso vielen Stränden von einem herrlichen Zauber umgeben.

Mainland

Egal, ob Besucher mit der Fähre anreisen oder auf dem Flughafen Sumburgh im Süden von Mainland landen –wahrscheinlich verbringen sie alle erst einmal einige Zeit in der Inselhauptstadt **Lerwick.** Diese attraktive Stadt an der Küste mit seinem alten Hafen ist die wirtschaftliche Drehscheibe der Inseln. Einheimische nennen sie oft nur „die Stadt".

Dank einiger ordentlicher Unterkunftsmöglichkeiten und den besten Restaurants, die es auf den Inseln gibt, ist Lerwick ein guter Ausgangspunkt für Tagesausflüge zu den umliegenden Inseln. Daneben bietet die Stadt auch noch einige touristische Attraktionen wie etwa das **Fort Charlotte** (18. Jh.) und die **Town Hall** (19. Jh.). Auf Buntglasfenstern lässt sich die Geschichte der Shetland Islands nachverfolgen.

Lerwicks Hauptattraktion ist jedoch das brandneue **Shetland Museum** – das beeindruckendste Gebäude des Archipels und ein Paradebeispiel für ein familienfreundliches, modernes Museum. Im Erdgeschoss wird die Geschichte der Shetlands von Anbeginn bis etwa um1800 nacherzählt. Die

INSIDERTIPP

Ein paar alte Fischerhütten, die „Böd", wurden kürzlich eröffnet – einfache Unterkünfte, wie sie romantischer nicht sein könnten, mit einem Hauch Geschichte.

LEON GRAY

National Geographic-Mitarbeiter

oberen Etagen befassen sich mit der Zeit danach. Auf dem Museumsgelände sind auch Schiffe ausgestellt, die die Geschichte der Inseln maßgeblich geprägt haben. Zu den Exponaten gehören Funde aus der Stein- und Eisenzeit bis hin zu den Anfängen der Ölindustrie in den 1970er Jahren (siehe Kasten unten), wodurch sich auf den Inseln ein radikaler Wandel vollzog.

(Fortsetzung S. 266)

Shetland Islands

253 B3–B4, C3–C4

Besucherinformation

Lerwick Tourist Information Centre, Market Cross, Lerwick, Mainland

(01595) 693 434

www.shetlandtourism.com

Lerwick

253 C3

Fort Charlotte

Harbour Street, Lerwick, Mainland

www.historic-scotland.gov.uk

Town Hall

Hill Lane, Lerwick, Mainland

(01595) 693 535

$ £

Shetland Museum

Hay's Dock, Lerwick, Mainland

(01595) 695 057

$ £

www.shetland-museum.org.uk

Öl & Erdgas vor den Shetland Islands

Als in den 1970er Jahren in den Ölfeldern von Brent und Ninian Öl- und Erdgasvorkommen entdeckt wurden, witterte der Gemeinderat der Shetland Islands eine großartige Gelegenheit. Lobbyisten setzten bei den Energieunternehmen den Rohstofftransport über die Inseln durch, um Steuern abzuschöpfen. Infolgedessen entstand ein riesiges Verladeterminal im Hafen von Sullom Voe, wo das Erdöl in die Laderäume riesiger Tankschiffen gepumpt werden konnte – ein Milliardendollargeschäft! Die Abgaben – zwei Cents Gewerbesteuer pro Tonne – fließen in den Aufbau der lokalen Infrastruktur auf den Shetland Islands. Die fossilen Ressourcen sind jedoch noch lange nicht erschöpft. Tief in der Erde warten weitere Erdölvorkommen auf ihre Förderung.

Rundwanderweg von Esha Ness

Auf diesen zerklüfteten Inseln – durch die gewaltigen vulkanischen Kräfte aus dem Meer gehoben und von den peitschenden Winden des Atlantiks geformt – gibt es nichts aufregenderes als durch die Wildnis zu wandern, wo der Mensch nur die zweite Geige spielt.

Hoch über den Basaltklippen steht der Esha Ness Lighthouse

Eine der geologisch vielfältigsten und malerischsten Gegenden auf den Shetland Islands – und wohl auch in ganz Großbritannien – ist die Halbinsel Esha Ness am äußersten Ende der Nordostküste von Mainland. Schon ihr Name, der so viel bedeutet wie „Kap aus vulkanischem Gestein" deutet auf die Topografie dieser Landschaft hin.

Der Rundwanderweg beginnt und endet auf dem Parkplatz des Leuchtturms von Esha Ness. Der 6,5 Kilometer lange Rundweg nimmt einen sanften Anstieg von gerade mal 50 Höhenmetern, sollte also von einem Erwachsenen mit normaler Kondition in drei bis vier Stunden ohne weiteres zu schaffen sein. Das dramatische Setting vulkanischer Klippen, Ausblicke auf den Atlantik und eine Fülle von Seevögeln machen die Wanderung bei Einheimischen und Besuchern gleichermaßen beliebt. Wer an der Schautafel am Parkplatz beginnt, kann sich eingehender über die Geologie von Esha Ness informieren.

NICHT VERSÄUMEN

Esha Ness Lighthouse • Calder's Geo • Grind o' Da Navir • Loch of Houlland

Ausblicke von den Klippen

Kurz vor Tourenbeginn am Parkplatz von Esha Ness sollte man sich für den **Esha Ness Lighthouse** ❶ Zeit nehmen, ein bewundernswertes Bauwerk von David und Charles Stevenson. Spektakulär ist vor allem seine dramatische Lage ganz nah am Rand der Basaltklippen. Heute kann das ehemalige Leuchtturmwärterhäuschen für bis zu sechs Leute auf Selbstversorgerbasis für mindestens drei Nächte angemietet werden *(www.lighthouse-holidays.com/pages/eshaness/eshaness.htm)*.

Wer auf den Klippen in Richtung Norden weiterwandert – im steten Sicherheitsabstand zur Steilkante – erreicht schnell **Calder's Geo** ❷. Der schmale, tiefe Felsspalt in der Klippe wurde an einer Schwachstelle von der Atlantikbrandung aus dem Fels erodiert.

Der Klippenwanderweg zieht sich schön geschwungen weiter nördlich, bis sich **Moo Stack** ❸ aus dem Meer erhebt. Diese massive, von Risskanten und Grotten durchlöcherte Felsnadel, die in Küstenähe von Mainland aufragt, fällt abrupt ins Meer ab. Hier lassen sich wunderbar Dreizehenmöwen und Eissturmvögel beim Brüten beobachten –aber auch die Flugakrobatik der Seevögel, wie sie in den Luftströmen über die Dünung der Atlantikwellen segeln, lässt Beobachter erstaunen. Von hier aus kann man schon Loch of Houlland im Osten erkennen.

Um über den Klippenwanderpfad zum Head of Stanshi zu gelangen, muss man über mehrere Zäune klettern. Im Westen rückt sodann der imposante **Natural Arch** ❹ ins Blickfeld, ein natürlicher Felsbogen, der nach und nach von der Meeresbrandung geformt wurde.

Atlantikstürme haben ihre unauslöschlichen Spuren auch am spektakulären **Grind o' Da Navir** ❺ hinterlassen. Hier scheinen sich die Klippen zu einem riesigen, steilkantigen Portal zu formieren – das Ergebnis eines tosenden Orkans, der ein gigantisches Loch in die Klippen riss und tonnenweise Gestein ins Landesinnere schleuderte. Die verstreuten Felsbrocken wiederum haben einen kleinen See entstehen lassen.

Gleich hinter Grind o' Da Navir befindet sich **Head of Stanshi** ❻, ein Kap mit dramatischem Setting. Von hier aus führt der Rundwanderweg hoch über den Klippen zurück zum Loch of Houlland in Richtung Süden. Kurz davor kommt man linker Hand an den **Holes of Scraada** vorbei. Hier hat sich ein unterirdischer Strom eine Passage vom See zum Meer gebahnt. Sobald **Loch of Houlland** ❼ ins Blickfeld rückt, geht es über den Zaun hinüber zum westlichen Seeufer und dort immer in Richtung Süden. Beim Blick über den See fällt ein kleiner Damm auf, der zu einer winzigen Insel führt. Die auf dem Erdwall gelegenen Felsen sind Überreste eines **Broch aus der Eisenzeit.**

Sobald der See hinter einem liegt, klettert man über eine Steinmauer. Danach geht es weiter südlich bis zum **Friedhof** und Richtung Nordwesten über eine gepflasterte Straße zum Esha Ness Lighthouse zurück.

Siehe auch Umgebungskarte S. 253
Esha Ness Lighthouse
6,5 km
3–4 Stunden
Esha Ness Lighthouse

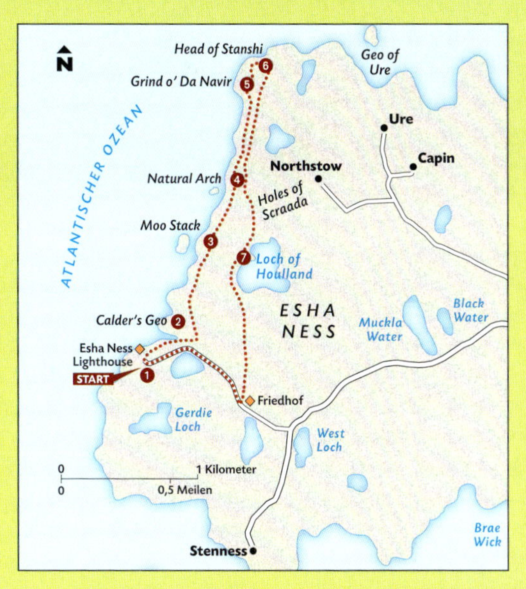

Böd of Gremista
Union Street, Lerwick, Mainland
(01595) 694 386
£
www.shetland-museum.org.uk

Jarlshof
253 C3
Sumburgh, Mainland
(01950) 460 112
Okt.–März
££
www.historic scotland.gov.uk

Mousa
253 C3

Mousa RSPB Nature Reserve
(01950) 460 800
£
www.rspb.org.uk

Yell
253 C4

Lohnenswert ist auch die Erkundung des **Broch von Clickimin** *(Loch Clickimin, www.historic-scotland.gov.uk)*, eines alten Festungsturms auf einer einsamen Insel mitten im Loch Clickimin, und die **Böd von Gremista**. Neben den Shetland-Ponys ist die Insel auch berühmt für ihre Fischerhütten, „Böd" genannt (dt. „Buden"). Fischern dienten sie einst als kleine Lager- und Wohnhäuser direkt an der Küste. Die Böd von Gremista ist ein gutes Beispiel für eine Fischerhütte aus dem 18. Jahrhundert. Bekannt wurde sie als Geburtsort von Arthur Anderson, dem Mitbegründer der internationalen Reederei P&O. Am langen, dünnen Landstreifen im Süden von Lerwick mit seinen fruchtbaren Feldern, Sandbuchten und großartigen Ausblicken aufs Meer kommt am besten die Insellandschaft zum Ausdruck. Wer sich ganz in den Süden begibt, gelangt nicht nur zum Flughafen Sumburgh, sondern auch zur beeindruckendsten archäologischen Stätte der Inseln, nämlich zur Steinzeitsiedlung **Jarlshof.** Hier finden sich Überreste aus diversen Epochen: Steinhäuser aus der Bronzezeit, ein Broch aus der Eisenzeit, Kunst der Pikten und Zeugnisse aus der Wikingerzeit.

Weitere Inseln

Nur etwa 15 der Shetland Islands sind bewohnt und verfügen über eine kleine Infrastruktur mit Fähren, Flugzeugen, Hubschraubern und kleinen Booten für Verbindungen zwischen den einzelnen Inseln. Bei schlechter Witterung kann Shetland ein trostloses Reiseziel sein, vor allem **Yell** im Norden des Archipels. Allerdings ist Yell ein großartiger Ort, um die archetypischen Landschaftsbilder Shetlands zu erleben: endlose Torfmoore und schmale Buchten oder „voes", Brutplätze. Der unverwechselbar düstere Charakter und die erdige Schönheit der Landschaftsbilder vermitteln ein echtes Gefühl vom Ende der Welt – ein Ort also, an dem Zivilisationsmüde neue Kräfte sammeln. Auf den Shetland Islands kann man auch wunderbar Fischotter beobachten. Yell bietet sich an für Fährfahrten zu den Nachbarinseln **Fetlar** und **Unst**.

Auf **Mousa** (siehe Kasten unten) wie auch auf allen anderen Shetland Islands gibt es eine reiche Fauna, insbesondere was die Vogelwelt betrifft. Östlich von Ler-

Mousa, das Land der Sturmvögel

So winzig und menschenleer wie Mousa auch sein mag, ist sie doch eine der bezauberndsten Inseln des Shetland-Archipels. Erreichbar ist sie über Sandwick auf Shetland Mainland. Dort ragt der berühmte Broch von Mousa hervor – Schottlands am besten erhaltener steinzeitlicher Rundturm, der die Umgebung um zwölf Meter überragt. Die größte Attraktion der Insel ist jedoch ihre üppige Tierwelt, denn hier tummeln sich unzählige Seehunde und Wasservögel, darunter auch Küstenseeschwalben und Gryllteisten. Über der Insel liegt ein besonderer Zauber während des „Simmer Dim", wenn nach Mitternacht riesige Schwärme von Sturmvögeln auf ihrem Flug gen Heimat über dem mächtigen Broch von Mousa laut kreischend ihre Kreise ziehen.

Papageientaucher machen eine Pause, um auf Fair Isle Sandaale zu fressen.

wick lockt das Vogelparadies der Insel **Noss**, eine wahres Mekka für Ornithologen. Dort erhebt sich ein 152 Meter hoher „stack", der von den Brechern des Atlantiks umtost wird. Das Naturschutzgebiet ist ab der Nachbarinsel Bressay per Fähre erreichbar (*Tel. 0800/107 7818*). Auf den Klippen und an den Küsten sind viele Vogelarten beheimatet –angefangen bei Basstölpeln und Papageientauchern bis hin zu riesigen Raubmöwen, die hoch über den Klippen schweben, und Krähenscharben, die im Sturzflug fast die Wasseroberfläche streifen.

Fair Isle, eine Insel die noch in den Verwaltungsbezirk der Shetland Islands fällt, liegt 38 Kilometer südlich von Sumburgh Head (Mainland), ungefähr auf halbem Weg zwischen den Shetlands und den Orkneys. Seit den Umwälzungen im 19. Jahrhundert (siehe S. 206f,) erfreut sich die Insel eines autarken und funktionierenden Gemeinwesens. Fair Isle ist eine Oase für Vogelbeobachter – Hunderte von Vogelarten machen Zwischenstopp auf den Inseln. Die einsamen Buchten, mächtigen Klippen und sanftwellige Hügellandschaft eignen sich hervorragend zum wandern.

Haupterwerbsquelle auf Fair Isle sind die berühmten Fair-Isle-Pullovern, die heute im Rahmen einer Inselkooperative in Handarbeit hergestellt werden. Günstig sind sie nicht, jedoch versprechen sie echte Qualität und eine Reihe ungewöhnlicher Muster – Souvenirs zum Tragen. Im bescheidenen **George Waterston-Museum** (*Ultra, Tel. 01595/760 244, £*) erfährt man aufregende Geschichten, u. a. die über den Untergang der „El Gran Grifon", ein gestrandetes Schiff, das der Spanischen Armada von 1588 angehörte. Die überlebenden spanischen Seefahrer wurden von den Einheimischen, obwohl diese selbst nur wenig zum Leben hatten, mit Nahrung versorgt, bis aus Mainland (Shetland) Hilfe kam. ■

Fetlar & Unst

253 C4

Besucherinformation

Fetlar Interpretation Centre, Beach of Houbie, Fetlar

(01957) 733 206

www.fetlar.com

Isle of Noss Nature Reserve

(01595) 693 345

www.nature-shetland.co.uk/snh/noss.htm

Fair Isle

253 B2

Fair Isle Bird Observatory Lodge

Fair Isle

(01595) 760 258

www.fairislebirdobs.co.uk

REISEINFORMATIONEN

Mountainbiker auf einem Waldpfad im Mabie Forest, Dumfries & Galloway

REISEPLANUNG

Reisezeit

Ein bunter Reigen an Events, unterschiedlich warme Sommer und kalte Winter mit genügend Schnee zum Skifahren machen Schottland zu einem ganzjährig attraktiven Reiseziel. Ein voller Kulturkalender über den Sommer sorgt für Leben in den Landstädtchen und Großstädten, in den Monaten Juli und August ist in Schottland am meisten los. Im August findet das weltberühmte Edinburgh Summer Festival statt, dann herrscht Hochsaison in der Hauptstadt. Da zur selben Zeit auch Schulferien in Schottland und dem restlichen Großbritannien sind, ist die Nachfrage nach Unterkünften groß und sind die Preise entsprechend hoch. Auch während der Osterferien (März/April) kommen viele britische Urlauber nach Schottland, Gleiches gilt für die Festtage rund um Weihnachten und Hogmanay (schottische Neujahrsfeiern) Ende Dezember.

Während der Schulferien sind aber nicht nur Schottlands städtische Zentren vielbesucht. Lange sonnige Tage und die traumhaften Landschaften, die sich für ganz unterschiedliche Freizeitaktivitäten anbieten, sorgen dafür, dass es auch auf dem Land zwischen Juli und September hoch hergeht. Dank günstiger Übernachtungspreise und dem milden Klima sind auch Mai und Juni gute Reisezeiten.

Über die Wintermonate locken Schnee und Temperaturen unter dem Gefrierpunkt die Wintersportler in Scharen in die Highlands – sei es zum Ski fahren oder zum Eisklettern. Die beste Zeit für einen Skiurlaub in einer der fünf Skiregionen Aviemore, Glenshee, Glencoe, Nevis Range und Lecht sind die Wochen zwischen Mitte Januar und Ende Februar. Wenn es schon vor Weihnachten unerwartet kalt wird, dann öffnen die Skigebiete schon im Dezember und verlängern die Saison gegebenenfalls auch in den März hinein.

Die Monate Oktober, November sowie Januar bis März gelten als Nebensaison, dann sinken auch die Zimmerpreise. In dieser Zeit geht es in den Galerien und Museen naturgemäß ruhiger zu, abends lockt dann ein knisterndes Kaminfeuer in der gemütlichen Unterkunft. Das schottische Klima ist gemäßigt – mit gleichmäßig über das Jahr verteilten Niederschlägen.

Nicht vergessen

Im Hochsommer liegen die Temperaturen bei angenehmen 20 °C, aber auch bei diesen Werten sollte man nicht die Stärke der Sonne unterschätzen und immer an ausreichenden Sonnenschutz denken. Sonnenbrillen, ein Sonnenhut und atmungsaktive leichte Kleidung, die man nach dem „Zwiebelprinzip" in mehreren Lagen übereinander tragen kann, sollten bei keinem Ausflug fehlen. Im kühleren Frühjahr und Herbst braucht man fast immer einen Pullover und eine Jacke. Warme Jacken, Schal, Handschuhe und Mütze sind im Winter ein Muss. Ein Regenschirm und Regenkleidung werden das ganze Jahr über gebraucht.

Schicke oder leger-schicke Kleidung wird in den teureren Restaurants erwartet, ansonsten ist zwanglose Kleidung („casual") völlig in Ordnung. Für viele sportliche Aktivitäten braucht man spezielle Kleidung, die man bei Bedarf auch vor Ort überall erhält. Meist ist sie allerdings relativ teuer, sodass man sich besser zu Hause damit eindeckt.

Von allen wichtigen Reisedokumenten sollte man Kopien mitnehmen, dazu zählen der Personal- oder Reisepass, die Reiseversicherung und die Tickets. Mit den Kopien lassen sich schneller und einfacher Ersatzdokumente beschaffen. Aus gleichem Grund sollte man auch von wichtigen Rezepten Kopien anfertigen. Wer Kontaktlinsen oder Brillen benötigt, sollte zur Sicherheit eine Ersatzbrille mitnehmen. Auch wenn man in der Regel alles vor Ort kaufen kann, empfiehlt es sich doch, auch Ersatzbatterien, Ladegeräte, Speicherkarten sowie Adapter mitzunehmen.

Versicherung

Eine Reiseversicherung ist immer eine gute Investition, viele Versicherungsgesellschaften bieten entsprechende Policen an. Im Vertrag eingeschlossen sollte eine medizinische Versorgung im Notfall sein, wichtig ist auch immer der Rücktransport nach Hause. Die Versicherungen ersetzen außerdem in der Regel verlorenes Gepäck und zahlen im Fall von Stornierungen und Reiseausfällen. Wichtig ist das Lesen des Kleingedruckten: So sollte man sich genau darüber informieren, ob anfallende Krankenhaus- oder Arztkosten zunächst vom Kranken vorgestreckt und anschließend zurückerstattet oder direkt von der Versicherung übernommen werden. Viele Policen schließen „gefährliche" Aktivitäten wie Ski fahren, Bergsteigen oder andere Abenteuer- und Trendsportarten aus. Auch bestehende (chronische) Krankheiten werden teilweise aus dem Versicherungspaket ausgeschlossen.

Einreiseformalitäten

Visa

EU-Bürger und Schweizer brauchen kein Visum.

Zoll

EU-Bürger dürfen unbegrenzt Waren aus anderen EU-Ländern einführen. Bei Alkoholika und Tabak gilt: Die mitgebrachten Waren müssen für den persönlichen Bedarf oder Geschenke sein.

Wer mehr als 3200 Zigaretten, 200 Zigarren, 400 Zigarillos oder 3 kg Tabak dabei hat, muss mit entsprechenden Nachfragen seitens der Zöllner rechnen. Bei Alkohol werden folgende Mengen als „persönlicher Bedarf" akzeptiert: Unter 110 l Bier, 90 l Wein, 10 l Spirituosen. Wenn Zöllner der Meinung sind, Waren würden für den Wiederverkauf eingeführt, haben sie das Recht, die Ware und das Fahrzeug zu beschlagnahmen.

Tabak und Alkohol dürfen generell nur von Personen, die über 17 Jahre alt sind, eingeführt werden. Wer mehr als 10 000 Euro in bar dabei hat, muss die entsprechende Summe an Geld deklarieren.

Betäubungsgewehre, Selbstverteidigungssprays und Messer werden auch dann konfisziert, wenn sie sich im aufgegebenen Gepäck befinden. Das Einführen von gefälschten Waren ist ebenso verboten wie das Mitbringen von anstößigen Medien. Reisende dürfen ihre verschriebenen Medikamente mitbringen, sollten aber zur Sicherheit entsprechende Papiere ihres Arztes mit sich führen.

REISELEKTÜRE

Sachbücher

Kultur & Diverses

„Highland Games Made Easy" von David Webster und L. Boland Richardson (2010)

„Pipers: A Guide to the Players and the Music of the Highland Bagpipe" von William Donaldson (2004)

„Scotland and Its Whiskies: The Great Whiskies, the Distilleries and Their Landscapes" von Michael Jackson (2005)

„Tartan: Romancing the Plaid" von Jeffrey Banks und Dora De La Chapelle (2007)

Geschichte & Archäologie

„A History of Scotland" von Neil Oliver (2009)

„Before Scotland: The Story of Scotland Before History" von Alistair Moffat (2009)

„Scotland: The Story of a Nation" von Magnus Magnusson (2001)

„Scotland Archaeology and Early History: A General Introduction" von Graham Ritchie und Anna Ritchie (2001)

Natur

„RSPB Handbook of Scottish Birds" von Peter Holden (2009)

„The National Trust for Scotland's Book von Scotland's Wildlife" von Niall Benvie (2004)

Outdoor-Führer

„The Munros: Scotland's Highest

Mountains" von Cameron McNeish (2006)
„101 Best Hill Walks in the Scottish Highlands and Islands" von Graeme Cornwallis (2009)
„Scotland's Mountain Ridges: Scrambling, Mountaineering and Climbing – The Best Routes for Summer and Winter" von Dan Bailey (2008)
„Scottish Canoe Classics: Twenty-five Great Canoe and Kayak Trips" von Eddie Palmer (2007)
„Rivers and Lochs of Scotland: An Angler's Complete Guide" von Bruce Sandison (2009)
„Scotland: Where Golf Is Great" von James W. Finnegan (2010)
„Scotland Mountain Biking: The Wild Trails" von Phil McKane (2009)

Reiseführer

„Caledonian, the Monster Canal" von Guthrie Hutton (2009)
„Iron Roads to the Isles: A Travellers and Tourists Souvenir Guide to the West Highland Lines" von Michael Pearson (2009)
„The Southern Upland Way: Official Guide" von Roger Smith (2005)
„St. Cuthbert's Way: Official Guide" von Ron Shaw und Roger Smith (2009)
„West Highland Way" (British Walking Guides) von Charlie Loram (2008)

Belletristik

„The Collected Poems" von George Mackay Brown, Archie Bevan und Brian Murray (2006)
„Complete Sherlock Holmes" von Sir Arthur Conan Doyle (2008)
„The Cone Gatherers" von Robin Jenkins (1989)
„Harry Potter und der Stein des Weisen" von J. K. Rowling (1998, Carlsen Verlag)
„Kidnapped" von Robert Louis Stevenson (1886)
„Trainspotting" von Irvine Welsh (1994, Goldmann)
„The Wasp Factory" von Iain Banks (1992)
„Verborgene Muster" von Ian Rankin (1998, Goldmann)
„Waverley" von Sir Walter Scott (1814)
„Whisky Galore" von Sir Compton MacKenzie (1947)

ANREISE

Flugzeug

Edinburgh Airport, Glasgow Airport und Glasgow Prestwick Airport (PIK; Tel. 0871/223 0700, www.gpia.co.uk) sind gut an das europäische Flugnetz angeschlossen, es gibt u. a. Direktflüge nach Amsterdam, Berlin, Brüssel, Kopenhagen, Dublin, London, Madrid, Mailand, Oslo, Paris, Rom, Wien und Zürich. Prestwick wird vor allem von der Billig-Airline Ryanair (www.ryanair.com) angeflogen. Es ist auch möglich, direkt nach Inverness (INV; Tel. 01667/464 000, www.hial.co.uk), Aberdeen (ABZ; Tel. 0844/481 6666, www.aberdeenairport.com) und Dundee (DND; Tel. 01382/662 200, www.hial.co.uk) von einer zunehmenden Zahl britischer und europäischer Flughäfen zu fliegen, u. a. gibt es Flüge von Amsterdam, Bergen, Birmingham, Dublin, Leeds, Liverpool, London, Manchester, Oslo und Paris.

Die Mehrzahl der Fluggäste wird allerdings über Edinburgh oder Glasgow nach Schottland einreisen. Taxis vom Flughafen Edinburgh ins Stadtzentrum kosten rund 18 £ und brauchen für die Strecke etwa 20 Minuten (abhängig vom Verkehr). Der Bus Airlink 100 (Tel. 0131/555 6363, www.flybus.com) fährt alle 10 Minuten vom Terminal los und braucht für die Fahrt in die Innenstadt 25 Minuten (einfach/hin und zurück 3,50/6 £). Die Buslinie 35 (Tel. 0131/555 6363, www.lothianbuses.com) fährt alle 15–30 Minuten ins Stadtzentrum, das Ticket kostet 1,20 £. Der Bus ist deutlich langsamer als der Airlink und ist in der Regel eine Stunde unterwegs. Der Nachtbus N22 (Tel. 0131/555 6363, www.lothianbuses.com) fährt ebenfalls zum Edinburgh Airport, er fährt im 30-Minuten-Takt und kostet 3 £.

Taxis von Flughafen Glasgow kosten in die Innenstadt 20–22 £. Der Glasgow Airport Flyer Express (Tel. 08700/404 343, www.glasgowflyer.com) kostet einfach/hin und zurück 4,20/6,20 £; die Fahrzeit liegt bei 15–25 Minuten. Der Bus fährt im 10-Minuten-Takt. Buslinie 747 und Busse vom Airlink City Service (www.firstgroup.com) brauchen länger und verlangen für die einfache Fahrt 4 £ und für das Rückfahrtticket 5 £.

Beide Flughäfen sind modernisiert und bieten den Reisenden Annehmlichkeiten wie Geldautomaten, Möglichkeiten zum Geldwechseln, Mietwagenschalter, Cafés, Restaurants, Bars und Läden.

Fähre

Die Fähren von Norfolk Line (Tel. 0844/449 0007, www.norfolkline.com) fahren von Rosyth (24 km nördlich von Edinburgh) zum belgischen Hafen Zeebrugge. Die Fähren von Stena Line (Tel. 08447/707 070, www.stenaline.co.uk) pendeln zwischen Belfast in Nordirland und Stranraer. Die Reederei P&O Irish Sea (www.poirishsea.com) lässt ihre Fähren zwischen Troon und Larne und Cairnryan und Larne pendeln. Schottland ist auch das Ziel von Kreuzfahrtschiffen: Royal Caribbean, Princess Cruises, Seabourn und Silversea bieten Kreuzfahrten an, die Edinburgh auf dem Programm haben. Die Häfen von Aberdeen, Lerwick (Shetland), Stornoway (Lewis), Greenock (Glasgow), Portree (Skye), Ullapool, Invergordon, Peterhead, Oban, Scrabster und Fort William werden auch von Kreuzfahrtschiffen angelaufen.

Bus

National Express (Tel. 08717/818 178, www.nationalexpress.com) bietet das größte britische Busnetz. Von London fahren Direktbusse u. a. nach Aberdeen, Dundee, Edinburgh, Glasgow und Inverness. Das Busunternehmen Megabus (Tel. 0900/160 0900, www.megabus.com) bietet günstige Busverbindungen zwischen London und Schottland.

Auto

Ein gutes Straßennetz an geteerten und gepflegten Autobahnen (Freeways), zweispurigen, getrennt geführten Schnellstraßen und einfachen Schnellstraßen erleichtern die Anreise von England und Wales. Wer vom europäischen Festland kommt, kann mit der Autofähre direkt nach Schottland fahren oder alternativ in einen englischen oder walisischen Hafen übersetzen und von dort aus weiter nach Norden reisen. Eine weitere Option ist die Fahrt durch den Eurotunnel (Tel. 08443/353 535, www.eurotunnel.com) zwischen Calais und Folkstone in Südostengland, von wo aus man dann nach Norden weiterreisen kann.

Zug

Die Züge von East Coast (Tel. 08457/225 333, www.eastcoast.co.uk) bieten Verbindungen von London nach Edinburgh, Glasgow, Aberdeen und Inverness. Die Eisenbahngesellschaft CrossCountry Trains (Tel. 0844/811 0124, www.crosscountrytrains.co.uk) fährt von Edinburgh, Glasgow, Dundee und Aberdeen zu Zielen in ganz England. Virgin Trains (Tel. 08457/222 333, www.virgintrains.co.uk) bietet Zugverbindungen von Birmingham nach Edinburgh und Glasgow. Der Nachtzug Caledonian Sleeper von London Euston wird von First ScotRail (Tel. 08457/550 033, www.scotrail.co.uk) angeboten. Die Nachtzüge halten an mehr als 20 schottischen Bahnhöfen, darunter auch Edinburgh, Glasgow, Stirling, Perth, Dundee, Aberdeen, Fort William und Inverness. Infos über die Zugpläne und Fahrkartenpreise erhält man bei National Rail Enquiries (Tel. 08457/484 950, www.nationalrail.co.uk).

UNTERWEGS IN SCHOTTLAND

Flugzeug

Oft erreicht man abgelegene schottische Regionen besser über einen internationalen Flug. Highlands & Islands Airports (www.hial.co.uk) unterhält die folgenden Flughäfen:
Barra (Tel. 01871/890 212)
Benbecula (Tel. 01870/602 051)
Campbeltown (Tel. 01586/553 797)
Islay (Tel. 01496/302 361)
Kirkwall (Tel. 01856/872 421)
Stornoway (Tel. 01851/702 256)
Sumburgh (Tel. 01950/460 905)
Tiree (Tel. 01879/220 456)
Wick (Tel. 01955/602 215)
In der Regel werden diese Flughäfen von Glasgow oder Edinburgh angeflogen, weitere Details findet man auf den Websites der Flughäfen. Schottland bietet auch einen der kürzesten Flüge weltweit: einen 2-Minuten-Flug von Westray zur Insel Papa Westray, eine der Orkney-Inseln. Die Fluggesellschaft Loganair (Tel. 01856/872 494, www.loganair.co.uk) ist für den inner-insularen Flugverkehr auf den Orkney-Inseln zuständig.

Bus

Lokale und nationale Busse sorgen für gute Verbindungen in Schottland. Der wichtigste Anbieter von Überlandfahrten ist CityLink (Tel. 0870/505 050, www.citylink.co.uk). In abgelegenen Gebieten übernimmt den Transport meist der Postbus (Tel. 08457/740 740, www.postbus.royalmail.com). Die Lokalbusse akzeptieren Bargeld (in der Regel zahlt man 1,20–4 £) und Buspässe. In größeren Städten und Großstädten wie Edinburgh und Glasgow werden Tagesfahrkarten angeboten, die eine unlimitierte Zahl an Fahrten innerhalb von 24 Stunden im Stadtgebiet erlauben. Überlandfahrten müssen meist im Vorfeld gekauft werden – entweder online oder an einem Schalter.

Auto

In Schottland herrscht Linksverkehr. Dank seines ausgebauten Straßennetzes ist es ein gutes Ziel für Autofahrten. Außerhalb der Stadtzentren und auf den Landstraßen geht es geruhsam zu. Urlauber, die auf der A9 Richtung Norden reisen, sollten besonders aufmerksam sein: Hier wechselt die Autobahn immer wieder zwischen getrennt verlaufenden Fahrtrichtungen und gemeinsam geführten – entsprechend viele Unfälle passieren, die vor allem durch riskante Überholmanöver verursacht werden. In Schottland existieren auch zahlreiche einspurige Straßen („single track roads"), auf denen zwei Fahrzeuge nicht nebeneinander fahren können. Hier muss man entgegenkommende Fahrzeuge an den „passing places" (Einbuchtungen) vorbeifahren lassen. Kreisverkehr („roundabouts") ist in Schottland weit verbreitet. In diese fährt man links rum hinein, die Autos im Kreisverkehr haben stets Vorfahrt.

Die Geschwindigkeitsbegrenzungen liegen bei 30 mph bzw. 48 km/h in bewohnten Gebieten, 60 mph bzw. 96 km/h auf Straßen mit nur einer Fahrspur in jeder Richtung. Auf den Autobahnen und getrennt geführten Schnellstraßen sind 70 mph bzw. 112 km/h erlaubt – wenn nichts anderes angezeigt ist. Beschränkungen auf 64 km/h und 80 km/h sind ebenfalls verbreitet. Das Telefonieren mit dem Handy während der Fahrt ist sowohl während der Fahrt als auch beim Stehen an der Ampel verboten. Auch kleinere Geschwindigkeitsüberschreitungen und Parkverstöße werden schon mit Bußgeldern bestraft. Die Promillegrenze liegt bei 0,8.

Fähre

Eine der einfachsten und billigsten Möglichkeiten, die stark zerklüftete Küste Westschottlands und die vorgelagerten Inseln zu bereisen, ist die Fähre. Fähren wie die der Reederei Caledonian MacBryne (Tel. 0800/066 5000, www.calmac.co.uk) sind häufig auch Autofähren. Neben diesem Alltagstransportmittel gibt es eine Reihe von Gesellschaften, die Fahrten mit exotischen Fähren und Schiffen anbieten, z. B. mit einem Schaufelraddampfer auf dem Firth of Clyde (siehe S. 131).

Metro/U-Bahn

Glasgow hat eine einzige U-Bahn-Linie, die von Strathclyde Partnership for Transport (Tel. 0141/332 6811, www.spt.co.uk) betrieben wird. Viele der innerstädtischen Attraktionen liegen in fußläufiger Entfernung der Haltestellen. Die Fahrpreise sind entfernungsunabhängig: Für eine einfache Fahrt werden 1,20 £ verlangt. Streifenkarten (10 oder 20 Fahrten) oder ein 7-Tage-Ticket lohnen sich für alle, die mehrere Tage in Glasgow bleiben wollen. Tageskarten („discovery tickets") kosten 3,50 £.

Taxi

In den größeren Städten können die schwarzen Taxis auf der Straße angehalten werden, alle Fahrzeuge haben Taxameter. Die Tarife sind deutlich ausgeschrieben. Die Minicabs - privat arbeitende Taxis – sind billiger, müssen aber telefonisch vorher bestellt werden. Minicabs sind nur selten mit Taxameter ausgestattet, sodass man unbedingt noch vor dem Fahrtantritt einen Festpreis mit dem Fahrer vereinbaren sollte. Diese verlangen einen Mindesttarif, Kurzfahrten kosten in der Regel zwischen 3,50 und 6 £. Eine 20-minütige Fahrt kann dann schnell um die 20 £ kosten. Für Langstreckenfahrten, beispielsweise zwischen Edinburgh und Glasgow, werden dann 80–100 £ fällig.

Zug

First ScotRail (Tel. 08457/550 033, www.scotrail.co.uk) ist die Bahngesellschaft, die den innerschottischen Bahnverkehr in Schottland organisiert. Das Bahnnetz ist weitläufig und führt bis nach Wick im hohen Norden, Aberdeen im Nordosten, Mallaig im Westen und Stranraer im Süden. Bahnfahren in Schottland ist kein billiges Vergnügen, vor allem dann, wenn man das Ticket erst kurz vor Fahrtantritt löst. Im Vorverkauf erworbene Tickets sind deutlich billiger. Ein gutes Portal, um Fahrkarten zu kaufen, ist Trainline (www.trainline.com).

First ScotRail (www.scotrail.co.uk) verkauft sogenannte „rover passes", die für Reisende interessant sind, die Schottland (ausschließlich) mit der Bahn bereisen wollen; die Gesellschaft bietet verschiedene Tarife und diverse Sonderkonditionen an. Die Internetseite von First ScotRail ist eine gute Informationsquelle.

PRAKTISCHE TIPPS

Kommunikation

Postämter: Postämter gibt es in allen Klein- und Großstädten, aber auch in den Dörfern auf dem Land. Sie bieten Dienstleistungen wie allgemeinen Postversand, Geldwechsel und Verkauf von Pre-Paid-Telefonkarten für internationale Gespräche. Auf den Postämtern können auch Pre-Paid-Handykarten aufgeladen werden.

Telefon: Öffentliche Telefone funktionieren mit Münzen und Telefonkarten. Einige Apparate akzeptieren auch die Bezahlung mit Kreditkarten. Außerhalb der Stadtzentren und den Hauptgeschäftsstraßen findet man nur noch wenige öffentliche Telefone. Für Reisende ist es meist sinnvoller, vor Ort ein Handy mit Pre-Paid-Karte oder eine SIM-Karte zu kaufen.

Die wichtigste Telefongesellschaft in Schottland und dem restlichen Großbritannien ist BT (www.bt.com). Die wichtigsten Handy-Provider sind 3 (www.three.co.uk), O2 (www.O2.co.uk), Orange (www.orange.co.uk), T-Mobile (www.T-Mobile.co.uk), Virgin (www.VirginMobile.com), und Vodaphone (www.vodaphone.co.uk).

Hilfreiche Nummern:

Auskunft: 118 500
Internationale Auskunft: 118 505
Vermittlung: 100
Ländervorwahl Großbritannien: 0044
Ortsvorwahlen beginnen mit: 01
Kostenpflichtige Dienstleistungen (lokal): 0845
Kostenpflichtige Dienstleistungen (landesweit): 0870
Vorwahl für kostenfreie Nummern: 0800

Internetzugang: In Großstädten und vielen anderen Städten gibt es Internetcafés. Hotels bieten teilweise Internetzugang über einen öffentlich zugänglichen Terminal an. WLAN ist mehr und mehr in Cafés, Bars, Hotels und öffentlichen Räumen vorhanden, teilweise können sie sogar kostenfrei benutzt werden.

Umrechnung von Maßen und Gewichten

Schottland verwendet das metrische System mit zwei großen Ausnahmen: Bei der Angabe von Entfernungen werden auf Verkehrsschildern Meilen angegeben, einige alkoholische Getränke werden noch in „pints" oder „half pints" ausgeschenkt.

Elektrizität

Die elektrische Spannung beträgt 240V, 50HZ. Die Steckdosen haben drei Löcher und funktionieren nur mit in Großbritannien handelsüblichen Flachsteckern.

Etikette

Der Kilt wird noch häufig bei Anlässen wie Hochzeiten getragen.

Feiertage

1. Januar – Neujahrstag
2. Januar – zusätzlicher Neujahrs-Feiertag
März/April – Karfreitag
1. Montag im Mai – Maifeiertag
Letzter Montag im Mai – Spring Bank Holiday (Victoria Day)
1. Montag im August – Summer Bank Holiday
30. November 30 – St. Andrew's Day
25. Dezember – Weihnachtstag
26. Dezember – Boxing Day (2. Weihnachtstag)

Wenn ein allgemeiner Feiertag auf ein Wochenende fällt, gilt der folgende Montag als entsprechender Feiertag.

Alkoholgesetze

Die Gesetzeslage ist ziemlich streng: Keiner unter 18 Jahren darf Alkohol kaufen, ebenso ist es illegal, für Minderjährige Alkohol zu besorgen. Nach der jüngsten Gesetzesänderung dürfen Läden nur noch zwischen 10 und 22 Uhr alkoholische Getränke verkaufen. Die schottische Regierung versucht, Saufgelagen einen Riegel vorzuschieben – inzwischen bieten Bars und Clubs nur noch höchstselten alkoholische Getränke zu Schnäppchenpreisen an.

Medien

Zeitungen: Schottland hat drei dezidiert schottische Tageszeitungen – The Daily Record (www.dailyrecord.co.uk), The Scotsman (www.scotsman.co.uk) und The Herald (www.heraldscotland.co.uk). In größeren Städte und Großstädte gibt es häufig noch zusätzlich ein oder mehrere Lokalblätter. Schottische Ableger englischer Zeitungen sind The Scottish Daily Mail, The Scottish Daily Express, The Scottish Daily Mirror und The Scottish Sun. Britische Zeitungen wie The Times, The Independent und The Guardian findet man weit verbreitet in ganz Schottland. Zu den Sonntagsblättern zählen The Sunday Post (www.sundaypost.com), The Sunday Herald (www.heraldscotland.co.uk), The Sunday Mail (www.dailyrecord.co.uk) und Scotland on Sunday (www.scotsman.co.uk).

Radio: Alle nationalen Radiosender des BBC (www.bbc.co.uk/radio) – BBC Radio 1, BBC Radio 2, BBC Radio 3, BBC Radio 4 und Five Live – können auch in Schottland empfangen werden, dazu kommen noch schottische Sender wie BBC Radio Scotland (www.bbc.co.uk/radioscotland) und der auf Gälisch sendende BBC Radio na Gaidheal (www.bbc.co.uk/radionagaidheal). Viele Sender sind über das Internet oder Digitalradio zu empfangen. Dazu kommen Dutzende von Lokalsendern.

Fernsehen: Schottland hat fünf analoge Fernsehkanäle: TV channels–BBC One Scotland (www.bbc.co.uk/scotland), BBCTwo Scotland (www.bbc.co.uk/scotland), STV (www.stv.tv), Channel 4 (www.channel4.com) und Channel Five (www.five.tv). Ab 2012 wird das analoge Fernsehen in Großbritannien komplett abgeschaltet. Die Mehrzahl der privaten Haushalte und Hotels besitzen digitale oder Satellitenempfänger. Die oben genannten fünf Hauptfernsehkanäle können inzwischen über Satellit oder Digitalfernsehen empfangen werden, Gleiches gilt für viele weitere Sender. Die Briten zahlen eine jährliche Fernsehgebühr, mit der die BBC-Programme finanziert werden. Auf diese Weise kann ein zuschauerunabhängiges Programm ohne Werbepausen ausgestrahlt werden. Ein Großteil des schottischen Fernsehprogramms ist nahezu identisch mit dem im restlichen Großbritannien, die aber um schottischspezifische Sendungen ergänzt werden.

Geld

In Schottland wird mit britischem Pfund (£) bezahlt, 1 £ entspricht 100 pence (p). Geldscheine gibt es im Wert von 50, 20, 10 und 5 £, oft wird die 50-£-Note allerdings nicht akzeptiert. An Münzen sind 2- und 1-£-Münzen sowie 50-, 20-, 10-, 5-, 2- und 1-p-Münzen im Umlauf. Geld lässt sich am besten in den Postämtern, Banken oder ausgewiesenen Wechselstuben wechseln. Größere Hotels wechseln ebenfalls Geld, allerdings zu schlechteren Kursen oder verlangen höhere Kommissionsgebühren. Der Umtausch von Euros in Britische Pfund ist kein Problem.

Geldautomaten findet man in und vor Banken, in und an Bahnhöfen, in Einkaufszentren, Tankstellen und außerhalb von Läden. Wie hoch die verlangten Gebühren sind, hängt stark von der Heimatbank ab und vom ausgewählten Automaten.

Kreditkarten wie Visa und MasterCard werden beinahe überall akzeptiert. American Express wird in größeren Hotels und bei vielen Händlern häufig akzeptiert, Diners Club dagegen nicht überall.

Öffnungszeiten

Banken haben generell von Montag bis Freitag von 9–17 Uhr geöffnet, einige zusätzlich am Samstag und sogar am Sonntagvormittag. Von Montag bis Freitag zwischen 9 und 17 Uhr arbeiten die Verwaltungen, Läden öffnen um 9 Uhr und schließen um 18 Uhr, und zwar von Montag bis Samstag. Allerdings können sich hier die Zeiten um ein bis zwei Stunden verschieben. Viele Läden in größeren Städten und Großstädten sowie Einkaufszentren öffnen am Donnerstag erst später, verlängern dafür aber die Abendöffnungszeit an diesem Tag auf 19 bis 21 Uhr. Viele Läden haben auch sonntags geöffnet, meist von 11 bis 17 Uhr. Supermärkte haben meist länger geöffnet (typischerweise von 8 bis 22 Uhr, teilweise sogar 24 Stunden). Zahnärzte und Ärzte halten sich in der Regel an die Bürozeiten (Mo–Fr 9–17 Uhr), manche beginnen aber früher oder schließen später. Apotheken haben meist von Montag bis Samstag von 8 bis 18 Uhr geöffnet.

Religion

Die Mehrzahl der Schotten (rund Zweidrittel) sind Christen, von denen aber nur rund 10 % regelmäßig zu Gottesdiensten gehen. In einigen Regionen wie etwa den Äußeren Hebriden (Outer Hebrides) ist die Bevölkerung noch streng gläubig. Die Protestant Church of Scotland ist die schottische Nationalkirche, aber auch die katholische Kirche und andere Glaubensgemeinschaften haben viele Anhänger. Schottland ist inzwischen eine multiethnische Gesellschaft, alle Weltreligionen sind hier vertreten und werden praktiziert. Kirchen, Moscheen und Tempel stehen interessierten Besuchern in der Regel offen.

Zeitunterschied

Schottland liegt in der Zeitzone Greenwich Mean Time. Vom letzten Sonntag im März bis zum letzten Sonntag im Oktober gilt die europäische Sommerzeit (British Summer Time). Zur mitteleuropäischen Zeit beträgt der Unterschied ganzjährig eine Stunde (MEZ -1).

Trinkgeld

Die Trinkgeldfrage führt zu mancher Verwirrung. Einige Lokale schlagen einen kleinen Extrabetrag auf die Rechnung auf, andere dezidiert 10 %, während andere wiederum gar kein Trinkgeld ausweisen. Als Richtlinie sollte deshalb gelten, im Café oder Restaurant 10–15 % der Rechnungssumme bei gutem Service als Trinkgeld zu zahlen. In einer Kneipe oder Bar wird kein Trinkgeld erwartet, ab und zu hört man aber die Bitte der Bedienung, doch für sie ein Bier zu bestellen. In einen solchen Fall möchten sie gerne ein Getränk auf die Rechnung setzen und sehen das als ihr Trinkgeld an. In Taxis rundet man den geforderten Betrag zum Pfund auf oder gibt bei längeren Fahrten auch mehrere Pfund als Trinkgeld.

Reisen mit Behinderung

Auf Reisende mit Behinderung nehmen immer mehr Hotels, Cafés und Restaurants Rücksicht: Sie haben Räume und Toiletten geschaffen, die rollstuhlzugänglich sind. Viele Gebäude verfügen über Aufzüge, die Rollstuhlfahrer benutzen können. Öffentliche Busse haben häufig mobile Zugangsrampen, mit denen Rollstuhlfahrer in die Fahrzeuge gelangen können; in Zügen gibt es ausgewiesene Bereiche. Andererseits sind einige der historischen Straßen und alten Gebäude alles andere als rollstuhltauglich.

Besucherinformationen

Touristeninformationen: Das schottische Fremdenverkehrsamt heißt Visit Scotland (Tel. 0845/225 5121, www.visitscotland.com). Es bietet nützliche Informationen zu Unterkünften, Sehenswürdigkeiten und möglichen Aktivitäten in Schottland – sie können über das Internet oder Call-Center abgerufen werden.

Viele Städte haben zentral gelegene Touristeninformationen, in denen man sich mit Broschüren, Karten und Faltblättern eindecken kann. Hier gibt es Detailinformationen über Touren vor Ort und die Möglichkeit, Unterkünfte zu buchen. Viele, wenn auch nicht alle lokalen Touristeninformationen können zu den Call-Centern von Visit Scotland weiterleiten.

Aberdeen Visitor Information Center, 23 Union Street, Tel. (01224) 288 288

Dundee Visitor Information Center, Discovery Point, Discovery Quay, Tel. (01382) 527 527

Edinburgh Visitor Information Center, 3 Princes Street, Tel. (0845) 225 5121

Glasgow Visitor Information Center, 11 George Square, Tel. (0141) 204 4400

Inverness Visitor Information Center, Castle Wynd, Tel. (0845) 225 5121

Stirling Visitor Information Center, 41 Dumbarton Road, Tel. (0845) 225 5121

Internetseiten:
The List – informiert über Aktuelles in Edinburgh, Glasgow und Umgebung (www.list.co.uk).
The Scottish Government – offizielle Website der schottischen Regierung (www.scotland.gov.uk).
Traveline Scotland – hilfreiches Portal für die Urlaubsplanung (www.travelinescotland.com).

IM NOTFALL

Sicherheit & Polizei

Schottland ist ein relativ sicheres Urlaubsland, die Kriminalitätsrate – vor allem in Verbindung mit auswärtigen Besuchern – ist niedrig. Dennoch sollte man die weltweit geltenden Sicherheitsregeln beachten: Taschen sollten quer über die Brust gehängt werden, Schnallen und Schließen sollten zum Körper hin weisen. Brieftaschen, Handys und andere Wertsachen sollten nicht in Hosentaschen gesteckt werden, Kameras in der Fototasche verstaut getragen werden. Generell sollten keine Wertsachen bei Besichtigungen oder über Nacht im Auto verbleiben. Wer sich sicherer fühlt, kann größere Bargeldsummen auch in einer Geldtasche am Körper tragen – die Einheimischen tun das allerdings nicht. Das Schlimmste, was dem Großteil der Touristen passiert, ist, dass sie in die Hände von Taschendieben fallen. Aus Gründen der persönlichen Sicherheit sollte man abends nicht alleine durch dunkle Ecken und Gassen laufen und auf jeden Fall alkoholisierten oder unter Drogen stehenden Personen aus dem Weg gehen. Auch in Schottland leiden viele Menschen unter Armut – gewisse Viertel in Glasgow, Edinburgh und anderen Großstädten sollte man deshalb meiden (Gleiches gilt auch für Hochhäuser). Saufgelage sind ein Problem – viele darauf zurückzuführende Gewalttätigkeiten werden in die Straßen getragen. Die Polizei hat die Raufbolde und Schläger in der Regel aber im Griff.

Die Polizei ist meistens sehr hilfsbereit und nimmt alle Probleme ernst. Viele Versicherungspolicen verlangen bei Vorfällen jedweder Art einen Polizeibericht: Dazu zählt der Besuch auf der Polizeiwache, wo die Polizeibeamten einen Verwaltungsakt für den Fall anlegt, dass Schadensersatzansprüche gestellt werden sollen.

Botschaften/Konsulate

Deutsches Generalkonsulat Edinburgh
16 Eglinton Crescent
Edinburgh EH12 5DG
Tel. (0131) 337 2323
Fax (0131) 346 1578
www.usembassy.org.uk

Österreichisches Generalkonsulat Edinburgh
9, Howard Place
Edinburgh EH3 5JZ
Tel. (0131) 558 19 55
Fax (0131) 558 11 24
austrianconsulate@focusscotland.co.uk

Die Schweiz unterhält kein Konsulat in Schottland

Notfallnummern

Allgemeine Notfallnummer (Polizei, Krankenwagen, Feuerwehr) 999

Verhalten bei Autounfällen

Bei einem Unfall mit einem anderen Fahrzeug, einem fest montierten, immobilen Gegenstand (z. B. einer Straßenlaterne) oder einem Tier muss der Fahrer sofort anhalten und sich vergewissern, dass weder Mensch noch Tier verletzt wurden. Der Fahrer sollte unbedingt beim Auto bleiben, um einem Unfallgegner (entweder einem Direktbeteiligten oder dem Halter eines Tieres) Auskunft geben zu können. Zu den Informationen, die ausgetauscht werden müssen, gehören Name und Adresse des Fahrers, Name und Adresse des Fahrzeugbesitzers oder der Mietwagenfirma, die Zulassungsnummer des Fahrzeugs und der Name der Versicherungsgesellschaft. Wenn niemand ernsthaft verletzt ist und die oben genannten Daten ausgetauscht wurden, darf man sich vom Unfallort entfernen.

Wenn jemand anderes verletzt wurde, muss der Fahrer den Unfallhergang der Polizei erläutern und sich ein Unfallprotokoll für die Versicherung ausstellen lassen. Wer seine Versicherungsdaten nicht griffbereit hat, muss sie der Polizei innerhalb von 24 Stunden übermitteln. Wer in einem unversicherten Fahrzeug unterwegs ist, begeht eine Straftat.

Fundsachen

Wer etwas verloren hat, sollte zunächst an allen relevanten Orten nachfragen, an denen der Gegenstand möglicherweise liegengeblieben ist (Hotel, Café, Restaurant, Bus, Bahn, Taxi etc.). Wenn der Gegenstand nicht mehr auffindbar ist, kann man den Verlust der lokalen Polizeiwache mitteilen. Viele Versicherungen verlangen, dass der Verlust innerhalb von 24 Stunden gemeldet werden muss.

Wer seinen Reisepass oder Personalausweis verliert, muss dies dem nächstgelegenen Konsulat oder der Botschaft melden, die Mitarbeiter vor Ort helfen bei der Wiederbeschaffung. Diese geht umso schneller, wenn Fotokopien der Dokumente (auch der Versicherungspolice) vorliegen.

Gesundheit

Schottland hat ein gut ausgebautes Netz an Krankenhäusern, Kliniken und Ärzten, die für den staatlichen Gesundheitsdienst National Health Service (NHS) arbeiten, daneben gibt es aber auch privat arbeitende Ärzte und Krankenhäuser. Der Standard ist generell hoch. Apotheken (oder Drogisten) verkaufen viele Medikamente auch ohne Rezept, dazu zählen leichte Schmerzmittel, Medikamente gegen Erkältungen und Antihistamine. Wer ein verschreibungspflichtiges Medikament braucht, muss einen Arzt aufsuchen.

EU-Bürger werden in Großbritannien kostenfrei behandelt, wenn sie eine gültige Europäische Krankenversicherungskarte – European Health Insurance Card (EHIC) – haben. Die EHIC deckt allerdings nur akute Behandlungen ab, Krankenrücktransporte sind davon ausgeschlossen! Alle nicht-akuten Behandlungen müssen sofort bezahlt werden, auch dann, wenn ein Patient vom staatlichen Gesundheitsdienst NHS behandelt wird. Die Arzt- oder Krankenhauskosten sind nicht unerheblich und werden unter Umständen bei einer entsprechenden Reisekrankenversicherung auch von dieser erstattet.

Impfungen vor Reiseantritt werden von offizieller Seite nicht verlangt. Das Leitungswasser ist in der Regel überall in Schottland trinkbar.

Hotels & Restaurants

Schottland bietet ein großes Spektrum an Unterkünften und Lokalen bzw. Restaurants. Die Auswahl in diesem Buch beschränkt sich auf die besten bzw. interessantesten Adressen. Daneben gibt es unzählige weiter hervorragende Unterkünfte und Lokale.

Hotels

In Schottland kann man auf ganz unterschiedliche Art und Weise übernachten – in Hostels, auf Zeltplätzen, in Gästehäusern mit Bed & Breakfast genau so wie in Fünf-Sterne-Hotels. Pubs und Restaurants, die auch Zimmer vermieten, sind weit verbreitet. Daneben findet man auch ungewöhnliche Unterkünfte, z. B. in Landhotels, Burgen, Schlössern und Leuchttürmen. Wildes Zelten ist in Schottland erlaubt – jeder darf sein Zelt aufschlagen, wo er will, solange er sich an die Regeln hält.

Dank der Vielfalt findet jeder das Passende für seinen Geldbeutel. Auch die günstigen und einfachen Hotels sind in der Regel sauber. Viele Hotels und Guesthouses sind offiziell von Visit Scotland geprüft und klassifiziert worden – und zwar nach einem Sterne-System. Fünf Sterne stehen für eine außergewöhnliche Qualität, vier Sterne für hervorragende, drei Sterne für sehr gute, zwei Sterne für gute Qualität. Aber auch Unterkünfte mit einem Stern sind in Ordnung.

Gästezimmer sind in der Regel Doppelzimmer (ein großes Bett) oder Zweibettzimmer (zwei getrennte Betten). Viele Unterkünfte bieten Familienzimmer mit einem Doppelbett und bis zu zwei Einzelbetten. Kinderbetten und Wiegen für Babys sind häufig vorhanden. In einigen Unterkünften werden Kinder im Elternzimmer extra berechnet, meist abhängig vom Alter. Für Kinder ab 12 Jahren wird häufig schon der Erwachsenenpreis verlangt. Einige Hotels bieten auch untereinander verbundene Zimmer.

Während der Hauptferienzeiten, vor allem Juli, August, Weihnachen und Neujahr, sollte man lange im Voraus buchen. Im August heben alle Hotels und Guesthouses in der Hauptstadt die Preise wegen des Edinburgh Summer Festival an.

Reservierungen können telefonisch, per Fax, E-Mail, online oder über ein Reisebüro erfolgen. Internet-Buchungen sind oft günstiger.

Im Hochsommer verlangen einige B&Bs eine Mindestaufenthaltsdauer von zwei Nächten, Gleiches gilt für einige Hotels bei hoher Nachfrage oder an gefragten Wochenenden.

In den Sommermonaten tut man sich schwer, in Edinburgh ein Doppelzimmer für unter 100 £ zu finden, das gilt umso mehr für den Festivalmonat August, in dem die Preise der Fünf-Sterne-Zimmer oft die 300-£-Grenze erreichen oder gar überschreiten. Außerhalb von Edinburgh zahlt man für ein Doppelzimmer in einem B&B 40–80 £. Die Preise der Hotels außerhalb der Hauptstadt sind meistens ebenfalls günstiger.

Restaurants

Edinburgh und Glasgow haben eine hervorragende Restaurantszene und bieten alles von Spitzenrestaurants über Pizzerien bis zu Fish-and-Chips-Buden. In den schottischen Großstädten sind auch die Weltküchen gut vertreten: So kann man problemlos thailändisch, marokkanisch, mexikanisch, amerikanisch, japanisch oder französisch essen gehen. Selbst auf dem Land trifft man immer mal wieder auf indische, chinesische oder italienische Restaurants. Hotelrestaurants sind in der Regel gut, in sehr abgelegenen Regionen bieten teilweise auch die B&Bs ihren Gästen ein Abendessen. Außerhalb der Großstädte öffnen viele Restaurants nur über Mittag (12–14.30 Uhr) und dann erst wieder abends (meistens zwischen 18.30 und 20.30 Uhr). Cafés haben meist von 8 bis 17 oder 18 Uhr geöffnet und servieren Frühstück und Mittagessen; Snacks und Kuchen gibt es den ganzen Tag über. Viele Pubs bieten den ganzen Tag über Gerichte an, in den Bars muss man bis 22 Uhr bestellen.

Gliederung & Abkürzungen

Die Nennung der Hotels und Restaurants erfolgt kapitelweise, zweites Gliederungskriterium ist der Preis, innerhalb einer Preisspanne werden Hotels und Lokale in alphabetischer Reihenfolge vorgestellt – zunächst die Hotels, dann die Restaurants.

Verwendete Abkürzungen bei den Kreditkarten: A (Abendessen) AE (American Express), DC (Diner's Club), M (Mittagessen), MC (MasterCard), V (Visa).

EDINBURGH & DIE LOTHIANS

EDINBURGH

HOTELS

DER BESONDERE TIPP

BALMORAL

££££

1 PRINCES STREET, EH2 2EQ
TEL. (0131) 556 2414

Die große alte Dame steht mit ihren ausladenden öffentlichen Räumen und den eleganten Gästezimmern für europäischen Luxus. Dazu kommen

Hotel  Restaurant Anzahl der Gästezimmer  Anzahl der Sitzplätze  Parken  Geschlossen  Lift

ein exzellentes Spa und ein mit Michelinstern ausgezeichnetes hauseigenes Restaurant. Wer sich etwas Besonderes gönnen möchte, bucht eine der Suiten, von denen sich ein herrlicher Blick über die Stadt bietet.

188 AE, DC, MC, V

THE BONHAM

££££

35 DRUMSHEUGH GARDENS, EH3 7RN

TEL. (0131) 226 6050

www.townhousecompany.co.uk

Im schicken Design-Hotel (mit gutem Restaurant) fallen sofort die ungewöhnlichen Möbel ins Auge. Nett sind auch die frei stehenden Badewannen in den Suiten. Zimmer 1 – ein Superior-Doppelzimmer – bietet als Überraschung eine schöne alte Kupferbadwanne, die Suite 100 ein Himmelbett und eine witzige Dusche, aus der das Wasser aus allen Ecken strömt.

48 AE, DC, MC, V

THE EDINBURGH RESIDENCE

££££

7 ROTHESAY TERRACE, EH3 7RV

TEL. (0131) 226 3380

www.townhousecompany.co.uk

Das Hotel präsentiert sich mit apartmentähnlichen Räumlichkeiten und ist geradezu ideal für alle, die mehr als eine Nacht in der Stadt bleiben wollen. Die Residence-Suites haben eigene Küchen.

29 AE, DC, MC, V

GLASSHOUSE

££££

2 GREENSIDE PLACE, EH1 3AA

TEL. (0131) 525 8200

www.theetoncollection.com

Wer nach einer geeigneten Unterkunft für ein Rendezvous sucht, ist hier in diesem Hotel mit seinen erlesenen Möbeln und Accessoires, die für viel romantische Stimmung sorgen, genau richtig. Herrlich sind auch die bodentiefen Fenster und der Dachgarten mit seinem Lavendelduft. Die Deluxe-Suite hat ein eigenes Gemeinschaftsbecken und eine Sauna.

65 AE, DC, MC, V

MALMAISON

££££

1 TOWER PLACE, EH6 7BZ

TEL. (0131) 468 5000

www.malmaison-edinburgh.com

Das moderne Hotel war einst ein Seemannsheim (19. Jh.) bei den Leith-Docks. Heute ist es ein Schmuckstück mit hellen und luftigen Zimmern – die Gemeinschaftsbereiche würden jedem Design-Magazin alle Ehre machen.

121 AE, DC, MC, V

THE HOLYROOD

£££

81 HOLYROOD ROAD, EH8 8AU

TEL. (0844) 879 9028

www.macdonaldhotels.co.uk/holyrood

Das Holyrood schafft den Spagat zwischen Tartanmustern und modernem Stil: Durch alle Räume zieht sich das schottische Thema, ohne je aufdringlich zu werden. Die Zimmer bieten alle modernen Annehmlichkeiten.

156 AE, MC, V

ROXBURGHE HOTEL

£££

38 CHARLOTTE SQUARE, EH2 4HQ

TEL. (0844) 879 9063

www.macdonaldhotels.co.uk/roxburghe

Die Gästezimmer sind elegant und schick eingerichtet, die Köche des hauseigenen Restaurants holen das Beste aus den schottischen Zutaten heraus.

198 AE, MC, V

PREISE

HOTELS

Die Preise beziehen sich auf ein Doppelzimmer in der Hauptsaison.

£££££	über 300 £
££££	200–300 £
£££	120–200 £
££	80–120
£	unter 80 £

RESTAURANTS

Angeben ist der Durchschnittspreis für eine zweigängige Mahlzeit für eine Person – ohne Trinkgeld und Getränke.

£££££	over £50
££££	£40–£50
£££	£25–£40
££	£15–£25
£	£15

THE RUTLAND HOTEL

£££

1–3 RUTLAND STREET, EH1 2AE

TEL. (0131) 229 3402

www.therutlandhotel.com

Die Zimmer des unkonventionellen Hotels haben viel Charakter und moderne Technologie. Das Restaurant im 2. Stock ist hervorragend, in der Bar werden das Frühstück und kleine Gerichte serviert.

12 AE, MC, V

ALBYN TOWNHOUSE

££

16 HARTINGTON GARDENS, EH10 4LD

TEL. (0131) 229 6459

www.albyntownhouse.co.uk

Das B&B in einem georgianischen Stadthaus begeistert sei-

ne Gäste immer von neuem mit seinen eleganten Zimmern, dem freundlichen Service und dem hohen Standard, den die Besitzer Lydie und David 2007 eingeführt haben.
10 MC, V

RESTAURANTS

DER BESONDERE TIPP

21212

££££

3 ROYAL TERRACE, EH7 5AB
TEL. (0845) 222 1212
www.21212restaurant.co.uk

Seit er das kreative Restaurant eröffnet hat, schmückt sich Küchenchef Paul Kitching mit einem Michelinstern. Trotz – oder vielleicht wegen – seines wissenschaftlichen Herangehens ans Kochen sprechen seine Gerichte mit Zutaten, die eigentlich gar nicht zusammenpassen, für sich. Das Restaurant bietet darüber hinaus vier Räume für spezielle Anlässe.
38 AE, MC, V

NUMBER ONE

£££££

THE BALMORAL, 1 PRINCES STREET, EH2 2EQ
TEL. (0131) 557 6727
www.restaurantnumberone.com

Jeff Bland – ausgezeichnet mit einem Michelinstern – versteht es, frische schottische Produkte auf unnachahmliche Weise zu verarbeiten und widerspricht damit allen gängigen Vorurteilen über die schottische Küche. Zu den hervorragend zubereiteten Speisen werden ebenso gute Weine serviert.
50 AE, DC, MC, V

RESTAURANT MARTIN WISHART

£££££

54 THE SHORE, EH6 6RA
TEL. (0131) 553 3557
www.martin-wishart.co.uk

Für viele Edinburgh-Besucher ist es das Restaurant, in dem man einmal diniert haben sollte. Es ist das renommierteste Restaurant in Leith und von Michelin mit einem Stern ausgezeichnet worden. Weder der gebratene schottische Hummer noch das Ross-Shire-Rind auf der französisch geprägten Karte enttäuschen. Die Plätze sind gefragt – entsprechend früh sollte man reservieren.
50 AE, MC, V

DER BESONDERE TIPP

THE KITCHIN

££££

78 COMMERCIAL QUAY, EH6 6LX
TEL. (0131) 555 1755
www.thekitchin.com

Der berühmte Küchenchef Tom Kitchin lockt einheimische und auswärtige Besucher in Scharen in sein Lokal in Leith, wo er auf unnachahmliche Weise frische britische Produkte mit großem Geschick verarbeitet. Zu den Highlights seiner kreativen Karte zählen die sautierten Schnecken aus Devon und das Dornoch-Lamm.
45 AE, MC, V

DER BESONDERE TIPP

PLUMED HORSE

££££

50–54 HENDERSON STREET, EH6 6DE
TEL. (0131) 554 5556
www.plumedhorse.co.uk

Die intime Atmosphäre, der persönliche Service und die köstlichen Gerichte wie der langsam geschmorte Schweinebauch und der gebratene Heilbutt machen das Plumed Horse zu einem „kulinarischen Muss". Küchenchef Tony Borthwick wurde mit einem Michelinstern ausgezeichnet.
28 AE, MC, V

ATRIUM

£££

10 CAMBRIDGE STREET, EH1 2ED
TEL. (0131) 228 8882
www.atriumrestaurant.co.uk

Das schicke Atrium zählt seit seiner Wiedereröffnung 1993 zu den Lieblingslokalen der Einheimischen. Sein Geheimnis ist der aufmerksame Service, die entspannte Atmosphäre, die moderne Einrichtung und die perfekten Kochkünste von Küchenchef Neil Forbes. In Peterhead angelandeter Seeteufel und das Perthshire-Lamm sind nur zwei der hervorragenden schottischen Zutaten, die hier verarbeitet werden.
190 AE, MC, V

IGLU BAR & ETHICAL EATERY

££

2B JAMAICA STREET, EH3 6HH
TEL. (0131) 476 5333
www.theiglu.com

Iglu bietet eines der ungewöhnlichsten Ess-Erlebnisse der Stadt, Grund dafür ist die ausgefallene Küche, in der vor allem lokale Bioprodukte verwendet werden. Neben der Hauptkarte gibt es noch eine Tafel mit so viel verlockenden Gerichten, dass die Gäste die Qual der Wahl haben, u. a. Shetland-Muscheln und Seehecht in einer Pestokruste.
30 Mo–Di geschl.
MC, V

THE MUSSEL INN

££

61–65 ROSE STREET, EH2 2NH
TEL. (0131) 225 5979
www.mussel-inn.com

Die hervorragend gewürzten Muscheln werden hier kiloweise serviert und sind das kulinarische Highlight des Restaurants. Frische Austern und Jakobsmuscheln finden sich ebenso auf der Karte wie ein Aberdeen-Angus-Burger und vegetarische Pastagerichte.
52 AE, MC, V

Hotel · Restaurant · Anzahl der Gästezimmer · Anzahl der Sitzplätze · Parken · Geschlossen · Lift

THE VILLAGER
££
49–50 GEORGE IV BRIDGE, EH1 1EJ
TEL. (0131) 226 2781
www.villager-e.com
Das trendige Bar-Restaurant ist ein hervorragender Platz, sich auf ein paar Gläser oder kleine Köstlichkeiten wie Huhn-Satay, selbst gemachte Burger und Paella mit ein paar Freunden zu treffen. Freitags und samstags legen DJs auf, dann geht es hier deutlich lebhafter zu.
30 MC, V

CHOP CHOP
£
248 MORRISON STREET, EH3 8TD
TEL. (0131) 221 1155
www.chop-chop.co.uk
Authentische und bezahlbare chinesische Gerichte und hervorragend zubereitete Dumplings (Teigklösschen) lockten die Einheimischen schon ins Chop Chop, bevor Gordon Ramsay es mit seiner Kochsendung „The F Word" Ende 2009 berühmt machte.
80 MC, V

THE CRAMOND INN
£
30 CRAMOND GLEBE ROAD, EH4 6NU
TEL. (0131) 336 2035
In diesem Vorort-Pub sollte man geräucherten Schinken, Steak-Pastete und selbst gemachte Fischfrikadellen probieren. Unter den Bieren finden sich auch Ales von Samuel Smith (nur zwei Pubs in Schottland führen diese Ales). Ein knisterndes Feuer und ein als Familienzimmer deklarierter Raum sind weitere Pluspunkte dieses Pubs am Meer.
90 AE, MC, V

THE TASS
£
1 HIGH STREET, EH1 1SR
TEL. (0131) 556 6338
Wer Lust auf den Besuch eines traditionellen Pubs hat, in dem man deftiges Kneipenessen zu schottischer Musik bekommt, ist in dieser Institution auf der Royal Mile genau richtig. The Tass ist eine gute Adresse für all jene, die Schottisches wie Stornoway black pudding und MacSween's Haggis probieren wollen.
50 MC, V

HOWGATE

THE HOWGATE
££–£££
HOWGATE, MIDLOTHIAN, EH26 8PY
TEL. (01968) 670 000
www.howgate.com
Sowohl das Bistro als auch das Restaurant bieten perfekt gekochte lokale Gerichte. Die Karten beider Lokale ähneln sich – auf der Bistro-Karte finden sich einige günstigere Gerichte in größerer Auswahl. Das schottische Rindfleisch ist gut abgehangen (mind. 3 Wochen). Eines der Gründe, warum die Gäste so gerne hier essen gehen. Neben Rind wird aber auch Haggis in einem leichten Filoteig, zu dem eine Pflaumensoße serviert wird, angeboten.
68 MC, V

GULLANE

LA POTINIERE
£££
34 MAIN STREET, GULLANE, EH31 2AA
TEL. (01620) 843 214
www.la-potiniere.co.uk
Wer nach dem besten Restaurant von East Lothian sucht, braucht nicht weiter zu suchen. Das gemütliche Lokal legt den Schwerpunkt bewusst auf das Essen – auf der kleinen Karte finden sich geschmorter Heilbutt, schottisches Rinderfilet und pochierte Nektarinen.
30 MC, V

LINLITHGOW

CHAMPANY INN
£££££
LINLITHGOW, WEST LOTHIAN, EH49 7LU
TEL. (01506) 834 532
www.champany.com
Das mit einem Michelinstern ausgezeichnete Restaurant gleich außerhalb von Linlithgow ist in ganz Zentralschottland für die Qualität seiner frischen Meeresfrüchte und dem Aberdeen-Angus-Fleisch berühmt. Das Rindfleisch ist gut abgehangen (mind. 3 Wochen). Für besondere Anlässe lassen sich Separees mieten, auch die Besichtigung des Weinkellers ist möglich. An gleichem Ort befindet sich auch das Chop and Ale House, in dem man, über Holzkohle gegrillte Burger bekommt.
60 AE, DC, MC, V

TASTE
£
47 HIGH STREET, LINLITHGOW, EH49 7ED
TEL. (01506) 844 445
www.taste-deli-cafe.co.uk
Herzhafte Suppen, frisch zubereitete Sandwiches und kalorienreiche selbst gebackene Kuchen finden sich auf der Karte des gemütlichen Feinkostladens mit Café. Wer mehr als ein Sandwich will, kann die Rinder-Lasagne probieren.
44 MC, V

NORTH BERWICK

MACDONALD MARINE HOTEL. & SPA
£££
CROMWELL ROAD, NORTH BERWICK, EH39 4LZ
TEL. (0844) 879 9130
www.macdonald-hotels.co.uk
Schöne Gästezimmer, ein Spa und ein Restaurant, in dem hervorragende Gerichte serviert werden, sprechen für die Wahl des Hotels am Wasser.

Der Meerblick, der Strand und der Golfplatz sind weitere Pluspunkte. Der Blick über den Bass Rock und zum North Berwick Law von den Turm-Suiten ist atemberaubend.

83 AE, MC, V

SOUTH QUEENSFERRY

OROCCO PIER

££

17 HIGH STREET, EH30 9PP

TEL. 0870 118 1664

www.oroccopier.co.uk

Eine der spektakulärsten Hotellagen in ganz Schottland – der Blick reicht über den Firth of Forth bis zur Forth Bridge. Die eleganten Räume sind mit schönen Textilien und CD/DVD-Spielern ausgestattet. Zum Haus gehören ein Restaurant und eine Café-Bar.

17 AE, DC, MC, V

THE BOAT HOUSE

££

22 HIGH STREET, EH30 9PP

TEL. (0131) 331 5429

www.theboathouse-sq.co.uk

Der Blick über den Firth of Forth ist für sich genommen schon Grund genug, hier einmal essen zu gehen. Umso schöner, dass auch die von Paul Steward zubereiten Meeresfrüchte erste Klasse sind!

48 AE, MC, V

GLASGOW & AYRSHIRE

GLASGOW

HOTELS

ABODE

£££

129 BATH STREET, G2 2SZ

TEL. (0141) 221 6789

www.abodehotels.co.uk/glasgow

Die zentrale Lage in Glasgow, das mit Preisen ausgezeichnete Lokal (siehe **Michael Caines@Abode** S. 281) und die schicken, modernen Gästezimmer sind Gründe genug, hier abzusteigen. Der einzige Nachteil ist, dass es wehtut, wieder auschecken zu müssen. Das moderne Hotel befindet sich in einem charmanten historischen Gebäude.

59 AE, MC, V

DER BESONDERE TIPP

BLYTHSWOOD SQUARE

£££

BLYTHSWOOD SQUARE, G2 4AD

TEL. (0141) 208 2458

www.blythswoodsquare.com

Das im Herbst 2009 eröffnete Hotel mit einem modernen Restaurant bietet in seinen geräumigen und komfortabel eingerichteten Gästezimmern dezenten Luxus und gedämpfte Farben. In dem opulent ausgestattete Spa sorgen neun Behandlungszimmer, eine Thermal-Suite, Moorbehandlungen und zwei Pools für zusätzliches Wohlbefinden der Gäste.

100 AE, DC MC, V

CITY INN

£££

FINNIESTON QUAY, G3 8HN

TEL. (0141) 240 1002

www.cityinn.com

Das am Ufer des River Clyde gelegene moderne Hotel vermietet etwas klein geratene, aber eindrucksvoll gut ausgestattete Zimmer (die besten mit Blick auf den Fluss). Das City Café empfiehlt sich für ein Abendessen, vor allem an warmen Frühjahrs- und Sommertagen, wenn draußen im Freien die Tische gedeckt werden und man die herrliche Lage am Wasser am besten genießen kann.

168 AE, MC, V

DER BESONDERE TIPP

HOTEL DU VIN

£££

1 DEVONSHIRE GARDENS, G12 0UX

TEL. (0141) 3392 001

www.hotelduvin.com/glasgow

Glasgows One Devonshire Gardens hat zwar einen neuen Namen und einen neuen Besitzer, zählt aber immer noch zu Glasgows besten Hotels. Die geräumigen Zimmer sind opulent eingerichtet, die Gerichte im Bistro (siehe Bistro du Vin, weiter unten) sind exzellent zubereitet.

49 AE, MC, V

RADISSON BLU

£££

301 ARGYLE STREET, G2 8DL

TEL. (0141) 204 3333

www.radissonblu.co.uk/hotel-glasgow

Mit seinem innovativem Design wirkt es ein bisschen, als sei ein Raumschiff in der Nähe der Central Station gelandet: Dank seiner ansprechenden Lobby und der Bar zählt das Radisson zu den gefragtesten Adressen in Glasgow. Dazu kommen ein exzellentes Restaurant, ein Spa und ein umfangreiches Behandlungsangebot. Viele der hübsch eingerichteten Gästezimmer haben bodentiefe Fenster, von denen aus man die Skyline der Stadt bewundern kann.

250 AE, DC, MC, V

MARKS HOTEL

£–££

110 BATH STREET, G2 2EN

TEL. (0141) 353 0800

www.markshotels.com

Gut geschnittene Räume mit schrägen, nach außen geneigten Fenstern wie auf einem Kreuzfahrtschiff machen das

Hotel  Restaurant Anzahl der Gästezimmer  Anzahl der Sitzplätze  Parken  Geschlossen  Lift

Hotel so einzigartig. Zu den Extras zählen der Plasmabildschirm und das kostenfreie WLAN. Das Hotelrestaurant lohnt ebenfalls einen Besuch.
103 AE, DC, MC, V

RESTAURANTS

BISTRO DU VIN

££££££

HOTEL DU VIN, 1 DEVONSHIRE GARDENS, G12 0UX
TEL. (0141) 339 2001
Eichenpaneele, klassische Musik, gedimmtes Licht und Tischkerzen wecken bei den Gästen des Hotelrestaurants hohe Erwartungen, die kreativ komponierten Gerichte übertreffen allerdings noch die hübsche Kulisse. Zu den Höhepunkten der Speisekarte zählen Schnecken, gebackener Hummer und das Kaffee-Soufflé, auch die Weinkarte ist sehr gut.
78 P AE, MC, V

MICHAEL CAINES @ Abode

£££–££££

ABODE, 129 BATH STREET, G2 2SZ
TEL. (0141) 221 6789
www.michaelcaines.com
Ein aufmerksamer Service und die hervorragende Küche mit lokalen Zutaten heben das Hotelrestaurant aus der Masse heraus. Das siebengängige Probiermenü ist ein Fest für die Sinne – es bietet Köstlichkeiten wie pochierte Krustentiere und Rehrücken. Das „Amazing-Grazing-Menü" (18–19 und 21-22 Uhr serviert) ist günstig.
45 So–Mo geschl. AE, MC, V

DER BESONDERE TIPP

TWO FAT LADIES WEST END

£££

88 DUMBARTON ROAD, G11 6NX
TEL. (0141) 339 1944
www.twofatladies restaurant.com
Seit seiner Eröffnung 1989 hat sich das gemütliche Restaurant viel Lob und Reputation erarbeitet und gilt als eines der besten Fischrestaurants in Glasgow. Riesengarnelen und Meerbrassen werden hier perfekt zubereitet, der Wein sehr sorgfältig zu den Gerichten ausgesucht. Wer sich nicht für eines der Desserts entscheiden kann, für den gibt es eine große Probierplatte mit Schüsselchen voller Crème brulèe, Pistazien- und Kirsch-Pavlova, Cranachan (traditionelles schottisches Dessert) und klebrig-süßen Toffee-Pudding.
26 AE, MC, V

UBIQUITOUS CHIP

£££

12 ASHTON LANE, G12 8SJ
TEL. (0141) 334 5007
www.ubiquitouschip.co.uk
Egal, ob sie im hübschen Hof voller rankender Pflanzen oder im neuen Zwischengeschoss speisen: Die Gäste werden das Lokal kaum enttäuscht verlassen. Das schottische Menü besteht aus Reh-Haggis, Bio-Lachs von den Orkney Islands, Aberdeen-Angus-Steaks und kaledonischem Haferflocken-Eis und bestätigt einmal mehr, dass das Ubiquitous Chip sich zu Recht um den Titel des besten Restaurants in Glasgow bewirbt.
150 AE, DC, MC, V

URBAN BAR & BRASSERIE

£££

23–25 SAINT VINCENT PLACE, G1 2DT
TEL. (0141) 248 5636
www.urbanbrasserie.co.uk
Die elegante Brasserie in den Räumen der ehemaligen schottischen Hauptniederlassung der Bank of England beeindruckt mit viel dunklem Holz, gedämpfter Beleuchtung und echten Kunstwerken. Doch die auffällige Einrichtung ist nicht der Hauptgrund, warum die Gäste immer wieder in die Urban Bar & Brasserie zurückkehren. Sie kommen in erster Linie wegen der herausragenden Qualität der Küche. Zu den Highlights der französisch-schottischen Karte zählen Austern, Beef Bourguignon und Buccleuch-Rindersteak. Wer ein intimes Setting wünscht, kann sich mit seiner Begleitung in eines der Separees zurückziehen.
120 MC, V

CAFÉ GANDOLFI

££

64 ALBION STREET, G1 1NY
TEL. (0141) 552 6813
www.cafegandolfi.com
Schön gearbeitete Möbel, ein stimmungsvolles Licht und eine einfallsreiche Karte heben das Café Gandolfi auf die Top-Plätze unter den informellen Lokalen in Glasgow. Mancher der Gäste kommt schon seit über 30 Jahren hierher! Die Karte bietet ausgefallene Sandwiches, Pastagerichte und Hauptgerichte wie marinierten Schwerfisch.
66 AE, MC, V

FIFI AND ALLY

££

80 WELLINGTON STREET, G1 3JX
TEL. (0141) 226 2286
www.fifiandally.com
Das ultra-moderne Bistro zählt zu den coolsten Lokalen der Stadt. In den Räumen fallen das freigelegte Mauerwerk und die schwarz-weiße Einrichtung auf. Die vielseitige Speisekarte bietet alles von der selbst gemachten Suppe bis hin zu Platten mit italienischen Antipasti und einem Afternoon Tea mit Champagner.
110 So geschl. MC, V

DER BESONDERE TIPP

MOTHER INDIA

££

28 WESTMINSTER TERRACE, G3 7RU

TEL. (0141) 221 1663

www.motherindiaglasgow.co.uk

Scharf gewürzte indische Gerichte heben das Mother India angenehm von seinen vielen Konkurrenten mit ihrem stets gleichen Angebot an mit Soßen überladenen Currys und austauschbarer Einrichtung ab. Hier dagegen findet man ungewöhnliche Gerichte auf der kleinen Karte, z. B. das Tandoori mit gebratenem Schellfisch und Seeteufel-Kebabs.

210 AE, MC, V

SCOTIA BAR

££

112–114 STOCKWELL STREET, G1 4LW

TEL. (0141) 552 8681

www.scotiabar.net

Die Scotia Bar ist unter den Einwohnern von Glasgow für ihre Livemusik berühmt. Das tradionelle Pub – eines der ältesten in der Stadt – sollte man zwischen Donnerstag und Sonntag besuchen. Dann hat man gute Chancen, alles von Country- und Folkmusik bis hin zu Blues und Jazz zu hören. Gut ist auch die Auswahl an Bier, Ales und Spirituosen.

40 AE, MC, V

THALI

££

42 ALBION STREET, G1 1LH

TEL. (0141) 552 8332

www.thaliglasgow.com

Das elegante Restaurant mit seiner stimmungsvollen Beleuchtung, der entspannten Musik und der scharfen Küche zählt zu den Favoriten der Glasgower – man versteht schnell, warum. Welten entfernt von den ewig cremigen Currys, die so typisch für viele indische Restaurants sind, bietet das Thali seinen Gästen eine Vielzahl an kleinen Gerichten, zu denen Reis, Naan-Brot, Salat, Linsen oder alternativ Raita (Joghurt) gereicht werden. Es gibt auch viele vegetarische Gerichte.

60 AE, MC, V

LANARK

NEW LANARK MILL HOTEL

££

SOUTH LANARKSHIRE, ML11 9DB

TEL. (01555) 667 200

www.newlanarkhotel.co.uk

Das Hotel in einer einstigen Baumwollmühle (18. Jh.) bietet elegante Zimmer, alle mit atemberaubenden Blick auf den Clyde oder das angrenzende Schutzgebiet. Zum Hotel gehören ein hochmodernes Freizeitzentrum und ein gutes Restaurant. Die Hotelgäste erhalten ermäßigten Eintritt zur Welterbestätte New Lanark.

38 AE, DC, MC, V

MILNGAVIE

TAMBOWIE FARM

£

CRAIGTON VILLAGE, MILNGAVIE, G62 7HN

TEL. (0141) 956 1583

www.tambowiefarm.co.uk

Die ländliche Umgebung, der tolle Ausblick und die geräumigen Doppelzimmer begeistern die Gäste. Moderate Preise und ein großes Frühstücksangebot sowie das freundliche Personal sprechen für das B&B.

4 MC, V

TURNBERRY

TURNBERRY RESORT

£££££

TURNBERRY, KA26 9LT

TEL. (01655) 33 1000

www.turnberryresort.co.uk

Tunberry bietet alles – einen der besten schottischen Golfplätze genau so wie ein großes Spa. Erlesene Textilien und viel Holz prägen die normalen Gästezimmer, die Luxuszimmer bieten zusätzlich eleganten Luxus und hochmodern eingerichtete Bäder mit frei stehenden Badewannen.

198 AE, DC, MC, V

DER SÜDEN SCHOTTLANDS

CASTLE DOUGLAS

AIRDS FARM

£

CROSSMICHAEL, IN DER NÄHE DES CASTLE DOUGLAS, DG7 3BG

TEL. (01556) 670 418

www.airds.com

Zusätzlich zu den großen, sauberen und gemütlichen Gästezimmern bietet das liebenswerte B&B einen herrlichen Blick über das Farmland und Loch Ken. Das herzhafte Frühstück ist ein Genuss, abends treffen sich die Gäste im Fernsehzimmer. Der größte Anziehungspunkt für viele Gäste ist jedoch der Wintergarten mit seinem faszinierenden Blick über die Galloway Hills.

4 Nur Barzahlung

DUMFRIES

FRIARS CARSE COUNTRY HOUSE HOTEL

££

DUMFRIES, DG2 0SA

TEL. (01387) 740 388

www.friarscarse.co.uk

Hier kann man sich wie ein Lord oder eine Lady eines Herrenhauses fühlen! Das Landhotel (19. Jh.) bietet individuell, aber traditionell eingerichtete Zimmer in verschiedenen Größen. Angler haben einen exklusiven Zugang zu einem Flussabschnitt des River Ninth, der durch das Hotelgelände fließt. Dort warten Forellen, Äschen und Lachse auf ambitionierte Angler. Wer daran keinen Gefallen findet, kann auch ausgiebige Spaziergänge über das 18 Hektar große waldreiche Gelände unternehmen. Wenn das Wetter nicht danach ist, sorgen Snooker-Tische im Haus für Abwechslung. Auch ein Besuch des Restaurant Whistle lohnt sich.

21 P AE, MC, V

AULD ALLIANCE

££

53 ST. MICHAEL'S STREET, DUMFRIES, DG1 2QB

TEL. (01387) 255 689

www.auldalliance dumfries.com

Das Restaurant spiegelt die historischen Verbindungen zwischen Schottland und Frankreich wider. Die Gerichte werden klassisch französisch mit einem modernen schottischen Einschlag zubereitet: So finden sich beispielsweise Jakobsmuscheln auf der Karte, zu denen ein Black Pudding serviert wird, oder Galloway-Rinderfilets mit Gratin Dauphinois.

40 MC, V

GATEHOUSE OF FLEET

SHIP INN

££

11 FLEET STREET, GATEHOUSE OF FLEET, DG7 2HU

TEL. (01557) 814 217

www.theshipinngatehouse.co.uk

Die Pubgerichte sind hier überdurchschnittlich gut – auch deswegen ist das Ship Inn eines der Lieblingslokale der Einheimischen und Gäste. Die Köche verwenden lokale Erzeugnisse wie schottisches Rind-, Lamm-, Schweine- und Wildfleisch. Wer dann nicht mehr weiterfahren will, kann im Haus ein Zimmer mieten.

50 MC, V

MELROSE

BURT'S HOTEL

£££

MARKET SQUARE, TD6 9PN

TEL. (01896) 822 285

www.burtshotel.co.uk

Diese Old-Melrose-Institution ist mehr als nur ein Hotel: Hier findet man auch eines der besten Restaurants der Stadt (siehe **Burt's Hotel**, weiter unten) und eine nette Bar mit einer guten Auswahl an Single-Malt-Whiskys. Übernachtet wird in einem Haus aus dem 18. Jahrhundert, die Zimmer sind traditionell, aber keinesfalls übertrieben eingerichtet.

20 P MC, V

THE TOWNHOUSE

££

MARKET SQUARE, MELROSE, TD6 9PQ

TEL. (01896) 822 645

www.thetownhousemelrose.co.uk

Auch wenn es der Familie Henderson – die auch das Burt's Hotel auf der anderen Straßenseite betreibt – gehört: Dieses unkonventionelle Hotel ist doch etwas völlig anderes. In den individuell und modern eingerichteten Zimmern fallen die starken Muster und leuchtenden Farben auf. Eine Ausnahme bildet das Zimmer mit einem Himmelbett, das eher klassischer eingerichtet ist. Sowohl die Standard- als auch die Superior-Zimmer bieten viel Platz. Brasserie und Restaurant sind gleichermaßen für ein abendliches Dinner geeignet.

11 P MC, V

BURT'S HOTEL

£££

BURT'S HOTEL, MARKET SQUARE, MELROSE, TD6 9PN

TEL. (01896) 822 285

www.burtshotel.co.uk

Das gut besuchte Restaurant des Burt's Hotel ist inzwischen eine Institution in Melrose – wer hier einmal gegessen hat, weiß warum. Die Mitarbeiter sind ausgesprochen höflich, aber nicht zu formell, das Essen überdurchschnittlich gut. Reh, Ente, Heilbutt, Filets und ein Stornoway Black Pudding sind nur einige der Köstlichkeiten, zwischen denen man sich entscheiden muss. Für das Wohlbefinden sorgt auch die nette Alte-Welt-Atmosphäre des Speisesaals.

50 P MC, V

PEEBLES

CRINGLETIE HOUSE

££££

EDINBURGH ROAD, EH45 8PL

TEL. (01721) 725 750

www.cringletie.com

Nachdem Jakob und Johanna van Houdt das feudale Herrenhaus (19. Jh.) 2003 übernommen haben, haben sie das Gebäude und das Grundstück eindrucksvoll restauriert. Dank eines Aufzugs haben nun auch gehbehinderte Besucher Zugang zum Speisesaal im oberen Stockwerk, neu ist auch die opulente Selkirk Suite. Im Restaurant bietet Küchenchef Craig Gibb eine vielfältige Karte mit Gerichten, die schottische Zutaten mit französischer Kochkunst vereinigen.

13 P AE, MC, V

CASTLE VENLAW HOTEL

£££

EDINBURGH ROAD, EH45 8QG

TEL. (01721) 720 384

www.venlaw.co.uk

Zum Boutiquehotel gehören ein fünf Hektar großes Grundstück, ein gutes Restaurant und eine einladende Bar. Einige der renovierten Gästezimmer bieten nun riesige Bäder, Champagner-Kühler und sternförmige Deckenbeleuchtung.

12 P MC, V

HORSESHOE INN
££–£££

EDDLESTON, EH45 8QP
TEL. (01721) 730 225
www.horseshoeinn.co.uk

Die gemütlichen Zimmer sind geradezu perfekt für Gäste, die gerne im preisgekrönten Restaurant (siehe **Bardoulet's Restaurant** S.284) ohne anschließende Autofahrt dinieren wollen. Jedes der acht Zimmer ist individuell eingerichtet, mit frei liegendem Mauerwerk, Flachbildfernsehern und luxuriösen Textilien. Die Premier-Zimmer bieten am meisten Platz.

8 3 Wochen im Jan. geschl. MC, V

CARDRONA
££

CARDRONA, EH45 8NE
TEL. (0870) 194 2114
www.macdonaldhotels.co.uk/cardrona

Das Hotel hat seinen eigenen Golfplatz und ist schon deshalb eine ideale Unterkunft. Aber auch all jene, die auf Wellness und hervorragend zubereitetes Essen Wert legen, werden sich hier wohlfühlen. Für begeisterte Moutainbiker liegen die hervorragenden Mountainbikestrecken von Glentress (siehe S. 117) ganz in der Nähe. Das Hotel liegt wunderschön am River Tweed – schon deshalb lohnen sich die Erdgeschosszimmer, deren Glastüren sich zu einer Terrasse hin öffnen.

99 AE, MC, V

THE TONTINE
££

HIGH STREET, PEEBLES, EH45 8AJ
TEL. (01721) 720 892
www.tontinehotel.com

Die familienfreundliche Unterkunft liegt zentral im Stadtzentrum. Die renovierten Räume sind schick und modern eingerichtet und bieten zusätzlichen Luxus wie in die Wand montierte Fernseher und die Möglichkeit, sich nach Lust und Laune einen Kaffee und Tee zuzubereiten. Bistro und Restaurant bieten gutes Essen.

36 AE, MC, V

BARDOULET'S RESTAURANT
£££

EDDLESTON, EH45 8QP
TEL. (01721) 730 225
www.horseshoeinn.co.uk

Das Restaurant im **Horseshoe Inn** (siehe S. 284) verdankt seinen Namen dem Chef Director Patrick Bardoulet und bietet klassische französische Küche in eleganten Räumlichkeiten. Zu den Highlights der ständig wechselnden Karte gehören Heilbutt und Hummer. Ein siebengängiges Menü ist genau das Richtige, um sich von den Fähigkeiten des französischen Kochs zu überzeugen. Im eleganten Bistro geht es entspannter zu – hier gibt es schottisches Rind, Fischsuppe und Caesar Salad mit Huhn.

40 Mo & 3 Wochen im Jan. geschl. MC, V

OSSO
££

1 INNERLEITHEN ROAD, PEEBLES, EH45 8AB
TEL. (01721) 724 477
www.ossorestaurant.com

Das schicke Café-Restaurant mit seinen verspiegelten Wänden, dem auf Hochglanz polierten Holz, den olivgrünen Polsterbezügen und den Designer-Lampenschirmen lässt sich stilistisch nur schwer einordnen. Chefkoch Ally McGrath bringt seine Erfahrung und sein Können mit ein: So findet man auf der Karte leichte Mittagsgerichte, aber auch ausgefallene Abendgerichte wie geschmorten Hase und Jakobsmuscheln. Wer sich nicht entscheiden kann, wählt einfach das abendliche Probiermenü und kann sich so am besten von der Qualität der lokalen Produkte der Saison überzeugen.

40 So–Mo A geschl. AE, MC, V

SUNFLOWER RESTAURANT
££

4 BRIDGEGATE, PEEBLES, EH45 8RZ
TEL. (01721) 722 420
www.thesunflower.net

Junge und alte Gäste strömen in das wundervolle kleine Restaurant, um hier leichte Mittagsgerichte oder saftige Schokoladenkuchen mit schaumigem Latte Macchiato zu bestellen. Zur Unterhaltung der Kinder gibt es Spielzeug. Selbstgemachte Suppen, Bruschette, Burger mit Wildfleisch und sehr leckere vegetarische Pastagerichte finden sich ebenfalls auf der Karte. Donnerstag-, Freitag- und Samstagnacht hat das Lokal auch abends geöffnet – und präsentiert dann eine ausgefallene Karte mit Lammcurry und Wildschweinwürsten.

40 MC, V

PORTPATRICK

DER BESONDERE TIPP

KNOCKINAAM LODGE
£££££

PORTPATRICK, DG9 9AD
TEL. (01776) 810 471
www.knockinaamlodge.com

Wer eine romantische Unterkunft sucht, braucht nicht mehr länger zu suchen: Das kleine Hotel bietet klassischen Luxus in Form von individuell eingerichteten Zimmer in einer friedlichen und stillen Umgebung. Von einigen der Gästezimmer und von den Gemeinschaftsräumen bieten sich ein atemberaubender Blick aufs Meer. Das Hotel ist auch für seine exzellente schottische Küche (siehe S. 285) bekannt. Die Zimmerpreise schließen die Halbpension mit ein.

10 AE, MC, V

THE WATERFRONT CORSEWALL LIGHTHOUSE HOTEL

£££–££££

CORSEWALL POINT, KIRKCOLM, DG9 0QG

TEL. (01776) 853 220

www.lighthousehotel.co.uk

Im einstigen Wohnhaus des Leuchtturmwärters kann man übernachten. Die Zimmer und Suiten sind allesamt individuell eingerichtet – eine Suite bietet besonders viel Platz und Meerblick. Die Lighthouse Suite – mit einem eigenen Wintergarten– und der Firth of Cromarty Room mit Privatterrasse sind sehr gefragt. Zum Hotel gehört ein gutes Restaurant, im Zimmerpreis eingeschlossen sind Frühstück und Abendessen.

10 P AE, DC, MC, V

THE WATERFRONT HOTEL. & BISTRO

££

PORTPATRICK, DG 9 9SX

TEL. (01776) 810 800

www.waterfronthotel.co.uk

Das kleine und einladende Hotel liegt am Hafen von Portpatrick. Die Gästezimmer sind sehr gemütlich, sauber und bequem. Für die Zimmer mit Meerblick zahlt man 5 £ extra pro Person. Wie es sich für ein Fischerdorf gehört, beherrschen Meeresfrüchte und Fisch die Speisekarte des eleganten Hotelrestaurants.

8 AE, MC, V

KNOCKINAAM LODGE

££££

PORTPATRICK, DG9 9AD

TEL. (01776) 810 471

www.knockinaamlodge.com

Das liebenswerte Restaurant des schönen Landhaushotels (siehe S. 284) steht auch Nicht-Hotelgästen offen. Das Vier-Gänge-Menü ist erlesen, die Dessertauswahl jedoch eher klein. Die sorgfältig zusammengestellte Weinkarte bietet Tropfen in allen Preisklassen – günstige Weine genau so wie teure alte Jahrgänge.

32 P AE, MC, V

CAMPBELLS

£££

1 SOUTH CRESCENT, PORTPATRICK, DG9 8JR

TEL. (01776) 810 314

www.campbellsrestaurant.co.uk

Das Meeresfrüchte-Restaurant serviert nun schon seit über zehn Jahre den Gästen hervorragend zubereitete schottische Gerichte und Meeresfrüchte. Besonders beliebt sind Hummer und die Meeresfrüchteplatten. Vor allem für ein Candlelight-Dinner zu zweit oder für ein Festessen ist es gefragt. An warmen Sommertagen stehen ein paar Tische draußen und bieten neben einem guten Essen auch noch einen schönen Hafenblick.

45 Mo & 2 Wochen im Jan./Feb. & 1 Woche im Nov. geschl. MC, V

SANQUHAR

BLACKADDIE COUNTRY HOUSE HOTEL

££

SANQUHAR, DUMFRIESSHIRE, DG4 6JJ

TEL. (01659) 50270

www.blackaddiehotel.co.uk

Flachbildschirme sowie Gratis-Tee und -kaffee, Kekse und Mineralwasser sorgen dafür, dass man sich wie zu Hause fühlt. Die Standardzimmer sind komfortabel; wer allerdings Wert auf etwas mehr Luxus legt, sollte eines der Superior-Zimmer oder gleich die River Suite buchen. Die Zwei-Zimmer-Suite eignet sich gut für Familien oder Gruppen mit bis zu vier Personen. Ein weiteres Familienzimmer bietet Platz für bis zu fünf Personen. Zum Hotel gehört ein gutes Restaurant.

9 P MC, V

ROXBURGHE

ROXBURGHE HOTEL. & GOLF COURSE

£££

HEITON, ROXBURGHSHIRE, TD5 8JZ

TEL. (01573) 450 331

www.roxburghe-hotel.com

Das Roxburghe zählt zu Schottlands besten Country-House-Hotels und beeindruckt seine Gäste mit herrschaftlichen Zimmern, einem hervorragenden Restaurant, Wellness-Behandlungen und dem hauseigenen Golfplatz. In der Bowmont Suite (ursprünglich das Schlafzimmer des Hausherrn) schläft man wie ein König – mit offenem Kamin und Blick über die 202 Hektar großen Ländereien vom eigenen Balkon.

22 P AE, MC, V

ZENTRAL-SCHOTTLAND

PERTHSHIRE

HOTELS

DER BESONDERE TIPP

GLENEAGLES HOTEL

£££££

AUCHTERADER, PH3 1NF

TEL. (01764) 662 231

www.gleneagles.com

Das Luxushotel im Herzen von Perthshire war 2005 Gastgeber des G8-Gipfels. Die Hotelanlage verfügt über einen eigenen wettkampftauglichen Golfplatz (einer der besten Schottlands), ein großzügiges Spa und ein wunderbares Schwimmbad mit der Möglichkeit nach draußen zu schwimmen. Wunderschön geplante Gemeinschaftsräume und verschiedenste Möglichkeiten, essen zu gehen – u. a. das Restaurant des bekannten Kochs Andrew Fairlie (siehe S. 286) – sowie sportliche Aktivitäten (Reiten, Schießen) sorgen dafür, dass es den Gästen nicht langweilig wird. Für Kinder gibt es ein Spielzimmer und ein Computerspiele- bzw. Chill-Out-Zimmer („the Zone"). Die großzügigen Gästezimmer sind elegant eingerichtet.

232 AE, DC, MC, V

CRIEFF HYDRO

£££

CRIEFF, PH7 3LQ

TEL. (01764) 655 555

www.crieffhydro.com

Vor allem Familien buchen gerne das Crieff Hydro. Es bietet verschiedenste Unterkünfte vom Standard-Doppelzimmer über Familienzimmer und Suiten im Haupthotel bis hin zu Selbstversorger-Cottages. Die Zimmer sind komfortabel, aber nicht luxuriös eingerichtet. Die Hotelleitung bietet eine Vielzahl an sportlichen Aktivitäten – auf dem Gelände besteht z. B. die Möglichkeit zum Quadbiken, auch ein 18-Loch-Golfplatz ist vorhanden. Das Hotel bietet seinen Gästen zwei Schwimmbecken, ein Spielezimmer und verschiedene Angebote für Kinder. Für Familien mit Kindern werden abends Ceilidhs (Unterhaltungsabend mit Musik, Gedichtvorträgen etc.) und Quizabende veranstaltet. Das Hotel bietet außerdem verschiedene Möglichkeiten, essen zu gehen.

213 MC,

LANDS OF LOYAL HOTEL

£££

AYLTH, BLAIRGOWRIE, PH11 8JQ

TEL. (01828) 633 151

www.landsofloyal.com

Das hübsche viktorianische herrschaftliche Wohnhaus beeindruckt seine Gäste mit seiner persönlichen Betreuung und den eleganten Zimmern, in dem die luxuriösen Annehmlichkeiten nicht zur Schau gestellt werden. Für die Gäste gibt es angenehme gestaltete Gemeinschaftsbereiche und einen herrlichen terrassierten Garten, von dem aus man die romantischen Ausblicke in die ländlich geprägte Umgebung genießen kann.

17 AE, MC, V

ROYAL HOTEL

£££

MELVILLE SQUARE, COMRIE, PH6 2DN

TEL. (017640) 679 200

www.royalhotel.co.uk

Das klassisch luxuriöse Hotel befindet sich in einem historischen Gebäude, in dem auch einmal Queen Victoria genächtigt hat (daher auch der Name des Hauses). Individuell gestaltete Räume wurden in gedämpften Farben und mit viel schönen Textilien und dunklen Holzmöbeln eingerichtet. In den modern gestalteten Bädern werden die Gäste mit Toilettenartikeln von Molton Brown verwöhnt, auch die eleganten Aufenthaltsbereiche, das Restaurant und die Lounge Bar tragen zum Wohlbefinden der Gäste bei.

11 AE, MC, V

PARKLANDS

££–£££

2 ST. LEONARD'S BANK, PERTH, PH2 8EB

TEL. (01738) 622 451

www.theparklandshotel.com

Das charmante, familiengeführte Hotel befindet sich in schönster Lage in Perth: Es liegt wunderbar auf einem Hügel mit traumhaftem Blick über den South Inch Park. Die Gästezimmer sind komfortabel und geräumig und bieten WLAN, Flachbildschirme, DVD-Spieler und große Badezimmer. Für ein gepflegtes Abendessen stehen gleich zwei Restaurants zur Auswahl: das **Acanthus Restaurant** und das im Brasserie-Stil gehaltene Restaurant **No. 1 the Bank.** Auf Wunsch gibt es auch einen Room-Service (kleine Auswahl).

14 MC, V

RESTAURANTS

DER BESONDERE TIPP

RESTAURANT ANDREW FAIRLIE

£££££

GLENEAGLES HOTEL, AUCHTERADER, PH3 1NF

TEL. 0800 704 705

www.andrewfairlie.com

Für viele Schottlandbesucher ist ein Abend im Restaurant Andrew Fairlie ein „Muss". Aus der ganzen Welt pilgern Gourmets hierher, um einmal die Küche des mit zwei Michelinsternen ausgezeichneten Fairlie zu genießen. Der Speisaal ist modern renoviert worden, das Personal hervorragend geschult. Chefkoch Andrew Fairlie, der viele Jahre in Paris gekocht hat, serviert seine französische Küche mit einer speziellen schottischen Note. Sowohl bei den À-la-Carte-Gerichten als auch beim sechsgängigen Menü verwendet er beste schottische Zutaten wie Wild und Perthshire-Lamm.

45 M & So geschl. AE, MC, V

63 TAY STREET

£££

PERTH, PH2 8NN

TEL. (01738) 441 451

www.63taystreet.co.uk

Alles in diesem hervorragenden Lokal am Fluss ist wunderbar – angefangen beim Service bis hin zur eleganten Einrichtung mit gedämpften Farben und zarten Tartanmustern. Kulinarisch bietet das Restaurant vor allem schottische Produkte; das Lamm stammt beispiels-

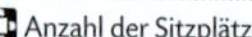

Hotel Restaurant Anzahl der Gästezimmer Anzahl der Sitzplätze Parken Geschlossen Lift

weise vom Bruder des berühmten Andrew Fairlie. Das saftige Wildfleisch wird perfekt zubereitet, für jedes Gericht wird aus dem guten Weinkeller der passende Tropfen ausgewählt, der das Abendessen hervorragend abrundet.

35 So–Mo geschl.
DC, MC, V

WATERMILL TEA ROOM

£–££

BLAIR ATHOLL, PH18 5SH
TEL. (01796) 481 321
www.blairathollwatermill.co.uk

In einer der wenigen erhaltenen Wassermühlen (noch heute wird hier Weiß- und Hafermehl gemahlen) befindet sich ein Café, das zu den besseren der Stadt gehört. Hervorragende Sandwiches, Bagels, Suppen und Kuchen (der Karottenkuchen hat in der Region einen fast schon legendären Ruf) finden sich auf der einfachen Karte. Nach dem Essen können die Gäste noch Hafer- und Weizenmehl, Schinken, Chutneys, Eier und weitere schottische Produkte kaufen.

24 Dez.–März geschl.
MC, V

ARGYLL

HOTELS

DER BESONDERE TIPP

ISLE OF ERISKA HOTEL, SPA & ISLAND

£££££

THE ISLE OF ERISKA, LEDAIG, PA37 1SD
TEL. (01631) 720 371
www.eriska-hotel.co.uk

Die luxuriöse Hotelanlage liegt auf einer eigenen, 121 Hektar großen Privatinsel und verbindet den Charme eines Landhotels mit modernen Spa-Suiten und Cottages mit Zweibett-Suiten. Die Gäste im Hauptgebäude werden in Luxuszimmern verwöhnt. Die Lismore-Suite bietet riesige Panoramafenster, durch die der Blick auf die spektakuläre Hügellandschaft der Insel und das Meer fällt. Die Gäste können vom hervorragenden Restaurant in die gut bestückte Bar oder den Fitnessraum wechseln, oder das Hallenbad und das Spa besuchen. Wem das noch nicht genug ist, kann auf den Golfplatz oder Krocket oder Tennis spielen.

21 P
AE, MC, V

ARDANAISEIG

£££

KILCHREGAN BY TAYNUILT, PA35 1HE
TEL. (01866) 833 333
www.ardanaiseig.com

Dieses große alte Haus am Ufer von Loch Awe zählt zu Recht zu den romantischsten Hotels des Landes! Die individuell eingerichteten Zimmer bieten eleganten Luxus – mit prächtigen Gemeinschaftsräumen und gutem Essen im Hotelrestaurant. Eine ganz besondere Unterkunft ist der Bootsschuppen (Boat Shed): Die luxuriöse Unterkunft für zwei Personen liegt unmittelbar am Seeufer.

18 P AE, DC, MC, V

STONEFIELD CASTLE

£££

TARBERT, LOCH FYNE, PA29 6YJ
TEL. (01880) 820 836
www.oxfordhotelsandinns.com

Alleine schon die Möglichkeit, in einem alten Schloss in spektakulärer Lage an einem Loch zu übernachten, ist Grund genug, um hier ein Zimmer zu buchen. Bei einer vor kurzem erfolgten Renovierung wurden alle Räumlichkeiten einer geschmackvollen Modernisierung unterzogen. Etwas Besonderes sind die Suiten mit großen Bädern, separatem Schlafzimmer, Wohnraum und herrlichem Blick über den Loch Fyne.

32 P MC, V

LOCH FYNE HOTEL & SPA

££–£££

SHORE STREET, INVERARAY, PA32 8XT
TEL. (01499) 302 980
www.crerarhotels.com/lochfyne

Direkt am Ufer des berühmten Sees gelegen, bietet das attraktive Hotel gemütliche Zimmer, die in warmen Naturfarben gehalten sind, außerdem ein Schwimmbad, ein Spa, diverse Wellness-Behandlungen und ein gutes Restaurant. Wer es gern luxuriöser mag, der kann sich für eine der Mini-Suiten mit frei stehender Badewanne, DVD-Spieler und tollem Seeblick entscheiden.

71 P
AE, MC, V

OBAN BAY HOTEL & SPA

££–£££

CORRAN ESPLANADE, PA34 5AE
TEL. (0870) 950 6273
www.crerarhotels.com

Von den meisten Zimmern des Hauptgebäudes genießt man einen schönen Ausblick auf die gleichnamige Bucht. Das am Wasser gelegene Hotel bietet bescheidene, aber saubere und gemütliche Zimmer; die Junior-Suiten sind entschieden luxuriöser. In der Suite Kerrera steht dem Gast ein Himmelbett zur Verfügung, im Badezimmer eine frei stehende Wanne. Zum Hotel gehören außerdem ein kleines Spa mit einem Dampfbad, Sauna und Massagestuhl sowie einem Outdoor-Warmwasserbecken, von dem aus man die Aussicht über die Bucht bis zur Insel Kerrera genießt.

80 P AE, MC, V

RESTAURANTS

KILBERRY INN

KILBERRY, PA29 6YD
TEL. (01880) 770 223
www.kilberryinn.com

Es mag zwar etwas abseits der Hauptrouten liegen, aber Genießer sind gerne bereit, für das Kilberry Inn einen Umweg zu fahren, um hier die hervorragenden mit lokalen Zutaten zubereiteten Gerichte zu genießen. Perfekt sautierte Jakobsmuscheln aus dem Loch Fyne und zartes Ormsary-Steak sind die Glanzlichter der Küche, die von Michelin-Testern mit dem „Bib Gourmand" für sorgfältig zubereitete, preisgünstige Gerichte ausgezeichnet wurde. Das weiß getünchte Gasthaus mit seinem roten Dach ist ein sehr stimmungsvolles Lokal, das zusätzlich fünf gemütliche Zimmer vermietet.

40 Jan.–Mitte März, Mitte März–Okt. Mo, Nov.–Dez. Mo–Fr geschl. MC, V

LOCH FYNE RESTAURANT

£££

CLACHAN, CAIRNDOW, PA26 8BL
TEL. (01499) 600 236
www.lochfyne.com

Das Meeresfrüchte-Restaurant ist das erste einer landesweit vertretenen Kette, doch für viele ist das Original immer noch das beste Lokal. Köstliche Meeresfrüchte (Langusten, Austern, Miesmuscheln, Venusmuscheln, Krebs und Hummer) finden sich auf der täglich wechselnden Karte. So weit es möglich ist, werden lokale Zutaten verwendet. Auf hohe Qualität bei Zutaten wie Verarbeitung wird auch bei den Fleischgerichten geachtet, so wird beispielsweise Glen-Fyne-Reh serviert.

56 AE, MC, V

PIERHOUSE SEAFOOD RESTAURANT

£££

PORT APPIN, PA38 4DE
TEL. (01631) 730 302
www.pierhousehotel.co.uk

Hier kann man zum guten Essen noch gratis den herrlichen Blick aufs Meer durch große Fenster genießen. Zu den Highlights der meeeresfrüchtelastigen Karte zählen die Austern, die von den Austernbänken von Lismore geerntet werden, der norwegische Hummer (Kaisergranat) aus dem Loch Etive und der frisch gefangene Hummer. Für Fleischliebhaber gibt es zartes schottisches Rind und Wild aus der Region. Auch Kinder und Vegetarier werden berücksichtigt.

60 MC, V

COAST

££–£££

104 GEORGE STREET, OBAN, PA34 5NT
TEL. (01631) 569 900
www.coastoban.co.uk

Das Coast in einer ehemaligen Bank ist heute ein modernes Lokal mit steifem weißen Tischleinen, weichen Brauntönen und hell poliertem Holz. Auf der vielseitigen Karte finden sich Gerichte mit Lamm, Meeresfrüchten, Rind sowie vegetarische Speisen.

46 So geschl. MC, V

SEAFOOD CABIN

£–££

SKIPNESS ESTATE, PA29 6XU
TEL. (01880) 760 207

An warmen Tage ist es hier besonders schön: Dann kann man draußen sein Meeresfrüchtegericht mit Blick auf den Kilbrannan Sound genießen. Die hübsche kleine Holzhütte serviert frisch vom Boot angelandete Meeresfrüchte (inkl. norwegischem Hummer und Krebsen), zu denen Salat aus dem eigenen Garten serviert wird. Wer draußen isst, muss nicht mit den Händen essen: Besteck, Teller und Tische werden bereitgestellt. Auch Selbstgebackenes gibt es für hungrige Passanten. Und an Schlechtwettertagen wird das Gleiche in der alten Küche verzehrt.

20 Okt.–Ende Mai geschl. MC, V

THE TROSSACHS

DER BESONDERE TIPP

CAMERON HOUSE HOTEL

£££-££££

LOCH LOMOND, G83 8QZ
TEL. (01389) 755 565
www.devere.co.uk

Ein neuer Golfplatz, ein hochmodernes Spa und umfangreiche Sanierungsmaßnahmen haben aus einem eleganten Haus ein Weltklassehotel gemacht. Dazu passen das Restaurant **Martin Wishart** (siehe S. 289), die eleganten Bars und die umwerfende Lage.

128 AE, DC, MC, V

DER BESONDERE TIPP

MONACHYLE MHOR

££–££££

BALQUIDDER, FK19 8PQ
TEL. (01877) 384 622
www.mhor.net

Das schicke Hotel ist zwar leicht zu erreichen, liegt aber versteckt in einem ruhigen Tal. Die modernen Suiten und das gute Essen machen den Gästen die Abreise schwer. Wem ein Fünf-Gänge-Menü nicht reicht, um sich von Chefkoch Tom Lewis Kochkünsten überzeugen zu lassen (siehe **Mhor Fish**, S. 289), kann an einem der angebotenen Kochkurse teilnehmen und sollte wissen, dass Monachyle Mhor auch ein landwirtschaftlicher Betrieb ist.

14 Jan. geschl. MC, V

Hotel Restaurant Anzahl der Gästezimmer  Anzahl der Sitzplätze Parken Geschlossen  Lift

LAKE OF MENTEITH HOTEL AND WATERFRONT RESTAURANT

£££

PORT OF MENTEITH, FK8 3RA
TEL. (01877) 385 258
www.lake-hotel.com

Das Hotel begeistert seit langem Einheimische und Besucher mit seiner hübschen Lage am See und der guten Küche. Übernachtungsgästen bietet es geräumige und komfortable Zimmer, viele mit großartigem Ausblick. Die renovierten Zimmer sind modern eingerichtet, der Rest klassisch-elegant.

16 P MC, V

ROMAN CAMP

£££

CALLANDER, PERTHSHIRE, FK17 8BG
TEL. (01877) 330 003
www.romancamphotel.co.uk

Das am Ufer des River Teith gelegene Lokal liegt gleich in der Nähe von Callanders Hauptstraße, trotzdem glaubt man, in einer anderen Welt zu sein. Das gute Restaurant, die klassisch eingerichteten Zimmer und die wunderschönen Räumlichkeiten sind die perfekten Zutaten für einen romantischen Aufenthalt.

14 P AE, DC, MC, V

MARTIN WISHART AT LOCH LOMOND

££££

CAMERON HOUSE HOTEL, LOCH LOMOND, G83 8QZ
TEL. (01389) 722 504
www.martin-wishart.co.uk

Der mit Michelinsternen ausgezeichnete Küchenchef Martin Wishart begeistert die Gäste in Loch Lomonds bestem Hotel. Der Genuss der erlesenen französischen Küche wird abgerundet durch sehr guten Service und exzellente Weine.

40 P Mo–Di, Mi–Fr Mi, Jan.–20. Feb. geschl. AE, MC, V

MHOR FISH

££

75–77 MAIN STREET, CALLANDER, FK17 8DX
TEL. (01877) 330 213
http://mhor.net/fish

Das vom Management des **Monachyle Mhor** (siehe S. 288) geleitete Haus ist ein idealer Platz zum Speisen. Der Fisch ist frisch, wer will, kann anschließend sogar an der Theke Fisch für die eigene Küche kaufen. Fisch and Chips von der angeschlossenen Chips-Bude dürfen auch im Restaurant gegessen werden.

28 MC, V

STIRLING AREA

ADAMO HOTEL, STIRLING

£££

78 UPPER CRAIGS, FK8 2DT
TEL. (01786) 430 890
www.adamohotels.com

Das gewaltige Steingebäude gleich im Zentrum von Stirling liegt in Gehweite zu allen Sehenswürdigkeiten. Die großen Räume sind mit modernem Luxus in Form von übergroßen Betten, Plasmabildschirmen, DVD-Playern und WLAN ausgestattet; die Bäder sind alle groß und luxuriös. Das zum Hotel gehörende elegante **Bank Restaurant** (siehe unten) und eine gut besuchte Bar lohnen ebenfalls einen Besuch.

7 P MC, V

DOUBLETREE BY HILTON DUNBLANE HYDRO HOTEL

£££

PERTH ROAD, DUNBLANE, FK15 0HG
TEL. (01786) 822 551
www.doubletreedunblane.com

Viele Farben, gemütliche Armsessel und elegante Stoffe sorgen für Luxus in den modernen Zimmern. Dazu kommen Flachbildschirme, kabelloses Internet und frei wählbare Kinofilme. Die Deluxe-Zimmer sind noch geräumiger und können auch vierköpfige Familien in einem Queen- und zwei Einzelbetten beherbergen. Ebenfalls an Familien mit Kindern wurde bei untereinander verbundenen Zimmern, Kindermenüs, Hallenbad und einem Babysitter-Service (muss vorab bestellt werden) gedacht. Für die Erwachsenen gibt es eine Sauna, eine Dampfsauna, einen Fitnessraum und ein Spa mit verschiedenen Anwendungen.

200 P AE, DC, MC, V

THE INN AT KIPPEN

££–£££

FORDE ROAD, KIPPEN, FK8 3DT
TEL. (01786) 870 500
www.theinnatkippen.co.uk

Ein kürzlich erfolgter Besitzerwechsel hat dafür gesorgt, dass neues Leben im Inn at Kippen eingekehrt ist. Die Köche des Restaurants haben eine Karte zusammengestellt, die den Gästen die Wahl lässt zwischen Klassikern wie Fish and Chips und kreativeren, französischen Gerichten. Es werden ausschließlich lokale Zutaten verwendet Zum Abschluss der Mahlzeit kann man einen süßen „clootie dumpling" (traditioneller schottischer Nachtisch in der Art eines Christmas Pudding) mit Soße oder eine Auswahl an schottischen Käsesorten bestellen. Das Inn vermietet auch drei Zimmer.

60 P MC, V

BANK RESTAURANT

££

ADAMO HOTEL, 78 UPPER CRAIGS, FK8 2DT
TEL. (01786) 430 890
www.adamohotels.com

Gute Restaurants sind eher schwer in Stirling zu finden. Wem der Sinn nach einem einfachen Essen oder klassischem schottischen Gericht steht, sollte sich auf direktem Weg zum Bank Restaurant machen. Zwischen dunklem Holz, bunten Farben und stimmungsvollem Licht genießen die Gäste gut zubereitete Klassiker wie Haggis mit Kartoffeln und Gerichte wie eine Pizza mit Chorizo und Stornoway Black Pudding. Das Express-Menü ist ein Schnäppchen (So–Do 12–18 & Fr–Sa 12–19 Uhr).

56 P
AE, MC, V

OSTKÜSTE

FIFE

DER BESONDERE TIPP

OLD COURSE HOTEL, GOLF RESORT & SPA
££££££
ST. ANDREWS, KY16 9SP
TEL. (01334) 474 371
www.oldcoursehotel.co.uk
Palastartige Räume mit Blick auf den gleichnamigen Golfplatz und das Meer dahinter – was will man mehr? Die hoteleigenen Golf-Stewards helfen den golfbegeisterten Gästen bei der Planung von ein paar Runden auf den Plätzen der Umgebung (einige Schläge auf dem berühmten Old Course sollten im Voraus gebucht werden). Das grandiose Fünf-Sterne-Hotel hat ein eigenes Spa: Ein Besuch im opulent ausgestatteten Kholer Waters Spa sorgt für höchstes Wohlgefühl. Die Restaurants bietet alles von Pubgerichten (im Jigger Inn) bis zum Gourmetmenü.
144 P
AE, DC, MC, V

FAIRMONT ST. ANDREWS
££££
ST. ANDREWS, KY16 8PN
TEL. (01334) 837 000
www.fairmont.com/standrews
Die Begrüßung und der Service im Fairmont St. Andrews sind beispielhaft für die Qualität des Hauses. Die Fünf-Sterne-Anlage bietet ihren Gästen geräumige Zimmer, die in warmen Brauntönen und dezenten Tartanmustern gehalten sind. Viele Räume bieten einen schönen Blick über die Hotelanlage, den Golfplatz bis hin zum Meer. Zur Zimmerausstattung gehören Adapter für elektronische Geräte, Satellitenfernsehprogramme und eine Minibar. Für Golfer interessant sind zwei hoteleigene Golfplätze sowie das Hallenbad und das Spa.
209 P
AE, DC, MC, V

BEAUMONT LODGE
£
43 PITTENWEEM ROAD, ANSTRUTHER, KY10 3DT
TEL. (01333) 310 315
www.beaumontlodge.co.uk
Die geräumigen und bequemen Zimmer, das herzhafte Frühstück und das hübsche Steinhaus selbst machen das Beaumont zu einem der ansprechendsten Guesthouses in East Neuk. Schon die freundliche Begrüßung macht Freude auf den Aufenthalt. Romantiker sollten nach dem Zimmer mit dem Himmelbett fragen.
3 P MC, V

ROSCOBIE FARMHOUSE
£
DUNFERMLINE, KY12 0SG
TEL. (01383) 731 571
www.roscobiefarmhouse.co.uk
Wer einmal Lust auf eine andere Form der Übernachtung hat, sollte sich auf dieser Schaf- und Rinderfarm einmieten. Die Zimmer sind überraschend modern mit Flachbildschirmen, beheizten Handtuchhaltern und Breitband-Internetzugang ausgestattet. Die Gäste werden mit einem herzhaften Frühstück, Gratis-Kaffee und -Tee sowie Biskuits verwöhnt. Schön ist der großartige Blick auf die Pentland Hills.
2 P Nur bar

DER BESONDERE TIPP

THE PEAT INN
££££
BY CUPAR, KY15 5LH
TEL. (01334) 840 206
www.thepeatinn.co.uk
Die mit einem Michelinstern ausgezeichnete Küche wird vom Ehepaar Geoffrey und Katherine Smeddle geleitet und bezeichnet sich selbst als Restaurant mit Zimmervermietung. Das Essen, bei dem viel Wert auf die Verwendung von schottischen Produkten legt, ist hervorragend. Die acht Suiten sind luxuriös und individuell eingerichtet.
46 P AE, MC, V

THE CELLAR
£££
24 EAST GREEN, ANSTRUTHER, KY10 3AA
TEL. (01333) 310 378
www.cellaranstruther.co.uk
Die Gäste singen schon seit Jahren Lobeslieder auf dieses Meeresfrüchte-Restaurant – und das aus gutem Grund. Angefangen vom Aperitif bis hin zum Kaffee werden die Gäste gekonnt bedient. Zu den Highlights zählen der Heilbutt, der Shetland-Lachs und der East-Neuk-Fischeintopf, aber auch Fleischgerichte finden sich auf der Karte. Eine Reservierung wird empfohlen.
36 So–Mo & Di–Do M geschl. MC, V

THE WEE RESTAURANT
£££
17 MAIN STREET, NORTH QUEENSFERRY, KY11 1JG
TEL. (01383) 616 263
www.theweerestaurant.co.uk
Obwohl erst 2006 eröffnet, hat das Restaurant schon jetzt

die Auszeichnung „Bib Gourmand" von Michelin erhalten. Das Geheimnis seines Erfolges sind das gemütliche und einladende Ambiente und das gut ausgebildete Team – und natürlich die vorzüglichen Gerichte, für die heimische Produkte wie Kirriemuir-Lamm und Anstruther-Hummer verwendet werden.

24 Mo & So A geschl. MC, V

THE SHIP INN

££

ELIE, LEVEN, KY9 1DT
TEL. (01333) 330 246
www.ship-elie.com

Lust auf ein echtes Ale und ein hervorragendes Essen? Dann ist dieses gemütliche Pub am Wasser genau das Richtige. Auf der Karte finden sich traditionelle Gerichte wie Steak-and-ale Pie, dazu ein paar Tagesgerichte, die auf einer Kreidetafel stehen. An den Sommerwochenenden wird häufig der Grill angeworfen und das Team spielt Kricket am goldenen Sandstrand.

160 MC, V

ANSTRUTHER FISH BAR

£–££

43–44 SHORE ROAD,
ANSTRUTHER, KY10 3AQ
TEL. (01333) 319 518
www.anstrutherfishbar.co.uk

East Neuk ist bekannt für die gute Qualität der Fish-and-chips-Buden. Das mehrfach ausgezeichnete Anstruther wurde schon mehrmals zu Schottlands bestem „chippy" gekrönt. Der Fisch ist immer frisch und die Chips sind wunderbar knusprig. Die Restaurant- und die Take-away-Karte bietet auch deutlich mehr als nur Schellfisch und Kabeljau, z. B. Zitronen-Seezunge, Pittenweem-Garnelen und Seehecht, hinzu kommen fangfrische Fischgerichte.

52 MC, V

CAIRNIE FRUIT FARM TEAROOM

£–££

CAIRNIE, CUPAR, KY15 4QD
TEL. (01334) 655 610
www.cairniefruitfarm.co.uk

Wer Kinder im Schlepptau hat, für den ist das Café zur Mittagszeit nahezu ideal. Das Café auf einer Farm bietet kinderfreundliche Gerichte wie Suppen, Sandwiches und Selbstgebackenes, aber auch eine Handvoll heißer Gerichte und selbst gemachtes Eis. Aber womit das Café vor allem seine kleinen Besucher begeistert, ist die Spielzone mit Trampolinen, Mini-Traktoren und einem Mais-Labyrinth.

50 P Jan.-März & Sept.–Dez. Mo geschl. MC, V

PILLARS OF HERCULES

£–££

PILLARS OF HERCULES FARM,
FALKLAND, KY15 7AD
TEL. (01337) 857 749
www.pillars.co.uk

Der Laden und das Café einer Biofarm sind eine Institution in der Region – praktisch bedeutet das, dass die Tische vor der Tür in den warmen Monaten heiß begehrt sind. Egal, zu welcher Zeit man kommt: Die Karte bietet immer Köstlichkeiten wie eine Linsensuppe und Pastagerichte mit selbst gemachtem Pesto. Auf der Website finden sich Detailinformationen über die monatlich stattfindenden Restaurantnächte, wo zu einem hauptsächlich vegetarischem Menü Live-Jazz zu hören ist.

40 P MC, V

THE WEE CHIPPY

£

SHORE ROAD, ANSTRUTHER,
KY10 3EA
TEL. (01333) 310 106

2009 war die am Wasser gelegene kleine Imbissbude plötzlich landesweit bekannt, als sie vom *Observer*-Magazin zur weltbesten Fish-and-chips-Bude gekrönt wurde. Warum, ist schnell erklärt: Der Service ist hervorragend und der frische heimische Fisch von herausragender Qualität.

45

ABERDEEN

THE MARCLIFFE AT PITFODELS HOTEL. AND SPA

£££–££££

NORTH DEESIDE ROAD,
PITFODELS, AB15 9YA
TEL. (01224) 861 000
www.marcliffe.com

Warme Farben sorgen für schöne Stimmung in den komfortabel eingerichteten Zimmern und Suiten, die einen dezenten Luxus bieten. Alle Zimmer sind individuell eingerichtet, spannend ist der Kontrast von modernem Design und antiken Möbeln. Zimmerservice rund um die Uhr. Im Spa und Restaurant herrscht Wohlfühlatmosphäre.

42 P AE, DC, MC, V

NORWOOD HALL HOTEL

£££–££££

GARTHDEE ROAD, ABERDEEN,
AB15 9FX
TEL. (01224) 868 951
www.norwood-hall.co.uk

Das wunderschöne viktorianische Herrenhaus liegt in einem 2,8 Hektar großen Privatwald und zählt sicher zu den schönsten Unterkünften in Aberdeen. Das Hotel ist im Stil des 19. Jahrhunderts eingerichtet– sei es in Form von Stilmöbeln oder der klassischen Eleganz. Annehmlichkeiten moderner Art sind dennoch vorhanden. Suiten mit Himmelbetten gibt es ebenfalls. Das Restaurant ist jeden Abend geöffnet.

36 P AE, DC, MC, V

MALMAISON ABERDEEN

£££

49–53 QUEENS ROAD, ABERDEEN, AB15 4YP
TEL. (01224) 327 370
www.malmaisonaberdeen.com

Diese Boutiquehotels stehen inzwischen für bezahlbaren Luxus in Großbritannien. Das Hotel in Aberdeen bietet seinen Gästen zusätzlich ein hauseigenes Spa und einen „Whisky snug". Die großzügig geschnittenen Gästezimmer sind modern-schottisch eingerichtet, die leuchtenden Farben und die Vorhangbänder aus Fell fallen gleich ins Auge. Plasmabildschirme, DVD-Player und Minibars gibt es in allen Zimmern. Zum Haus gehört eine Bar und eine Brasserie.

80 AE, DC, MC, V

MACDONALD PITTODRIE HOUSE

£–££

CHAPEL OF GAIROCH, BEI INVERURIE, AB51 5HS
TEL. (0844) 879 9066
www.macdonaldhotels.co.uk/pittodrie

Das großartige Landhotel ist eine beliebte Hochzeitsadresse – wenn man einmal da war, weiß man auch, warum. Die komfortabel eingerichteten Zimmer in warmen Tönen, die Türme und die steinerne Wendeltreppe sorgen für eine romantische Stimmung. Zudem liegt das Hotel in einem 810 Hektar großen Privatgrundstück mit Blick über den Mount Bennachie – perfekt, um hier zu wandern.

27 AE, MC, V

PAVILION CAFÉ

£

5–6 ESPLANADE, SEA BEACH, ABERDEEN, AB24 5NS
TEL. (01224) 587 385
www.thepavilioncafe.com

Auf der Karte finden sich Sandwiches und Salate, aber auch Fish and Chips, ein Kindergericht und eine tolle Auswahl an Eiscremes. Somit bietet das am Wasser gelegene Café für jeden etwas.

30 MC, V

DEESIDE

DARROCH LEARG HOTEL

£££

56 BRAEMAR ROAD, BALLATER, AB35 5UX
TEL. (01339) 755 252
www.darrochlearg.co.uk

Das familiengeführte Hotel zählt zu den schönsten Unterkünften in Deeside. Die Gäste übernachten entweder im Hauptgebäude (einem viktorianischen Herrenhaus, Ende 19. Jh.) oder in einem weiteren Gebäude, dem Oakhall, das ebenfalls auf dem Gelände liegt. Alle Gästezimmer sind individuell eingerichtet, u. a. mit Stilmöbeln und riesigen weichen Sofas. Einige der Zimmer haben sogar Himmelbetten oder Betten mit Baldachin. Neben den wunderschönen Gästezimmern bietet das Darroch Learg gemütliche öffentliche Bereiche und ein gutes Restaurant, das in einen Wintergarten übergeht. Erwähnenswert ist vor allem die attraktive Lage im Wald mit schönem Blick in das Dee Valley.

17 AE, MC, V

AULD KIRK

££

BRAEMAR ROAD, BALLATER, AB35 5RQ
TEL. (01339) 755 762
www.theauldkirk.com

Seit 1986 bietet das Auld Kirk Besuchern die rare Gelegenheit, in einer ehemaligen schottischen Freikirche zu übernachten. Nach einer Renovierung wurde aus dem Gebäude das **Spirit Restaurant** (siehe S. 293) mit Gästezimmern. Die sechs Zimmer im 1. Stock sind komfortabel, aber ohne großen Schnickschnack eingerichtet. Die Superior-Zimmer bieten mehr Platz und mehr Luxus. Auf den Zimmern finden sich neben weiteren Annehmlichkeiten u. a. Flachbildschirme und die Möglichkeit, kabellos im Internet zu surfen.

6 MC, V

BURNETT ARMS HOTEL

£–££

25 HIGH STREET, BANCHORY, AB31 5TD
TEL. (01330) 824 944
www.bw-burnettarms.co.uk

Der alte Kutschengasthof verbindet Historisches mit modernem Komfort. Die Zimmer sind traditionell eingerichtet und bieten Flachbildschirme und WLAN. Den Gästen stehen die Bar und der Speisesaal offen. Der High Tea – ein frühes Abendessen – ist bei Hotelgästen und Nicht-Hotelgästen gleichermaßen beliebt.

18 AE, MC, V

CLUNIE LODGE GUESTHOUSE

£

CLUNIE BANK ROAD, BRAEMAR, AB35 5ZP
TEL. (01339) 741 330
www.clunielodge.com

Das charmante Guesthouse im einstigen viktorianischen Pfarrhaus vermietet klassisch-elegant eingerichtete Gästezimmer, in den öffentlichen Räumen stehen schöne Stilmöbel. Die Blicke über den Glen Clunie und die Grampians sind gleichermaßen schön.

5 MC, V

GATHERING PLACE BISTRO

£££

INVERCAULD ROAD, BRAEMAR, AB35 5YP
TEL. (01339) 741 234

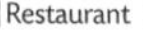

Hotel Restaurant Anzahl der Gästezimmer Anzahl der Sitzplätze Parken Geschlossen Lift

www.the-gathering-place.co.uk
In Braemar ein elegantes und modern eingerichtetes Lokal zu finden, wie man es eigentlich aus Edinburgh und Glasgow kennt, ist überraschend. Zum Kochen werden hochqualitative Zutaten verwendet. Wild-Pie, Grampian Chicken und geräucherte Riesengarnelen, um nur einige der hier servierten schottischen Gerichte zu nennen.
52 MC,

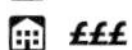

SPIRIT RESTAURANT
£££
AULD KIRK, BRAEMAR ROAD, BALLATER, AB35 5RQ
TEL. (01339) 755 762
www.theauldkirk.com
Original Bauelemente wie die Gewölbedecke und die verzierten Fenster machen aus diesem herausragenden Restaurant in einer alten Kirche ein einzigartiges Lokal. Das Spirit Restaurant bietet auch Tellergerichte auf der regelmäßig wechselnden Karte, auf der sich Schweinebauch, Hase und Aberdeenshire-Lamm finden.
32 P M & So geschl. MC, V

STATION RESTAURANT
££
STATION SQUARE, BALLATER, AB35 5QB
TEL. (01339) 755 050
Das Station Restaurant bietet einen spannenden Mix aus historischer Kulisse und guter Küche. Den ganzen Tag über kann man Kuchen, Snacks und komplette Mahlzeiten bestellen.
58 MC, VV

DUNDEE & ANGUS

APEX CITY QUAY HOTEL. & SPA
££
WEST VICTORIA DOCK ROAD, DUNDEE, DD1 3JP
TEL. (01382) 202 404
www.apexhotels.co.uk
Das schicke Stadthotel steht für das eindrucksvolle neue Gesicht von Dundee. Das großartige Spa bietet eine scheinbar endlose Zahl an Anwendungen, auch das sehr gute Hotelrestaurant ist weit über dem Durchschnitt vergleichbarer Restaurants. Der Ausblick auf Stadt und Fluss von den oberen Stockwerken ist atemberaubend.
152 P MC, V

OLD BOATYARD RESTAURANT
££–£££
FISHMARKET QUAY, ARBROATH, DD11 1PS
TEL. (01241) 879 995
www.oldboatyard.co.uk
Der Panoramablick über Arbroaths stimmungsvollen alten Hafen sind schon Grund genug, dieses Restaurant zu besuchen. Doch nicht nur der Ausblick durch die raumhohen Fenster lassen die Gäste in Scharen in das elegante Restaurant strömen. Serviert werden Meeresfrüchte u. a. gedämpfte Jakobsmuscheln oder Hummer. Wer eine lokale Spezialität probieren will, sollte den Arbroath Smokie bestellen, einen vor Ort geräucherten Schellfisch. Gemütliche Sofas für den Drink vor dem Essen, eine gute Weinkarte und der freundliche Service runden das Bild ab.
100 Di geschl. MC, V

DUNDEE REP CAFÉ BAR RESTAURANT
£–££
TAY SQUARE, DD1 1PB
TEL. (01382) 206 699
www.dundeereptheatre.co.uk
Dundees Kulturzentrum bietet eine moderne Café-Bar mit einem innovativen Menü. Zu den Gerichten mit mediterranem Einschlag gehören eine Antipasti-Platte für mehrere Personen und eine Auswahl an kleinen Vorspeisen aus dem Vorderen Orient (mit scharfen Oliven und libanesischem Auberginen-Salat). Ein gut gewürztes Curry mit Spinat, Okra und Kartoffeln sowie das schwarzes Cajun-Huhn sind nur zwei Beispiele für die kreativen Hauptspeisen.
60 MC, V

GLASS PAVILION
£–££
THE ESPLANADE, BROUGHTY FERRY, DD5 2EP
TEL. (01382) 732 738
Durch die raumhohen Fenster des Café-Restaurants genießen die Gäste einen spektakulären Blick aufs Wasser. Wer hungrig von einem langen Spaziergang entlang des Sandstrandes zurückkehrt, kann seinen Hunger mit Suppen, gebackenen Kartoffeln, guten Sandwiches oder traditionellen Gerichten wie Fisherman's Pie stillen.
60 MC, V

EAST COAST

PENNAN INN
£–££
PENNAN, AB43 6JB
TEL. (01346) 561 201
Das historische Gasthaus wurde durch den berühmten Kinofilm Local Hero 1983 einer Weltöffentlichkeit bekannt. 2007 zerstörte ein Bergrutsch auch das Pub. Zur Freude aller wurde es Ende 2009 wieder von Peter Simpson neu eröffnet. Nun wird hier in einer der spektakulärsten Kulissen entlang der schottischen Ostküste ein gutes Kneipenessen und Tagesgerichte wie Thai-Curry serviert.
24 MC, V

SEAFIELD ARMS HOTEL
££
17–19 SEAFIELD STREET, CULLEN, AB56 4SG
TEL. (01542) 840 791
www.theseafieldarms.co.uk

Die Portionen dieses familienfreundlichen Lokals sind gewaltig! Die dicke schottische Suppe – Cullen Skink – mit einer großen Portion geräuchertem Schellfisch, Kartoffeln und Zwiebeln ist perfekt gewürzt und cremig gekocht und sollte unbedingt als Vorspeise bestellt werden. Auch die Fish and Chips schmecken hervorragend. Zum Nachtisch sollte man den hausgemachten Fruit Crumble probieren.
72 AE, MC, V

MITTLERE & WESTLICHE HIGHLANDS

INVERNESS

BOATH HOUSE
££££
AULDEARN, IV12 5TE
TEL. (01667) 454 896
www.boath-house.com
Wer in diesem Landhotel auf dem acht Hektar großen Privatgrundstück übernachtet, ist weit weg von allem Trubel. Die Einrichtung der acht Gästezimmer variiert von modern bis klassisch-elegant. Alle Zimmer sind sehr hübsch mit Himmelbetten eingerichtet, die jedem Raum seinen ganz besonderen Charakter verleihen. Zum Hotel gehört das mit einem Michelinstern ausgezeichnete Restaurant **Boath House** (siehe rechts). Außerdem besteht die Möglichkeit im hauseigenen See zu fischen. Im Spa wird der Gast angenehm verwöhnt.
8 P AE, MC, V

DUNAIN PARK HOTEL
£££
INVERNESS, IV3 8JN
TEL. (01463) 230 512
www.dunainparkhotel.co.uk
Das palastartige, aber dennoch gemütliche Hotel liegt ideal zwischen Inverness und Loch Ness. Die schöne Lage, eine gemütliche Lounge mit knisterndem Feuer, ein gutes Restaurant und ein 2,4 Hektar großes, schönes Gelände (inkl. Krocketbahn) runden den Aufenthalt im Dunain Park Hotel ab.
15 P AE, MC, V

BOATH HOUSE
£££££
AULDEARN, IV12 5TE
TEL. (01667) 454 896
www.boath-house.com
Zum charmanten Regency Hotel gehört eines der besten Restaurants Schottlands: Chefkoch Charles Lockley kocht auch für Nicht-Hotelgäste und ist stolzer Besitzer eines Michelinsterns und von vier AA-Rosetten. In diesem stimmungsvollen Lokal mit schönem Blick auf den See wird ein sechsgängiges Menü aus Wild, Geflügel und Meeresfrüchten zubereitet.
26 P AE, MC

THE MUSTARD SEED
£££
16 FRASER STREET, INVERNESS, IV1 1DW
TEL. (01463) 220 220
www.themustardseedrestaurant.co.uk
Das am Fluss gelegene Restaurant in einer ehemaligen Kirche aus dem 19. Jahrhundert bietet ein stimmungsvolles Ambiente. Die Auswahl ist groß: Auf der Karte finden sich Sirloin-Steak, gegrillter Thunfisch und Lammkoteletts. Vom Balkon bietet sich eine schöne Aussicht auf den River Ness.
60 AE, MC, V

RIVER CAFÉ & RESTAURANT
££–£££
10 BANK STREET, INVERNESS, IN1 1QY
TEL. (01463) 714 884
www.rivercafeandrestaurant.co.uk
Zu Mittag, zum High Tea (17–18.30 Uhr) und am frühen Abend (17–19 Uhr) stehen hausgemachte Gerichte wie Lasagne und geräucherter Schinken zur Auswahl. Später am Abend bekommen die Gäste ausgefallenere Menüs vorgesetzt, unter anderem Wildsteaks, pochierten Lachs und eine sautierte Entenbrust.
40 MC, V

CAIRNGORMS

CRAIGELLACHIE
£££
VICTORIA STREET, CRAIGELLACHIE, AB38 9SR
TEL. (01340) 881 204
www.oxfordhotelsandinns.com
Das strahlenweiße Hotel wurde 1893 errichtet, die Zimmer, die öffentlichen Räume (einschließlich des hübschen Salons) wurden modernisiert, ohne den Charakter des historischen Gebäudes zu zerstören. Außer in ihren gemütlichen und großzügig bemessenen Zimmern können die Gäste auch in der **Quaich Bar** entspannen, in der es ein ausgezeichnetes Sortiment an Single Malt Whiskys (über 650 Sorten) gibt. Das hauseigene Restaurant besitzt einen hervorragenden Ruf.
26 P AE, MC, V

CULDEARN HOUSE
££–£££
WOODLANDS TERRACE, GRANTOWN-ON-SPEY, PH26 3JU
TEL. (01479) 872 106
www.culdearn.com
Das familiengeführte Hotel empfängt seine Gäste mit einem herzlichen Willkommensgruß, einladenden Räumlichkeiten und einem guten Essen. In den sechs Gästezimmern findet man all das, was man in einem alten Landhaus erwartet: antike Möbel und Stilmöbel, aber auch moderne Accessoires. In allen Räumen empfängt man Digital-TV, es gibt WLAN und kuschelige Dau-

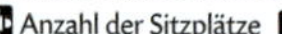

nendecken. In der Lounge können die Gäste ihren abendlichen Drink vor dem offenen Kamin genießen und sich auf das gute schottische Essen in dem stimmungsvollen Speisesaal einstimmen.

6 P MC, V

THE BOAT

££

DESHAR ROAD, BOAT OF GARTEN, PH24 3BH
TEL. (01479) 831 258
www.boathotel.co.uk

Das einladende Hotel liegt im Herzen des Cairngorms National Park und bietet komfortable Unterkünfte. Gratis-WLAN, Zimmerservice und flauschige Bademäntel sind nur einige der Extras, die für zusätzlichen Komfort sorgen. Die Zimmer variieren in Größe und Stil – diejenigen im Hauptgebäude sind traditionell-elegant, die im Gartentrakt eher modern eingerichtet. Gegessen wird im hübschen **Capercaille Restaurant** oder im **Osprey Bar & Bistro.**

34 P AE, MC, V

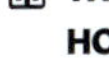

THE OLD MINISTER'S HOUSE

££

ROTHIEMURCHUS, AVIEMORE, PH22 1QH
TEL. (01479) 812 181
www.theoldministershouse.co.uk

Allein die einmalige Lage im Herzen des Rothiemurchus Estate und der atemberaubende Ausblick auf die Cairngorm Mountains von den Zimmern und dem Salon sind schon Grund genug, sich in diesem einladenden B&B einzuquartieren. Für die Wahl spricht aber nicht nur die Lage – auch die zeitgemäß und bequem eingerichteten Gästezimmer und das hübsche alte Steinhaus sind weitere Argumente, hier ein paar Nächte zu bleiben.

4 P MC, V

COIG NA SHEE GUEST HOUSE

£

FORT WILLIAM ROAD, NEWTONMORE, PH20 1DG
(01540) 670 109
www.coignashee.co.uk

Das in einer attraktiven Gegend in den Vororten von Newtonmore gelegene renovierte Highland-Lodge hat geschmackvoll eingerichtete Zimmer mit Bad, WLAN, Satellitenfernsehen und DVD-Player. Die Gemeinschaftszimmer sind geräumig und sauber und bieten hervorragende Aussicht auf das hoteleigene Gelände und die Umgebung.

5 P AE, MC, V

HERMITAGE GUEST HOUSE

£

SPEY STREET, KINGUSSIE, PH21 1HN
(01540) 662 137
www.thehermitage.clara.net

Das komfortable B&B befindet sich in einem massiven Stadthaus aus Stein im Zentrum von Kingussie. Alle Gästezimmer haben ein eigenes Bad, WLAN und DVD-Player. Morgens gibt es ein herzhaftes Frühstück, abends wird ein schmackhaftes Abendessen serviert (22 £ pro Person).

5 P

RUTHVEN STEADINGS

£

RUTHVEN, KINGUSSIE, PH21 1HN
(01540) 662 328
www.ruthvensteadings.co.uk

Das hübsche B&B liegt nur einen kurzen Fußweg von Kingussie entfernt in der Nähe der Ruinen der Ruthven Barracks. Jedes der schön eingerichteten Zimmer verfügt über ein eigenes Bad, WLAN und eine schöne Aussicht. Die sehr freundlichen Besitzer – Julie und John – vermieten zusätzlich auch ein kürzlich renoviertes Cottage in der Nähe an Selbstversorger.

2 P

THE GLASS HOUSE

£££

GRANT ROAD, GRANTOWN-ON-SPEY, PH26 3LD
TEL. (01479) 872 980
www.theglasshouse-grantown.co.uk

Das Glass House ist eines der beliebtesten Restaurants der Region. Dafür sorgen das gute Essen, die moderne Einrichtung und das ungewöhnliche Design. Auf der wöchentlich wechselnden Karte stehen Köstlichkeiten wie „west coast crab cakes" (Krebsfleisch-Frikadellen), Cairngorm-Reh oder Tarte Tatin (ein französischer Apfelkuchen).

30 P So A & Mo–Di M geschl. AE, MC, V

MOUNTAIN CAFÉ

£

111 GRAMPIAN ROAD, AVIEMORE, PH22 1RH
TEL. (01479) 812 473
www.mountaincafe-aviemore.co.uk

Das hübsche Café ist den ganzen Tag über gut besucht. Auf der Speisekarte findet sich herzhafte und/oder gesunde Frühstücksvarianten, ob nun Zucchini-Pfannkuchen, Baguettes mit Rindersteak oder gar hausgemachte Backwaren, zu denen ein guter Kaffee gereicht wird. Der Ausblick auf die Cairngorm Mountains ist kostenlos.

52 P MC, V

GREAT GLEN

DEDR BESONDERE TIPP

INVERLOCHY CASTLE HOTEL

£££££

TORLUNDAY, FORT WILLIAM, PH33 6SN
TEL. (01397) 702 177
www.inverlochycastlehotel.com

Wer sich auf den Spuren von Queen Victoria begeben will, sollte sich hier in einem der luxuriösesten Hotels Schottlands einmieten und die palastartigen öffentlichen Räumlichkeiten und die Gästezimmer genießen. Das Abendessen ist genau so hervorragend wie das gesamte Hotel, in dem man sich ein bisschen wie „Königs" fühlen darf.

17 P AE, MC, V

CORRIECHOILLE LODGE

£

SPEAN BRIDGE, PH34 4EY
TEL. (01397) 712 002
www.corriechoille.com

Ein herrliches Gebirgspanorama, helle und großzügig geschnittene Zimmer und abends ein hausgemachtes Abendessen bei einem guten Glas Wein zu genießen (die Lodge hat die Schankerlaubnis) machen aus dieser weiß getünchten Angler-Lodge ein wunderbares Plätzchen zum Übernachten. Die Gäste können sich über WLAN gratis ins Internet einloggen. Von der Bibliothek bzw. Lounge hat man eine traumhafte Aussicht.

4 P Nov.–Dez. geschl. MC, V

LOCH LEVEN SEAFOOD CAFÉ

£££–££££

ONICH, PH33 6SA
TEL. (01855) 821 048
www.lochlevenseafoodcafe.co.uk

Frische Meeresfrüchte in einem hellen, informellen Ambiente bietet dieses Lokal: An schönen Tagen speist man auf der Terrasse mit Blick auf den gleichnamigen See. Die Meeresfrüchteplatte des Hauses genießt einen legendären Ruf: Hummer, Kaisergranat und sonstige Schalentiere bereichern die monatlich wechselnde Karte. In den Monaten von November bis Februar sollte man wegen der dann wechselnden Öffnungszeiten unbedingt vorher anrufen.

50 P 2 Wochen im Nov. & Jan. geschl. MC, V

DER BESONDERE TIPP

CRANNOG RESTAURANT

£££

FORT WILLIAM, PH33 6DB
TEL. (01397) 705 589
www.crannog.net/restaurant.asp

Beim Warten auf die frischen Westküsten-Meerestiere können die Gäste schon mal den schönen Blick über Loch Linnhe genießen. Das Angebot hängt vom Tagesfang ab. Auf der Tafel finden sich einige Tagesgerichte, die zusätzlich zu den Standards Muscheln, Lachs, Heilbutt und Seehecht serviert werden.

40–60 P MC, V

DER WESTEN

GLENFINNAN HOUSE HOTEL

£££

GLENFINNAN, PH37 4LT
TEL. (01397) 722 235
www.glenfinnanhouse.com

Das Gebäude, in dem sich heute dieses Landhotel befindet, wurde 1755 gebaut. Die Gäste werden alle sehr herzlich aufgenommen – auch Familien und Gäste mit Hunden. Die Gästezimmer und die Gemeinschaftsbereiche sind traditionell geschmückt, insgesamt wirkt das Hotel eher gemütlich denn luxuriös. Und seine Lage am Ufer des Loch Shiel ist unschlagbar! Die Bar serviert kleine Gerichte, für ein gediegenes Abendessen empfiehlt sich das gute Hotelrestaurant.

13 P Mitte Nov.–Mitte März geschl. AE, MC, V

CLACHAIG INN

££

GLENCOE, PH49 4HX
TEL. (01855) 811 252
www.clachaig.com

Hier kehren vor allem Wanderer und Kletterer ein, die zwischen drei Unterkunftsvarianten wählen können. Alle Gästezimmer sind eher einfach gehalten, aber aufgrund ihrer Lage gleich bei den Glen Coes Three Sisters kaum zu übertrefflich. Das Gasthaus serviert herzhafte Pubgerichte (siehe unten) und bietet einen großen Trockenraum – beides wird von den Wanderern nach einem langen Tag in den Bergen am Abend gerne angenommen. In den Gemeinschaftsräumen gibt es Breitbandkabelanschluss.

23 P MC, V

KNOYDART LODGE

£–££

KNOYDART, PH41 4PL
TEL. (01687) 460 129
www.knoydartlodge.co.uk

Einer herzliche Begrüßung, eine fantastische Landschaft und die einsame Lage (die Anreise erfolgt mit einem Boot) machen aus der Knoydart Lodge eine einzigartige Unterkunft. Auch für Komfort ist gesorgt: Es gibt überlange Betten, DVD-Player, eine Filmothek und WLAN. Da die Lodge nur vier Zimmer vermietet, ist sie oft ausgebucht – entsprechend rechtzeitig sollte man sich daher anmelden.

4

CLACHAIG INN

££

GLEN COE, PH49 4HX
TEL. (01855) 811 252
www.clachaig.com

Das Clachaig Inn ist stets gut besucht von Wanderern und Touristen, in allen drei Bars wird die gleiche abwechslungsreiche Karte ausgelegt. Traditionelle schottische Lieblingsge-

richte wie Haggis finden sich darauf genau so wie sättigende Burger und etwas seltenere Speisen wie Wildschweinwürste oder Burritos.
70 P MC, V

NÖRDLICHE HIGHLANDS

DER OSTEN

DORNOCH CASTLE HOTEL

££
CASTLE STREET, DORNOCH, IV25 3SD
TEL. (01862) 810 216
www.dornochcastlehotel.com
Zu den auffallendsten Gebäuden von Dornoch zählt dieses Burghotel – eine sehr schöne Unterkunft! Die klassisch eingerichteten Zimmer bieten Blumenmuster, antike Möbel und teilweise sogar Himmelbetten. Für Abwechslung sorgen eine gemütliche Bar, ein schöner Garten und sehr schmackhaftes Essen in einem wintergartenähnlichen Restaurant.
24 P AE, MC, V

DER WESTEN

HOTELS

DER BESONDERE TIPP

THE TORRIDON

££££
TORRIDON, WESTER ROSS, IV22 2EY
TEL. (01445) 791 242
www.thetorridon.com
Opulent ausgestattete Zimmer mit großen, frei stehenden Badewannen, elegante Gemeinschaftsräume und ein hervorragendes Restaurant beeindrucken die Gäste immer wieder aufs Neue. Aber richtig unvergesslich wird der Aufenthalt erst durch das herrliche Bergpanorama. Die hoteleigene Whisky-Bar ist ein guter Ort, um mehr über das „Wässerchen" zu erfahren. Luxuriöse Selbstversorger-Unterkünfte und einfache, günstigere Zimmer im Gasthaus sind ebenfalls zu haben. Das Inn hat eine Bar mit voller Schanklizenz.
19 P AE, MC, V

DER BESONDERE TIPP

TIGH AN EILEAN HOTEL

£££
SHEILDAIG, IV54 8XN
TEL. (01520) 755 251
www.stevecarter.com/hotel/hotel.htm
Das weiß gestrichene Gasthaus vermietet gemütliche Zimmer mit nur wenigen modernen Annehmlichkeiten: So gibt es hier weder einen Fernseher noch ein Telefon, dafür aber viel Ruhe und einen herrlichen Meerblick. Gratis-Tee und -kaffee sowie bereitgestellte Bademäntel tragen zur Entspannung bei. Die Gäste können zwei Aufenthaltsräume nutzen und von dort aus den Blick über Loch Torridon genießen. Den Drink vor dem Abendessen bekommt man an der Bar (funktioniert auf Vertrauensbasis) gereicht. Für das Essen stehen ein gutes Restaurant und eine öffentlich zugängliche Bar zur Auswahl – beide verarbeiten hervorragend die heimischen Produkte, vor allem Meeresfrüchte.
11 AE, MC, V

PLOCKTON HOTEL

££–£££
41 HARBOUR STREET, PLOCKTON, IV52 8TN
TEL. (01599) 544 274
www.plocktonhotel.co.uk
Zum charmanten Hotel am Wasser gehören ein preisgekröntes Meeresfrüchte-Restaurant und eine gemütliche Bar. Die Gästezimmer sind sauber und modern eingerichtet; sie bieten eine atemberaubende Aussicht auf die Bucht – mit Sicherheit eine der schönsten in ganz Schottland.
15 AE, MC, V

THE OLD INN

££
GAIRLOCH, IV21 2BD
TEL. 0800 542 544
www.theoldinn.net
Die Kombination aus einfachen, aber gemütlichen Zimmern und herzhaften lokalen Gerichten und Meeresfrüchtegerichten machen aus dem Old Inn eine gute Adresse für eine Übernachtung bzw. Einkehr.
14 P MC, V

RESTAURANTS

SUMMER ISLES HOTEL

£££–££££
ACHILTIBUIE, IV26 2YG
TEL. (01854) 622 282
www.summerisleshotel.co.uk
Im Summer Isles Hotel hat man die Wahl zwischen einem mit einem Michelinstern gekrönten Restaurant und einer legeren Bar, die ebenfalls gutes Essen serviert. Die Köche des Restaurants zaubern Köstlichkeiten wie Jakobsmuschel-Mousse, gegrilltes Filet vom Lochinver-Heilbutt und Summer-Isles-Kaisergranat auf den Tisch. In der Bar gibt es vor allem fangfrischen Fisch und Meeresfrüchte.
50 P MC, V

APPLECROSS INN

££
SHORE STREET, APPLECROSS, IV54 8LR
TEL. (01520) 744 262
www.applecross.co.uk/inn
Das liebenswerte, weiß anstrichene Inn genießt einen legendären Ruf in Schottland – nicht zuletzt wegen der haarsträubenden Anfahrt über den Bergpass Bealach na Ba (Schottlands höchstgelegener

Straße) und der traumhaften Lage am Wasser. Die anstrengende Anfahrt wird mit köstlichen Meeresfrüchten belohnt, die es hier tagtäglich gibt.
60 P MC, V

KISHORN SEAFOOD BAR
££
KISHORN, IV54 8XA
TEL. (01520) 733 240
www.kishornseafoodbar.co.uk
Kaisergranat, Jakobsmuscheln, Austernmuscheln, Austern, Squat Lobster (die kleinste Hummerart weltweit), Krebse und der vor Ort geräucherte Lachs sind nur ein paar Beispiele für die hervorragenden Meeresfrüchte, die hier auf der Speisekarte stehen. Hier in diesem schlichten Lokal lenkt nichts vom eigentlichen Essen ab! An sonnigen Tagen können die Gäste den Blick auf den See von den Tischen im Freien genießen.
30 P Dez.–März geschl. MC, V

KYLESKU HOTEL
££
KYLESKU, IV27 4HW
TEL. (01971) 502 231
www.kyleskuhotel.co.uk
Lochinver-Schalentiere, Miesmuscheln von der Westküste und Wild sind nur einige der Gerichte, die in dieser Bar des am See gelegenen Kylesku Hotels serviert werden. Dank der Produkte, die aus der näheren Umgebung stammen, ist das Essen hier deutlich besser als in einem der sonst üblichen Pubs.
40 MC, V

LOCHINVER LARDER
££
MAIN STREET, LOCHINVER, IV27 4JY
TEL. (01571) 844 356
www.lochinverlarder.co.uk
Zwei Gründe sprechen für den Besuch des Lochinver Larder: die köstlichen selbstgebackenen Pies und die Aussicht auf den River Inver vom Speisesaal aus. Die Pies gibt es in salziger und süßer Variante, dazu kommen noch ein paar gute vegetarische Gerichte. Leider ist der Speisesaal nicht immer offen, sodass man manchmal auch mit Blick auf die Straße vorlieb nehmen muss.
50 MC, V

DER NORDEN

THE CAPTAIN'S GALLEY
££££
THE HARBOUR, SCRABSTER, KW14 7UJ
TEL. (01847) 894 999
www.captainsgalley.co.uk
In diesem wunderbaren Restaurant mit nackten Backsteinmauern und uriger Gewölbedecke gibt es – natürlich – Meeresfrüchte. Hier wird so gut wie all das serviert, was die schottische Küche so ausmacht, u. a. Highland-Reh, Caithness-Rind, Schalentiere und Fisch.
30 M & So–Mo geschl. MC, V

DIE INSELN DER WESTKÜSTE

INSELN VON ARGYLL

HOTELS

AUCHRANNIE HOUSE HOTEL, SPA RESORT & COUNTRY CLUB
£££
BRODICK, ISLE OF ARRAN, KA27 8BJ
TEL. (01770) 302 234
www.auchrannie.co.uk
Im Hauptgebäude schläft man klassisch-elegant, im neueren Spa Resort hingegen etwas moderner mit hellen, weichen Möbeln. Zu dem umfangreichen Angebot in diesem familienfreundlichen Hotel zählen drei Restaurants, Schwimmbäder, Spa-Behandlungen, ein Fitness-Studio und eine Sporthalle. Alle Zimmer sind geräumig und bieten Platz für Familien mit bis zu vier Personen.
64 P AE, MC, V

HIGHLAND COTTAGE
£££
TOBERMORY, ISLE OF MULL, PA75 6PD
TEL. (01688) 302 030
www.highlandcottage.co.uk
Geschmackvoll eingerichtete Zimmer, ein hübscher Garten und entspannte Gäste-Lounges (eine mit einer Bar auf Vertrauensbasis) beeindrucken an diesem Boutiquehotel. David Currie kümmert sich um die Bedürfnisse der Hotelgäste, seine Frau Jo mit gleichem Enthusiasmus um das leibliche Wohl der Restaurantbesucher. Die Gerichte, ob nun schottisches Reh, Meeresfrüchte oder auch Mull Cheddar (für den die Inseln berühmt ist) ziehen sowohl Einheimische als auch Auswärtige an.
6 P MC, V

DER BESONDERE TIPP

PORT CHARLOTTE HOTEL
£££
PORT CHARLOTTE, ISLE OF ISLAY, PA48 7TU
TEL. (01496) 850 360
www.portcharlottehotel.co.uk
Alleine schon die traumhafte Lage ist wohl Grund genug, um in diesem weiß gestrichenen Hotel einzuchecken. Doch dieses liebenswerte alte Hotel hat weitaus mehr zu bieten, als „nur" die wunderbare Aussicht auf den Loch und den Atlantischen Ozean: Die Zimmer sind gemütlich eingerichtet. Das Restaurant ist für Einheimische sowie für Touristen ein gleichermaßen beliebtes Ziel.
10 P MC, V

DER BESONDERE TIPP

ISLE OF COLL HOTEL

££

ARINAGOUR, ISLE OF COLL, PA78 6SZ

TEL. (01879) 230 334

www.collhotel.com

Das kleine Hotel ist der Inbegriff einer familiengeführten Unterkunft. Kevin und Julie Oliphant führen es nun seit über 25 Jahren. Es ist nicht nur eine großartige Unterkunft, sondern auch der gesellschaftliche Treffpunkt der Inselbevölkerung – auch dank des **Gannet Restaurants** (siehe rechts). Zimmer 2 verfügt über ein altmodisches Bad, den Meerblick gibt's quasi umsonst.

6 MC, V

ISLE OF MULL HOTEL & SPA

££

CRAIGNURE, ISLE OF MULL, PA65 6BB

TEL. (01680) 812 544

www.crerarhotels.com

Das Hotel wirkt auf den ersten Blick etwas in die Jahre gekommen, doch das täuscht: Die Zimmer wurden alle renoviert. Ein großes neues Spa (komplett mit Sauna, Dampfsauna und Hot Tub im Freien) und ein Hallenbad sind die jüngsten Neuerungen des Hotels. Aus vielen der komfortablen Zimmer und den Gemeinschaftsräumen genießen die Gäste den traumhaften Ausblick auf die Halbinsel Morvern und die fernen Berge auf dem Festland.

86 AE, MC, V

RESTAURANTS

BRAMBLES SEAFOOD AND GRILL

£££

AUCHRANNIE RESORT, ISLE OF ARRAN, KA27 8BZ

TEL. (01770) 302 234

www.bramblesseafoodandgrill.co.uk

Einfach gekochtes Essen spricht hier für sich selbst. Zeitgemäß eingerichtete Räumlichkeiten und ein freundlicher Service tragen dazu bei, dass das Hotelrestaurant nicht nur von den Hotelgästen, sondern auch von den Einheimischen gerne besucht wird. Die Miesmuscheln von der Westküste werden in Arran Ale gekocht, zu den kulinarischen Highlights zählen die Jakobsmuscheln aus dem Loch Fyne und das mit einer Kreuzkümmelkruste servierte Arran-Lamm. Die Köche verwenden vor allem lokale Produkte. Das schottische Rindfleisch ist gut abgehangen – auch deswegen werden die Steaks (Ribeye, Filet oder Sirloin) so gerne bestellt.

80 Mo–Di & Nov.–März geschl. AE, MC, V

PORT CHARLOTTE HOTEL

£££

PORT CHARLOTTE, ISLE OF ISLAY, PA48 7TU

TEL. (01496) 850 360

www.portcharlottehotel.co.uk

Das elegante Hotelrestaurant gilt gemeinhin als bestes auf Islay. Die Speisekarte hat ausgezeichnete Fleischgerichte – auch Wild- sowie fangfrische Meeresfrüchte im Angebot. Zu den Highlights zählen das Islay-Lamm, Rebhuhn und Hummer. Eine sehr gute Weinkarte und ein angenehm entspannter Speisesaal mit unverputztem Mauerwerk und moderner Möblierung sorgen für den Feinschliff. Die Bar hat eine eigene Abendkarte.

40 MC,

GANNET RESTAURANT

££

ISLE OF COLL HOTEL, ARINAGOUR, PA78 6SZ

TEL. (01879) 230 334

www.collhotel.com

Auf der überraschend guten Tageskarte in dieser abgelegenen Gegend finden sich Spaghetti mit Coll-Hummer, eine Meeresfrüchteplatte, mit Hummer, Lachs, Jakobsmuscheln, Krebsen, Kaisergranat, sowie Hummer Thermidor (Hummer auf französische Art). Die Gerichte schmecken so gut, sodass man jeden Tag hier essen möchte.

24 MC, V

WATERFRONT BISTRO

££

16 EAST PRINCES STREET, ROTHSEAY, ISLE OF BUTE, PA20 9DL

TEL. (01700) 505 166

www.thewaterfrontbistro.co.uk

Die häufig wechselnde Karte bietet die Quintessenz aus lokalen saisonalen Produkten und hervorragender Kochkunst – entsprechend beliebt ist das kleine Restaurant. Über 20 Hauptgerichte finden sich auf der Kreidetafel, darunter beliebte Gerichte aus Garnelen, Seeteufel, Huhn, Reh und Ente. Angesichts der wenigen Tische werden keine Reservierungen für Gruppen über sechs Personen angenommen; auch in der Zeit zwischen April und Oktober und an den Samstagabenden kann man nicht reservieren.

24 M & Di–Mi geschl. Nur bar

SKYE

STEIN INN

£–££

WATERNISH, IV55 8GA

TEL. (01470) 592 362

www.steininn.co.uk

Das Stein Inn nimmt für sich in Anspruch, das älteste Gasthaus auf Skye zu sein. Das weiße Hotel – das Gebäude wurde 1790 errichtet – ist eine sehr schöne Unterkunft. Die Zimmer sind gemütlich eingerichtet, die Bar bietet typische Pubgerichte. Getreu dem Motto, dass man hier zur Erholung auf die Insel gekommen ist, finden sich auf den Zimmern keine Fernseher.

5 MC, V

LOCH BAY SEAFOOD RESTAURANT

££££

STEIN, WATERNISH, IV55 8GA
TEL. (01470) 592 235
www.loch-bay-seafood-restaurant.co.uk

Muscheln, frische Austern, Insel-Hummer und Garnelen, die vom Loch Bay stammen, sind nur ein paar der verlockenden Gerichte, die das kleine Restaurant so bietet. Der Küchenchef ist stolz auf seine fangfrischen Meeresfrüchte. Er verzichtet bewusst auf ausgefallene Soßen, die seiner Meinung nach nur vom Eigengeschmack der Meeresfrüchte ablenken.

26 So–Mo & Nov.–März geschl. AE, MC, V

DER BESONDERE TIPP

THE THREE CHIMNEYS

£££££

COLBOST, IV55 8ZT
TEL. (01470) 511 258
www.threechimneys.co.uk

Trotz seiner abgelegenen Lage hat das stimmungsvolle Restaurant in einem umgebauten Steingehöft schon weltweit viele Preise gewonnen. Frische einheimische Produkte, darunter auch Lochalsh-Rindfleisch und qualitativ hervorragende Meeresfrüchte (Krebse, die in Colbost gefangen wurden), werden mit großem gastronomischem Geschick von Shirley Spears Küchenteam zubereitet. Eine Reservierung ist unbedingt erforderlich.

38 So M, Nov.–Mitte März M & 3 Wochen im Jan. geschl. AE, MC, V

ÄUSSERE HEBRIDEN

SCARISTA HOUSE

£££

SGARASTA BHEAG, ISLE OF HARRIS, HS3 3HX
TEL. (01859) 550 238
www.scaristahouse.com

Das einstige georgianische Pfarrhaus mit einer schönen weiß getünchten Fassade, einem gemütlichen Salon und einer gut mit CDs und Büchern bestückten Bibliothek strahlt noch immer viel Atmosphäre aus. Drei der Gästezimmer befinden sich im Haupthaus, sie sind relativ klein geschnitten, aber komfortabel und dem Stil des Hauses entsprechend eingerichtet. Zwei Suiten werden im Neubau, dem Glebe House, vermietet. Aus allen Zimmern blickt man auf die hübsche Bucht. Im hoteleigenen Restaurant (siehe S. 301) werden vorzügliche Speisen serviert. Übrigens: Das Haus ist komplett fernsehfrei.

5 MC, V

DER BESONDERE TIPP

BAILE NA CILLE

££

TIMSGARRY, ISLE OF LEWIS, HS2 9JD
TEL. (01851) 672 242
www.bailenacille.co.uk

Das Hotel, einst das Pfarrhaus, liegt versteckt in einer abgelegenen Bucht. Wunderschön ist die Aussicht auf das Meer und auf die Berge. Hinzu kommt ein drei Kilometer langer Sandstrand, der für geradezu paradiesische Bilder sorgt, die jeder touristischen Hochglanzbroschüre Konkurrenz machen würden. Neben einem Frühstück wird den Gästen am Abend ein leckeres Essen serviert, das sehr zu empfehlen ist.

6 Okt.–März geschl. MC, V

CASTLEBAY HOTEL

££

CASTLEBAY, ISLE OF BARRA, HS9 5XD
TEL. (01871) 810 233
www.castlebay-hotel.co.uk

Zur Auswahl stehen Standard- und Superior-Zimmer. Die Standardzimmer sind sauber und gemütlich. Die flächenmäßig größeren und moderner eingerichteten Superior-Räume sind dementsprechend teurer.

15 MC, V

POLOCHAR INN

£–££

POLOCHAR, SOUTH UIST, HS8 5TT
TEL. (01878) 700 215
www.polocharinn.com

Das Inn aus dem 18. Jahrhundert an der Spitze von South Uist wurde früher von den Passagieren genutzt, die hier auf die Fähre nach Barra gewartet haben. Von hier kann man hinüber zu den Inseln Eriskay und Barra blicken. Die Zimmer wurden vor kurzem renoviert und bieten einen hohen Standard mit Annehmlichkeiten wie Fernseher und DVD-Player. Außerdem kann man auf dem Zimmer Tee oder Kaffee zubereiten. Atemberaubend ist der Blick aufs Meer. Ausgesprochen gut schmecken Fisch und Schalentiere.

11 MC, V

CASTLEBAY HOTEL

££

CASTLEBAY, ISLE OF BARRA, HS9 5XD
TEL. (01871) 810 233
www.castlebay-hotel.co.uk

Das Hotelrestaurant gehört ganz sicher zu den besten auf der Isle of Barra. In der Küche werden insbesondere saisonalen Produkte verarbeitet mit vorhandenen Zutaten. In den Kochtöpfen landen auch fangfrische Meeresfrüchte und Schalentiere. Zu den Highlights

zählen die Jakobsmuscheln aus heimischen Gewässern. Außerdem gibt es Fleischgerichte im Angebot: Lammfleisch von der Insel, schottisches Rind, Reh, Hase und Wildschwein. Aber auch für Freunde der vegetarischen Küche ist gesorgt.
60 P MC, V

SCARISTA HOUSE
£££
SGARASTA BHEAG, ISLE OF HARRIS, HS3 3HX
TEL. (01859) 550 238
www.scaristahouse.com
Viel mehr als das vorgegebene Abendmenü mit frischen lokalen Bioprodukten gibt es nicht. Zu einem typischen Essen gehören Highland-Lamm, Kaisergranat aus dem Sound of Harris und schottischer Käse. Ein Großteil der Gemüse und Kräuter wachsen im hoteleigenen Garten; Brot, Kuchen, Schinken, Joghurt und Eis sind alle selbst gemacht.
30 P MC, V

DIE ORKNEY & SHETLAND ISLANDS

DIE ORKNEY ISLANDS

ALBERT HOTEL
£££
MOUNTHOOLIE LANE, KIRKWALL, KW15 1JZ
TEL. (01856) 876 000
www.alberthotel.co.uk
Moderne und tadellos saubere Gästezimmer mit großen, gepflegten Bädern machen das Hotel zu einer guten Wahl. Dank großer Betten, Flachbildfernseher, Breitband-Internet und Tee- bzw. Kaffeekocher auf dem Zimmer, fühlen sich die Gäste fast wie zu Hause. Zum Hotel gehört die Bothy Bar, in der deftige und feine Küche zur Auswahl stehen; außerdem gibt es einen Room-Service.
18 AE, MC, V

KIRKWALL HOTEL
££
HARBOUR STREET, KIRKWALL, KW15 1LF
TEL. (01856) 872 232
www.kirkwallhotel.com
Die sauberen und schlichten Zimmer bieten alles, was sich die Gäste für einen bequemen Aufenthalt wünschen: Fernseher, Tee- bzw. Kaffeekocher und ein Telefon mit Direktwahl. Besonders empfehlenswert sind die geräumigen Superior-Zimmer mit Blick auf den Hafen.
37 MC, V

STRONSAY HOTEL
£–££
STRONSAY, ORKNEY, KW17 2AR
TEL. (01857) 616 213
www.stronsayhotelorkney.co.uk
Stronsays einziges Hotel bietet einfache, aber sehr bequeme, helle und geräumige Gästezimmer. Im Hotel befindet sich auch das einzige Restaurant der Insel mit einer Bar – hier ist der Kontakt zur Inselbevölkerung schnell hergestellt. Das Hotel besitzt leider keinen Aufzug – ein Zimmer im Erdgeschoss wurde aber rollstuhlgerecht umgebaut.
4 MC, V

BANKBURN HOUSE
£
ST. MARGARET'S HOPE, SOUTH RONALDSAY, KW17 2TG
TEL. 0844 414 2310
www.bankburnhouse.co.uk
Das Bankburn House wurde Anfang des 18. Jahrhundert errichtet und ist ein liebenswürdiges Steingebäude auf einem knapp ein Hektar großen Anwesen. Die Gästezimmer sind hell und hübsch gestaltet. Zu den Annehmlichkeiten auf den Zimmern zählen die Flachbildschirme, die DVD-Player und Tee- bzw. Kaffeekocher. Nicht alle der Gästezimmer verfügen über ein eigenes Bad, die Eigentümer wollen dies aber in nächster Zeit ändern.
4 P Nur bar

ORCA HOTEL
£
76 VICTORIA STREET, STROMNESS, KW16 3BS
TEL. (01856) 850 447
http://orcahotel.moonfruit.com
Das am Hafen von Stromness gelegene kleine Guesthouse bietet einfache, aber saubere Zimmer mit Bad. Die Familienzimmer sind mit Doppel- und Stockbetten zu haben. Alle Zimmer sind für einen gemütlichen Aufenthalt ausgestattet, beispielsweise mit Fernseher und anderen Annehmlichkeiten wie Tee, Kaffee und Biskuits.
6 AE, MC, V

STROMABANK HOTEL
£
LONGHOPE, HOY, KW16 3PA
TEL. (01856) 701 494
www.stromabank.co.uk
Das Stromabank ist ein liebenswertes und entspanntes Hotel, vermietet aber nur wenige Zimmer. Diese sind groß genug, dass auch ein Kind in einem Zusatzbett schlafen kann. Die Angestellten sind sehr freundlich und persönlich im Umgang mit ihren Gästen. Besonders hervorzuheben sind die traumhafte Lage und das hübsche Restaurant im Wintergarten.
4 P MC, V

RESTAURANTS

HAMNAVOE RESTAURANT
£££
STROMNESS, KW16 3BY
TEL. (01856) 850 606
Das legere und gut besuchte Restaurant bietet eine Speisekarte mit traditionellen Gerichten, auf dem man viele Soßen,

Whisky, Haggis und schottisches Rind findet. Wer lieber etwas Leichtes essen möchte, kann sich für eines der Fischgerichte entscheiden, z. B. die köstlichen Jakobsmuscheln von den Orkneys oder Tagesgerichte wie Zitronen-Seezunge. Aufgrund seiner gleichbleibend guten Kochkünste und dem aufmerksamen Service ist das Hamnavoe das beliebteste Restaurant der Stadt. Eine Tischreservierung ist deshalb unbedingt notwendig.
30 MC, V

THE CREEL RESTAURANT WITH ROOMS
££–£££
FRONT ROAD, ST. MARGARET'S HOPE, KW17 2SL
TEL. (01856) 831 311
www.thecreel.co.uk
In dem kleinen, am Wasser gelegenen Restaurant, kommen köstliche Speisen auf den Tisch. Die kleine Karte bietet einfallsreiche Gerichte, die mit einheimischen Zutaten zubereitet werden. Der Schwerpunkt liegt naturgemäß auf den fangfrischen Meeresfrüchten, aber auch Fleischliebhaber werden mit lokalem Rind- und Lammfleisch verwöhnt. Neben Jakobs- und Miesmuscheln sowie Makrelen stehen hier auch seltenere Fischarten wie Torsk (eine Dorschart) und Megrim (Flügelbutt) auf der Karte. Die Gemüse werden vor Ort angebaut, Brot und Eiscreme sind selbst gemacht. Eine Reservierung wird empfohlen. Das Restaurant vermietet zusätzlich drei Zimmer mit Meerblick.
38 Jan.–Feb. & Nov. geschl. MC, V

PIEROWALL HOTEL
££
WESTRAY, KW17 2BZ
TEL. (01857) 677 472
www.pierowallhotel.co.uk
Das kleine Hotel am Meer hat einen Speisesaal für seine Gäste, Nicht-Hotelgäste bekommen die gleiche Karte in der Lounge-Bar vorgelegt. Alle Zutaten der Küche stammen von den Orkney-Inseln – die Schalentiere und das Rindfleisch sind exzellent. Auf der Karte gibt es neben den Standards auch auch Tagesgerichte und Selbstgebackenes.
30 MC, V

DIE SHETLAND ISLANDS

BUSTA HOUSE HOTEL
££
BRAE, SHETLAND, ZE2 9QN
TEL. (01806) 522 506
www.bustahouse.com
Die individuell eingerichteten Zimmer des Hotels in einem Gebäude aus dem 16. Jahrhundert präsentieren sich mit einer traditionellen Einrichtung. In den Zimmern stehen teilweise Himmelbetten. Zur Ausstattung gehören Flachbildfernseher, DVD-Player und WLAN. Zimmer mit Blick auf die Bucht oder den hübschen Garten. Auf der Bildergalerie der Homepage kann man sich vor der Buchung sein Zimmer aussuchen – alle sind nach Shetland-Inseln benannt.
22 AE, DC, MC, V

ALDERLODGE
£
6 CLAIRMONT PLACE, LERWICK, ZE1 0BR
TEL. (01595) 695 705
www.alder-lodge.co.uk
Das schöne und einladende B&B ganz in der Nähe des Stadtzentrums vermietet gut geschnittene Räume. Morgens wird ein herzhaftes Frühstück serviert. Wer es romantisch liebt, wählt das Zimmer mit Himmelbett.
6 MC, V

BALTASOUND HOTEL
£
BALTASOUND, UNST, ZE2 9DS
TEL. (01957) 711 334
www.baltasound-hotel.shetland.co.uk
Das abgelegene schottische Schlupfloch reklamiert für sich, das nördlichste Hotel in Großbritannien zu sein. Doch nicht nur die tolle Lage am Meer spricht für das Haus. Im Hauptgebäude werden schlichte, aber komfortable Zimmer vermietet, die Alternative sind die im Garten stehenden Holzhütten im Chaletstil. In der Lounge-Bar bekommt man auch etwas zu Essen.
23 MC, V

QUEENS HOTEL
£
24 COMMERCIAL STREET, LERWICK, ZE1 0AB
TEL. (01595) 692 826
www.kgqhotels.co.uk
Das Hotel befindet sich in einem alten viktorianischen Steingebäude direkt an der Küste – genau genommen am Hafen von Lerwick. Die Einrichtung wird von den einen als altmodisch, von den anderen als langweilig bezeichnet. Natürlich bräuchte es eine Modernisierung – unbestritten ist die wunderbare Lage. Dank des freundlichen Personals und des guten Essens (vor allem Meeresfrüchte) ist das Queens eine gute Unterkunft.
26 AE, MC, V

MONTY'S BISTRO
££
5 MOUNTHOOLY STREET, LERWICK, ZE1 0BJ
TEL. (01595) 696 555
Das beliebte Bistro ist wahrscheinlich das beste Lokal in Lerwick. Jahreszeitliche Produkte, Fisch aus inselnahen Gewässern und Fleisch von der Insel finden sich gemeinsam mit selbst gebackenem Brot auf der Speisekarte. Das Essen ist von gleichbleibender Qualität, die Bedienung freundlich, die Einrichtung etwas grell.
40 MC, V

Einkaufen

Sowohl in den Städten und auf dem Land bekommt man traditionelle schottische Souvenirs wie Keramik, Kunsthandwerk, Wollstoffe, keltischen Schmuck, Tartan und Harris-Tweedstoffe. Viele Besucher nehmen eine Flasche Single Malt Scotch Whisky mit nach Hause.

Kleidung

In Schottlands größter Stadt Glasgow nehmen die Einwohner den Werbespruch „Scotland with Style" wirklich ernst: Hier finden sich unzählige Designerläden und Kleiderboutiquen, die mit den bekannten britischen Ladenketten konkurrieren. Die Geschäfte sind so gut sortiert, das Glasgow inzwischen nach London als beste britische Einkaufsstadt gilt.

Doch auch Edinburgh hat sich in letzter Zeit einen Namen als Einkaufsstadt gemacht: Hier findet man elegante Läden, die in ehemalige Banken und Finanzinstitute eingezogen sind. Sogar eine eigene Designer-Einkaufsstraße gibt es: den Multrees Walk. Und dann hat die Hauptstadt etwas, um das sie von den Glaswegians sehr beneidet wird: einen von nur sechs Harvey-Nichols-Läden außerhalb von London.

Aberdeen, Dundee, Stirling und Inverness bieten inzwischen ebenfalls eine ganz Reihe von Kleider-Outlets.

Kunst & Kunsthandwerk

Caledonian Craft Connections
115 High Street, Nairn, IV12 4DB
Tel. (01667) 452 423
www.caledoniancraftconnections.com
Verkauft die Arbeiten von über 60 einheimischen Künstlern.

House of Bruar
Perthshire, PH18 5TW
Tel. (0845) 136 0111
www.houseofbruar.com
Einige Läden unter einem Dach, die landestypisches Kunsthandwerk, schottische Strickwaren, Kunst und typische Delikatessen verkaufen.

Jail Dornoch
Castle Street, Dornoch, IV25 3SD
Tel. (01862) 810 500
www.jail-dornoch.com
Laden im Kaufhausstil, der Kunst, Keramik, Toilettenartikel, Kleidung und vieles mehr anbietet.

National Trust for Scotland (NTS)
Tel. (0844) 493 2100
www.nts.org.uk/shop
Die Geschenkläden in den historischen Gebäuden des NTS in Schottland bieten häufig eine breite Palette an lokaler Kunst und Kunsthandwerk an.

Oily Muggie
Hilswick, Shetland, ZE2 9RW
Tel. (01806) 503 363
www.designedinshetland.co.uk
Handarbeit von den Shetland Islands.

Kleidung

Harvey Nichols
32–34 St. Andrew Square, Edinburgh, EH2 2AD
Tel. (0131) 524 8388
www.harveynichols.co.uk
Schottlands einzige Filiale des prestigeträchtigen Kaufhauses verkauft Designerware – und zwar alles, von Küchenartikeln bis hin zu Kleidung.

Jenners
48 Princes Street, Edinburgh, EH2 2YJ
Tel. 0844 800 3725
www.houseoffraser.co.uk
Jenners wurde zwar 2005 vom House of Fraser übernommen, aber das einst unabhängige Kaufhaus strahlt noch immer den einzigartigen Edinburgher Charme aus.

Slanj Kilts
67 St. Vincent Street, Glasgow, G2 5TF
Tel. (0141) 248 7770
www.slanjkilts.com
Neben seiner guten Auswahl an Tartans ist der Laden für seinen Humor bekannt – und daher eine gute Adresse, um zum Beispiel T-Shirts mit witzigen Sprüchen als Souvenir zu erstehen.
Weitere Filialen:
14 St Mary's Street, Edinburgh, EH1 1SU, Tel. (0131) 557 1666.
119 George Street, Aberdeen, AB25 1HU,
Tel. (01224) 635 915

Essen

House of Bruar
Perthshire, PH18 5TW
Tel. (0845) 136 0111
www.houseofbruar.com
Mehrere Läden, die ländliches Kunsthandwerk, schottische Strickwaren, Kunst und schottische Lebensmittel verkaufen.

I. J. Mellis Cheesemonger
30A Victoria Street, Edinburgh, EH1 2JW
Tel. (0131) 226 6215
www.mellischeese.co.uk
Der bekannte Käseladen beliefert viele führende Restaurants der Stadt. Hier findet man eine großartige Auswahl an schottischen Käsesorten.

Weitere Filialen:
330 Morningside Road, Edinburgh, EH10 4QJ,
Tel. (0131) 447 8889
6 Bakers Place, Edinburgh, EH3 6SY, Tel. (0131) 225 6566
492 Great Western Road, Glasgow, G12 8EW,
Tel. (0141) 339 8998
149 South Street, St. Andrews, KY16 9UN, Tel. (01334) 471 410
210 Rosemount Place, Aberdeen, AB25 2XP, Tel. (01224) 566 530

Taste of Arran
Market Road, Brodick, Isle of Arran, KA27 8AU
Tel. (01770) 302 374
www.taste-of-arran.co.uk
Online-Verkauf für Produkte der folgenden Firmen: Arran Brewery, Arran Dairies Ltd., Creelers Smokehouse, Island Cheese Company, Arran Chocolate Factory, Wooleys of Arran, Arran Fine Foods, Robin's Herbs, Torrylin Creamery, Bellevue Creamery und Isle of Arran Distillers. Alle Produkte können aber auch auf der Isle of Arran gekauft werden.

Harris Tweed

Harris Tweed Isle of Harris
4 Plocrapool, Tarbert, HS3 3EB
Tel. (01859) 502 040
www.harristweedand knitwear.co.uk
Verkauft den berühmten Harris-Tweedstoff und Strickwaren.

The Harris Tweed Shop
Tarbet, Isle of Harris
Tel. (01859) 502 493
www.isleofharristweedshop.co.uk
Vertreibt auf der Insel hergestellte Tweedstoffe und Kunsthandwerk.

The Harris Tweed Shop
Main Street, Newtonmore, PH20 1DD
Tel. (01540) 670188
www.harristweedshop.com
Harris-Tweedstoffe und Accessoires.

21st Century Kilts
48 Thistle Street, Edinburgh, EH2 1EN
Tel. (0131) 220 9450
www.21stcenturykilts.com
Designer Howie Nicholsbys Laden verkauft Kilts und hat eine große Auswahl an Kilts in modernen Stilen und verschiedenen Stoffen.

Schmuck

Azendi
19 Multrees Walk, Edinburgh, EH1 3DQ
Tel. (0131) 556 9102
www.azendi.com
Schottisches Geschäft für modernen Designerschmuck.
Weiter Filiale:
The Atrium, Union Square, Aberdeen, AB11 5PS,
Tel. (01224) 210 990

Heathergems Visitor Centre
22 Atholl Road, Pitlochry, PH16 5BX
Tel. (01294) 313 222
www.heathergems.com
Besucherzentrum und Factory Outlet des bekannten Schmuck- und Silberkunst-Spezialisten. Bei den Arbeiten wird natürliches schottisches Heidekraut als Grundstoff für den Schmuck verwendet, der Produktionsprozess wird auf der Homepage gezeigt.

Henderson the Jewellers
217 Sauchiehall Street, Glasgow, G2 3EX
Tel. (0141) 331 2569
www.hendersonjewellers.co.uk
Eine fantastische Auswahl an Schmuck, der von Charles Rennie Mackintosh beeinflusst ist. Passend dazu befinden sich die Verkaufsräume über den Willow Tearooms, die Mackintosh geplant hat. Weitere Filialen gibt es in ganz Schottland.

The Longship
7–15 Broad Street, Kirkwall, Orkney, KW15 1DH
Tel. (01856) 873 251
www.olagoriejewellery.com
Das einzige Laden des führenden britischen Schmuckherstellers Ola Gorie, der für seine keltischen und altnorwegischen Muster bekannt ist.

Skye Silver
The Old School, Colbost, Isle of Skye, IV55 8ZT
Tel. (01470) 511 263
www.skyesilver.com
Wunderschöner keltischer Schmuck aus Gold und Silber in einer tollen Kulisse.

Märkte

Barras Market
Gallowgate, Glasgow, G1 5AX
Tel. (0141) 552 4601
www.glasgow-barrowland.com
Alles erhältlich, was man sich so vorstellen kann, aber nichts von alledem möchte man wirklich mit nach Hause nehmen. Doch ein Besuch lohnt sich, um am Puls der Stadt zu bleiben.
Sa–So 10–17 Uhr geöffnet.

Edinburgh Farmers Market
Castle Terrace
www.edinburghfarmers market.com
Samstagsmarkt (9–14 Uhr), auf dem über 65 einheimische Farmer und Produzenten Obst und Gemüse anbieten.

Töpferwaren

The Adam Pottery
76 Henderson Row, Edinburgh, EH3 5BJ
Tel. (0131) 557 3978,
www.theadampottery.co.uk
Bietet eine Auswahl an traditionellen und modernen Keramiken.

Borgh Pottery
Fivepenny House, Borgh, Lewis, HS2 0RX
Tel. (01851) 850 345
www.borgh-pottery.com

Porzellan und Steinzeug aus der Werkstatt von Alex und Sue Blair.

Crail Pottery
75 Nethergate, Crail, KY10 3TX
Tel. (01333) 451 212
www.crailpottery.com
Der Familienbetrieb verkauft Steingut, Keramik, Töpferware.

Edinbane Pottery
Edinbane, Isle of Skye, IV51 9PW
Tel. (01470) 582 234
www.edinbane-pottery.co.uk
Stuart und Julie Whatley haben ihre Töpferwaren mit tollen Mustern versehen.

The Meadows Pottery
11A Summerhall Place, Edinburgh, EH9 1QE
Tel. (0131) 662 4064
www.themeadowspottery.com
Hübsches, auf der Töpferscheibe gedrehtes Steingut.

Tain Pottery
Aldie, Tain, IV19 1LZ
Tel. (01862) 894 112
www.tainpottery.co.uk
Hier kann man Handwerkern bei der Arbeit zusehen und in einer der größten Töpfereien des Landes Steingut erstehen.

Tartan & Kilts

Geoffrey Tailor
57–61 High Street, Edinburgh, EH1 1SR
Tel. (0131) 557 0256
www.geoffreykilts.co.uk
Einer der besten Kiltschneider Schottlands.
Weitere Filialen:
309 Sauchiehall Street, Glasgow, G2 3HW, Tel. (0141) 331 2388
35 Stevenson Street, Oban, PA34 4DJ, Tel. (01631) 570 557

21st Century Kilts
48 Thistle Street, Edinburgh, EH2 1EN
Tel. (0131) 220 9450
www.21stcenturykilts.com
Designer Howie Nicholsbys Laden verkauft Kilts in unterschiedlichen modernen Stilrichtungen und in vielen verschiedenen Stoffen.

Toilettenartikel & Kosmetik

Arran Aromatics
The Home Farm, Brodick, Isle of Arran, KA27 8DD
Tel. (01770) 302 595
www.arranaromatics.com
Steht für Qualität und Luxus.

Highland Soap Company
Spean Bridge, PH34 4EP
Tel. (01397) 713 919
www.highlandsoaps.com
Verkauf von handgemachte Seife und weitere Toilettenartikel.
Filiale:
48 High Street, Fort William, PH33 6AH

Whisky

Loch Fyne Whiskies
Main Street, Inveraray, PA32 8TU
Tel. (01499) 302 219
www.lfw.co.uk
Hier bekommt man alles, was irgendwie mit Whisky zu tun hat.

Royal Mile Whiskies
379 High Street, Edinburgh
Tel. (0131) 524 9380
www.royalmilewhiskies.com
Unglaublich viele Single Malts und sonstige Whiskys.

Scotch Whisky Heritage Centre
354 Castlehill, Edinburgh
Tel. (0131) 220 0441
www.whisky-heritage.co.uk
Über 300 diverse Single Malts.

The Whisky Shop
Buchanan Galleries, 220 Buchanan Street, Glasgow
Tel. (0141) 331 0022,
www.whiskyshop.com
Größter Whisky-Spezialist in Großbritannien – betreibt acht Filialen in Schottland.
Weitere Filialen:
17 Bridge Street, Inverness,
Tel. (01463) 710 525
93 High Street, Fort William,
Tel. (01397) 706 164
Station Road, Oban,
Tel. (01631) 564 409
11 Main Street, Callendar,
Tel. (01877) 331 936
Princes Mall, Edinburgh,
Tel. (0131) 558 7563
Ocean Terminal, Edinburgh,
Tel. (0131) 554 8211
Gretna Gateway Outlet Village, Gretna, Tel. (01461) 338 004

The Whisky Shop Dufftown
1 Fife Street, Dufftown.
Tel. (01340) 821 097
www.whiskyshopdufftown.co.uk
Über 500 diverse Single Malts werden hier feilgeboten.

Wollstoffe

Edinburgh Woollen Mill
www.ewm.co.uk
Verkauf von Woll- und Kaschmirstoffe sowie moderne Mode. Betreibt rund 50 Läden in ganz Schottland.

Joyce Forsyth
42 Candlemaker Row, Edinburgh
Tel. (0131) 220 4112
www.joyce.forsyth.btinternet.co.uk
Schottische Strickwaren.

Kinross Cashmere
67 George Street, Edinburgh
Tel. (0131) 226 1577
www.cashmerestore.com
Schöne Kaschmirkleidung.
Filiale:
2 St. Giles Street, Royal Mile, Edinburgh.

Spiders Web
51 Commercial Street, Lerwick
Tel. (01595) 695 246
www.shetland-knitwear.com
Handgestricktes, u. a. Strickwaren von der Insel Fair Isle, und Kapuzenjacken.

Unterhaltung

In Schottlands großen Städten finden sich viele Theater und Musikbühnen, auf denen alles von Oper über Ballett bis hin zu Konzerten und neuen Theaterstücken geboten wird. Edinburghs Sommerfestivals (siehe dazu S. 68f) sind der Motor des landesweiten Kulturkalenders.

Schottland ist ein kulturell sehr anspruchsvolles Land mit Opern, Ballett, Orchestern und unzähligen Theatern, die qualitativ anspruchsvolle Produktionen erarbeiten. Schottland hat außerdem eine wachsende Filmindustrie, das Highlight im Kalender ist immer das Edinburgh International Film Festival . Auch in den Bereichen Folk Music und Tanz hat Schottland eine lange Tradition. Folk-Musiker treten in lokalen Pubs, Stadthallen und Gemeindezentren auf. Einige Bühnen sind Schauplatz der traditionellen Ceilidh-Tänze. Das größte Winter-Musikfestival – Celtic Connections – ist ein angesehenes Fest der traditionellen schottischen Musik. Das 18-tägige Festival findet jeden Januar in Glasgow statt. Einige der populärsten Bands Großbritanniens kommen aus Schottland.

Ballet

Scottish Ballet
Tramway, 25 Albert Drive, Glasgow, G41 2PE
Tel. (0141) 331 2931
www.scottishballet.co.uk
Das Tournee-Ensemble tritt im Theatre Royal Glasgow, Edinburgh Festival Theatre, His Majesty's Theatre in Aberdeen und im Eden Court in Inverness (siehe Theater S. 308) auf.

Ceilidh

Auf diesen gesellschaftlichen Treffen stehen die traditionelle schottische Musik und das Musizieren im Mittelpunkt. Neben den im Folgenden genannten Bühnen gibt es viele informelle Ceilidhs in den ländlichen Inns und Pubs, vor allem in den Highlands.

The Queens Hall
85–89 Clerk Street, Edinburgh, EH8 9JG
Tel. (0131) 668 3456
www.thequeenshall.net
Im Internet findet man das Programm, in dem die regulär stattfindenden Ceilidh-Nächte aufgeführt sind.

Lauries Acoustic Music Bar
34 King Street, Glasgow, G1 5QT
Tel. (0141) 552 7123
www.lauriesacoustic musicbar.co.uk
Veranstaltet die beliebten Ceilidhs am Samstagabend.

Comedy-Clubs

Eden Court (siehe S. 308)

The Stand
5 York Place, Edinburgh, EH1 3EB
Tel. (0131) 558 7272
www.thestand.co.uk
Edinburghs ganzjährig betriebener Comedy Club bietet alles von den Shootingstars bis hin zu bekannten Komikern.

The Stand
333 Woodlands Road, Glasgow, G3 6NG
Tel. (0870) 600 6055
www.thestand.co.uk
Siehe oben.

Kino

Belmont Picture House
49 Belmont Street, Aberdeen, AB10 1JS
Tel. (01224) 343 536
www.picturehouses.co.uk
Das unabhängige Kino mit drei Sälen zeigt vor allem Kunstfilme.

Cameo
38 Home Street, Edinburgh, EH3 9LZ
Tel. (0870) 704 2052
www.piturehouses.co.uk
Geboten wird einen Mix aus Kunst- und Kommerzfilmen.

DCA Cinema
152 Nethergate, Dundee, DD1 4DY
Tel. (01382) 909 9000
www.dca.org.uk
Hier kommen große Kassenschlager auf die Leinwand.

Dominion
18 Newbattle Terrace, Edinburgh, EH10 4RT
Tel. (0131) 447 4771
www.dominioncinemas.net
Das unabhängige Kino präsentiert Mainstream-Kino.

Filmhouse
88 Lothian Road, Edinburgh, EH3 9BZ
Tel. (0131) 228 2688
www.filmhousecinema.com
Das Art-house-Kino hat ein umfangreiches Kinoprogramm und ist der Mittelpunkt des städtischen Filmfestivals.

Glasgow Film Theatre
13 Rose Street, Glasgow, G3 6RB
Tel. (0141) 332 6535
www.gft.org.uk
Mainstream und seltene Filme.

Konzertbühnen

Aberdeen Music Hall
Union Street, Aberdeen, AB10 1QS

Tel. (01224) 641 122
www.musichallaberdeen.com
In Aberdeens wichtigster Konzerthalle treten bekannte Komiker, Theatergruppen und Tänzer auf.

Barrowland Ballroom
244 Gallowgate, Glasgow,
G4 0TT
Tel. (0141) 552 4601
www.glasgow-barrowland.com
Gilt als beste Adresse, um Livebands in Glasgow zu sehen.

Caird Hall
City Square, Dundee, DD1 3BB
Tel. (01382) 434 451
www.cairdhall.co.uk
Die große Konzerthalle wird von verschiedensten Künstlern genutzt – von der Popband genau so wie vom Royal Scottish Orchestra.

CCA
350 Sauchiehall Street, Glasgow,
G2 3JD
Tel. (0141) 352 4900
www.cca-glasgow.com
Zur Aufführung kommen Experimentalmusik, Kunstfilme und Schauspiel.

City Halls
Candleriggs, Glasgow, G1 1NQ
Tel. (0141) 353 8000
www.glasgowconcerthalls.com
Bühne für Klassik und Weltmusik.

Edinburgh Corn Exchange
11 Newmarket Road, Edinburgh,
EH14 1RJ
Tel. (0131) 477 3500
www.ece.uk.com
Multifunktionshalle, in der große Bands auftreten.

Glasgow Royal Concert Hall
2 Sauchiehall Street, Glasgow,
G2 3NY
Tel. (0141) 353 8000
www.grch.com
Die schicke Konzerthalle ist Gastgeber für alles von Comedy bis hin zu Tanzaufführungen und der Dreh- und Angelpunkt des jährlichen Celtic Connections Festival (siehe S. 306).

HMV Picture House
31 Lothian Road, Edinburgh,
EH1 2DJ
Tel. (0844) 847 1740
www.mamagroup.co.uk/picturehouse
Das einstige Theater ist nun eine stimmungsvolle Bühne für Livebands.

King Tut's Wah Wah Hut
272a St. Vincent Street, Glasgow,
G2 5RL
Tel. (0141) 221 5279
www.kingtuts.co.uk
Gilt weithin als einer der besten Stätten weltweit, um aufstrebende Musiker und Bands zu sehen und zu hören.

The Lemon Tree
5 West North Street, Aberdeen,
AB24 5AT
Tel. (01224) 642 230
www.lemontree.org
Hier treten Talente und gerade angesagte Bands auf, die Bühne wird aber auch für Tanz-, Comedy- und Theateraufführungen genutzt.

Queen's Hall (siehe S. 306)

Royal Scottish Academy of Music and Drama (RSAMD)
100 Renfrew Street, Glasgow,
G2 3DB
Tel. (0141) 332 5057
www.rsamd.ac.uk
Renommierte Musik- und Schauspielbühne.

SECC/Clyde Auditorium
Exhibition Way, Glasgow,
G3 8YW
Tel. (0844) 395 4000
www.secc.co.uk
Große Bühne, auf der große Bands auftreten.

St. Giles Cathedral
Royal Mile, Edinburgh, EH1 1RE
Tel. (0131) 226 0673
www.stgilescathedral.org.uk
In dem stimmungsvollen Kirchenraum der Kathedrale finden regelmäßig Konzerte statt.

Usher Hall
Lothian Road, Edinburgh,
EH1 2EA
Tel. (0131) 228 1155
www.usherhall.co.uk
Auf der hübschen Bühne tritt eine Vielzahl ganz unterschiedlicher Musiker auf.

O2 ABC
330 Sauchiehall Street, Glasgow,
G2 3JA
Tel. (0141) 332 2232
www.o2abcglasgow.com
Nachtclub und Livemusikbühne.

O2 Academy Glasgow
121 Eglinton Street, Glasgow,
G5 9NT
Tel. 0844 477 2000
www.o2academyglasgow.co.uk
Eine großartige Adresse, um aktuelle Bands und die Stars von morgen zu hören.

Folk Music

Hootananny
67 Church Street, Inverness,
IV1 1ES
Tel. (01463) 233 651
www.hootananny.co.uk
Eine der landesweit besten Adressen, um traditionelle schottische Musik zu genießen.

Sandy Bells
25 Forrest Road, Edinburgh,
EH1 2QH
Tel. (0131) 225 2751
An jedem Abend treten in diesem traditionellen Pub bekannte und unbekannte Folk-Musiker auf.

St. Andrew's in the Square
1 St. Andrew's Square, Glasgow,
G1 5PP

Tel. (0141) 548 6020
www.standrewsinthesquare.com
In der wunderschön restaurierten Kirche treten regelmäßig Folk-Musiker auf.

Whistle Binkies
73–75 St. Mary's Wynd, Stirling, FK8 1BU
Tel. (01876) 451 256
Das traditionelle Pub ist in der Region für seine regelmäßig stattfindenden Folk-Music-Sessions bekannt.

Oper

Scottish Opera
39 Elmbank Crescent, Glasgow, G2 4PT
Tel. (0141) 248 4567
www.scottishopera.org.uk
Das Ensemble von Schottlands Nationaloper tritt auf denselben Bühnen wie das Scottish Ballet (siehe S. 305) auf, daneben aber auch auf kleineren Bühnen im ganzen Land.

Theater

The Arches Theatre
253 Argyle Street, Glasgow, G2 8DL
Tel. (0870) 240 7528
www.thearches.co.uk
Hier sieht und hört man alles vom innovativen Theater bis zur Experimentalmusik.

CCA (siehe S. 307)

Dundee Rep Theatre
Tay Square, Dundee, DD1 1PB
Tel. (01382) 223 530
www.dundeereptheatre.co.uk
Das Rep ist die Heimatbühne des Scottish Dance Theatre und eines fest angestellten Schauspielensembles (Rep Ensemble); hier bekommt man ein exzellentes Programm geboten.

Eden Court
Bishops Road, Inverness, IV3 5SA
Tel. (01463) 239 841
www.eden-court.co.uk
Mehrzweckbühne für Schauspiel, Gigs, Stand-up-Comedy, Tanz und Kunstfilme.

Edinburgh Playhouse
18–22 Greenside Place, Edinburgh, EH1 3AA
Tel. (0870) 606 3424
www.edinburghplayhouse.org.uk
Bietet alles vom West-End-Musical bis hin zu Kindershows.

Festival Theatre
13–29 Nicolson Street, Edinburgh, EH8 9FT
Tel. (0131) 529 6000
www.eft.co.uk
Auf der großen und modernen Bühne werden teures Tanztheater-, Musical- und Theaterproduktionen aufgeführt.

His Majesty's Theatre
Rosemount Viaduct, Aberdeen, AB25 1GL
Tel. (01224) 641 122
www.hmtaberdeen.com
In Aberdeens größtem Theater gibt es Wander-Shows und Musicals wie „Chicago".

King's Theatre, Edinburgh
2 Leven Street, Edinburgh, EH3 9LQ
Tel. (0131) 529 6000
www.eft.co.uk
Bühne für beliebte Produktionen.

King's Theatre
297 Bath Street, Glasgow, G2 4JN
Tel. (0141) 240 1111
www.theambassadortickets.com/king's-theatre
Eine große Bühne für gastierende Theaterproduktionen und Musicals, außerdem treten bekannte Komiker auf.

MacRobert
University of Stirling, Stirling, FK9 4LA
Tel. (01786) 466 666
www.macrobert.org
Theater, Bands und Kino.

Royal Lyceum Theatre
308 Grindlay Street, Edinburgh, EH3 9AX
Tel. (0131) 248 4848
www.lyceum.org.uk
Ist für die Aufführung klassischer Schauspielstücke bekannt.

Theatre Royal
282 Hope Street, Glasgow, G2 3QA
Tel. (0844) 871 7647
www.ambassadortickets.com/Theatre-Royal-Glasgow
Auf dem Programm stehen Oper, Ballett und kostspielige Theateraufführungen.

The Tolbooth
Jail Wynd, Stirling, FK8 1DE
Tel. (01876) 274 000
www.stirling.gov.uk/tolbooth
Stimmungsvolle Bühne für Theaterstücke, Komödien und Konzerte.

Traverse Theatre
10 Cambridge Street, Edinburgh, EH1 2ED
Tel. (0131) 228 1404
www.traverse.co.uk
Hier werden die Stücke junger schottischer Dichter aufgeführt.

Tron Theatre
63 Trongate, Glasgow, G1 5HB
Tel. (0141) 552 4267
www.tron.co.uk
Eine beliebte Bühne für Theateraufführungen, Komödien und Musik. Das Tron hat ein eigenes Theaterensemble.

Aktivitäten

Schottlands traumhafte und abwechslungsreiche Naturlandschaft lädt zu sportlichen Aktivitäten geradezu ein. Es gibt eine Vielzahl an Möglichkeiten: einfache Wanderungen auf Forstwegen, eine Kayaktour auf einem Loch (See) oder Bergtouren und Skitouren. Schottland zählt für Kletterer, Taucher, Kayakfahrer, Mountainbiker und Surfer zu den besten Destinationen weltweit.

Passend zu einem Land, in dem die sportlichen Aktivitäten praktisch vor der Haustür liegen, ist die schottische Infrastruktur ebenfalls sehr gut. Viele Outdoor-Veranstalter sind gut geführte Firmen, die ihr Geschäft mit großem Wissen und sehr gut ausgebildeten Mitarbeitern betreiben. Immer häufiger öffnen auch sogenannte Adventure Centers im Land, die gleich eine Palette an Sportarten anbieten.

Klettern & Bergsteigen

Regionen

Cairngorms
Cairngorms National Park Authority
14 The Square, Grantown-on-Spey
Tel. (01479) 873 535
www.cairngorms.co.uk
Großbritanniens größter Nationalpark ist mit seinen Bergen, Mooren, Wäldern, Flüssen und Seen der Himmel auf Erden für Kletterer und Bergsteiger (siehe S. 180f). Auch Mountainbiker finden hier einige attraktive Trails.

Edinburgh International Climbing Arena
Ratho, South Platt Hill, Newbridge
Tel. (0131) 331 6333
www.eica-ratho.com
Eine Weltklasse-Kletterhalle für das Indoor-Training.

Glencoe
Glencoe Visitor Centre, Glencoe
Tel. (0844) 493 2222
www.glencoe-nts.org.uk
Acht Munros, Wanderwege (79 km) und 20 Klettergebiete machen Glencoe zu einem der beliebtesten schottischen Kletter- und Wanderziele in Schottland.

Isle of Skye
Die Insel ist Schottlands beliebteste Wanderregion – Kletterer und Bergsteiger zieht es in die Cullin Mountain im Zentrum der Insel. Anspruchsvolle Wanderungen sind eine technische und physische Herausforderung und damit nichts für Unerfahrene!

Loch Lomond & The Trossachs National Park
Loch Lomond & the Trossachs National Park Authority
Carrochan Road, Balloch
Tel. (01389) 722 600
www.lochlomond-trossachs.org
Loch Lomond, der Ben Lomond und ein Abschnitt von Schottlands berühmtestem Fernwanderweg – dem West Highland Way (www.west-highland-way.co.uk) – sind einige der Gründe, warum der Nationalpark viele Wanderer und Bergsteiger anzieht.

Nevis Range
Für viele Schottlandbesucher und auch die Schotten selbst ist er das ultimative Ziel eines Berg- und Wanderurlaubs in Schottland: Die Rede ist von Großbritanniens höchstem Berg, dem Ben Nevis. Weitere attraktive Gipfel in der Kette sind der Aonach Mor und der Carn Mor Dearg.

Northwest Highlands
Der Nordwesten der Highlands bietet die Möglichkeit, bei oder auf einigen der berühmtesten Berge des Landes zu wandern: Zu diesen zählen Stac Pollaidh, Suilven und Ben Loyal, die schönen Gipfel des Torridon, des Dundonnell und des Fannichs. Glen Shiel und Glen Affric dürfen ebenfalls nicht unerwähnt bleiben.

Pentland Hills Regional Park
Boghall Farm, Biggar Road, Edinburgh
Tel. (0131) 445 3003
www.edinburgh.gov.uk/phrp
Die Pentland Hills sind deshalb so beliebt, weil sie Wanderwege in allen Schwierigkeitsgraden bieten; dies gilt für Familien mit Kindern, wie für erfahrene Wanderer.

Der Süden
Auch wenn Südschottland nicht ganz so spektakuläre Gipfel wie die Highlands vorzuweisen hat, bietet es dennoch viele Wanderwege, die sich durch die Berge von Lammermuir, Moorfoot und Cheviot ziehen. Im Süden verlaufen einige Fernwanderwege Schottlands, u. a. den Southern Upland Way (siehe S. 114) und den St. Cuthbert's Way.

Ausrüster und Veranstalter

Torridon Activities
Torridon
Tel. (01445) 791 242
www.thetorridon.com/activities
Bietet ein abwechslungsreiches Programm in Torridon, z. B. Klettern, Abseiling, geführte Wanderungen und Bergtouren.

North West Frontiers
Strathpeffer
Tel. (01997) 421 474
www.nwf.com

Der Spezialist für Wander- und Bergsteigerurlaube bietet seine Unternehmungen in den nordwestlichen Highlands, auf den Äußeren Hebriden, den Orkney- und Shetland-Inseln an.

Weitere Informationsquellen

Mountaineering Council of Scotland
The Old Granary, West Mill Street, Perth
Tel. (01738) 638 227
www.mountaineering-scotland.org.uk
Der schottische Wanderverein bietet Wanderern, Kletterern und Bergsteigern praktische Tipps und Sicherheitshinweise. Eine persönliche Mitgliedschaft ist möglich, mit ihr darf man in den clubeigenen Berghütten übernachten.

Walking Scotland
http://walking.visitscotland.com
Die offizielle Homepage von Visit Scotland bietet Links zu Ausrüstern und eine Datenbank mit Wanderrouten zum runterladen.

Tauchen

Schottland bietet hervorragende Tauchreviere, u. a. den Sound of Mull (siehe S. 197) mit einer vielfältigen Unterwasserwelt und alten Wracks. Berühmt ist Scapa Flow (siehe S. 259) – hier kann man zum Schiffsfriedhof der deutschen Hochseeflotte tauchen.

Aqua Stars Dive Centre
Guns Green Basin, Eyemouth,
Tel. (018907) 50904
www.aquastars.co.uk
Bietet Tauchunterricht, geführte Tauchgänge, Tauchen vom Boot aus und Tauchfahrten rund um Eyemouth und die Ostküste.

Lochaline Dive Centre
Lochaline, Movern
(01967) 421 627
www.lochalinedivecentre.co.uk
Bietet Tauchunterricht und geführte Tauchgänge zu den Wracks historischer Schiffe auf dem Grund des Sound of Mull.

Puffin Dive Centre
Port Gallanach, Oban
Tel. (01631) 566 088
www.puffin.org.uk
Bietet Tauchstunden vor der Westküste.

Scapa Flow Diving Centre
Tel. (01856) 751 492
www.scapaflowdivingcentre.com
Wracktauchen für erfahrene Taucher.

Weitere Informationsquellen

Adventure Scotland
http://adventure.visitscotland.com
Visit Scotland unterhält ein eigenes Portal, auf dem man sich über Outdoor-Aktivitäten im ganzen Land – einschließlich Tauchen – informieren kann.

Scottish Sub-Aqua Club
Caledonia House, 1 Redheughs Rigg, South Gyle, Edinburgh
Tel. (0131) 625 4404
www.scotsac.com
Zertifizierter Tauchunterricht.

Angeln

In einem Land, das so reich mit Lochs, rauschenden Flüssen und einer ewig langen Küstenlinie gesegnet ist, überrascht es nicht, dass das Angeln sehr beliebt ist. Saubere und menschenleere Gewässer machen Schottland zu einer der besten Adressen für Angler. Tweed, Dee und Tay bieten hervorragende Möglichkeiten zum Lachsfischen. Schottland hat auch eine große Zahl an Fischereizonen, in denen Angeln erlaubt ist. Viele an Flüssen gelegene Hotels, vor allem die Landhotels, bieten eigene Angeltouren für ihre Gäste an.

FishPal
Stichill House, Kelso
Tel. (01573) 470 612
www.fishpal.com/scotland
Auf dieser Angelseite im Netz findet man alles, was man über das Angeln in Schottland wissen muss, seien es Angeltage am Dee, Tay und Tweed oder Angelausflüge zu den Seen oder Hochseeangeln. Angler können sich über ein Online-Reservierungssystem ihre Angelerlaubnis kaufen, in dem sie das gewünschte Angelrevier und das Datum anklicken.

Scottish Anglers National Association
National Game Angling Centre
The Pier, Loch Leven
Tel. (01577) 861 116
www.sana.org.uk
Die Fischereivereinigung unter der Leitung der schottischen Regierung stellt ebenfalls Informationen ins Netz, wann man wo welche Fischart angeln kann.

Tweedside Tackle
36 Bridge St., Kelso
(01573) 225 306
www.tweedsidetackle.co.uk
Dieser Laden verkauft Angelscheine und verleiht die dafür benötigte Angelausrüstung.

Reiten & Ponytrekking

Mit seinen weiten Sandstränden, dem Hügelland und den Gebirgen ist Schottland eine Traumdestination für Reiter. Mit Ponyausritten für Kinder, Reitunterricht, leichten Ausritten für Anfänger und schnellen Wanderritten für erfahrene Reiter bietet das Land für jeden das Passende.

Brighouse Bay Trekking Centre
Borgue, Kirkcudbright
Tel. (01557) 870 267
http://brighousebaytrekking.weebly.com

Das Reitzentrum veranstaltet Reitwanderungen, einfache Ausritte, Kinderreiten und gibt Reitunterricht für alle Altersklassen. Erfahrene Reiter können sich z. B. auf Strandausritte freuen.

Isle of Skye Trekking Centre
Skye Riding Centre, Suladale
Tel. (01470) 582 419
www.theisleofskyetrekkingcentre.co.uk
Ritte durch eine der schönsten Landschaften des Landes – für Reiter in allen Leistungsstufen.

Lettershuna Riding Centre
Appin
Tel. 0845 806 0332
www.lettershunaridingcentre.com
Bietet begleitete Ausritte, aber auch mehrtägige Ausflüge in die Region Appin. Das Angebot richtet sich an erfahrene Reiter sowie Neulinge ab vier Jahren.

North Sannox Pony Trekking
North Glen Sannox
Tel. (01770) 810 222
Landschaftlich schöne Ausritte in allen Schwierigkeitsgraden (ab 4 Jahren). Kurze Ponyritte gibt es für die Drei- bis Fünfjährigen.

Weitere Informationsquellen

Riding in Scotland
http://riding.visitscotland.com
Visit Scotland pflegt eine Seite für Reiter mit Informationen übers Reiten und Wanderritte, Links zu Ställen und Reitzentren und hat eine Karte mit eingezeichneten Reitwegen und Reitwanderrouten auf die Homepage gestellt.

Eisklettern

Dank seiner hoch aufragenden Berge ist Schottland das bedeutendste Eiskletterziel im Vereinigten Königreich. Von Ende Dezember bis Anfang April testen die erfahrenen Eiskletterer ihre Ausdauer, Stärke, Nerven und ihr Geschick. Für Neulinge ist der Sport nichts – wen es aber dennoch reizt, der kann die Grundtechniken in Kinlochlevens Ice Factor, der weltweit größten Indoor-Eiswand, erlernen.

Climbmts
Suite 3, Bank House, Bank Street, Aberfeldy
Tel. (01887) 822 699
http://climbmts.co.uk
Bietet Sommer- und Winterkurse an, im Angebot sind Bergtouren, Wanderungen, Navigationskurse sowie Sicherheitstraining für den Winter etc.

Glenmore Lodge
Aviemore
Tel. (01479) 861 212
www.glenmorelodge.co.uk
Schottlands nationales Outdoor-Trainingszentrum bietet viele Kurse an, u. a. Winterbergsteigen.

Ice Factor
Leven Road, Kinlochleven
Tel. (01855) 831 100
www.ice-factor.co.uk
In der Indoor-Trainingshalle kann man seine Fähigkeiten in verschiedenen Wintersportarten verfeinern, u. a. auch im Eisklettern.

Weitere Informationsquellen

Adventure Scotland
http://adventure.visitscotland.com
Visit Scotlands nationales Portal für Outdoor-Aktivitäten jeder Art, u. a. auch für's Eisklettern.

Golf

Die Heimat des Golfs bietet über 550 Golfplätze, das Spektrum reicht von öffentlichen Plätzen, für die man einfach nur Eintritt zahlt, bis hin zu Plätzen ausschließlich für Mitglieder. Doch Gäste einiger Top-Hotels des Landes können häufig die strengen Zutrittsbestimmungen umgehen und auf einigen Club-Plätzen spielen. Die Webseite von Visit Scotland unterhält eine eigene Golfseite – eine gute Quelle für einen Golfurlaub in Schottland.

Golf Visit Scotland
http://golf.visitscotland.com
Dieses Web-Portal bietet Informationen über und Links zu Golfplätzen sowie Hilfestellung bei der Planung eines Golfurlaubs. Hier findet man auch Spezialangebote und Hinweise zu Events und Wettkämpfen.

Mountainbiken

Cairngorms (siehe S. 309)

Glentress
Glentress Forest, Peebles
Tel. (01721) 721 736
www.thehubintheforest.co.uk
Eine der besten Gebiete für Mountainbiker in Großbritannien bietet Trails in allen Schwierigkeitsgraden (siehe S. 117).

Laggan Wolftrax
Strathmashie Forest, Laggan, Newtonmore
Tel. (01528) 544 786
www.basecampmtb.com
Auch hier findet man einige herausragende Mountainbikerouten des Landes. Das Netz an Wegen bietet Anfängern eine grüne Route, den Neulingen eine orange Route, Mountainbikern eine rote und für technisch Versierte eine schwarze Route.

Nevis Range
Torlundy, Fort William
Tel. (01397) 705 825
www.nevisrange.co.uk
Dieses Zentrum ist Schottlands bestes Mountainbiketreff. Der Downhill-Trail wird als einziger in Großbritannien auch für Wettkämpfe genutzt und ist darüber hinaus der einzige mit einer Seilbahn, die zum Startpunkt führt.

Der Höhenunterschied beträgt 525 Meter, der Trail ist 2,66 Kilometer lang und führt über felsige Geraden, scharfe Kurven, ausgesetzte Hänge, Felsplatten, tief eingeschnittene Rinnen und beinhaltet große Sprünge. Nichts für Anfänger und Ängstliche.

Wheely Good Bike Guides
Tulloch Outdoor Activity Centre, Tulloch
Tel. (0845) 0945 513
www.wheely-good.co.uk
Geführte Mountainbiketouren in und rund um Lochaber, einschließlich einer Fahrt zur Nevis Range. Die Trails bedienen unterschiedliche Schwierigkeitsgrade und sind unterschiedlich lang (halber/ganzer Tag).

Wilderness Scotland
3a St. Vincent Street, Edinburgh
Tel. (0131) 625 6635
www.wildernessscotland.com
Anbieter für diverse Mountainbike-Urlaube an. Die jeweiligen Gruppen sind klein, im Angebot ist z. B. eine siebentägige Fahrt auf der Insel Skye, bei der täglich lange Strecken zurückgelegt werden müssen.

Weitere Informationsquellen

Cycling Scotland
http://cycling.visitscotland.com
Auf Visit Scotlands offizieller Site sind Links zu den Mountainbike-Zentren, Berichte über Events und pflegt eine Datenbank mit 147 Routen. Verlinkt sind auch Läden, die Räder verleihen, Ausrüster, die Mountainbike-Urlaube anbieten, und viele weitere nützliche Seiten.

Segeln

Eine umwerfende Küstenlandschaft, saubere Gewässer, klare Luft und eine gute Infrastruktur machen aus der schottischen Küste ein hervorragendes Segelrevier. Das gilt vor allem für die Westküste mit ihren vorgelagerten Inseln und Eilanden. Segelschulen veranstalten Kurse für Neulinge, erfahrene Segler können Boote chartern. Es gibt auch Törns mit Skipper, bei denen die Mitsegler über keine Segelerfahrungen verfügen müssen.

Galloway Activity Centre
Loch Ken, Castle Douglas
Tel. (01644) 420 626
www.lochken.co.uk
Viele Aktivitäten vorhanden für Einheimische und Besucher, darunter auch Segeln, Powerboating und Windsurfen. Daneben werden viele weitere Tätigkeiten zu Wasser und zu Land angeboten.

Loch Insh Watersports & Outdoor Activity Centre
Kincraig
Tel. (01540) 651 272
www.lochinsh.com
Zum umfangreichen Angebot an Wassersportarten zählen Segeln, Kayak fahren, Windsurfen und Kanu fahren. Ebenfalls möglich sind verschiedenste Sportarten an Land (Winter und Sommer). Umfangreiches Kursangebot.

Loch Morlich Watersports
Glenmore Forest Park, Aviemore
Tel. (01479) 861 221
www.lochmorlich.com
Das Zentrum verfügt über Möglichkeiten zum Segeln, Wasserskifahren, Paddeln und Windsurfen in herrlicher Umgebung, für Mountainbiker finden Kurse statt. Bei Bedarf wird auch die Ausrüstung ausgeliehen.

National Watersports Centre
Isle of Cumbrae
Tel. (01475) 530 757
www.nationalcentrecumbrae.org.uk
Das speziell für die Segler errichtete Zentrum organisiert zertifizierte Segelkurse.

Port Edgar Marina and Sailing School
Shore Road, South Queensferry, Edinburgh
Tel. (0131) 331 3330
www.portedgar.co.uk
Hier findet man Segelkurse für Neuling und erfahrener Segler.

Weitere Informationsquellen

Royal Yachting Association Scotland
Caledonia House, South Gyle, Edinburgh
Tel. (0131) 317 7388
www.ryascotland.org.uk
Schottlands nationale Seglervereinigung informiert sowohl die Hobby- wie auch die Sportsegler. In seinen Trainingszentren finden zertifizierte Kurse statt.

Sail
http://sail.visitscotland.com
Visit Scotlands offizielle Segel-Website hat Links zu Werften, Marinas, Segelschulen etc. Infos auch über schottische Kanäle und Regatten, außerdem findet man auch Wettervorhersagen für Segler sowie Gezeitentabellen.

Jagd

Schottland hat eine lange Tradition im Jagen, vor allem in den wohlhabenden Schichten. Auf vielen Landsitzen und Landhotels werden immer noch Pirschgänge und Jagden organisiert, in den letzten Jahren hat sich aber das Gewicht Richtung Tontaubenschießen verschoben.

Auchterhouse Country Sports
Burnhead Farm, Auchterhouse
Tel. (01382) 320 476
www.treemac.co.uk
Eine der wichtigsten Adressen für Tontaubenschützen; auf dem Gelände finden regelmäßig nationale und internationale Wettkämpfe statt. Anfänger sind aber ebenfalls willkommen, denn es

werden Kurse für alle Lernstufen angeboten. Das Freizeitprogramm umfasst Quadfahren, Bogenschießen, Falknerei und Angeln.

Cluny Clays Activity Centre
Cluny Mains Farm, by Kirkcaldy
Tel. (01592) 720 374
www.clunyclays.com
Neben Tontauben- und Luftgewehrschießen können sich die Besucher auch in Bogenschießen üben, Unterricht im Golfspielen nehmen oder gleich auf dem 9-Loch-Platz eine Runde drehen.

Country Sports
www.countrysports.co.uk
Organisieren auf Wunsch Pirschgänge und Jagdausflüge.

Dunkeld Park
Hilton Dunkeld House Hotel, Dunkeld
Tel. (01350) 728 370
www.dunkeld-park.co.uk
Angeboten werden Luftgewehr-, Tontauben und Bogenschießen, außerdem Off-Road-Fahrten und Quadbiketouren. Auch Lachsfischen ist möglich.

Skifahren

Das Land hat fünf Skigebiete, dazu eine ganze Reihe von Trockenskihängen, wo die Skifahrer im Sommer üben können.

Cairngorm Mountain
Aviemore
Tel. (01479) 861 261
www.cairngormmountain.org
Pisten aller Schwierigkeitsgrade, zwölf Skilifte, Skiunterricht und Skiverleih. Wegen des Après-Skis in Aviemore ist das Cairngorm Mountain Resort sehr beliebt.

Glencoe Mountain
Glencoe
Tel. (01855) 851 226
www.glencoemountain.co.uk
Hier gibt es 19 Abfahrten und sieben Lifte. Hier findet sich auch Großbritanniens steilste Piste: Fly Paper. Vor Ort bekommt man Skipässe, Ausrüstung und Skikurse.

Glenshee Ski Centre
Glenshee
Tel. (013397) 41320
www.ski-glenshee.co.uk
Das größte britische Skigebiet hat 36 Pisten, 21 Lifte und Schlepplifte, Skiverleih, Skipässe und Skischulen.

Lecht
Strathdon
Tel. (01795) 651 440
www.lecht.co.uk
Das kleine Gebiet in den östlichen Cairngorms hat 18 Abfahrten. Skiverleih, Unterricht und Skipässe.

Nevis Range
Am Aonach Mor ist oft noch im späten Frühjahr Skifahren und Snowboarden möglich. Seilbahn, Skiverleih, Skipässe und Skikurse.

Ski Scotland
http://ski.visitscotland.com
Visit Scotlands nationales Ski- und Snowboard-Portal informiert über die Anreise, die Schneeverhältnisse und ist mit den Skigebieten verlinkt.

Surfen

Angesichts von Schottlands eiskalten Küstengewässern möchte man nicht meinen, dass die Küste sich zum Surfen eignet, aber Tausende schottische Surfer und eine steigende Zahl an ausländischen Surfern beweisen das Gegenteil. Im Land gibt es eine ganze Reihe hervorragender Surf-Spots. Die Weltelite zieht es nach Thurso East. Beliebt unter Surfern ist die am weitesten entfernt liegende Insel der Inneren Hebriden: Tiree.

Hebridean Surf Holidays
28 Frances Street, Stornoway, Isle of Lewis
Tel. (01851) 840 337
www.hebrideansurf.co.uk
Bietet Surfurlaub für Neulinge sowie erfahrene Surfer. Der Unterricht für die Anfänger findet an einsamen Spots mit ruhigeren Wellen statt.

Wild Diamond (siehe Windsurfen weiter unten)

Weitere Informationsquellen

Adventure Scotland
http://adventure.visitscotland.com
Visit Scotlands nationales Portal für Outdoor-Aktivitäten jeglicher Art informiert auch über die Surfmöglichkeiten in Schottland.

Windsurfen

Outdoor-Zentren im ganzen Land veranstalten Windsurf-Kurse und vermieten das benötigte Equipment (siehe dazu auch das Kapitel Segeln). Die Gewässer rund um die Isle of Tiree haben perfekte Verhältnisse für Windsurfer, hier findet alljährlich im Oktober der internationale Wettkampf Tiree Wave Classic statt.

Wild Diamond
Burnside Cottage, Cornaig, Isle of Tiree
Tel. (01879) 220 399
www.wilddiamond.co.uk
Neben dem Verleih von Windsurfboards und Windsurf-Unterricht vermietet Wild Diamond auch Surfboards, unterrichtet im Stehpaddeln (stellt auch die Ausrüstung zur Verfügung). Die Lehrer können auch Unterricht im Sandsegeln und Kitesurfen geben.

Weitere Informationsquellen

Adventure Scotland
http://adventure.visitscotland.com
Visit Scotlands nationales Portal für Outdoor-Aktivitäten informiert auch über das Windsurfen.

REGISTER

Seitenzahlen im **Fettdruck** verweisen auf Abbildungen, GROSSBUCHSTABEN auf übergeordnete Themen.

Bildnachweis

Umschlagvorderseite:
(l) Martin McCarthy/iStockphoto.com
(or) Iain Sarjeant/iStockphoto.com
(ur) luoman/iStockphoto.com

Buchrücken:
manuel velasco/iStockphoto

Umschlagrückseite:
(von oben nach unten)
John Woodworth/iStockphoto.com
Scott Hunt/iStockphoto.com

2-3, Ronald W. Wier/Corbis; 4, Jeremy Sutton-Hibbert/Alamy; 8, Richard Watson/Britain on View/Photolibrary; 10, The Scotsman/Sygma/Corbis; 12, Dennis Hardley/Britain on View/Photolibrary; 15, Jim Richardson/National Geographic Stock; 16, Dewitt Jones/Corbis; 20-21, Dennis Hardley/Britain on View/Photolibrary; 23, Steve Allen Travel Photography/Alamy; 25, Britain on View/Photolibrary; 26-27, Anthony Blake/Fresh Food Images/Photolibrary; 28, Gary Latham/Britain on View/Photolibrary; 31, Jim Richardson/Corbis; 32-33, Patrick Dieudonne/Robert Harding/Photolibrary; 35, Elliott Neep/OSF/Photolibrary; 37, David Lomax/Robert Harding/Photolibrary; 38, Robin McKelvie; 41, istockphoto; 42, Britain on View/Photolibrary; 47, National Gallery of Scotland/Bridgeman Art Library; 51, Alan Novelli/Alamy; 52, Jean-Christophe Godet/Alamy; 54, Morag Fleming/Shutterstock; 60, Jose Antonio Moreno Castellano/Photolibrary; 65, Chad Ehlers/Photolibrary; 66, Derek Croucher/Corbis; 68, Findlay Rankin/Britain on View/Photolibrary; 69, Grant Pritchard/Britain on View/Photolibrary; 70 Douglas Pearson/Corbis; 73, Jim Richardson/National Geographic Stock; 74, istockphoto/Thinkstock; 76; Jeff J. Mitchell/Getty Images; 78, Simon Butterworth/OSF/Photolibrary; 80, Patrick Dieudonne/Robert Harding/Photolibrary; 82, Phil Seale/Alamy; 84, Patrick Dieudonne/Robert Harding/Photolibrary; 86, Dennis Barnes/Britain on View/Photolibrary; 88, Yadid Levy/Robert Harding/Photolibrary; 91, Yadid Levy/Age Fotostock/Photolibrary; 92, Shutterstock; 94, Barry Lewis/Corbis; 97, Ross Gilmore/Redferns/Getty Images; 98, Photos.com/Thinkstock; 99, Robin McKelvie; 101 Richard Klune/Corbis; 102, Britain on View/Photolibrary; 104, Andy Williams/the Travel Library/Photolibrary; 106, Tim Isaak/Age Fotostock/Photolibrary; 110, Colin Palmer Photography/Alamy; 112, James Emmerson/Robert Harding/Photolibrary; 114, Britain on View/Photolibrary; 115, Jose Antonio Mareno/Photolibrary; 116, Britain on View/Photolibrary; 119, Robin McKelvie; 120, Robin McKelvie; 122, Marcos Meider/OSF/Photolibrary; 124, Robin McKelvie;127, Robin McKelvie; 130, Hemera/Thinkstock; 132, Robin McKelvie; 134, Robin McKelvie; 136, Robin McKelvie; 138, Peter Thompson/Photolibrary; 140, Roy Rainford/Robert Harding/Photolibrary; 143, Robin McKelvie; 144, Chad Ehlers/Photolibrary; 148 Adam Woolfitt/Corbis; 150, Robin McKelvie; 152, Vittoriano Rastelli/Corbis; 154 AA World Travel Library/Topfoto; 156, David Robertson/Alamy; 158, Robert Harding/Photolibrary; 160, Adam Woolfitt/Corbis; 163, Britain on View/Photolibrary; 164, Walter Bibikow/Jon Arnold Travel/Photolibrary; 166, Britain on View/Photolibrary, 167, Britain on View/Photolibrary; 168, Jim Richardson/National Geographic Stock; 170, Mark Hamblin/OSF/Photolibrary; 174, Hemera/Thinkstock; 176, Robin McKelvie; 178, Roy Rainford/Robert Harding/Photolibrary; 180, Roy Rainford/Robert Harding/Photolibrary; 183, Robin McKelvie; 184, Tim Harris, 186, Britain on View/Photolibrary; 189, John A. Cameron/Shutterstock; 190, Gunter Lenz/Photolibrary; 192, Don Bishop/Photolibrary; 194, Britain on View/Photolibrary; 195, Duncan Maxwell/Robert Harding/Photolibrary; 196, Dennis Barnes/Britain on View/Photolibrary; 198, Tim Harris; 200, Robin McKelvie; 202, Reuters/Corbis; 204, Robin McKelvie; 206, Robin McKelvie; 208, Robin McKelvie; 210, Robin McKelvie; 213, Robin McKelvie; 214, Robin McKelvie; 218, Colin Cumming/Photolibrary; 221, Robin McKelvie; 222, Robin McKelvie; 223, Peter Thompson/Photolibrary; 224, Robin McKelvie; 226, Robin McKelvie; 229, Robin McKelvie; 230, Robin McKelvie; 232, Photolibrary; 234, Heinz Wohner/Photolibrary; 237, Nocola Campbell/Alamy; 238, Robin McKelvie; 241, John Warburton-Lee/Photolibrary; 245, Anthony Stothert/Britain on View/Photolibrary; 246, Britain on View/Photolibrary; 248, Jim Richardson/National Geographic; 250, Robin McKelvie; 254, Iain Sargeant/OSF/Photolibrary; 257, Britain on View/Photolibrary; 260, Britain on View/Photolibrary; 262, Adam Woolfitt/Robert Harding/Photolibrary; 264, Patrick Dieudonne/Robert Harding/Photolibrary; 267, Robin McKelvie; 268, Scottish Viewpoint/Alamy.

In der Reihe NATIONAL GEOGRAPHIC TRAVELER sind bisher folgende Titel erschienen:

ÄGYPTEN
ALASKA
AMSTERDAM
ARGENTINIEN
AUSTRALIEN
BARCELONA
BERLIN
BOSTON UND UMGEBUNG
CHINA
COSTA RICA
DEUTSCHE NATIONALPARKS
DOMINIKANISCHE REPUBLIK
FLORENZ UND TOSKANA
FLORIDA
FRANKREICH
GRIECHENLAND
GROSSBRITANNIEN
HAWAII
HONGKONG
INDIEN
IRLAND
ISTANBUL UND WESTLICHE TÜRKEI
ITALIEN
JAPAN
KALIFORNIEN
KAMBODSCHA
KANADA
KARIBIK
KRETA
KROATIEN
KUBA
LONDON
MADRID
MEXIKO
MIAMI UND DIE FLORIDA KEYS
NEAPEL UND SÜDITALIEN
NEUSEELAND
NEW YORK
PANAMA
PARIS
PEKING
PERU
PIEMONT UND NORDWEST-ITALIEN MIT TURIN UND DEN ALPEN
PORTUGAL
PRAG UND TSCHECHIEN
PROVENCE UND CÔTE D'AZUR
ROM
RUMÄNIEN
SAN FRANCISCO
SANKT PETERSBURG
SCHOTTLAND
SHANGHAI
SIZILIEN
SPANIEN
STATE PARKS – AMERIKAS „KLEINE NATIONALPARKS"
SÜDAFRIKA
SYDNEY
TAIWAN
THAILAND
USA NATIONALPARKS
VENEDIG
VIETNAM
WASHINGTON, D.C.
Weitere Titel in Vorbereitung

Deutsche Ausgabe veröffentlicht von NATIONAL GEOGRAPHIC DEUTSCHLAND (G+J/RBA GmbH & Co KG), **Hamburg 2011**

Deutsche Übersetzung: Waltraud Horbas, Dr. Thomas Pago, Jutta Ressel M.A., Manuela Schomann, Karin Weidlich, Raphaela Moczynski (Reiseinformationen)
Gesamtproducing: CLP Carlo Lauer & Partner
Satz: CDN MEDIA, Klaus Numberger
Druck und Verarbeitung: Himmer AG, Augsburg

Printed in Germany
ISBN 978-3-86690-233-6

Titel der amerikanischen Originalausgabe:
National Geographic Traveler Scotland

Die National Geographic Society, eine der größten gemeinnützigen wissenschaftlichen Vereinigungen der Welt, wurde 1888 gegründet, um „die geographischen Kenntnisse zu mehren und zu verbreiten". Sie unterstützt die Erforschung und Erhaltung von Lebensräumen sowie Forschungs- und Bildungsprogramme. Ihre weltweit mehr als neun Millionen Mitglieder erhalten monatlich das NATIONAL GEOGRAPHIC-Magazin, in dem die besten Fotografen der Welt berichten. Ihr Ziel: *inspiring people to care about the planet*, Menschen zu inspirieren, sich für ihren Planeten einzusetzen.

Die National Geographic Society informiert nicht nur durch das Magazin, sondern auch durch Bücher, Fernsehprogramme und DVDs.

Falls Sie mehr über NATIONAL GEOGRAPHIC wissen wollen, besuchen Sie unsere Website unter www.nationalgeographic.de